# NÃO COMI NÃO REZEI MAS ME AMEI

**Capa**
Coletivo Carta Branca

**Foto da autora**
Beto Riginik

**Diagramação**
Daniela Vasques

**Revisão**
Adriana Parra
Lucrécia Freitas
Maria Aparecida Medeiros

Dados Internacionais de Catalogação na Publicação (CIP)
SINDICATO NACIONAL DOS EDITORES DE LIVROS, RJ.

---

Rao, Gisela
Não comi, não rezei, mas me amei / Gisela Rao. - São Paulo : Urbana, 2011.

ISBN 978-85-63536-57-0

1. Autoestima. I. Título.

11-4970. CDD: 158.1
CDU: 159.947

---

GISELA RAO

# NÃO COMI NÃO REZEI MAS ME AMEI

O DIVERTIDO DIÁRIO DA ESCRITORA QUE VIGIOU SUA AUTOESTIMA POR 365 DIAS.

SIM, VOCÊ TAMBÉM PODE (RE)CONQUISTAR SUA AUTOCONFIANÇA.

editoraurbana

# ANTES, ALGUMAS PALAVRAS

Era um desses dias de "Síndrome de Alma Broxada", quando parece que tudo tem gosto de quiabo. Eu tinha acabado de matar metade de uma garrafa de guaraná zero e tentava achar algo interessante na internet. Eu estava borocoxô naquela semana porque minha miopia tinha voltado após nove anos de operação. Então, eu me sentia gordinha, velha, míope e com tédio.

Numa dessas navegadas eu encontrei um texto chamado "O Jardim das Qualidades". Dizia que o oposto de angústia é criatividade. Imediatamente, eu pensei em dois astrólogos que foram definitivos na grande mudança que veio a acontecer na minha vida: meu tio Zeca Cochrane, que me convenceu a parar de escrever livros sobre sexo porque achava que não era muita vantagem ser a rainha do "bububu-no-bobobó". E Oscar Quiroga, que, quase uma década antes, disse que eu encontraria minha missão de vida aos 44 anos (e na época eu só virei para ele com aquele "olhar de classe média" e respondi: "Mas, mas, mas... eu só queria casar de novo e assistir Faustão!").

Pois foi nesse dia, e aos 44 do primeiro tempo, que resolvi colocar na internet o blog Vigilantes da AutoEstima (VAE).

Mas vamos voltar um pouco atrás: a idéia inicial do VAE

nasceu em 2000, quando uma amiga que morava no meu prédio estava na pior por causa de um pé no traseiro. Em poucos minutos, várias vizinhas se juntaram em seu apartamento para confortá-la. Esse grupo durou dois anos e nos víamos uma vez por semana. Aos poucos, cada uma de nós foi se fortalecendo internamente. Depois disso, esse projeto de vigilância da autoestima ficou guardado por um longo tempo, como um gênio esperando em sua lâmpada, até eu tomar coragem e colocá-lo na internet, lançando o seguinte desafio: vigiar a autoestima por um ano.

A ideia era fazer com que eu e a mulherada olhássemos para nós mesmas, nos cuidássemos melhor, ficássemos de olho na nossa conhecida mania de nos autodepreciar e, assim, eu acreditava que voltaríamos a nos reencontrar com nossa força interior. Aos poucos, os homens (sempre bem-vindos!) também foram nos acompanhando nesse movimento.

O VAE foi inspirado na história dos Três Porquinhos e nas casinhas de **palha**, **madeira** e **tijolo**, simbologia que usamos diariamente para avaliar as nossas ações e porque eu acredito que todos nós temos a capacidade de nos construir (ou reconstruir) aos poucos. Principalmente quando aceitamos que o "lobo mau" está dentro de nós mesmos e é quem comanda nossos eternos ciclos de destrutividade. Sim, quem define a sua vida é você, e não o outro.

Hoje, com mais de 2 milhões de acessos e milhares de depoimentos de pessoas que fortaleceram sua estrutura emocional graças ao blog, posso dizer que os dois "intérpretes das estrelas" estavam certos.

Neste livro, você encontrará o diário com os 365 dias de vigilância da minha autoestima, que começou como **palha** (quando eu sofro um bocado com meu peso, com a falta de grana por gastar demais e quando não tenho lá muita consciência das coisas e sou bem acomodada), passando para **madeira** (quando eu já tenho mais consciência, mas ainda tenho dificuldade de me afastar do que não é bom para mim) e virando **tijolaço** (quando reconheço todo o meu valor, retomo meu poder interior e dou um "reload" na vida).

Muitas pessoas perguntam, com um sorriso no rosto, por que escolhi esse nome para o livro. Minha resposta é simples: porque eu e Elizabeth Gilbert mergulhamos, durante um ano, em uma jornada profunda de autoconhecimento. Cada uma da sua maneira. A gente chorou, riu, se destrambelhou, se perdeu, se encontrou, ela engordou e eu emagreci (risos). E o mais importante: cada uma de nós voltou com a certeza de ter retomado a própria vida em suas mãos.

Sim, se nós conseguimos, você também consegue.

Para o alto e avante!

Gisela Rao

Este livro é dedicado à minha mãe (eterna incentivadora), à minha parceira e terapeuta Neiva Bohnenberger, a Silvia Pedrosa (meu grande apoio), a L. F. (meu paciente companheiro virtual na briga contra o DDA), ao Pedrão (meu braço direito), a Luciana Silvestre (fã número 1), a Pipi & Cinza (minhas gatas amadas), ao Dr. Fernando Felippe (pela generosidade), à Oprah e a todos os Vigilantes da AutoEstima que acreditam no poder do exemplo e do grupo.

# PALHA

Reconhecemos na **casinha de palha** um modo de agir que deseja resultados rápidos em detrimento de uma profundidade e estruturação maior. Aqui, começamos a conhecer como funcionamos. Somos como a criança que nada dá e que, nesta fase, só quer receber.

É comum nos apegarmos aos pensamentos negativos de que não adianta fazer nada, de que as coisas não darão certo, ou de que dependemos do outro para ter o que precisamos.

A **casinha de palha**, identificada com uma baixa autoestima, revela as incertezas, os sentimentos de inadequação, a sensação de estar errada e de não ser boa o suficiente. Aqui, a função do "lobo" é nos alertar sobre os perigos externos – que "batem" à nossa porta e que podem nos derrubar ou pôr para correr.

Neiva Bohnenberger

## ☆ DIA 1 ☆

## TIRE AS TEIAS DAS MÁGOAS DA INFÂNCIA

"Sua sobrancelha é bonita...". Essa foi a única frase que ouvi da minha tia-avó freira que veio nos visitar depois de muito tempo e pediu para que eu tirasse o cabelo da cara para ver meu rosto. Eu devia ter uns 11 anos e naquele momento eu constatei o que já sabia: eu era feia!

Sim, a infância pode ser cruel, e a minha não ficou muito longe disso. E o que acontece de ruim por lá, principalmente o que vem das mensagens e atitudes de quem você ama, grudarão na sua memória como aquelas cracas no casco do navio naufragado. É nessa hora que você constrói ou não o seu valor. Então, não adianta alguém chegar, te olhar nos olhos e dizer: "Baixa autoestima? Mas você é bonita, inteligente e bem-sucedida", porque se você teve uma infância "meia-bocation" isso de nada vai adiantar. E a pessoa vai ficar sem entender mesmo e deixa pra lá. Marcas que nem o melhor do Photoshop disfarça.

Eu levei vários outros "tóins" nessa fase da vida: a rejeição de M. D. (meu primeiro amor platônico), o professor de História que me chamava de "Feiura" na hora da chamada, o pônei que meu pai me prometeu aos 9 anos (com que sonhei tantas noites e nunca chegou), o *bullying* dos colegas de classe porque minha família não tinha grana na época, o sofrimento da minha mãe, que se contentava com as migalhas de amor que meu pai dava, e por aí vai...

Portanto, se é pra começar a aumentar a autoestima, a gente tem que se jogar no sótão da infância e dar uma boa limpada nessas mágoas empoeiradas e cheias de ácaros lá de trás. E ai, como dói... E ai, como tem ácaros nelas.

Então, vamos lá enfrentar essa parada. Dói, mas liberta!

## ☆ DIA 2 ☆

## "DESENTULHE" A CASA

Domingo é dia de zona absoluta lá em casa. Mr. Dolito, meu namorado, eu e a gata cinza acordamos por volta das 11 da manhã e começamos o piquenique. Entenda por piquenique uma maratona regada a sofá-cama, pães, sucos, frios e sorvete de melão – comprados na padoca – e mais umas dez horas de filmes sem interrupção. E assim ficamos os três, embolados domingo inteiro, faça sol, chuva, caia neve ou tenha epidemia de gripe suína. É uma delícia. Não conheço nenhum homem que toparia essa orgia "gastronomicopreguiçal", além de Mr. Dolito.

Esse meu namorado é uma espécie de homem em extinção. É um cara original e está longe de ser uma xerox. O preço a pagar por isso é a forma como ele fala as coisas com absoluta sinceridade, sem filtro. Um exemplo: sábado à noite fiz um sanduíche para ele e coloquei, como decoração no prato, um coração feito com mostarda. Ele não falou nada, então perguntei: "Não viu o coração?". O moço respondeu: "Coração? Pensei que fosse um gambá molhado...". Pois é, esse é Mr. Dolito...

O problema é a segunda-feira. Nesse dia, a casa acorda completamente bagunçada pela maratona anterior. Como estou sempre atrasada – porque durmo tarde –, tropeço no sofá-cama ainda armado, nos brinquedos da gata, nas almofadas, não acho meu celular nem minha carteira, o táxi buzina lá embaixo e por aí vai. Então, já acordo toda "errada". E a casa acaba ficando assim mesmo até quarta, quando chega a faxineira.

A mestre de yoga Regina Shakti me disse um dia que a morada é um reflexo da nossa alma, o que me faz deduzir que, toda segunda-feira, minha alma acorda cheia de migalhas de pão e palitos de sorvete. E não é de hoje que sou bagunceira; quando eu era novinha minha mãe sempre dizia que um dia eu encontraria a ossada de algum namorado embaixo daquele monte de roupas que eu largava pelo chão do pequeno quarto. Então, minha proposta para o feriado é: desentulhar a minha casa e, consequentemente, minha alma. É, jogar coisa fora sem dó, doar outras, rever as roupas que comprei e nunca usei, os brinquedos babados da gata e por aí vai... Isso sempre dá certo. Depois, a zona ataca novamente, mas aí são outros quinhentos.

## ☆ DIA 3 ☆

## ABANDONA ESSE CORPO, PREGUIÇA!

Faz uns dois anos que eu não pratico exercícios. Isso + um ex-namorado *gourmet* fantástico + um emprego novo com almoço por quilo = 8.000 gramas a mais, covardemente distribuídas pelo meu quase um metro e meio de altura. Eu realmente entendo que um dos pilares da autoestima seja a autoaceitação, mas juro que, às vezes, acordo me sentindo um minizepelim.

No ano passado, fiz matrícula em duas academias. Em uma delas, cheguei a participar de uma aula e nunca mais voltei. Na segunda academia, exatamente em frente à minha casa, nunca fui por pura preguiça de atravessar a rua. É triste, né, eu sei...

Mas ontem encontrei o texto de um amigo que inventou o trabalho de

"Soul Friend". Sim, ele é um "*coach* de alma" e você pode contratá-lo para confortar a sua, fazendo longas caminhadas e conversando com você. Ele se chama Fernando Vianna. Veja um trecho do seu texto: "Preguiçosos são aqueles contumazes doentes do amanhã. Vivem adiando projetos, decisões, compromissos. Amanhã eu faço, amanhã eu começo – é seu mantra predileto. Alguém precisa dizer a eles que amanhã será consequência de hoje". Bom, isso me incentivou a comprar, pela internet, um trambolhinho chamado "simulador de caminhada". O preço estava bom e podia pagar em dez vezes.

Hoje o aparelho chegou e me animei toda para me exercitar. Rapidamente descobri por que ele tem esse nome de "simulador de caminhada": porque é muito levinho e sai andando pela casa. Como se não bastasse, o bicho também é meio bambo, como aquelas mesinhas irritantes de bar. Isso lhe rendeu o nome de Monstro Manco. Tentei de tudo para equilibrar o Monstro Manco no chão e nada deu certo, até que tive a ideia de colocar sandálias Havaianas embaixo dele. E, sim, ele não só parou de ser manco como também desistiu de dar um rolé pela casa. Parece que promete!

☆ DIA 4 ☆

## ADMINISTRE A CARÊNCIA AFETIVA

Mr. Dolito é um cara legal. E hoje ele topou assistir comigo ao filme *Os delírios de consumo de Becky Bloom*. Sim, tenho uma doença que em inglês soa chiquérrima – *overspending* – e significa que eu gasto mais do que ganho (como, aliás, meu pai sempre fez). E como, aliás, eu também sempre fiz. Acontece que tem uma coisa em Mr. Dolito que me incomoda um pouquinho: ele não é chegado a demonstrações públicas de afeto (mas só públicas). Eu já me identifico mais com meu sangue italiano e adoro ficar abraçada ou de mãos dadas em qualquer lugar que a gente vá (sem ser pegajosa). Mas isso está longe de ser uma "nota de corte". Eu digo hoje em dia, porque antigamente me sentiria a carente das carentes, e vou falar disso já, já.

Minha gata cinza também é chegada a uns carinhos. Porém, como sou viciada em internet, ela acaba ganhando menos do que precisa ou merece. Depois de tentar chamar minha atenção de tudo quanto é jeito (e em vão), a gata descolou uma caixa de papelão e me deu um ultimato: toda vez que ela entra na "caixa de carinho" – que fica no perímetro do meu computador – eu tenho que agradá-la. Vida moderna é fo%@.

Mas vou falar como aprendi a administrar minha gigantesca carência afetiva. Cresci com síndrome de rejeição porque sempre achei que meu pai gostasse mais da irmã número 4. Ele até chegou a dar o nome da fazenda, que a gente teve por um ano, de "Linda, Linda" em homenagem a ela (e meu pônei, que é bom, nada!). Fora isso, ele sempre foi meio frio e só fez carinho em mim no dia em que essa mesma irmã trincou meu nariz com uma colherada. E claro que sempre fui procurar – sem sucesso – esse carinho nos homens que tive. Ou seja: dei com os burros n'água bonitinho. Até que um dia aprendi com a psicóloga junguiana Sukie Miller um exercício fantástico que funciona assim: você escolhe uma imagem qualquer que simbolize seu lado carente (vai no www.adoteumgatinho.com.br que você acha várias!). Sim, pode ser você criança tristonha também. Aí, você dá um nome para essa imagem, escolhe como será a personalidade dela, "alimenta" todo dia, "conversa", "leva para passear", ou seja: dá muita atenção. Observação: sempre coloque a foto que você escolher num lugar que dê pra ver sempre. Você não vai acreditar na diferença que isso vai fazer na sua vida e nos seus relacionamentos.

## ☆ DIA 5 ☆

## AJUDE OS OUTROS

Quem viu o filme *As pontes de Madison* deve se lembrar de como os personagens, vividos por Clint Eastwood e Meryl Streep, se projetavam na vida um do outro. Ele, um fotógrafo da *National Geographic* sozinho e sem residência fixa. Ela, uma dona de casa com marido e dois filhos que jamais colocara os pés para fora da sua cidade. Pois é... Sei bem o que eles sentiam imaginando que maravilha seria viver a vida um do outro.

Tem uma coisa que eu gostaria de fazer na vida, mas nunca tive coragem: viajar um ano pelo mundo com os Médicos Sem Fronteiras (www.msf.org.br). Como não tenho a menor perspectiva de me juntar a eles, já que não sou médica nem sem fronteiras, resolvi ser voluntária numa exposição audiovisual que estava no Parque do Ibirapuera.

Fiquei encantada com uma foto que se você olha de relance chega a pensar que é algo ligado ao Carnaval na Sapucaí, mas não é. É um médico brasileiro chamado David de Souza e ele está abraçado a uma criança desnutrida da Etiópia. O manto dourado brilhante ao redor do menino provavelmente é para aquecê-lo, já que gente desnutrida pode apresentar hipotermia.

Todo mês contribuo com os Médicos Sem Fronteiras. E todo mês eles me mandam uma cartinha dizendo onde aplicaram meus 27 reais. Às vezes, ajudando vítimas de epidemias, desastres naturais ou conflitos armados pelo mundo. Então, sempre que um vendedor "cool" de uma loja me olha com cara de ei-você-está-completamente-fora-da-moda ou quando vejo todo mundo com o corpo perfeito, bem-sucedido e feliz na Ilha de Caras (e não estou exatamente assim), eu penso: "Eu ajudo gente!", "Eu ajudo gente!". Aí eu fico bem melhorzinha.

☆ DIA 6 ☆

## MUDAR O CABELO É "O CARA"

Ano passado eu fui para Chicago e, sei lá por que cargas d'água, as raízes branquinhas apareceram mais rápido do que o previsto. Já que tudo custa uma fortuna nos Estados Unidos, resolvi comprar uma tinta na farmácia e pintar no banheiro mesmo. Depois de manchar umas três toalhas e vários azulejos, lavei os cabelos e, para minha surpresa, as madeixas, antes castanhas, tinham virado um preto infernal. Juro que tentei me acostumar durante esses meses, mas esta semana, depois de passar por alguns estresses, acordei, olhei no espelho e me achei uma verdadeira mistura de Mortícia Adams com o Unabomber.

A solução foi tomar coragem e ontem procurei um salão de beleza que trouxesse de volta a cor natural. Para isso, foi preciso fazer um tal de *decap colour* para realizar uma "limpeza da cor". Não é um processo dos mais *lights*, principalmente para quem tem o cabelo cor de piche e para quem o pinta há muitos anos como eu. Mas, quando o preto se foi, pareceu que o meu rosto estava mais iluminado, que o dia estava mais iluminado, que o Jack Nicholson estava mais iluminado em *O iluminado*.

Depois disso, o cabeleireiro (cujo nome é Show) aplicou uma cor chocolate que ficou muito, muito legal. Como alegria de classe média dura pouco, depois de algumas horas na minha casa – não sei se o contato do cabelo com o ar deu alguma reação – as mechas mudaram completamente de cor e fiquei parecida com um esquilo enferrujado. Jesus me abane...

Mas hoje corri de volta ao salão de beleza e o Show passou novamente a cor chocolate. Aí, sim, fiquei uma verdadeira Carla Bruni.

Sim, o cabelo está mais lindo e estou mais feliz. Tá bem, tá bem, ele está mais seco e agora sou dependente de escova. Mas fazer o quê se ainda não inventaram o "Escovas Anônimos"?

## ☆ DIA 7 ☆

## TRABALHE O SENTIMENTO DE ONIPOTÊNCIA

Sábado foi um dos dias mais tristes da minha vida. Mas a dor não era minha. Vou contar a história: quando fui voluntária da exposição dos Médicos Sem Fronteiras no Ibirapuera, conheci um rapaz (vamos chamá-lo de "B") que tinha um cachorro adorável, da raça *border collie*. Esse rapaz era treinador de cães e, segundo ele, cinco meses atrás havia dado uma bicicleta para o seu filho de 10 anos, contra a vontade da mãe, e o garoto morreu atropelado. Desde então, ele começara a beber e a mulher o expulsou de casa. "B" morava nas ruas com o cachorro. Ele conseguia uns trocos com os truques do animal. De pregar a alma da gente na parede, não é?

Alguns voluntários do MSF tentaram ajudá-lo, arrumando uma pensão para ele dormir e uma moça que ficava com o cachorro à noite (já que não são permitidos animais em pensões). Acontece que ele bebeu e ficou uma semana sem aparecer na casa da mulher. Foi o suficiente para ela não aceitar mais o bichinho.

Resolvi ajudar arrumando para "B" um celular que descolei de graça, porque muita gente no parque do Ibirapuera pedia seu número para que ele treinasse seus cachorros. Sábado passado me encontrei com ele, mas a situação era lastimável: bêbado, com as roupas sujas (de dormir na rua) e um aspecto nada saudável. Fiquei desesperada para tentar ajudá-lo e até minha mãe entrou na roda e ligou para abrigos, mas nenhum aceitava cães. Pensei em telefonar para algum amigo na tentativa de arrumar uma casa temporária para o cachorro, mas lembrei que ele já tinha perdido uma oportunidade dessas e fiquei com medo de botar o amigo na roubada.

Fui embora com uma das maiores sensações de impotência da minha vida. E culpa também, por ir para uma casa quentinha enquanto ele dormiria na rua com o cachorro (nessa noite caiu uma baita tempestade). Sem contar que fiquei detonada energeticamente, me sentindo como se um elefante tivesse dançado *zouk* com um tiranossauro no meu peito.

Chorei muito, tive raiva dessa impotência e, nas várias vezes em que me lembrei da história, fiquei com vontade de me enfiar embaixo da mesa como o personagem Tarso, aquele esquizofrênico da novela das nove.

Eu sei que não sou a Mulher Maravilha, que não posso sair por aí de maiô vermelho, azul e cafona, que não posso parar o mundo, nem carregar trens, nem, em muitas vezes, mudar o destino dos outros. Sei que as pessoas são responsáveis por suas escolhas, por mais erradas e dolorosas que elas sejam. Mas que é triste demais, é...

## ☆ DIA 8 ☆

## CAMINHO DO MEIO NOS RELACIONAMENTOS

Domingo de madrugada fui dormir com um bico incrível. Aconteceu o seguinte: eu e Mr. Dolito chegamos tarde e pedi a ele que fôssemos direto para a cama ficar abraçados, mas ele quis ver um pouco de TV antes. Foi quando caiu uma ficha de que eu já suspeitava: meu namorado é um telespectador compulsivo! Essa atitude dele me deu muita raiva. E a pior coisa é dormir com algum perrengue mal resolvido. Parece que a gente recebe uma descarga de cortisol, não consegue dormir e fica fazendo tudo quanto é barulho para ver se o namorado se toca, acorda, ajoelha e nos declara amor eterno. Mas isso nunca acontece, ou pior: geralmente é a noite em que eles mais roncam – hahahaha.

Na verdade, eu tenho uma tese de que todo ser humano na face da Terra sofre de algum(ns) tipo(s) de compulsão: compras, comida, sexo, cigarro, álcool, drogas, coca-cola zero, trabalho etc. etc. etc. Eu tinha uma amiga cujo pai apresentava uma compulsão excêntrica: por aquele produto de limpeza, o “Pato Purific”. Ele ia ao supermercado e voltava com uma sacola cheia deles. E ai de quem falasse que já estava cheio do Pato na despensa. O homem virava um bicho.

De fato, mexer com o vício dos outros é a maior roubada. Se alguém some com meus doces ou esconde meu cartão de crédito no momento em que estou com surto de ansiedade (porque logicamente a compulsão é uma tentativa de aplacar esse sentimento extrapolado), é capaz de saírem garras dos meus dedos iguais às do Wolverine, o que vai me dar mais raiva ainda, já que vai estragar meu esmalte de 16 reais.

A solução acabou vindo no domingo de manhã, quando lavamos a roupa suja e depois nos abraçamos e beijamos (ele me disse que algumas namoradas já o tinham acusado de ser indiferente e frio quando está grudado na TV, o que lhe rendeu apelidos como urso-polar, Dr. House e Halls de cereja. Ahahahaha). Conclusão: aceitei ser a amante nesse triângulo amoroso entre Mr. Dolito e a televisão, e ele, por sua vez, me deu bem mais atenção durante o dia :)

Sim, caminho do meio é tudo nessa vida, principalmente no relacionamento (a frase não é minha, é do Buda).

## ☆ DIA 9 ☆

### ESPERE A TPM PASSAR

Se você é mulher, sabe que a TPM é uma das coisas mais ordinárias do mundo. Se você é homem, aí é que sabe mesmo. Quando estou no auge da minha me considero uma pessoa digna da ponta de estoque da vida. E hoje eu estava no ápice da coisa. E justamente hoje a irmã do meu namorado me convidou para conhecer o pai deles que está em São Paulo. Deixe-me ilustrar um pouco como me sinto na TPM: imagine, assim, uma mistura da Miss Piggy com a mãe de Norman Bates – de ressaca – em *Psicose*. Pois é... me vejo mais gorda, mais velha, mais míope, mais baixinha e tão firme quanto uma paçoca Amor.

Acontece que "pai de namorado" é uma espécie de entidade e apresentar a namorada é uma espécie de ritual tribal. Resumindo: eu estava danada! Já fiquei imaginando o pai dele se perguntando: "Onde meu filho foi arrumar o dragão-de-komodo? Vou chamar o Ibama!". Porque é claro que, quando estamos na maré da baixa autoestima, a primeira coisa que fazemos é pensar no tal do "como eu acho que o outro me vê". E é sempre uma porqueira.

Não pense você que não desci até o salão de beleza para fazer uma escova, que, geralmente, sempre salva a pátria (a não ser que você esteja de TPM). Gastei 30 paus e continuei me achando a noiva do Chuck. Aí, resolvi apelar para a única coisa digna que se pode fazer nessas horas: inventar uma paia, vulgo desculpa. Mas o que eu poderia dizer? Que o meu trabalho estava em quarentena com suspeita da gripe suína? Que a Duda, da novela das 8, ia buscar o Raj no aeroporto e eu queria ver a cara de orifício circular corrugado, localizado na região inferolombar, dele?

Mas, sim, Deus lê o Vigilantes da AutoEstima e meu namorado me ligou, nos 45 do segundo tempo, para dizer que estava muito cansado e que não queria ir. Sendo assim, fui jantar com minha amiga Renata Rode, que não liga a mínima para a minha retenção de líquidos, demos muitas risadas e falamos barbaridades sobre sexo. Como sempre ;)

## ☆ DIA 10 ☆

### DEBOCHE À LA SUSAN BOYLE

Eu estava evitando falar da Susan Boyle, aquela mulher espetacular que foi finalista do *Britain's Got Talent*, porque ninguém aguentava mais, mas eu diria que, se houvesse um concurso de Miss Vigilante da AutoEstima, a faixa certamente iria para ela. Vou explicar melhor.

1. Eu li uma frase de Susan que dizia: "Eu não aprendia com muita facilidade na escola, então começar algo como canto foi uma boa maneira de me esconder enquanto eu tentava aumentar minha autoconfiança". E o Vigilantes da AutoEstima justamente se baseia na construção (ou reconstrução) da nossa autoconfiança, no fortalecimento das nossas estruturas internas, do nosso se-dar-valor, apesar dos abalos externos e, principalmente, internos. É por isso que escolhemos a simbologia do lobo mau (**auto**destrutividade) e das "casinhas" de palha, madeira e tijolo nesse processo evolutivo.

2. O interessante é que não foi só o canto que a Susan escolheu para se proteger dos ataques à sua autoconfiança, ela também ficou *expert* em deboche. Lembra da cena em que ela revela a sua idade (antes de começar a cantar) e os jurados fazem cara de qual-é-a-dessa-baranga? Pois é, em vez de se deixar abalar pela agressividade das expressões faciais e pelo sarcasmo predominante, ela simplesmente debochou, rebolou e disse: "E isso que vocês estão vendo é só um lado meu...". Tóin! Mil a zero pra ela.

Isso me lembrou um "blind date" em que fui conhecer o amigo de uma prima, muito bonitão e sofisticado. Ele me levou a um restaurante superchique e a primeira coisa que disse quando nos sentamos foi:

– Você é toda tão lindinha, por que não opera seu nariz?

E eu, muito desbocada na época, respondi na lata:

– Só depois que você operar o seu p--!

Ele quase caiu da cadeira, mas é um grande amigo até hoje.

Portanto, em vez de curtir aquela famosa "Síndrome de Vítima" e culpar seu pai, seu marido, sua idade, seu corpo, seu carro, seu vizinho, o Lula, o Pokémon e seu emprego pela sua infelicidade, assuma o seu poder interior e deboche muito de tudo. Depois, como diz meu amigo João Carlos, pegue um martíni e dê outra volta na pista, ahahahaha.

## ☆ DIA 11 ☆

## ADOTE UM BICHO DE ESTIMAÇÃO

Sentada na frente do computador, à uma da manhã, assisto na internet ao vídeo de uma macaca ensinando o filhote a passar "fio dental". Olho para a gata cinza, em sua habitual pose de esfinge, pouco se lixando para mim, para a macaca e pro fio dental. Levanto para fazer carinho. Ela se estica como se fosse bem mais comprida do que é. Aliso sua barriga e percebo a quantidade de pelos brancos novos.

Esse é o ano em que vivemos um eclipse. Um "Feitiço de Áquila" fraternal. Em que nos encontramos iguais, no tempo e no espaço. Temos praticamente a mesma idade. Eu, 44, ela, 42, pela comparação dos gatos com humanos. No próximo janeiro ela será sete anos mais velha que eu e assim sucessivamente, até o dia em que eu colocar seu corpo magrinho e sem vida numa caixa de papelão com alguns brinquedos e com todo o amor verdadeiro que um dia eu tive nessa pu%@ vida.

Sim, um bicho de estimação diminui nossa carência afetiva, não nos julga, não liga se temos celulite, se engordamos oito quilos e se gastamos uma grana alta em três pares de sapatos iguais. Ele ama a gente pra caramba, do jeito que somos, sem tirar nem pôr, e você só precisa colocar um pouquinho de ração e trocar a areia. Como viver sem um desses? Sim, vale a pena, mesmo que sua gata pule a janela do seu apartamento, no primeiro andar, e você acorde às 6 da manhã com uma rolinha em choque na sua cama (pensou besteira, né? Hehe).

## ☆ DIA 12 ☆

## VOCÊ NÃO É UM PATINHO FEIO. A LAGOA É QUE ESTÁ ERRADA

Essa frase fantástica eu ouvi um dia do meu amigo Dedé Laurentino, quando eu trabalhava em uma agência de publicidade. Eu não me sentia nada feliz e meu trabalho não estava legal. Depois disso, migrei para o jornalismo e me encontrei.

Nasci com uma espécie de fio solto que os "entendidos" de hoje chamam de "Déficit de Atenção" (vulgo ADD). Portanto, desde pequena sempre fui considerada estranha, diferente, maluquinha ou, como minha mãe preferia dizer, "excêntrica". Além de latir para as adversárias nos jogos de *handball* (e achar isso normal), eu também nunca tive filtro, o que me liberou para fazer ou falar as coisas – que ninguém fala ou faz – com a maior naturalidade do mundo. Quando comecei a perceber que isso não era "normal", também comecei a sentir vergonha por ser diferente. E sofri bastante. Algumas coisas chegaram a aliviar essa vergonha, além da terapia, como um caderno que minha irmã Sônia me deu um dia, onde estava escrito: "I am not crazy. I am creative" (Não sou doida. Sou criativa). E que as pragas dos caras de uma agência de publicidade onde trabalhei adulteraram e escreveram "I am not creative. I am crazy". Ahahaha.

Também ajudou o dia em que eu conheci o Robert Wong, um *headhunter* escritor que me disse: "Você não é normal, mas é natural. E isso é muito raro e bom".

Mas eu acho que relaxei mesmo quando li o livro *Mulheres que correm com os lobos*, de Clarissa Estés. Mentira, não li o livro inteiro, só pedaços (se eu tivesse lido não teria déficit de atenção, né?). Clarissa diz que Hans Christian Andersen, autor da fábula "Patinho Feio", isenta-nos da culpa que todos nós – "os diferentes" – sentimos, nos dizendo para ter paciência porque havemos de encontrar os iguais a nós. De fato, ao longo da vida "esbarrei" com algumas pessoas como eu, de fôrma única, que não se preocupavam em ser iguais aos outros (e que por isso também já tinham sofrido um bocado). Mas eu encontrei mesmo a "lagoa de cisnes" dentro de mim mesma quando saquei que ser "doida" podia trazer um pouco de alegria às pessoas. E, portanto, isso já seria um motivo de orgulho. Vou dar um exemplo: em 2008 fui voluntária no evento "Avon Walk" (contra o câncer de mama), em Chicago. As pessoas (98% mulheres) tinham que andar quilômetros e quilômetros. Estava um calor dos infernos e tinha muita gente emocionada por ter alguém com câncer na família ou por ter perdido algum ente querido recentemente. O meu papel era ficar na linha de chegada da maratona, apontar para a direita e gritar: "Camiseta e comida!" (em inglês, claro!).

Chegou uma hora em que eu já estava com o saco bem cheio dessa coisa mecânica e comecei a gritar: "T-shirt, food, naked man!" (camiseta, comida e homem pelado!). E fui vendo cada um daqueles rostos trocarem o cansaço e o sofrimento por uma boa gargalhada.

Transcrevo, aqui, um pedacinho da fábula do Patinho Feio: "Assim que o viram, os cisnes começaram a nadar na sua direção. *Sem dúvida, estou a ponto de encontrar o meu fim*, pensou o patinho. E abaixou a cabeça para aguardar os golpes. Que surpresa! Na imagem na água ele viu um cisne em traje a rigor: plumagem branca como a neve, olhos escuros e tudo o mais. E acabou se revelando que ele era um deles no final das contas. Os cisnes se aproximaram dele, limparam-lhe as penas com seus bicos e nadaram muito ao seu redor para cumprimentá-lo..."

## ☆ DIA 13 ☆

## NÃO ESPERE EDWARD CULLEN SALVAR VOCÊ

Domingo não é o melhor dia para avaliar minha autoestima porque eu e Mr. Dolito ficamos praticamente o dia inteiro embolados comendo *junk food* e vendo vídeos. Geralmente tudo transcorre bem, porque ambos aprendemos a dizer "não" na relação, e isso vale para filmes muito ruins ou para uma comida que gosto de pedir e que vem em saquinhos de plástico e Mr. Dolito acha nojento.

Mas vale a pena falar de um filme bonitinho chamado *Crepúsculo*, sobre amor, lobos e vampiros, que assistimos nesse domingo. Tanto o filme quanto o livro fizeram um enorme sucesso. Edward Cullen é um vampiro jovem, moderno e bonito. Ele não dorme em caixões e pode sair à luz do dia. Edward se apaixona por Bella, que estuda na mesma classe que ele e é humana. Felizmente (ou não!) ele é correspondido. Se eu fosse citar uma coisa muito legal do filme eu diria que essa coisa é a aceitação. Os alunos da escola aceitam Bella, recém-chegada e branquinha como a cantoneira de gesso do meu banheiro. Edward e sua família de vampiros aceitam Bella, humana e frágil do jeito que é. E Bella, por sua vez, aceita Edward com suas estranhezas, vampirices e o perigo sempre à espreita de levar umas boas e mortais dentadas dele (Edward morre de desejo por ela, mas o controla, porque esse desejo tem um significado de morte – e, de certa forma, qual não tem?).

Mas onde quero chegar? Edward socorre Bella três vezes nesse filme, então fico me perguntando se mais uma vez nós mulheres não estaríamos sendo retratadas como a tal donzela que precisa ser salva pelo príncipe encantado – no caso, príncipe das trevas. E, sim, Bella é capaz de largar tudo por ele, inclusive a vida que lhe foi destinada, só para segui-lo, como dizia Edith Piaf, "pour l'éternité" (por toda a eternidade).

Ora, se a autoestima bem construída está ligada a tomar para si o seu próprio poder, que mensagem esse belo filme estaria passando para nós? Que precisamos do outro para sermos salvas dos males do mundo? Que largar tudo em nome da paixão é a solução? Que conhecer mais ao outro do que a nós mesmos nos fará chegar a algum lugar? Que morrer, mesmo que seja pelo amado, é válido? Que o outro, ah, o outro, esse sim nos levará à prometida felicidade? Sei não... Mesmo assim a gente torce pra Bella casar com Edward, levar uma dentada e viver com ele feliz pela eternidade. É, nós humanos e nossas contradições...

## ☆ DIA 14 ☆

## DRIBLE SUA "SÍNDROME DE ALMA BROXADA"

Hoje acordei com o espírito xoxo, coitado. "Síndrome de Alma Broxada" é quando a gente não acha graça em absolutamente nada e se faz a seguinte pergunta: "O que diabos eu estou fazendo aqui na Terra mesmo?". Vulgo vazio existencial. Ou como dizia o Raul Seixas: "Foi tão fácil conseguir e agora eu me pergunto: e daí?". A gente até tenta sair do "broxismo", mas esse é que é o problema: pra isso, ou comemos demais ou compramos demais.

É na "Síndrome de Alma Broxada" que a gente faz aquelas burradas, como pedir ravióli de abóbora com marreco e depois chorar por pena do marreco. É quando a gente compra aquele vestido lindo, caro e justo que nos deixa com cara de "Meu Boi Bumbá". É quando a gente se inscreve nos Médicos Sem Fronteiras na Somália, achando que eles não chamarão nunca (pois sim!).

É na "Síndrome da Alma Broxada" que a Duda (da novela) procura o Raj para tomar mais um "tóim" dele. É quando a gente tem certeza de que nossa felicidade está em morar em outro país, até a gente mudar de país e sentir uma falta imensa da felicidade no país anterior (sem falar dos chutes dos carecas xenofóbicos). É quando a gente, morando em apartamento, compra duas iguanas silvestres e lhes dá os nomes de Mariguana e Ibama. É quando a gente rasga o pôster do *Batman Begins* e depois fica sem o Batman, sem o Begins e com um quadrado encardido na parede. Ou seja, é um momento estrambólico do nosso ser.

Por isso, quando você acordar com esses sintomas (e não for TPM), primeiro lembre-se de que isso vai passar. Segundo, arrume algum sonho novo, alguma paixão (não de carne e osso), alguma coisa que faça os seus olhos brilharem. Terceiro, vai na Maria Brigadeiro e se joga mesmo. A vida é melhor com granulados em cima, hehe.

## ☆ DIA 15 ☆

## NÃO DESAPARECENDO OS SINTOMAS... MANTRE-SE!

Lidar bem com as frustrações é uma coisa que ainda não consta do meu cardápio de vida. E hoje rolou uma "poporoca" emocional porque duas frustrações resolveram colidir. Uma é a ausência da minha amiga Renata Rode, que arrumou um noivo na Bahia, o Pipo. Até então, a Renata trabalhava *in loco* lá no portal que dirijo. Agora, ela fica metade em São Paulo e metade na Bahia. Acontece que essa moça era a minha companheira de escapadelas até o Shopping Iguatemi para tomar um cafezinho ou devorar bolos assassinos com recheio de bem-casado. E a gente ria que nem umas loucas varridas. E hoje me vi, às 21h30, comendo batata assada na praça de alimentação... sozinha da silva, sem minha amiga loira :(

A outra frustração é que não consigo guardar dinheiro e eu queria fazer uma viagem para a Itália e agora não posso, mesmo ganhando bem. Então, isso me faz querer beliscar a parede de raiva por eu não mudar essa doença de gastar demais (em sabe-se lá o quê...).

Então, hoje eu fiquei chateada, comendo batata assada, com cara de bola Wilson. Mas aí eu me lembrei de um mantra. Não vai rir, hein? Digo isso porque muita gente acha o cara brega, mas eu gosto. Bom, o cara é o Gasparetto, filho daquela senhora que é amiga de fantasmas: Zíbia. O Gasparetto fala uma coisa fantástica que tira qualquer pessoa do limbo emocional, e a frase é a seguinte: "Nada tem poder sobre mim!". Então, entre uma garfada de batata e um gole de Fanta laranja, eu comecei a pensar: "Nada tem poder sobre mim! Nada tem poder sobre mim!...". E parei de dar força para as minhas frustrações e, sim, o astral foi melhorando pra caramba.

## ☆ DIA 16 ☆

## INSPIRE-SE EM ALGUÉM FANTÁSTICO

Eu adoro a Michelle Obama. Acabei de ler sua biografia. Mentira, raramente leio um livro até o fim (ao contrário dos filmes no cinema). Ela tinha tudo para ter uma autoestima de R$ 1,99. Primeiro porque não se pode dizer que ela era muito lindinha na adolescência. Segundo porque sofreu altos preconceitos raciais. Seus pais foram os primeiros a migrar para um bairro de brancos em Chicago. E, lá pela década de 60, quando um negro mudava para um bairro de brancos, estes mudavam de vizinhança correndo. Então, você imagina que clima joia. Acontece que essa moça tem uma das maiores autoestimas que conheço, o que prova: 1- que estrutura familiar é tudo nessa vida (pois seus pais lhe ensinaram a nunca se deixar intimidar); 2- é possível superar qualquer coisa.

Aliás, estive em Chicago ano passado e fiz questão de visitar a casa dos Obama. A cena foi uma mistura do filme *Homens de preto* com *As 7 faces do Dr. Lao*. Eu, "correspondente" de um site feminino em Chicago, chegando com um taxista da Mongólia (sério!) em frente à casa do (na época) candidato a presidente americano, na 5046 Greenwood (Hyde Park). Isso já foi o suficiente para atrair a atenção da muralha de seguranças-armário de plantão no quarteirão inteiro.

Desci do carro com uma máquina de fotografar minúscula e com um colete de fotógrafo duas vezes o meu número. O brucutu número 1 já veio tomar satisfações. Eu disse que era repórter brasileira e que iria fotografar a casa do candidato. Sem mover um músculo da face, ele falou que lá não era ponto turístico e virou para o motorista da Mongólia e disse: "Go! Go! Go!", que em português significaria algo como: "Vaza, meu chapa!".

Fiquei muito decepcionada, porque tinha gastado uma grana preta com o colete para parecer profissional e o cara não me levou a sério. Tá, vai, a câmera era meio amadora. Entrei no carro com cara de pastel de ar. Naquele momento, baixou o Gêngis Khan no mongol (no sentido geográfico), que começou a gritar: "Shoot! Shoot!" – que em inglês significa "Atira! Atira", mas que na gíria quer dizer "Clica! Clica!". Nem preciso dizer a paúra que me deu naquele momento dentro de um táxi com um mongol alucinado, gritando "Atira! Atira!" na frente de 25 seguranças americanos, pancadões e noiados.

Sim, conseguimos fotografar a casa. Mas a adrenalina está alta até hoje. Afe!

☆ DIA 17 ☆

## OLHO NO PRESENTE!

Acordei bem esquisita no sábado, enquanto minha gata brincava de Cirque du Soleil no "Monstro Manco" (meu simulador de caminhada, no momento, simulador de preguiça). O motivo foi um dos piores negócios inventados pela humanidade: a dúvida!

Seguinte: ano passado eu tive uma chance de morar em Chicago. Meu namorado, na época, foi transferido para lá e, depois de um ano, ou eu iria ou a gente terminava. Bom, cheguei a preparar tudo para ir, mas amarelei nos 45 do segundo tempo, e por vários motivos: lá é frio que é o diabo no inverno (pense em 20 graus abaixo de zero com um vento de lascar), eu perderia meu emprego de diretora do site feminino aqui, ele é 14 anos mais novo que eu e tinha objetivos diferentes, eu não poderia trabalhar nos Estados Unidos, ele tem mania de arrumação (e eu, de bagunça), minha gata psicopata (quase um Freddy Krueger) teria que ficar umas 15 horas dentro de uma caixinha para viajar (verdadeiro pesadelo felino) e provavelmente seria impedida, por ele, de sentar em qualquer sofá. Como eu tenho um sofá "meia-bocation", ela está acostumada a deitar e rolar. Literalmente...

Acontece que, vira e mexe, me paira na cabeça a dúvida de que eu fiz uma besteira não indo morar uns tempos no Primeiro Mundo. E sábado foi um desses dias. Fiquei numa angústia danada e fui encontrar minhas amigas na Cristallo da Vila Madalena. Afinal, não há angústia que não se cure com amigas e doces. Foi divertidíssimo, porque uma delas contou o seguinte: ela morou um ano na Itália e, toda vez que ia comprar pão, a dona da padaria perguntava: "Quando você volta para o Brasil?". Ahahaha. Deus me livre!

Sim, às vezes a vida é mesmo menor que o sonho. Depois de uns três docinhos, cheguei à conclusão de que eu teria ido – na época, por fuga da rotina e não por um desejo real da alma ou por amor & cia. E isso nunca é bom. E que se eu tivesse ido eu nunca saberia o que é morar na Vila Madalena (para onde me mudei há alguns meses e amo!) e nunca saberia o que é namorar Mr. Dolito, esse homem show de bola que me alegra tanto, mesmo sendo resmungão.

Aí a dúvida evaporou na hora, porque é como diz o querido astrólogo Quiroga: "Hoje não é amanhã. Atenção ao presente!". É, a vida é aqui e agora. Mesmo!

☆ DIA 18 ☆

## ACEITE O OUTRO COMO ELE É

Mr. Dolito ficou feliz quando dei para ele, nesse domingo, a série *Band of Brothers*. São seis DVDs sobre guerra. E ainda bem que ele ganhou esse presente, porque a Net TV entrou em colapso, sumiu com o sinal de um monte de canais de filmes e Mr. Dolito ficava repetindo sem parar: "Não tem sinal... Não tem sinal...". Credo! Parecia o Jack Nicholson em *O iluminado*.

Então, o negócio foi ver os tais filmes de guerra que Mr. Dolito insiste que têm história, mas que não têm história nenhuma do ponto de vista das mulheres, já que não sabemos se os soldados têm irmãs, namoradas, vizinhas, *hobbies*, animais de estimação... Enfim...

No meio do filme insisti em pedir uma coisa a ele (que não vem ao caso) e tive um "não" como resposta. Fiquei com um bico de fazer inveja ao Patolino. E ele simplesmente virou e disse: "Você já sabe que sou assim...". O bico foi se desfazendo, comemos pizza, vimos mais umas pernas e braços voarem e ele foi para a casa dele.

Aí, entrei na internet para ver o poema que havia no Orkut dele (conheci Mr. Dolito lá!). O texto falava de uma mulher que seria a mulher dos seus sonhos, citando várias qualidades. No dia em que vi sua foto no Orkut, deixei um recado dizendo que eu me candidatava para a vaga de amor e que preenchia a maioria dos quesitos. Foi como tudo começou... Ontem me lembrei de que um dos quesitos é: "Não cobre de mim mais do que posso dar...". E era exatamente isso que eu estava fazendo.

Sim, o amor é "porteira fechada". Não tente mudar a pessoa nunca, nunca e nunca. Ou você aceita como é ou sai e fecha a porta. Não tem nada pior para a autoestima do que um ser perturbando a gente querendo nos virar do avesso.

☆ DIA 19 ☆

## MANTENHA O CONTROLE (OU TENTE!)

Sou daquelas que choram quando veem a decoração de Natal do shopping. Então, agora tente me imaginar na porta do hospital à uma da manhã vendo minha mãe descer de maca da ambulância e, alguns segundos depois, chegar meu pai com os olhos esbugalhados de pavor de hospital e de perder minha mãe. Achou que eu iria me debulhar em lágrimas, não é? Mas eu consegui me controlar...

Desde os meus 18 anos vejo minha mãe ir para hospitais. Ela já teve coisas gravíssimas e, várias vezes, jogou xadrez com a morte e venceu! O preço disso é que ela é uma senhorinha "recauchutada". Então, eu sei que a bateria dela já não está lá mais tão boa. E é muito duro isso, principalmente quando a mãe, em si, é maravilhosa. Como não tenho filhos (que eu saiba. Sabe como são esses ETs, né?), nem marido, fica mais fácil ir para hospitais à noite, dar um *help* para ela.

Mas hoje me orgulhei por ter controlado as emoções. Porque chorar nessas horas não é lá das melhores coisas. Aprendi a segurar as lágrimas, há pouco tempo, de duas formas ridículas: contraindo o *backstage* (aprendi no yoga!) e tentando lembrar os nomes dos sete anões. Imagino que os homens também usem algo do gênero para segurar a ejaculação precoce na hora da transa.

Ao longo dos anos, para aliviar a tensão da minha família, também desenvolvi o personagem do "Joker" (Bobo da Corte), então sei fazer todo mundo rir no hospital. Aliás, em qualquer lugar, até em velório. Minha mãe se diverte. E fiquei feliz quando a sua enfermeira particular me disse que ela ficou radiante por saber que eu estava indo para o hospital. A gente quer ser aceito pelos pais até nessas horas. O duro é voltar para o "camarim" depois, deixar a graça de lado e sentir todo o peso da dor, abraçada a uma gata cinza e a um urso de pelúcia com o bracinho estropiadinho porque tenho mania de apertar enquanto vejo TV. Mas foi minha mãe quem me ensinou a beleza de ser forte e frágil, alternadamente. E hoje eu sinto muito por todas as pessoas nesse mundo que perderam suas mães, ou seja lá quem fosse que representasse suas mães.

A minha agora está na UTI, embrulhada num cobertor azul (ela, como eu, morre de frio), mas vai ficar boazinha de novo. Como sempre. Mãe danada, essa. E, perto disso, toda essa picuinha do dia a dia, toda essa gastança de grana em besteiras, as brigas com o Mr. Dolito, tanto julgamento, tanta autoexigência, tanta fome do ego... tudo isso parece uma grande estupidez.

## ☆ DIA 20 ☆

## REPITA: ESSA CELULITE TAMBÉM SOU EU!

Maldita hora em que resolvi experimentar uma calça social hoje no shopping. Fiquei parecendo um espeto de churrasquinho Jundiaí, com gominhos de carne (vulgo gordura) pra todo lado. Eu sempre defendi a tese de que provador de roupa deveria ter luz de vela e um psicólogo sentado no banquinho para aliviar o choque. Engordar é uma arte. A arte do inferno, e, certamente, cada furinho de celulite é uma vingança do demo por todos aqueles pais-nossos que a gente rezou para o anjinho na infância.

Agora, o mais cruel de tudo é – depois de a calça não servir e a vendedora te olhar com aquela cara de que você comeu muito Cornetto – chegar em casa, abrir a geladeira e se atracar ao resto do bolo de chocolate do aniversário de sei lá quem. E o mais cruel parte 2 é você ver o Monstro Manco te olhando com aquela cara de dona-me-leva-pra-dar-uma-volta.

Ok, vamos ver como a gente sai dessa sem detonar a autoestima (afinal, essa é a proposta do VAE). Segundo o psicólogo americano Nathaniel Branden, um dos pilares da autoestima é a autoaceitação. E ele propõe o seguinte exercício: olhe-se no espelho, principalmente para as partes que você mais finge que não são com você, de que você não gosta (nesse momento a minha é a traseira, que anda se expandindo para os lados). Em vez de sair correndo, escapar, rejeitar e negar, você deve continuar ali firme e forte e aceitá-las. Se quiser incrementar a coisa, repita a frase: "Sejam quais forem os meus defeitos e as minhas imperfeições, aceito-me sem restrições". Lembre-se: aceitar sua celulite não significa necessariamente gostar, significa vivenciar que o "alien" que habita o seu corpo também é você.

Agora, se isso não funcionar, aí você apela para o cartão de um uísque que eu peguei no bar, que tem um homenzinho andando, onde está escrito: "Pare de falar e comece a fazer...". Tá bom, Monstro Manco, estou indooooooooooooooo. Mentira, não fui nada.

Pare de ter vergonha de você. O siri é um bicho feio que dói e vive pelado pela praia com um monte de gente correndo atrás.

## ☆ DIA 21 ☆

## SEJA CRIATIVA!

Embora minha mãe esteja com a "pilha fraca", ela saiu da UTI e foi para um quarto, lá no hospital, e está se sentindo bem :)

Vendo revista na sala de visitas do andar eu li a história de um moço chamado Bernard Lachance que fez o meu dia ser mais feliz hoje, com um tremendo exemplo de criatividade. O cara é um cantor canadense, supertalentoso, sem agente e que camela como todo mundo. Aí, o que ele fez? Alugou, por um dia, um teatro em Chicago e ficou na porta vendendo ingressos para as pessoas que passavam. Ele pedia que elas escutassem o fone de ouvido com suas músicas (porque ele acredita que é bom!!) e, em seguida, mostrava a sua camiseta onde estava desenhado o mapa das poltronas do teatro. Se a pessoa estivesse interessada, comprava o bilhete, pegava a caneta e marcava o lugar onde gostaria de sentar. Foi assim que ele lotou o teatro.

Só isso já seria genial. Acontece que ele também fez um vídeo no YouTube e mandou para a Oprah dizendo que tinha duas poltronas para ela "em seu umbigo" e que os bilhetes estariam esperando por ela. Resultado? Oprah não pôde ir ao espetáculo, mas o convidou para ser entrevistado em seu programa. Chorei que nem uma louca.

Isso só prova que o que li em um livro de neurolinguística tem tudo a ver: "Problema de dinheiro não se resolve com dinheiro e, sim, com criatividade". Então, crise o escambau!

Todo mundo nasceu com o lado direito do cérebro e, portanto, todo mundo pode ser criativo. Se você acha que não consegue deve ser porque está com a franga presa. Solte essa franga, pô!

## ☆ DIA 22 ☆

## TIRE O "BAD HAIR DAY" DE LETRA

Hoje acordei num "bad hair day". Pra quem não sabe o que isso significa, eu explico: é quando a gente levanta da cama parecendo que o capeta penteou o nosso cabelo com o tridente.

Na verdade, não tem graça nenhuma e dá vontade de sair com o saco reciclável do supermercado enfiado na cabeça. Como eu estava sem tempo, o jeito foi pegar dois elásticos e me virar como dava. Acontece que fiquei com a cara da Chiquinha, personagem do seriado *Chaves*, porque voltei a usar óculos. Fazer o quê...

No começo da noite minha irmã número 2 me liga para pedir que eu fosse visitar minha mãe no hospital. Infelizmente, a história de ir para o quarto foi alarme falso e ela havia voltado pra UTI. Comprei uma colônia alfazema que ela adora e fui. Antes de subir, resolvi traçar um brigadeiro na lanchonete do hospital e, claro, na hora de pagar derrubei o vidro de alfazema, que se espatifou no chão. Agora, você imagina absolutamente todas as pessoas que estavam sentadas na lanchonete do Sírio Libanês pararem o que estavam fazendo para me olhar como se eu fosse o Jason – de *Sexta-feira 13* – e estivesse esfaqueando a moça do caixa com uma faquinha de bolo Pullman. Juro que me deu vontade de gritar: "O que que é? Nunca viram uma quarentona, com cara de filha do Seu Madruga, estraçalhando um vidro de alfazema enquanto come um brigadeiro?". E o pior é que nenhum dos apáticos veio me ajudar a catar os cacos.

Chegando na UTI, cheirosíssima, encontrei minha mãe com

um tubaço no rosto para conseguir respirar melhor. Ela não estava lá muito animada, mas pelo menos curtia a novela das 9. Deixa eu explicar uma coisa: UTI não é mais aquela coisa com cara de purgatório que dá a impressão de que, quem entra lá, só sai de rabecão. Não, não... É um lugar com uns 25 quartinhos (divididos em alas), com televisão de plasma pendurada na parede, um monte de profissionais jovens dando uma olhada no pessoal e com, pelo menos, um visitante para cada paciente. No quarto em frente ao da minha mãe estava um senhor de uns 70 anos, forte que nem um touro, gritando "Ai!" sem parar. Ele era um dos poucos sozinhos. Fiquei com pena e perguntei para a enfermeira:

– Por que ele está sofrendo?

– Ele não está com dor real, está só confuso.

– Enfermeira, eu sou confusa e não fico gritando "ai!", "ai!", "ai!" o tempo todo.

Bom, fui lá visitar o senhorzinho, mesmo não podendo, e ele me disse que sentia muita dor na batata da perna e que o povo da UTI o estava engambelando. Bom, ou o senhorzinho estava maluco mesmo ou eu devia chamar o Caco Barcellos, do *Profissão Repórter*, para averiguar melhor as coisas. Mas aí pensei que talvez ele estivesse fazendo aquilo para chamar a atenção das pessoas, já que estava sozinho, coitado, e porque toda vez que alguém ia lá ele parava de berrar. Madre Teresa de Calcutá já dizia que as pessoas precisam mesmo é de atenção.

Agora, uma coisa interessante em UTI é que a primeira coisa que você precisa deixar do lado de fora é o seu ego. Se você for o doente, porque vai ter um monte de gente te entubando, te lavando o derrière ou sei lá o quê... Se você for a visita, porque a última coisa que tem importância lá é o seu cabelo. Então, rapidamente parei com a paranoia para perceber, mais uma vez, o quanto a gente gasta de energia com todas essas bobagens. E fui embora, depois de fazer carinho na mão quentinha da minha mãe e torcer para tudo dar certo.

## ☆ DIA 23 ☆

## TRATE DOS SEUS DENTES

Hoje fui de manhã visitar a mãe no hospital e levei um aparelhinho de som porque dizem que ouvir Bach ajuda a melhorar a saúde. Coisa em que acredito piamente. Ela estava bem melhor, sem o tubo no rosto, e até pediu para que eu comprasse doces e um lanchinho (coisa que fiz com grande prazer, porque os brigadeiros da doceira do hospital... Jesus me abane!). Essa foi a notícia boa do dia.

A ruim é que tive que ir ao dentista fazer uma operação, por pura negligência da minha parte.

Minha história com meus dentes não é das melhores. Quando nasci, minha mãe ficou com depressão (também, cinco filhos em seis anos! Não sei como não saiu correndo pelada e doida pela Avenida Paulista) e não pôde me amamentar. Depois disso, sempre tive bruxismo e isso também desgasta muito a arcada dentária. Esse é o nome que dão para as pessoas que rangem os dentes dormindo. Agora, você imagina o que não foi de mulher pra fogueira (na época do – argh – Tribunal da Inquisição) acusada de ser bruxa por ranger os dentes. O pior é Mr. Dolito, que tem delírios, principalmente quando está com febre, e começa a falar dormindo que é um armário que ninguém comprou, ahahaha.

Bom, a verdade é que sempre tratei os dentes de forma "meia-bocation" (literalmente!) e sempre paguei um preço alto por isso. Então, essa foi uma sexta-feira 13 porque tive que operar um dente quebrado que deixei inflamar. O bom é que ouvi uns mantras do Krishna Das no meu iPodezinho e isso me fez esquecer um pouco o mico que estava pagando naquela quase-cadeira-da-morte. E olha que o dentista é um doce.

Então, agora botei na minha lista de autoestima cuidar bem dos dentes pra parar de ter vergonha de rir. Mentira, não cuidei nada, afinal, minha autoestima ainda é de palha.

E, por falar em saúde, acabei de ver o *Globo Repórter* falando sobre o porquê de as francesas serem magrinhas. A resposta está sempre nesta palavra: devagar. Sim, elas comem devagar, e o bom disso é que devem sentir o sabor da comida, coisa que não faço há muitos anos. Elas também caminham bastante. Uma delas tem um negócio chamado "pedômetro" para contar os passos na caminhada. É lógico que voei na internet para comprá-lo, mas aí lembrei que ainda estou pagando as prestações do Monstro Manco, que, no momento, só uso uma vez por semana. Então, estapeei minha mão e não fiz a compra. Parabéns para mim! Obrigada! Obrigada!

## ☆ DIA 24 ☆

## CUIDE BEM DE QUEM VOCÊ GOSTA

Gata cinza mora comigo há seis anos e já viu tudo o que é coisa boa e tudo o que é perrengue acontecer na minha vida. Antes, a gente morava em Pinheiros, no primeiro andar de um prédio onde havia uma passarelinha na janela. Assim, gata cinza descia até o jardim do prédio (que era bem grande) e me esperava no portão às 20 horas, quando eu chegava do trabalho. Sim, gatos também têm sentimentos, ao contrário do que muita gente pensa. Acontece que, por vários motivos, acabei me mudando para um predinho menor em outro bairro.

Bom, ela perdeu seu jardim, mas ganhou um espaço, pertencente ao apê, que seria uma segunda área de serviço. Lá, meu amigo Edu Lotfi fez um outro jardim só para ela, com vários vasos e pedrinhas no chão. E é óbvio que a gata achou que fosse o banheiro dela e a coisa não deu muito certo. Mas aí tive uma ideia: comprar pedrinhas sanitárias para gatos e assumir o jardim dela como um grande banheiro, assim seria mais fácil de limpar. Sábado fui a um *pet shop* com uma amiga e comprei sacos gigantescos de areia sanitária felina. Acontece que, como sou impulsiva e amo minha bichana, acabei comprando um parquinho de diversões para ela, todo vermelho com manchas pretas. Para quem não sabe: gatos adoram ficar em cima de coisas.

Resultado: além do Monstro Manco, agora também tenho outro trambolho no pequeno apartamento – o Monstro Joaninha. Mas por que eu ligaria para isso se gata cinza curtiu pra caramba o treco? Cuidar bem de quem a gente ama é como colocar um buscapé na nossa autoestima: sobe que é uma beleza, porque não existe nada mais maravilhoso do que ver a felicidade de quem gostamos (fora a nossa, lógico!). De quebra, ainda comprei uma bomba de creme para Mr. Dolito (ele adora, e olha só: não reclamou dessa vez. É a quarta bomba de creme que compro pra ele. Todas as outras ele bombou. Ahahahaha. Que mala!).

Mas não pense que o dia teve um final feliz. Pra variar, Mr. Dolito dormiu no sofá da sala e me deixou sozinha vendo *O iluminado*. Não só morri de medo como sonhei que o dono da padaria da esquina estava com um machado atrás de mim. Deus me livre e guarde.

## ☆ DIA 25 ☆

## SEXO. NÃO ACEITE IMITAÇÕES

Uma vez eu tive um namorado que me mandava procurar o SAC (Serviço de Atendimento ao Cliente) toda vez que eu pedia para melhorar algumas coisas entre os lençóis. Muito engraçadinho... Com Mr. Dolito é diferente. Ele ouve o que eu tenho a dizer e, na semana seguinte, põe em prática – embora nesse domingo eu parecesse estar tendo orgasmos múltiplos, mas na realidade era um ataque de asma mesmo. Acho muito legal isso nele porque todo mundo sabe o quanto é difícil para a gente falar sobre o que gosta ou não gosta no sexo, mesmo nos dias de hoje. Mulheres de países latinos geralmente acham que a prioridade é agradar o seu homem, então fica difícil ter autoestima elevada ficando no segundo plano. A coisa é tão louca que apenas 50% das mulheres se masturbam no Brasil. Acredita?

Falar o que se quer na cama é uma arte e a melhor hora é justamente durante a transa, quando a gente faz aquela voz de atendente de Disk-Sexo. Não vá deixar para a hora do jantar, principalmente se ele estiver comendo farofa. Pode ser que voem alguns grãos no seu lustre anos 50. Nem todo homem está preparado para ouvir. Um dia dei de presente para um namorado um livro com cento e tantas dicas para agradar uma mulher na cama e ele virou e disse: não preciso! Por isso, homens: abram suas cabeças (as duas!).

Ano passado liderei um Círculo de Mulheres sobre sexo e descobri que – pasme! – a maioria tinha vergonha ou nojo da sua própria "Tchetchênia". Elas inclusive nem cogitavam olhá-la num espelho. Pergunto eu: como o seu sexo pode ser bom se você mal se toca e se conhece?

Para quem gostaria de se conhecer melhor, ou para quem não tem alguém como Mr. Dolito nesse momento na sua vida, eu sempre sugiro alguns brinquedinhos. Hoje, muitos vibradores passam totalmente despercebidos, mesmo que o seu cachorro saia correndo pela sala (cheia de visitas) com ele na boca. Minha empregada, por exemplo, sempre soube que eu tinha um, mas nunca encontrou, provavelmente porque fica procurando uma réplica do "monumento aos pracinhas" do Pelé, ahahahahaha.

## ☆ DIA 26 ☆

## CUIDADO COM A "SÍNDROME DE SUSAN BOYLE"

Não, não quero falar da Susan Boyle na sua melhor fase, surpreendendo o mundo com sua aparência "fora dos padrões da TV" e com sua voz de cantora de musical da Broadway. Quero falar da Susan Boyle, que apareceu nos tabloides com baixíssima tolerância às frustrações. Pelo que acompanhei na internet, Susan entrou numas de demonstrar "inconstância emocional" – vulgo chilique – quando começou a sentir a sua vitória no *Britain's Got Talent* ameaçada. Primeiro, por um menino brilhante de 12 anos, chamado Shaheen; depois, por um grupo de dança inacreditável – e que realmente venceu o concurso – de nome Dinasty.

Lidar mal com as frustrações é um obstáculo tremendo quando a gente quer aumentar a autoestima. É por isso que gosto muito de algumas filosofias que entendem que a adversidade não faz parte da vida, e, sim, é a vida. Gente, "mar manso não faz bom marinheiro"!

Uma vez uma leitora muito inteligente me disse: “Ser feliz é rir quando você está na mer--”. Exatamente! Se nós soubermos lidar com nosso sucesso e fracasso, não colocando muita energia em nenhum dos dois, e sempre com bom humor... Bingo!

Para quem não sabe, doze editores recusaram o livro *Harry Potter* – doze!! E nem por isso J. K. Rowling se atirou no caldeirão. O melhor jeito, na minha opinião, para desbancar grande parte das frustrações é por meio da perseverança.

Nunca me esqueci de um cartaz que havia na parede da MTV, quando trabalhei lá no seu início, em 1989: “Persevera que triunfarás”. Aprenda a perseverar como eu. Mentira, não faço nada disso (ainda!). Estou aqui sentada no computador, com gordura bem localizada, enquanto o Monstro Manco assiste a *Betty, a Feia*. E, sim, todo mundo que conheço que emagreceu foi persistente em seu plano de perder peso.

Então, vou me levantar e subir no Monstro Manco, enquanto torço para que Susan Boyle saia logo da clínica de repouso e possa cantar para o presidente Obama (conforme convite da Casa Branca).

## ☆ DIA 27 ☆

## PARE DE SER UM “HACKER” DO AMOR

Muita gente tem me pedido para falar sobre a praga do ciúme. Sim, porque esse cara é um verdadeiro “pulgão” na nossa plantação. Ok, muita calma nessa hora porque esse assunto é um prato cheio. Aparentemente a pessoa ciumenta é vista como “a pentelha”, desajustada, mala, que torra o saco do ser amado. Mas, como disse Eva para Adão, na sua primeira noite de amor: “No umbigo? Não, não, o buraco é mais embaixo!”.

Sempre fui superciumenta e esmigalhei vários relacionamentos por causa disso. Cheguei a ser um *hacker* do amor: fuçava Orkut, celular, MSN. Deus me livre... Um dia a ficha caiu quando coordenei um Círculo de Mulheres sobre o assunto e percebi que a maioria tinha sido abandonada pelo pai em algum momento da infância (ei! isso não vale para todo mundo, ok?). Portanto, é claro que o ciúme estaria ligado ao medo da perda. Mas medo de perder alguém de quem se gosta, todo mundo tem. Onde o bicho pega, então? Se você ler este trecho da antropóloga Jennifer James, vai entender melhor: “Ciúme é simples e claramente o medo de você não ter valor. E por isso você acha todo mundo, perto do amado, mais bonito e melhor que você. E acha que ele vai logo abandoná-la. Só há uma alternativa: você não esperar que alguém te dê o valor que só você pode se dar.

Se você não pode amar a si própria, nunca vai acreditar que você é amada(o). E sempre achará que é um engano ou que foi só sorte...".

Só que tem uma coisa: alguém lá sabe se amar (fora meia dúzia de felizardos)? É pra isso que nós estamos no VAE. Mas uma coisa eu posso te dizer: eu curei o ciúme quando entendi, junto com minha amiga terapeuta Lucia Rodrigues, qual era a raiz dele, como o medo do abandono, por exemplo (eu tinha 3 anos quando meu pai saiu de casa pela primeira vez). E outra coisa: comecei a cuidar da minha vida e dos milhares de coisas que eu tinha pra fazer. Como disse um ex-namorado meu: "Quanto mais liberdade você me dá, menos eu uso...".

## ☆ DIA 28 ☆

## SEJA VOCÊ MESMA!

Domingo fui visitar minha mãe no hospital. Ela saiu da UTI, foi para o quarto, mas ainda não recebeu alta. Seu pulmão está meia-boca e ela depende de um remédio fortíssimo para respirar. Então, ainda está de molho lá. Sempre houve muita tensão na minha família porque a relação com o meu pai é um pouco estranha e porque uns ganham mais do que outros e muita coisa acaba sobrando para os "uns" melhor de vida. Em função desse clima tenso eu acabei desenvolvendo, como já disse lá atrás, um personagem "joker", aquele que sempre faz todo mundo rir. Mas às vezes esse personagem não funciona, e domingo foi um desses dias. O clima no hospital não estava legal, tinha muita gente triste (mais que o normal, até).

Toda vez que eu fazia uma palhaçada, olhava para trás e percebia que tinha alguém chorando (por exemplo, na fila do elevador) e eu ficava muito sem graça (minhas irmãs, mais ainda!). Também não acertei nenhuma piada aquele dia, coisa rara na minha vida de "boba da corte". Sabe aquele cara vestido de palhaço, mala pra caramba, que entra no restaurante, faz uma piada muito ruim, ninguém ri, e ainda pede um troco? Pois é, eu estava mais pra esse cara domingo. Deprimente... No fim do dia, minha irmã mais velha disse: "Você não é obrigada a ser sempre engraçada...". É verdade, não sou mesmo, mas quem disse que consigo sair do personagem? Grudou... Não sai, nem em velório. Mesmo porque, em velório, sempre tem a turma dos piadistas e estou sempre no meio dela. Eu sei que você vai pensar que é falta de respeito, mas vejo mais como um mecanismo para não entrar em contato com a dor (ou para me proteger dela) ou talvez para não levar as coisas tão a sério.

A verdade é que estamos sempre tentando ser outra pessoa para sermos aceitos, ou para fazer sucesso, ou para nos protegermos de algo. Mas isso não é muito bom, porque a autoestima está muito ligada à autoaceitação. Na verdade, isso é uma droga imensa.

Mr. Dolito e eu vimos uns filmes americanos domingo, em que as garotas eram lindas e muito, muito sexy. Não ando muito sexy ultimamente e confesso que nem tenho vontade de ficar. E, claro, muito menos quando estou limpando o jardim da gata. Ontem, Mr. Dolito me pegou de pijama e luvas de borracha amarelas fazendo isso e comentou (com ironia) como aquela cena era "sensual". Ao contrário da Maya (da novela) e das indianas que acham que têm que estar lindas 24 horas para os seus homens, eu já voto mais pra gente ser como a gente é. Sábado à noite, por exemplo, eu estava um chuchu no meu vestido roxo de 40 reais, de brincos prateados e botas. Mas, domingão, ah!, domingão é o dia universal da preguiça. E minha gata que o diga, que não saiu de dentro da caixa de papelão, na frente do aquecedor.

Toda vez que tentei ser outra pessoa, principalmente "a boazinha", me dei mal; tomava pé na traseira e depois mandava, de raiva, uns e-mails assassinos pra pessoa que não entendia como aquela moça – tão boazinha – poderia ter escrito aquilo. "Boazinha, o ca%$#$@! Meu nome é Zé Pequeno, por%@!". Ahahahahaha!

## ☆ DIA 29 ☆

## ENTENDA SUA RESISTÊNCIA PARA EMAGRECER

Hoje me deu um ataque de "Pacman" medonho. Pacman, para quem não lembra, era aquele bichinho de *video game* que saía desembestado comendo tudo que encontrasse pela frente. Pois foi o que fiz hoje e, agora, estou com a barriga inchada e dolorida e estou enjoada. Arghh!

O neurologista e psiquiatra da USP Dr. Sidney Chioro fala muito sobre ter "resistência para emagrecer". Acho que faz uns dois anos que estou com isso (de novo!) e resolvi tentar entender por quê. Sempre fui da turma da sanfona, do engorda-emagrece, e também fui meio que "condicionada" a ser o Patinho Feio da família. Uma das minhas suspeitas é achar que, toda vez que começo a ficar bonita, eu me saboto e... já era!

Também tenho um pavor danado de ser amada, como eu já disse. Resultado: toda vez que começo um namoro... engordo um monte! Será uma proteção contra o amor? Ou contra a felicidade? Ou os dois?

E ainda arrisco mais uma: desde que minha mãe foi internada, comi pra diabo, principalmente doces. Hoje foi o aniversário dela e fui até o hospital enfeitar o quarto. E, por coincidência, comi doces desvairadamente. Então, minha dúvida é: será que se eu realmente entrasse em contato com essa dor imensa, e chorasse pra valer, eu precisaria comer tanto? Dr. Sidney também fala muito que as pessoas com tendência a engordar têm mais fome emocional que fisiológica, ou seja, comem emoções.

Acho que aí tem um bocado de coisa para se pensar, mas também acho que, muitas vezes, a gente não emagrece porque não quer mesmo. Porque está fazendo isso pelo outro: namorado, família, amigos que ficam torrando o saco quando a gente aparece com uma "pneuzada" a mais. Quem de vocês faria regime numa ilha deserta? E escova? E chapinha? Depilação? Pois é, mais uma vez eu acho que estou querendo agradar ao outro tentando emagrecer. Por mim, no fundo, eu ficava assim como estou. Como diz minha amiga Esmeralda, "até o Tom Hanks – em *O náufrago* – precisava do Wilson, aquela bola-de-vôlei-gente que ele inventou para fazer companhia e, claro, dar alguma satisfação".

Ora, vamos encontrar o "Wilson" que há na gente. Vamos tentar fazer as coisas para nós e não para o outro. Vamos vasculhar a mente e as emoções para descobrir se temos alguma "resistência para emagrecer", nesse caso porque precisamos, porque faria bem pra nossa saúde ou porque nos sentiríamos mais bonitas – e não porque "o outro" quer.

## ☆ DIA 30 ☆

## PRATIQUE O PODER DO AGORA!

É claro que essa frase aí não é minha, senão eu estaria milionária. É do Eckhart Tolle, autor americano do best-seller *O despertar de uma nova consciência*. Quis falar sobre esse assunto porque ontem eu estava me sentindo o único grão de milho que não virou pipoca na panela e, hoje, estou bem mais legal e acho que tem a ver com ele – o Eckhart – e também com uma outra pessoa: a Laura Marques. A Laura nasceu com 24 centímetros. Para quem não sabe o que é isso, basta pegar uma colher de pau e medir. Pois é... Acabei de entrevistá-la, no Piauí, para uma matéria porque, apesar de ser anã, Laura dá palestras de autoestima e motivação! Mas o que um tem a ver com o outro? Ok, Eckhart mudou a sua vida depois que começou a perceber o poder do aqui e do agora; Laura nunca se deixou abater pelo mesmo motivo. Ela acorda e, antes de ir ao trabalho, contempla o céu azul, o sol gostoso, cumprimenta as pessoas etc. Já reparou que quando você chega ao trabalho e fala "Bom dia!" quase ninguém responde? Não dá vontade de colocar as mãos dos sem-educação embaixo do grampeador?

Você pode achar tudo isso simples demais e uma grande bobagem, mas todas as vezes em que prestei atenção em qualquer coisa que fosse, senti um sabor de felicidade gostosinho mesmo. Meu “agora” favorito são aqueles sininhos de vento. Nossa! Que delícia... Mas você pode se concentrar no que quiser. Sim, até na musiquinha do caminhão de gás. Aliás, nunca mais ouvi essa musiquinha. Graças a Deus.

Achei muito legal quando Laura disse: “Autoestima é você viver a vida de acordo com o que tem, buscando soluções de melhoria, em vez de ficar chorando e reclamando pelos cantos”. E é impressionante como a turma do Hardy (aquela hiena do “ó céus, ó vida...”) só atrai roubada; parece que não enxerga um palmo além das suas reclamações. É o Mundo x Eu, o Hardy. Credo! Coitado do mundo... Ninguém aguenta um “muro das lamentações” ambulante. É típico da autoestima de palha, essa coisa-vítima-de-ser.

Vamos reclamar menos e contemplar mais!

## ☆ DIA 31 ☆

## NAMORE-SE!

Hoje farei um texto especial para quem está sem namorado, na véspera de 12 de junho. Por quê? Porque eu sei que dói. Esse ano eu estou com Mr. Dolito e a gente nem vai comemorar porque acha besteira, mas muitos anos eu fiquei bem triste nessa data, bem jururu mesmo (sem namorado). Principalmente se você vai ao shopping center, aí que o bicho pega de vez. Parece que no mundo só existe a tribo dos namorados, o resto, bem, o resto...

Para a minha parceira psicóloga Neiva Bohnenberger, as pessoas tendem a ficar melancólicas nessa data porque têm uma sensação de não pertencimento. Não têm em quem plugar o sentimento de “fazer parte”. Aí, dá um grande vazio no coração, parece que a pessoa não existe no meio de tantos casais, afinal, “quem vai me presentear hoje?”. Para aliviar essa sensação, Neiva sugere buscar dentro de si um momento realmente feliz. Pode ser um encontro com uma amiga, um passeio com o cachorro no parque, uma tarde de pipoca... Busque esse elo de pertencer dentro de você!

Ontem fiz um protesto em solidariedade aos sem-namorados e fui almoçar no Shopping Iguatemi com um boneco inflável. Sim, porque a pressão pra ter alguém é tanta que Deus me livre. Muita gente achou divertido, outros me olharam feio pra caramba, e uma faxineira me lançou um olhar no estilo “Você vai arder nas chamas do inferno!”. Ahahaha. Um, dois, três... mangalô três vezes.

Bom, se você quiser sugestões pra ficar numa boa nesse dia, aí vão (eu peguei de uma matéria que escrevi para o site feminino):

– Jamais fique em casa se martirizando por um ex-namorado. Isso não é amor, é carência e ilusão. Não fique sozinha de jeito nenhum, não seja boba.

– Procure alguma festa temática, como a Festa do Farol, e escolha sua pulseirinha: verde, amarela ou vermelha (disponível pra qualquer negócio/pode ser que role/tô proibida...).

– Não caia na lavagem cerebral que a mídia e a propaganda fazem nessa data. Não é porque você decidiu ESTAR solteira que vai FICAR solteira sempre, você não é pior nem melhor que outra moçoila comprometida. Nessas horas vale a sábia filosofia que está rodando pela internet: "Eu não fico abraçada a uma árvore no Dia das Árvores, nem a um índio no Dia do Índio, muito menos a um morto no Dia dos Finados. Então, por que preciso estar abraçada a um namorado no Dia dos Namorados?

– Namore-se! Faça tudo que você faria se tivesse um amor: massagem, compre uma roupa bonita, faça o cabelo, as unhas, compre um presentinho lindo pra você, flores e, claro, bombons!

## ☆ DIA 32 ☆

## CURTA AS COISAS SIMPLES

Meu Dia dos Namorados não foi nem um pouco hollywoodiano, e por isso mesmo foi legal. Comprei um nhoque com gorgonzola, Coca-Cola e acendi as luzinhas de Natal. Mr. Dolito chegou de casaco de couro e com um gorro preto que o transforma numa mistura de Seu Boneco (do Chico Anysio) com o Capitão Haddock (de *As aventuras de Tintin*).

Mr. Dolito me trouxe um presente (na verdade, três!) feito por ele porque está meio duro (o que não tira em momento algum o seu charme). Ele me deu três CDs gravados por ele, de música *black*. Coisa que eu já queria faz tempo pra chacoalhar os ossos. Mas o mais lindinho foi a dedicatória sutilmente romântica: "Para um amor... importante e especial... Muitos beijos".

É uma alegria quando Mr. Dolito faz declarações de amor, porque ele é descendente de alemães e um pouco contido. Também dei um presente simples: um pão de mel em forma de coração, porque eu já tinha dado um vídeo de guerra uns dias antes. Aliás, Mr. Dolito deixou o doce aqui para comer no sábado e o desgraçado está me assediando sexualmente. Doce pervertido. Não vou te comer! Não vou! Sempre que compro um doce para Mr. Dolito, acabo comendo a metade antes de ele chegar, coitado...

Mas, em relação às coisas simples, o legal delas é que a gente não precisa ficar naquele apego louco com medo de perder ou de que roubem. Elas também não custam caro e alegram a nossa vida pra caramba. Um exemplo: eu tive um patrão muito chique, o "Z" da agência de publicidade "DPZ". Todo mundo tinha pavor de tirá-lo no amigo-secreto do Natal. Mas um ano um office-boy pegou o "Z". Sabe o que ele deu? Uma daquelas mãozinhas de plástico para coçar as costas. E ele adorou!

Vamos curtir mais as coisas simples. Parece uma dica besta, mas pouca gente faz. Fica todo mundo choramingando porque não tem as coisas complexas e caras da vida. Que "besteiration".

## ☆ DIA 33 ☆

## MANEIRE NA COMPULSÃO POR COMPRAS

Uma vez vi a economista Suze Orman dizer que autoestima e conta bancária tinham tudo a ver. Ou seja: se a sua conta bancária vive no vermelho, significa que sua autoestima também está dessa cor. Demorei muitos e muitos anos para assumir que era uma compradora compulsiva. Eu achava mesmo estranho ganhar bem e sempre ver o dinheiro sumir, bem diante dos meus olhos, sem nunca entender para onde ia. A ficha caiu como um piano na minha cabeça quando fiz uma matéria num lugar chamado "Devedores Anônimos". Sim, ele é primo dos Alcoólicos Anônimos, porque gastar demais (e estragar a sua vida) também é considerado um vício, uma doença.

Foi nesse dia, nos Devedores Anônimos, que percebi que havia herdado essa encrenca do meu pai, o que me deu um certo alívio, pois pude perdoá-lo por ter torrado todo o dinheiro que ganhou na sua brilhante carreira de advogado. Juro que não bati minha cabeça na parede quando descobri esse meu problema porque acredito mesmo que todo mundo tenha a sua compulsão de estimação, como eu já disse. Só muda de nome.

Para a psicóloga Denise Gimenez Ramos, coordenadora do Programa de Pós-Graduação em Psicologia Clínica da PUC-SP, a oneomania (ou *overspending*) aparece para aliviar sentimentos de grande frustração, vazio e, às vezes, depressão. É um desejo de possuir, de ter, que fica reprimido. Quando não se consegue dar vazão a esse desejo, a pessoa sofre uma enorme pressão interna que a leva à necessidade de possuir coisas novas como única forma de prazer. Às vezes, também é uma tentativa frustrada de aplacar o excesso de ansiedade. O lado ruim da história é que, depois de comprar o objeto de desejo, a gente chega em casa e não dá a menor importância pra ele. Ontem aconteceu isso comigo. Eu já melhorei muito da minha compulsão (mentira!), só que ninguém sara disso, mas dá pra controlar. Domingo, eu vi um colar numa vitrine e tive a certeza de que ele mudaria a minha vida, de que eu ficaria linda e de que o mundo sorriria para mim (olha que sonsa). Sério, aposto que isso também já aconteceu com você.

Bom, ele não mudou minha vida, eu não fiquei mais linda, o mundo não sorriu para mim, Mr. Dolito nem reparou e agora ele está pendurado num dos braços do Monstro Manco. Então, se você está se identificando com este texto, preste bem atenção nas dicas que vou te dar sobre esse assunto. Se você tem compulsão por compras, mas não chega a ser a personagem louca do filme *Delírios de consumo de Becky Bloom*, tente tomar as seguintes atitudes:

Livre-se do cheque especial e dos cartões de crédito (acredite, eles têm parte com o demônio).

Tenha algum objetivo nobre para obter com o seu dinheiro e, toda vez que você cair na tentação, lembre-se dele. Exemplo: esse colar aqui é um tijolo da minha casa própria.

3- Quando você for comprar algo, pergunte-se se já tem (CD, livro, roupas, acessórios etc. etc.). Se a resposta for sim, saia correndo da loja (aliás, nem entre nela).

4- Pense na sua conta bancária como um organismo vivo. Logo, ela estar no vermelho significa sinal de doença. Logo, você gastar mais significa deixá-la mais doente.

5- Lembre-se de como você dá duro no trabalho, para chegar no fim do mês e nunca ter dinheiro sobrando.

6- Anote tuuuudo que você gasta. É chatíssimo, mas ajuda muito a melhorar o problema. E você acaba acostumando. Afinal, ninguém tropeça nas pequenas pedras, e sim nas grandes.

7- Ah, sim! Use a regra simples e perfeita dos Devedores Anônimos: "Hoje eu não vou fazer dívida". Essa é a que mais funciona :)

☆ DIA 34 ☆

## PARE DE FALAR COMO TELETUBBIE COM SEU AMOR

Ok, tudo começou quando a gente foi assistir a *Terça Insana*. Um dos personagens da peça é o "Cupido com Rinite", e ele fala de forma muito engraçada, com o nariz entupido. Duas semanas depois, Mr. Dolito ficou resfriado, fiz uma pergunta qualquer para ele e a resposta foi: "Dão!". Pronto! Essa foi a senha da porta do inferno.

O inferno, no caso, é essa mania de falar com voz de retardada com seu namorado. Uma vez que a gente começa... danou-se!

Então, Mr. Dolito e eu viciamos em falar com o nariz entupido e com voz infantil. No começo é engraçado, mas depois você percebe que vai ficando meio "amiguinha" do seu namorado. E vice-versa. Para piorar, em agradecimento por ter cuidado dele na última gripe, Mr. Dolito inventou um tal de abraço "joaninha". É assim: eu estou deitada, ele vem por cima e gruda em mim com braços e pernas, como um ácaro. É odioso porque, embora eu ria como uma louca, não consigo respirar por causa da minha asma.

Depois de ter perdido o tesão quando a gente foi transar porque Mr. Dolito falou com voz de Teletubbie (e um dos seus charmes é a voz!), a gente combinou parar com essa desgraça. Essa noite eu liguei pra ele e não consigo descrever pra você a dificuldade que foi pra conseguir falar com a voz normal. Foi ridículo mesmo, ahahahaha. Sabe quando o Eddie Murphy começa a sofrer aquelas transformações de magro para gordo? Foi mais ou menos assim... Mas a gente vai se policiar, ah, vai...

## ☆ DIA 35 ☆

## ACABE COM O ESTRESSE COMEÇANDO PELA AGENDA

Hoje acordei no fundo da catacumba, com estresse até o último fio de cabelo. Acontece que sou um ser humano lunar. Meu cérebro abre as portas de madrugada; antes disso sou só uma pessoa agitada, girando em torno de mim mesma. Então, ontem fui dormir às quatro da matina... E acordei toda bagunçada da cabeça. Mil coisas para fazer, mais outras mil coisas que virão, fora a vida de um monte de gente que acho que tenho que arrumar, com minha habitual "Síndrome de Amélie Poulain". Uma dessas "gentes" foi um cachorrinho atropelado que ficou perneta e precisava de um dono. Quase adotei o bicho. A família iria aumentar: eu, Mr. Dolito, a gata cinza e o Perninha. Outra dessas pessoas foi uma leitora que pedia ajuda sobre seu relacionamento. E peguei pesado com ela. E depois peguei de novo. E depois... me arrependi!

Que coisas boas a gente tira de uma bela enfiada de pé na jaca? Acabei recuando e pedindo desculpas. Saída honrosa. Quando baixei a guarda, finalmente ouvi o que ela tinha a dizer. E aí tudo ficou mais claro.

Ando num estresse brabo porque me sinto patinando na lama. Quando realizo uma coisa, faltam mais cinquenta. A vida parece a Hidra de Lerna. Você corta uma cabeça, aparecem mil. Fora as que eu invento. Coisa de doido. Você também se sente assim?

Conheci pessoalmente um cara que acabou com essa vida de louco varrido. Ele se chama Carl Honoré, é canadense e jornalista. Ele corria tanto que se pegou um dia, no aeroporto, comprando um livro de contar histórias para crianças em um minuto. A ficha caiu e ele largou o emprego estressante, virou *freelancer* e escreveu o livro *DEVAGAR*. A primeira coisa que ele me disse que fez foi cortar metade dos compromissos da agenda. É um horror mesmo. Todo mundo se exalta, marca coisas, depois se cansa e desmarca metade. Então, o mundo virou um amontoado de canos de última hora. Transcrevo pra você um dos diálogos que tive com o Carl:

Eu: Na sua opinião, o que fez aumentar tanto o estresse nas últimas décadas?

Carl Honoré: É culpa do nosso desejo de querer consumir tudo, ler todos os livros, assistir a todos os filmes, comprar todas as coisas que vemos, fazer todos os cursos, ver todos os canais, conquistar todas as pessoas... Ufa!

Eu: O que costumava deixar você muito estressado?

Carl: Sentir que as pessoas estavam controlando como eu usava meu tempo. Isso me sufocava. Sou muito mais feliz hoje em dia por poder dizer NÃO para muitas coisas.

Eu: O que mudou depois disso?

Carl: Tudo é feito mais devagar, com mais sabor: o lazer, as refeições, os exercícios, as brincadeiras com as crianças e até o sexo. Também escolhi apenas um esporte de que eu gostasse muito, diminuí a frequência de TV por dia e do acesso à internet, celular, essas pragas viciantes... Todo dia me proponho uma paradinha para relaxar e sempre faço as refeições com minha família. Ah, também parei de usar relógio (risos).

Eu: Onde você acha que vamos parar? Acha que a coisa vai ou racha?

Carl: Se as pessoas não diminuírem o seu ritmo de vida, vamos rachar. Para você ter uma ideia, os psicólogos especializados no tratamento de adolescentes que sofrem de ansiedade estão com as salas de espera cheias de crianças de não mais que 5 anos, com problemas gástricos, enxaquecas, insônia, depressão e distúrbios de alimentação. Mas estudos realizados em vários países indicam que as crianças de famílias que costumam comer juntas têm mais probabilidade de êxito na escola, sendo menos passíveis de sofrer de estresse ou começar a beber ou fumar muito cedo.

Vou citar a frase de um mestre zen: "Em vez de dizer 'Não fique aí parado, faça alguma coisa', devíamos dizer o contrário: 'Não fique aí fazendo alguma coisa, esteja quieto'".

☆ DIA 36 ☆

## NÃO DEIXE PARA A ETERNIDADE O QUE VOCÊ PODE FAZER HOJE

Minha tia Zizia (irmã do meu pai) é um barato. Baixinha, meio vesga e sempre atraiu bonitão. Nunca fui muito próxima à família do meu pai, porque ele foi separado da minha mãe muitos anos e isso atrapalhou tudo. Mas sábado liguei pra tia Zizia porque estou pesquisando mais sobre meu avô italiano. Como sempre, ri pra caramba. E mais uma vez ficamos de tomar um chá juntas. E nunca rola... O famoso deixar-para-a-eternidade-o-que-se-pode-fazer-hoje porque nunca acreditamos que as coisas são impermanentes. E tudo é. E também somos.

Hoje eu soube que ela teve um derrame e está na UTI. Ô, caramba, lá vem a UTI de novo. Justamente hoje eu acordei pensando na velhice (minha tia já tem uns 80 anos). A janela da varanda estava entreaberta e eu fiquei na cama, contemplando um naco de sol, de árvore e meu abajur vermelho da Tailândia. Pensei que talvez completar 45 anos em novembro seja um grande peso. E que, quando eu chegar aos 50, o mundo não achará mais a menor graça em mim. Um desses pensamentos idiotas, mas que realmente passam pela nossa cabeça. Aí, me lembrei de uma artista espanhola chamada Esther Ferrer. Me desculpe o palavrão, mas Esther ca--para o tempo, corpo, dinheiro, celulite, essas coisas que atravancam a vida da gente. E faz obras belíssimas usando até o seu envelhecer como arte. É muito corajosa. Transcrevo aqui algumas das palavras dessa mulher que encara o touro de frente e, certamente, não deixa para a eternidade o que pode fazer hoje:

"Quero que tudo que é meu saia de forma natural, quase sozinho. Como os números 1, 2, 3. Eles são maravilhosos. Não há nenhum drama. O drama, se quer, acrescenta-o quem vê".

☆ DIA 37 ☆

## PARE DE SE ACHAR FEIA(O)

Ultimamente cheguei à conclusão (benza Deus!) de que se achar bonita é apenas uma atitude. Tipo: um belo dia você acorda e resolve que é bonita e ponto final, não adianta alguém discordar. Então, a gente deveria responder assim toda vez que alguém desejar um bom dia: "Bom dia, eu sou bonita!". Assistindo a Oprah vi que isso faz sentido. Duas moças bem acima do peso, talvez uns 40 quilos, mandaram vídeos para o programa pedindo ajuda. Elas estavam muito infelizes com sua não-beleza, se sentindo piores que uma sacolinha de plástico no auge da sustentabilidade.

Acontece que elas não eram feias. É difícil ver uma americana muito feia de rosto. O que era feio nelas, na minha opinião, era a falta de brilho causada pela infelicidade de se sentir gorda e, principalmente, o desleixo: raiz branca de cabelo aparecendo, essas coisinhas... Aí, um profissional cujo nome não lembro, mas tem um projeto chamado "Como se achar bonita nua", deu uma supervalorizada nelas, sem nenhum radicalismo. Ele apenas apresentou sutiãs e calcinhas certos, mudou os cabelos e escolheu umas roupas legais e em conta. Você não acredita como aquelas mulheres ficaram lindas, principalmente porque começaram novamente a irradiar um brilho, uma felicidade solar. Um acreditar em si.

Elas não precisaram emagrecer, nem malhar, nem fazer plástica, nem nada dessas coisas. Elas simplesmente mudaram algo.

Acredito na mudança. Quer me ver triste, é me ver na estagnação. Eu não estava me achando bonita ultimamente, e nem era pelos oito quilos a mais, e sim porque eu estava cansada, como disse antes, de me ver com aquele cabelo pretão no espelho. Meu cabelo nunca foi pretão, sempre foi castanho. Mas, como eu disse, um ano atrás errei na tintura e me dei mal. E evitei mudar porque tive medo de estragar o cabelo. Até que um profissional me convenceu e novamente me achei bonita, apenas pela mudança. Só isso. Apenas por um passinho-à-frente-por-favor.

Sobre o mudar, transcrevo um trecho da grande escritora Martha Medeiros: "Mudança, o que vem a ser tal coisa? Minha mãe recentemente mudou do apartamento enorme em que morou a vida toda para um bem menorzinho. Teve que vender e doar mais da metade dos móveis e tranqueiras que havia guardado e, mesmo tendo feito isso com certa dor, ao conquistar uma vida mais compacta e simplificada, rejuvenesceu. Uma amiga casada há 38 anos cansou das galinhagens do marido e o mandou passear, sem temer ficar sozinha aos 65 anos. Rejuvenesceu. Uma outra cansou da pauleira urbana e trocou um baita emprego por um não tão bom, só que em Florianópolis, onde ela vai à praia sempre que tem sol. Rejuvenesceu".

☆ DIA 38 ☆

## O AMOR ESTÁ NOS DETALHES

Essa frase não é minha, nem do arquiteto Frank Lloyd Wright (ele tem uma parecida), mas, sim, da apresentadora Oprah Winfrey. Nesse fim de semana tive uma prova disso. Foi o aniversário de Mr. Dolito e ataquei em duas frentes: 1- Um belo presente; 2- Um ritual colorido e simplezinho. A história do presente é a seguinte: há quatro anos Mr. Dolito morou uns meses em Portugal. Ele não tinha muito dinheiro e não pôde comprar uma camisa de rúgbi, de um time da Nova Zelândia, chamado All Blacks. Quando ele me contou isso (há seis meses) eu guardei na memória, mesmo sempre me acusando de não ouvir o que ele fala, coisa que não é verdade. Mentira! Às vezes, é, sim.

Bom, quando chegou perto do aniversário eu desembestei a procurar a camisa pela internet, mandei e-mail até para a Nova Zelândia e acabei descobrindo que a Adidas havia acabado de lançar uma edição *vintage* (das antigas) e já estava nas lojas de esportes. Vai ser sortuda assim lá no Butão.

Para entregar o presente, fiz um ritualzinho simples e barato: dez bolas cor de laranja, um bolinho com carrinhos de corrida de plástico (o cara ama esse inferno!), umas letrinhas de neoprene grudadas na parede (que a gata já apavorou) e óculos com canecas de chope para recebê-lo. Total: 40 reais! Nem preciso dizer o quanto ele amou, mesmo minha gata tendo comido o cordão de uma das bolas e vomitado perto do sapato dele.

Sim, valeu o tempo e o dindim gasto porque Mr. Dolito é um homem que vale a pena e que me dá o valor que mereço. Ouviu? Uma pessoa que vale a pena e que me valoriza! Sim, beeem por aí!

## ☆ DIA 39 ☆

## ENCONTRE A DIGNIDADE NA VAIDADE

Lembro bem de uma cena em que os músicos do Buena Vista Social Club foram tocar pela primeira vez em Nova York. Eram cubanos muito simples, com roupas idem. Lembro de um senhor negro que entrou no palco com uma dignidade que me chamou a atenção e nunca mais esqueci essa palavra.

Minha mãe sempre foi uma mulher elegante. Ela foi criada como princesa, apesar de a família não ser rica. Nas épocas de vacas gordas, quando casou com meu pai, ela chegou até a usar roupas do Dener (não o jogador, o costureiro chique da época). Nas vacas magras, com cinco filhos para criar, foi ser telefonista, falando três línguas e vestindo *tailleur* Chanel. Ela não teve vergonha, teve dignidade.

E nesse domingo, visitando-a no hospital mais uma vez, me lembrei dessa palavra. Ficar um mês num hospital, cheia de trecos atados a você, deve ser um pé no saco e um grande pesadelo. É praticamente morar lá, mas nem por isso minha mãe deixou de lado sua vaidade (principalmente nos chinelinhos cor de rosa), o respeito por si própria, pelas visitas e pelos profissionais que cuidam dela.

Então, ficou muito claro para mim como moda, beleza, estilo, tudo isso tem a ver com esta palavra: d i g n i d a d e.

Me perdoe o pessoal do São Paulo Fashion Week se não assisti a nenhum desfile e se não tenho nenhuma roupa da moda. Hoje, vou vestir dignidade...

☆ DIA 40 ☆

## CUIDADO COM A "SÍNDROME DO ME ME ME"

Esse nome foi inventado pelo meu amigo Ricardo. A "Síndrome do Me Me Me" é quando você tenta conversar com uma pessoa e essa pessoa só fala dela. E vamos combinar: isso está cada vez mais normal nos dias de hoje, não está? Mas vamos falar de quando a "Síndrome do Me Me Me" fica ainda mais radical, que é assim: mesmo que você comece a contar sobre você, o ser humano te interrompe com exemplos de autorreferência. Se você fez algo, ele também fez. Se você conhece alguma pessoa, o primo dele também conhece. Ou pior: se você diz que comprou um chapéu de pelo da Monga, a mulher-macaca, ele diz que comprou um com pelo do Elo Perdido. Ou seja: a pessoa não só fala que nem uma louca dela mesma, e não te ouve, como também tem sempre que levar vantagem em tudo.

Como estou com a boca machucada (porque fiz uma – argh – operação no dente) aproveitei o dia para ouvir os outros. Aliás, isso me lembra o dia em que fui ao workshop do médico e palhaço "Patch Adams", em São Paulo. Um dos exercícios justamente era ouvir a outra pessoa durante cinco minutos, sem interromper e sempre olhando nos olhos dela. Quase morri, porque tive que fazer um esforço tão grande para me concentrar que devo ter ficado com cara de louca, como a do ator Marty Feldman.

Quando chegou a minha vez de conversar, foi uma beleza. A moça, descendente de japoneses, ficou até tonta.

Tente ficar uma hora sem falar a palavra "Eu", vulgo "Me". E preste muita atenção no que o outro fala. Eu consegui. Mentira! Ahahahaha.

☆ DIA 41 ☆

## QUER EMAGRECER? PERCA ANSIEDADE

Eu preciso confessar uma coisa: passou pela minha cabeça uma certa felicidade ao saber que vou emagrecer porque está difícil mastigar com esse dente doendo. Ou seja: a gente chega a ser tão doido com essa coisa de perder peso que prefere ter dor de dente. É o fim da picada...

Lendo um guia da Itália, deparei com uma imagem da Vênus de Urbino. Se você fizer uma pesquisa no Google, vai reparar como a moça é cheinha e feliz.

O quadro é do século XVI e fiquei me perguntando quando foi que essa loucura toda por emagrecer começou. Ou quando foi que começamos a perder essa sensação maravilhosa de ser felizes do jeito que somos. Assistindo a Oprah, pude ver que, hoje em dia, em todos os cantos do mundo as mulheres sofrem com os padrões de beleza chamados de "ideais" pela sociedade (o engraçado é que a maioria das pessoas na sociedade não tem esses padrões, então tá todo mundo louco mesmo). Na Mauritânia (África!), as doidas chegam a tomar remédio de camelo porque, ao contrário daqui, o legal é ser gordinha. Então, elas tomam o veneno para ganhar quilos. Meu Buda...

Sobre engordar, tenho uma coisa interessante a dizer: pode ter a certeza de que a compulsão, na maioria das vezes, é fruto de ansiedade. E, segundo uma amiga minha que trabalha com "Criatividade Quântica", Lucia Rodrigues, toda ansiedade é fruto de um medo. Então, se você acha que está fora de forma, te pergunto: você tem medo de quê?

Eu acho que isso faz sentido, pois um dia estava numa padaria com um amigo e começamos a falar do nosso medo de ficar sem emprego. Comi uns três pudins seguidos. Afe! Às vezes, o seu medo é de ser bonita e não saber lidar com isso, como eu já falei aqui. Ou de ser amada e fica querendo se sabotar. Ou até de que, inconscientemente, falte comida. Vai saber... E o medo "starta" a tresloucada da ansiedade que leva à compulsão.

Jantando hoje uma massinha com minha amiga baiana Adê, doutora em ciências religiosas, perguntei:

– Te conheço há tanto tempo, por que você nunca engordou?

– Porque contemplo meu alimento. Coloco na boca, respiro fundo, sinto o sabor, o cheiro. Contemplo escolhê-lo na feira. Prepará-lo...

Putz, fiquei com cara de orifício circular corrugado, localizado na parte inferolombar da região glútea. Pra você ter uma ideia, fogão aqui em casa é prateleira, é poleiro de gato. Eu não almoço, engulo, e só tenho vagas lembranças do sabor. Ai, como é difícil se permitir ter prazer... Porca miséria!

Então, para ajudar todo mundo aqui a diminuir a ansiedade e, portanto, a compulsão e, portanto, emagrecer... citarei alguns passos recomendados pelo psicólogo Alexandre Bez:

1- Para se livrar da ansiedade, em primeiro lugar é preciso

entendê-la. A ansiedade é o resultado de um processo de aceleração de nossa mente por algum motivo. Estude o motivo com calma.

2- Faça exercícios de alongamento para começar o dia.

3- Respire fundo, lenta e compassadamente pelo maior tempo que você for capaz, pois isso ajuda a desacelerar fisiologicamente o cérebro e, por consequência, a mente.

4- Problemas e novidades se resolvem com ação e não com pensamento; é preciso fazer o melhor que está ao nosso alcance, focado, ligado no real. O que está além do nosso melhor esforço não podemos controlar.

5- Mantras ajudam a acalmar a mente. Veja qual deles se adapta à sua religião.

6- Evite a ingestão de chocolate, cafeína e refrigerantes à base de cola.

7- É possível conviver com a insegurança quando ela surgir à sua frente. Não queira se livrar dela, não tenha pressa. Quanto mais você aceitar esse fato, mais calmamente ela irá embora.

8- Evite situações em que você precise escolher algo no meio de várias outras opções.

9- Dance como se ninguém estivesse vendo e aproveite para cantar sua música favorita algumas vezes ao dia. Isso acalma a mente e ainda faz bem para a saúde.

## ☆ DIA 42 ☆

## APRENDA A ACEITAR ELOGIOS

Minha amiga Silvana teve uma filhinha linda com síndrome de Down que, ainda por cima, precisou operar o coraçãozinho (e está joia!). Se não me engano, o marido de Silvana está desempregado. Mesmo assim, ela ainda consegue amor e tempo para resgatar Beto, um cachorro da rua (que havia sido atropelado e abandonado), cuidou dele quando teve uma perna retirada e ainda o ajudou a ser adotado. Silvana também salvou Hanna de virar sabão e resgatou três cachorros de raça (subnutridos e tristes) que foram ABANDONADOS numa estrada. Ela ainda cuida de 13 cachorros na casa dela. É uma mulher para se indicar para o Prêmio Nobel, não é?

Pois é, sabe o que Silvana respondeu quando eu a elogiei e publiquei a foto da sua filhinha numa matéria que fiz sobre mães? "Mulher do céu, não tô acostumada a receber tanto carinho, que vergonha!"

Acredita? E a coisa não para em Silvana: entre ontem e hoje recebi cerca de 60 e-mails de Vigilantes da AutoEstima com respectivas fotos. E juro por Deus que não tinha nenhuma mulher feia, nem umazinha, mesmo as que se denominam "fora de forma". Pensam que elas acreditam? Nããããão!! Pior ainda: pede pra uma mulher que você conhece dizer dez qualidades dela. A maioria não consegue! É de rasgar a alma.

Quantas e quantas vezes você não teve vergonha de receber um elogio? Ou tentou se depreciar logo em seguida, dizendo que o vestido era velho, que o cabelo estava sujo, que você havia engordado? Hein? Hein? Hein? Parece que receber elogio dói e que a gente não merece tal dádiva, não é? Mas aposto que você, como eu, sabe muito bem elogiar os outros... Então, a dica é muito simples: vamos agradecer um elogio! Apenas isso: vamos agradecer um elogio, sem chorumelas! Não rebata! Não se deprecie! Apenas fale: "obrigada!". Juro que não dói.

## ☆ DIA 43 ☆

## NO PANIC!

Hoje eu recebi uma notícia daquelas de derrubar cavalo. O site onde trabalho está mal das pernas e será vendido. Tipo *panic* total! Imagine algo como um morcego embriagado caindo em cima daquele penteado em que você gastou uma fortuna para ir ao casamento... Me deu um medo danado. Mas aí eu lembrei da minha mãe. Como todo mundo aqui sabe, faz um mês que ela está no hospital com o coração "meia bocation".

Mas essa semana ela soube que colocará um marcapasso. Qualquer pessoa que recebesse uma notícia dessa sairia correndo pelada na Paulista assobiando o hino do Uzbequistão. Não minha mãe. Ela me deu a notícia com uma enorme tranquilidade. Aliás, isso foi uma coisa que observei nela nesse tempo no hospital. Minha mãe simplesmente aceita tudo numa boa. Aceita fazer xixi na comadre, fazer uns exames chatérrimos e incômodos, receber banho de enfermeira, ser entubada de tudo quanto é jeito... Tranquilinha... Simplesmente aceita... O que eu tenho aprendido é que, quando a gente vai com a maré, não tem como se embolar toda e virar croquete de areia. Já tomou um "tóin" de onda na cabeça? Crend'uspai... Mas se a gente pega essa mesma onda e passa por baixo, com calma, dá tudo certo.

Aliás, a Oprah tem uma frase fantástica sobre isso: *"Por anos eu tenho sido uma nadadora em desafio, com medo da água e de lutar contra isso. Hoje, eu aprendi a me mover com o fluxo. Isso eu sei para sempre e é a grande metáfora da vida. 'Mexa-se com o fluxo'. Não lute contra a corrente. Não resista. Deixe a vida carregar você. Não tente carregá-la"*, disse ela.

Então, eu resolvi receber essa tal notícia hoje sem pânico, sem drama, como aquele ratinho número 1 – do livro *Quem mexeu no meu queijo?* – que, quando percebe que o alimento não está mais sendo colocado no lugar de sempre, se manda atrás de mais, sem chilique, sem arrancar os pelos do bigode.

Quando a gente achar que ferrou... basta respirar fundo e sentir cada um dos dedos do pé no chão. O chão nunca deixa a gente na mão, nem nossos amigos.

☆ DIA 44 ☆

## CUIDADO COM A SÍNDROME DE MICHAEL JACKSON

Muito bem-feito o especial do *Globo Repórter* sobre o Michael Jackson (que foi desta para melhor), mas apenas uma coisa me chamou atenção: um depoimento dele falando como tinha vergonha de suas espinhas na infância (ele chegava a lavar o rosto só no escuro). E quanto o magoava ouvir seu pai sempre dizendo que ele era feio.

Conheço muitas e muitas pessoas que aniquilaram as suas vidas por terem cristalizado na alma esse tipo de mensagem paterna ou materna. São pessoas que tinham tudo para ser felizes, mas não são. Isso talvez explique o porquê de o astro do pop ter ficado sempre mudando e mudando, tentando atingir um grau de perfeição impossível, já que o "julgador", aqui, seria um pai malvado e insensível. Crianças que não são valorizadas pelos pais na infância têm uma chance enorme de crescer sem autoestima. Mesmo que sejam bonitas, inteligentes, bem-sucedidas, dificilmente se gostarão e facilmente terão um comportamento destrutivo. Mas a gente está aqui pra virar esse jogo, né?

Sei bem o que é isso porque, já falei aqui, também sempre convivi com a "Síndrome do Patinho Feio". E, vira e mexe, rola uma autodestrutividade básica, seja sabotando romance, trabalho, a saúde ou até mesmo o próprio corpo. Crend'uspai... Sempre fiz muita terapia, mas ainda vivo brigando contra esse lobo mau interno que tenta derrubar minha autoestima de palha.

Sobre o Patinho Feio, transcrevo mais uma vez um trecho do livro *Mulheres que correm com os lobos*: "Na Síndrome do Patinho Feio, quando nos voltamos para um comportamento repetitivamente compulsivo com o objetivo de abrandar nosso isolamento, na realidade estamos causando um mal ainda maior porque a ferida original não está sendo tratada e a cada incursão ela ganha novas feridas...".

Lembre-se de que "nada nem ninguém tem poder sobre nós". Se internalizamos uma dessas mensagens do inferno, o ideal é escrevê-la num papel e botar fogo. Ela não precisa mais fazer parte da sua vida. Não precisa!

## ☆ DIA 45 ☆

## CUIDADO COM O QUE ACHA QUE OS OUTROS PENSAM

Mr. Dolito definitivamente é um cara engraçado. Hoje estávamos vendo filme e, em uma das cenas, o rapaz foi encontrar a namorada num farol, na praia. Eu virei para ele e disse: "Olha, que romântico!". Ele respondeu: "A gente pode se encontrar no semáforo da esquina!". Ahahahaha. Já falei que vou denunciá-lo no Orkut por falso romântico (para quem não sabe, eu o conheci lá!).

Ontem fiz uma coisa idiota com Mr. Dolito e me arrependi. Fomos à casa da minha irmã almoçar. A maior parte da família estava lá. Mr. Dolito foi com sua camisa de rúgbi nova (que dei de aniversário), um casaco de couro e o diabo de um gorro que o deixa com cara de assaltante de trem. Então, impliquei com o gorro. Acontece que ele estava resfriado e ontem estava frio. Ele acabou tirando o gorro e ficou mais resfriado, coitado. Me arrependi muito, porque é lógico que eu estava pensando no que as pessoas pensariam de ver meu namorado com cara de Fernandinho Beiramar. Não sei por que a gente sempre pensa que todo mundo está de olho em nós. Egocentrismo dos bons.

Aí, no meio do almoço pedi que ele colocasse o gorro de novo, afinal, uma Vigilante da Autoestima está pouco se lixando para a opinião dos outros (se é que os outros estão pensando num gorro de lã). Foi uma lição e tanto. Meu amor ficou todo quentinho com o seu boné de mano.

Ave Maria o número de vezes em que fiz algo ou deixei de fazer porque achei que os outros pensariam alguma coisa. Pedaço de ego estranho esse que acaba por atormentar a gente e até quem não tem nada com isso, como nesse caso que contei.

A vida já tem problemas demais pra gente criar outros imaginários. Vamos nos respeitar e respeitar as pessoas que estão com a gente. Vamos parar de nos boicotar e de boicotar os outros pensando no que as pessoas podem achar. A gente consegue, sim!

## ☆ DIA 46 ☆

## TENHA FÉ!

Hoje recebi uma notícia desanimadora que envolve dindim. É claro que corri para o bolo de chocolate nesse momento. O bolo de chocolate costuma ser um cara muito atencioso nessas horas, até mais que Mr. Dolito, meu love. Depois, corri para a internet e procurei Emi, uma das minhas melhores amigas, no MSN. Ela estava lá. Mandei um monte de *emoticons* arrancando os cabelos. Ela, no auge da sua calma, me lembrou da existência da fé.

Fé é um negócio muito louco se você pensar, porque, teoricamente, implica acreditar em algo ou alguém que ninguém nunca fotografou para provar que existe. Para piorar, fui pesquisar a palavra "fé" no Michaelis on-line e não existe! Danou-se! Ou eu olhei errado ou o Michaelis perdeu a sua fé. Num outro dicionário on-line mais simplezinho achei uma definição: "Fé = adesão absoluta do espírito àquilo que se considera verdadeiro".

Mas eu prefiro mesmo a definição do Gilberto Gil, que diz: a fé não costuma "faiar".

Acredite e para o alto e avante!

☆ DIA 47 ☆

## NADA COMO UM DIA APÓS O OUTRO (É CHAVÃO, MAS É VERDADE)

Ontem a "casa deu uma certa caída" na minha vida e cheguei a colocar um *post* meio desanimado. Mas hoje as coisas melhoraram, então achei que deveria trocar o texto por algo mais feliz. Quando fiz curso de mergulho há anos (influenciada pelo meu ex-marido, óbvio, porque tenho pavor de peixe com dente), aprendi uma grande lição: toda vez que a gente entra em pânico debaixo d'água... vai para o saco. Então, decidi mudar minha energia e também a forma de me relacionar com as coisas que não estavam dando certo ontem.

É um pouco coisa de italiano essa história de fazer dramas demais e de acreditar no "catastrofismo" das coisas. Mas a verdade é que depois da tempestade o sol sempre volta a brilhar (isso se não cair um meteoro gigante na Terra, ahahaha). Tentar resolver as coisas com a cabeça fria é muito melhor do que perder as estribeiras e colocar de vez tudo a perder.

Vou contar uma história bem bacana: uma vez trabalhei na MTV e havia um concurso cujo prêmio era jantar com o Paul McCartney, em Londres. Um rapaz, garçom, se não me engano, sentou à porta da MTV e escreveu 3 mil cartas. Levou dias fazendo isso. No final, ele ganhou só um livro de receitas da Linda McCartney, coitado. Ele recebeu o prêmio feliz, sem reclamar e sem deixar a peteca cair. Porém, porém, porém, a produção do Paul soube do seu feito e mandou buscá-lo para jantar com o ex-Beatle. Foi um alvoroço, a MTV ajudando a tirar o passaporte etc. Sim, quando ele perdeu, manteve a calma, não se desesperou nem xingou ninguém, nem culpou nenhuma pessoa, e olha o que aconteceu: saiu dessa triunfante e ainda provou que o dia seguinte pode ser melhor mesmo.

E foi isso que fiz hoje, tive calma, falei com tranquilidade e todos viram o quanto eu tinha razão. Portanto, vai dar tudo certo!

Se o fundo do poço chegar, garanto que alguém vai te dar uma cordinha pra você sair. E muitas vezes esse alguém é você mesma.

## ☆ DIA 48 ☆

## NÃO TENHA MEDO DE OUSAR

Gosto muito de uma frase do navegador Amyr Klink que diz: "O pior naufrágio é nunca partir". É muito triste ter medo de ousar, de mudar, de conhecer o novo. Isso nos leva a ficar numa energia estagnada e infeliz. Num lodo gosmento e sem cor. Valorizo demais as pessoas, principalmente as mulheres que ousaram (em momentos impossíveis) e que ousam. E posso citar inúmeras delas aqui (cientistas, aviadoras, artistas, políticas, negras que lutaram por seus direitos...): Amelia Earhart, Ida Wells-Barnett, Wangari Maathai, Sarah Bernhardt, Carrie Chapman Catt, Bessie Smith, Josephine Baker, Wilma P. Mankiller, Lucretia Mott, Karen Horney e muitas outras. Não, eu não sou tão culta assim, eu vi num livrinho chamado *Women who dared*.

Vou contar mais uma história muito legal. Uma vez, quando eu estava solteira, passeando nesses sites de relacionamento, conheci um homem muito bonito e inteligente, sul-africano. Ele estava no Rio de Janeiro havia alguns meses para aprender português e para escalar montanhas. Rolou um afeto bem bacana entre a gente, mas era sua última semana no Brasil. Em sua última noite, mandei um e-mail dizendo: "Estou indo para o Rio jantar com você". Em momento algum ele se mostrou inseguro ou coisa do gênero. E fiz isso mesmo, fui até o Rio de Janeiro encontrar um homem que eu nunca tinha visto na vida e foi uma das melhores noites da minha vida (e também o bububu-no-bobobó mais caro). Bem, quase, porque meu amigo Vlad ficava mandando torpedo de hora em hora para saber se o moço não tinha roubado meu rim. Ahahaha.

Essa foi uma experiência tão maravilhosa que pendurei a foto dele na parede. Não apenas por ser um homem especial e ter um "míssil teleguiado" sensacional (hehe), mas porque foi a lembrança de uma grande ousadia na minha vida. Voltamos a nos falar uma ou duas vezes e comecei a namorar Mr. Dolito, que mora bem pertinho de mim, em São Paulo, e também é bonito, inteligente e especial. Só não escala o Pão de Açúcar, hehe.

Hoje tive que ousar de novo. Foi uma decisão difícil. Mas, como eu disse, a dignidade tem que estar acima de qualquer coisa, até de uma pseudossegurança.

## ☆ DIA 49 ☆

## "MOMENTO BENJAMIN BUTTON"

Meu namoro com Mr. Dolito é um pouco diferente. Nós nos vemos apenas um dia por semana porque ele mora longe, na Freguesia do Ó, e trabalha muito cedo no sábado. Como ele está um pouco duro, a gente acaba ficando em casa e, como eu já citei, assiste a filmes horas e horas seguidas. Somos tarados por cinema. É claro que, em muitos sábados, jantamos na casa de alguém ou curtimos uma festa. Mas quase sempre nos enfiamos mesmo no sofá-cama e ninguém nos tira de lá. Esse estilo de namoro não nos cansa (ainda), mas às vezes me dá uma sensação de que fico com Mr. Dolito sem estar. Talvez porque a gente grude os olhos na TV e não um no outro e porque as memórias do nosso relacionamento não variam muito, o que varia são as cenas dos filmes que a gente vê. Mas acredite: nos deliciamos assim mesmo, com o pouco que temos.

Ontem, depois que Mr. Dolito foi embora, resolvi ver o filme *Benjamin Button*, com o salve-meu-rei-Brad-Pitt.

O filme é uma beleza e ver o Brad Pitt surgir de um corpo velho e cansado como um Kinder Ovo com Surpresa... é tudo de bom! Mas vou falar de uma cena em especial, que é quando um senhor cego constrói um relógio enorme – para a estação de trem – que anda para trás. Ele faz isso na "esperança" de que o tempo volte e ele possa rever o filho que morreu na guerra. Fiquei pensando sobre o "voltar no tempo" e resolvi escolher quatro momentos de felicidade plena que eu gostaria de rever.

1. Quando eu tinha 9 anos e meu pai comprou uma fazenda em Barra do Piraí. Logo depois ele quebrou e perdeu – sim, ainda estou esperando o pônei que ele me prometeu :(

2. Quando eu tinha 26 anos e morei, com meu ex-marido, perto de Atibaia e tínhamos o labrador Marvim. Ele desapareceu um dia e sofremos que foi o diabo. Gostaria muito de encontrá-lo de novo.

3. Quando eu lancei meu primeiro livro, *Sex shop*, em 1997.

4. Quando fui a New Orleans escrever uma matéria pós-Katrina (2006). Eu estava muito feliz porque amo escrever e o lugar é muito mágico.

Às vezes, nos sentimos tristes porque algo em nossa vida está bem ruinzinho. O perigo é a gente nutrir essa tristeza e esquecer o quanto a vida tem de momentos bárbaros, divertidos e únicos.

## ☆ DIA 50 ☆

## PRATIQUE AMIZADE

Amigos inventaram a rede muito antes de a internet aparecer. Quando a gente tem um problema, acontece uma reação em cadeia e, quando você menos espera, começa a receber e-mails e telefonemas de todos os lados querendo te dar um *help*. A maioria deles começa assim: "Putz! Soube do que aconteceu, que tal tentar isso ou aquilo?". É muito legal. Eles ajudam a clarear a cabeça da gente e emoções como sensação de medo e solidão desaparecem na hora. Eles podem estar no Canadá, em Chicago ou no Oiapoque... Mesmo assim, darão um jeito de te ajudar. E hoje rolou isso, quando souberam que perdi o emprego.

É por isso que amo aquele texto sobre os gansos e acho que tem tudo a ver com o VAE: "Voando em formação de 'V', o grupo inteiro consegue voar, muito mais tempo do que se cada ave voasse sozinha. Os gansos de trás grasnam para encorajar os da frente a manterem o ritmo e a velocidade. Quando um ganso adoece, ou se fere e deixa o grupo, dois outros gansos saem da formação e seguem o ganso que precisa de cuidados para ajudá-lo e protegê-lo.

"Gansos, uma metáfora em que a solidariedade nas dificuldades é fundamental para o sucesso da jornada. Eles já aprenderam a agir bem... Todos juntos!"

Nem sempre tive amigos porque sempre fui meio eremita ou vivia embolada com algum namorado. Mas, graças a Buda, hoje sei que meu homem é um planeta do meu universo e não o centro dele. Então, agora tenho alguns bons "buddies" com quem sei que posso contar na hora dos perrengues. E vice-versa! São pessoas simples ou até famosas que estendem a mão e às vezes muito mais.

Se você não tem amigos, precisa urgente avaliar o que está acontecendo. Pode ser que seja tímida demais, mas a internet é o paraíso dos tímidos, então isso não é mais desculpa. Sempre achei que os tímidos fossem pessoas com baixa autoestima disfarçada, porque nenhum deles olha nos olhos da gente, provavelmente porque se acham feios ou "inferiores". O que nunca é verdade.

Talvez seu problema também possa ser excesso de energia no namorado. Recebo muitos e-mails de leitoras dizendo que se afastaram dos amigos por causa dos namorados ou maridos. Cruz-credo! Isso quer dizer que, provavelmente, você está sufocando seu homem. Mulheres que não encontraram sua própria liberdade têm inveja da do outro. E aí começa o caminhar na prancha. Um perigo! Pergunte-se: por que você está colocando o seu poder na mão de outra pessoa?

Se você não tem amigos, faça cursos, matricule-se em clubes, vá aos encontros do VAE etc. Brasileiro adora conversar e, em muito pouco tempo, você fará amizades. Se você tem, cultive. Mas cultive profundamente, e não por internet (isso não vale para os tímidos). Meus grandes amigos conheci no trabalho e eles são para sempre, então, pare de achar que todo mundo no trampo vai te sacanear. Relaxe! Mas a maior dica é: seja interessante, tenha conteúdo. O que mais me broxa é gente que não tem nada, absolutamente nada para contar. Como pode? Ai, ai...

☆ DIA 51 ☆

## RELAXE E GOZE!

Hoje acordei pobre, porque tinha uma bolada pra cair ontem na minha conta, do ex-trabalho, e não caiu. E, pelo visto, não vai (nem vou entrar no mérito da coisa...). Eu tinha duas opções: 1- chorar as pitangas; 2- curtir, afinal, era o que eu tinha pra hoje. Optei pela 2, claro! Acordar dura de um dia para o outro porque alguém mancou com você faz parte da Roda da Fortuna. Vivi dias de glória até recentemente e a gente já sabe que tudo é impermanente, só não acredita, não é? E já, já começa a glória de novo. Tá, eu sei, eu sei, não guardei dinheiro por causa do *overspending* e isso é lamentável.

Aí, resolvi aproveitar a vida desse ângulo, digamos, menos favorável financeiramente: comprei uma tinta para pintar o cabelo em casa e errei na cor (agora eu sei por que cabeleireiro custa uma fábula: porque somos dependentes deles). Fiquei parecendo um esquilo ruivo de óculos, pois é lógico que vinho nas raízes brancas não ia dar boa coisa. Depois, fui ao dentista de coletivo. Fazia muito tempo que eu não pegava um ônibus (só andava de táxi) e fiquei confusa porque trocaram as portas de sair. Em seguida, almocei no McDonald's por 12 reais, coisa que eu também não fazia havia muuuuito tempo. Foi bem bom! Nesse meio-tempo recebi um convite (irrecusável) de uma amiga para comer doces no Iguatemi com ela e os filhos. A menina dela, de uns 6 anos, tentou me convencer a ter um filho alegando que teria mais gente para brincar com minha gata. E para explicar que nunca tive esse chamado da natureza?

Dando continuidade à vida simples, fui ao *vernissage* da minha amiga Lea van Steen e ganhei Coca-Cola de graça. Lá, a projeção de uma moça sentada num banco, no exterior, me chamou a atenção. Pensei: estaria ela também sem grana esperando o buzão?

Para terminar o dia, fui assistir à palestra da querida Monja Coen. Ao final da palestra, ela me perguntou:

– Tudo bem?
– Tudo... Bem... Sim... Só que perdi o meu emprego...
– Que ótimo! O que será que virá de novo? Que maravilha...
Fala sério... Esses budistas não são tudo de bom?

☆ DIA 52 ☆

## DEIXE PARTIR...

Ontem fui ao cinema com minha irmã mais velha. Fomos assistir a um filme chamado *A partida*. Ele ganhou Oscar de melhor estrangeiro este ano. Me arrependi de não ter esperado sair em DVD, porque é tão triste que a gente reprime os soluços por estar entre estranhos, e isso certamente faz mal. A história é a seguinte: um músico de orquestra perde o emprego e volta para sua pequena cidade natal. O único emprego disponível é o de assistente do homem que prepara os mortos para a passagem final.

O legal no Japão é que tudo sempre se transforma num ritual, coisa que a gente mal vê em São Paulo. Então, a cerimônia de lavar os mortos e maquiá-los é belíssima. No começo, ele tem vergonha da profissão (sua mulher mala, então, nem se fala), mas aos poucos vai percebendo a grandiosidade de seu trabalho.

Eles lavam os mortos para que possam fazer a "travessia" com dignidade e para que se despeçam dos desejos terrenos. A raiz do filme está justamente na dificuldade das pessoas de aceitar a perda... Na vida não temos outra saída a não ser deixar partir muitas coisas. Seja o homem que, por um misterioso motivo, deixou de nos amar. Ou as pessoas que dão sentido à nossa vida e que deixam seus corpos, uma amiga que nos trai, um emprego que não pode mais nos manter, um ídolo que exagera na dose de remédios, um filho que vai para o exterior, um animalzinho que foge, algo amado que tivemos que vender... Muitas vezes é preciso deixar partir. E a única forma de diminuir o sofrimento é assumindo que não mais nos "pertencem".

Por mais forte que seja a dor, só a verdade liberta. Então, não adianta a gente se agarrar ao que não existe mais.

☆ DIA 53 ☆

## FIQUE EM SILÊNCIO

Hoje aconteceu algo que não rolava havia muito tempo: acabou a luz aqui em casa. Eram umas 7 da noite e comecei a andar pela casa à procura de 1- Fósforos; 2- Velas. Impressionante, parece que as caixas de fósforo, que sempre estiveram em determinado lugar, me viram e se esconderam. Dei umas quatro topadas no Monstro Manco (meu simulador de caminhada, no momento simulador de parada). Depois que consegui acender umas sete velas fiquei imaginando aquele povo antigo que estudava, escrevia e trabalhava à luz de lampião. Deus me livre, sem chances, quase fiquei vesga.

O momento do escuro foi muito estranho. Me lembrou uma vez em que fui voluntária no Grupo Terra, uma equipe que levava os deficientes visuais para passear na natureza. Nunca esqueci um dos exercícios: tínhamos que colocar uma venda nos olhos e ser guiados pelos cegos. Foi uma experiência impressionante, mesmo porque sabíamos que poderíamos tirar a venda a qualquer momento... e eles, não.

Quando sentei no sofá na penumbra me deu um treco. O treco, no caso, era o silêncio devastador que inundou minha casa como um tsunami que chega sem avisar. Fazia muito tempo que eu não ficava sem ligar a TV ou o som ou o computador ou o telefone. Que estranheza é o silêncio, assim, em estado bruto. Não é à toa que os orientais insistem tanto nessa prática. A única coisa que me restou fazer foi pensar na minha vida, nas coisas que tenho que concluir etc. Quando a gente está longe de todos esses eletrônicos, tem uma sensação de que o tempo voltou a andar devagar. É muito legal, dá uma sensação de paz depois que a gente vence a inquietação.

Um amigo costuma dizer que Deus é o silêncio dos homens. Praticar um pouquinho de silêncio é bom demais e nos reconecta.

## ☆ DIA 54 ☆

## SAIA DA ZONA DE CONFORTO

Mr. Dolito e eu somos uma espécie de eclipse sexual. Explico: meus hormônios ficam agitados sábado à noite, e os dele, domingo de manhã. Acontece que, quando acordo no domingo, estou sem a roupa bonita do sábado, o que sobrou da maquiagem já borrou, meus cabelos estão anarquizados, a luz não é nada sensual e, para piorar, minhas pernas parecem casaco de ouriço do mar, porque, como você sabe, o efeito da gilete só dura 24 horas (ah, não me peça para depilar com cera quente se você for minha amiga. A última vez em que fiz isso entrei na piscina do meu antigo prédio de saia e tudo para aliviar o sofrimento).

Então, a transa muitas vezes fica meia-boca, pois não me sinto nem um pouco inspirada. Hoje, Mr. Dolito acordou bem mais cedo e veio todo animadinho. Até que me empolguei, mas aí lembrei que a minha bomba de asma havia acabado e me deu um pânico de ter um ataque e de Mr. Dolito ter que sair correndo de cueca para a farmácia mais próxima. Acabei deixando o coitado na mão.

Na hora do almoço, pedi a bomba pelo *delivery* e, algumas horas mais tarde (com a maquiagem e os cabelos bonitinhos), me animei novamente. Mas, dessa vez, resolvi sair da zona de conforto e tentar uma coisa nova, entre a gente, que Mr. Dolito apelidou de "cavalgada das valquírias", pra você ver como foi bom. Puxa vida, me senti muito mais viva, mais gostosa, tomando essa iniciativa diferente na hora do bububu-no-bobobó.

Foi show!

É muito comum a gente cair, com o tempo, numa zona de conforto em todos os setores da vida. No fundo, é uma mistura de preguiça com medo. Só que assim nunca saberemos o gosto da ousadia, do novo, do vibrante, o gosto de nos sentirmos novamente vivos e pulsando. O negócio é tirar o pé para fora da zona de conforto. Depois, tirar o corpo todo e arrasar!

## ☆ DIA 55 ☆

## NÃO ATRAPALHE OS OUTROS

Hoje peguei o metrô Vergueiro-Sumaré. E fiquei enfiando o bilhete sem sucesso na catraca. Pudera, eu estava na catraca de quem vem, não de quem vai. Lá na plataforma achei curioso o adesivo grudado no chão: "Antes de entrar, deixe as pessoas saírem".

Mais curioso ainda ver que, mesmo assim, as pessoas ficavam paradas na frente de quem estava saindo do trem. Perguntei-me: o que leva um ser humano a bloquear a saída de outro ser humano? Resposta 1: "Síndrome de Matrix". O sujeito acha que pode atravessar gente, parede, prédio, qualquer coisa. Resposta 2: O sujeito só pensa nele mesmo e, portanto, não há espaço para o outro na sua vida.

Conheço um cara que sempre vai dormir pensando: "O que fiz para atrapalhar os outros hoje?" e "O que fiz de bom para os outros hoje?". Mentira! Não conheço, não. Mas tá valendo...

Tremendo exercício esse. Atravancar a vida do próximo é um porre. Inclua no "atrapalhamento" parar em fila dupla, buzinar na orelha, jogar lixo no chão, pegar no pé do seu ex para infernizar a atual, furar fila (esses são os piores!), torrar o saco do seu namorado quando você vê que ele está feliz, receber a fatura de um serviço QUE VOCÊ JÁ CANCELOU etc. etc.

Moro num predinho de três andares. E o interior dele parece um funil de som. Dá para ouvir até o vizinho tirando água do joelho.

Acontece que Mr. Dolito é meio surdo de um ouvido e vive botando o som do tiroteio de filme em altíssimo volume. A gente sempre briga nessa hora. Mas pior é o vizinho do terceiro andar, que tocou e dançou flamenco às 3 da matina mês passado!!! É dose...

Acredito, sim, que não atrapalhar os outros aumente a autoestima, porque a gente se sente bem quando faz coisas pensando nos demais. Bom, pelo menos não vão nos xingar ou torcer o nosso pescoço.

## ☆ DIA 56 ☆

### ACEITE UM "TÓIN" SE A SUA RELAÇÃO FOR TÓXICA

Quando eu era uma mulher "que amava demais" eu fazia terapia em grupo. O que diferencia uma mulher apaixonada de uma que ama demais? Amor = sofrimento. Isso faz muitos anos. Um dia, numa "alucinação amorosa", levando um cano de um moço por quem eu era "cega", peguei a bicicleta e fui até a casa dele atormentá-lo. Toquei a campainha desvairadamente até ele desligar (provavelmente estava com outra). Depois, rasguei um poema que tinha escrito pra ele e fui embora. Como doido atrai doido, ele colou todo o poema e ligou depois pra dizer que me amava. Eu, hein...

É claro que esse episódio rendeu um psicodrama na minha análise em grupo. Quando vi uma moça e um rapaz interpretando a cena, quase morri de vergonha. Foi um "tóin" e tanto.

Eu já falei aqui sobre ajudar os amigos a saírem do "transe" pós-separação com uma terapia de choque. Agora, falo sobre ajudar a sair do transe DURANTE o relacionamento tóxico.

Sim, como o nome já diz, relacionamento tóxico é um vício desgraçado.

Ou, melhor ainda, reproduzindo a definição do blog "Análise Reichiana", sobre esse tipo de relação: "Uma pessoa que trate a si mesma, ou ao outro, de maneira tóxica está afetivamente imatura.

"Em parte, essa dificuldade nos relacionamentos é originada pela autopercepção deturpada, que faz com que a pessoa atribua pouquíssimo valor a si e, por deslocamento, pense que os outros também a veem como ela se vê e, portanto, podem tratá-la mal.

"Por outro lado, permanecer muito tempo em relacionamentos tóxicos retroalimenta as dificuldades autoperceptivas e a pessoa fica com sua autoimagem ainda mais comprometida.

"O pensamento e a autopercepção distorcidos fazem-na permanecer e alimentar o relacionamento nocivo, pois, desse seu ponto de vista, 'ruim com ele, pior sem', e isso é o máximo que ela pode conseguir em termos afetivos".

Se você está precisando urgentemente levar um "tóin" para tentar largar pelo menos uma parte desse vício e se você não tem condições de fazer terapia ou terapia em grupo, sugiro mandar o seu depoimento para o blog "Pergunte ao Fred" (pergunteaofred.blogspot.com). O meu amigo Fredão é o maior "profissional" de "tóins" que eu conheço. Passei o dia inteiro lendo o blog. A seguir reproduzo um trecho "toiensco" que uma amiga, que mandou a pergunta, precisava levar para despertar um pouquinho:

"Não seja ingênua e infantil e tire da cabeça esse pensamento chulo de que todo homem não presta, isso é uma tentativa frustrada de nos culpar e esconder esse momento ruim pelo qual está passando... Não adianta ser afobada; o apressado come cru e faz escolhas precipitadas e impensadas... Os homens vão se casar quando estiverem maduros e conscientes de que chegou o momento deles; ou você acredita que o homem não sonha em ter uma família e filhos?

"Ser romântica nada tem a ver com devaneios e sonhos alucinantes por historinhas de livros, novelas e filmes com amores impossíveis... Conto de fadas não existe! Todo mundo tem a sua tampa da panela e a sua está por aí... Agora, o que não pode é ficar choramingando, achando que o universo conspira contra você e dizendo que todos os seus amigos são galinhas, que os cursos que faz só têm mulheres e assim por diante...

"Tudo na vida são escolhas, então deixe de reclamar e vá à luta, erga a cabeça, siga em frente, pare de viver de restos e migalhas de um cara que não gosta realmente de você, que te procura quando não tem uma opção melhor, antes só do que mal amada, levante esse astral...

"Realize! Procure o que fazer! Durma de conga, belisque a parede, faça tricô, jogue sudoku, mas pare de se sentir a vítima das circunstâncias, não adianta forçar a barra, seja você mesma, logo irá surgir alguém bacana na sua vida, ninguém pode ser feliz usando a máscara de outra pessoa, se você não serve para ter sexo casual, então para que insistir?

Acorde ou volte ao jardim de infância para cultivar seu homem desde pequeno, pelo menos esse eu garanto que não é casado e muito menos galinha. Peço desculpa se peguei muito pesado, mas acho que você precisava desse 'chacoalhão'".

## ☆ DIA 57 ☆

## PARE DE SE SABOTAR!

Mr. Dolito embrulhado no meu edredom rosa, no sofá-cama, vira um objeto terrestre não identificado. Faz dez meses que a gente namora e ontem ele foi alvo da minha sabotagem. A conversa "estopim" foi ridícula e vou transcrever pra você. Estávamos vendo um filme romântico americano, e esse povo tem mania de distribuir "Eu te amo" pra tudo quanto é lado.

Eu: Eu ainda tenho vergonha de falar "Eu te amo" pra você.

Mr. Dolito: Eu não falo pra ninguém...

Eu (a louca!): Como assim, você não me ama?

Mr. Dolito: Eu gosto muito de você.

Eu (a louca e rejeitada!): Se gosta muito, só, é porque não ama.

Mr. Dolito: ...

Eu (a louca, rejeitada e sabotadora): Se não me ama é melhor ir embora...

Mr. Dolito: Não começa.

Eu (a louca, rejeitada, sabotadora e à beira de uma estupidez): Vai embora, sim!

Mr. Dolito: Se você estiver falando sério eu vou mesmo.

Eu (menos louca, rejeitada, sabotadora e à beira de uma estupidez): Epa! Peraí, eu também gosto muito de você. Aliás, nem sei o que é amor... Sei o que é paixão e essa doença eu não desejo pra ninguém. Credo!

Mr. Dolito: Tá vendo?

Eu: Sei, sim, o que é amor: é quando a gente não quer mudar o outro. Você quer me mudar?

Mr. Dolito: Nunca quis!

Eu: E quando você conhece alguma mulher divina, tem vergonha de falar que está namorando?

Mr. Dolito: Eu, não! Até melhor. Tem mulher que adora homem comprometido.

Eu: Cachorrão!

Mr. Dolito: Ahahahaha.

Como você pode ver, quase *startei* uma das minhas sabotagens preferidas: destruir relacionamento em nome da menininha carente e "rejeitada". Ainda bem que consegui sair a tempo desse círculo vicioso. Na verdade, a gente deveria vir com um termômetro igual ao do peru Sadia de antigamente (aquele que avisava quando estava pronto), só que seria para nos avisar do começo da doideira.

Se você também tem mania de sabotar seu corpo, seu emprego,

seus relacionamentos, seu dinheiro... tenho algo a dizer: quando você estiver prestes a fazer isso, respire fundo e conte até 10. Deve ser o suficiente para o seu cérebro se desarmar e interromper o processo destrutivo. Se não der certo, ligue correndo para uma amiga e peça ajuda, gritando: "Vou fazer de novo", "Vou fazer de novo!". É tiro e queda!

## ☆ DIA 58 ☆

## CUIDADO COM A "SÍNDROME DE MULHER INVISÍVEL"

Se você quer testar a sua autoestima, vá ver *A mulher invisível* com seu namorado. Luana Piovani (Amanda) está mais bonita, mais gostosa do que nunca e usa pouquíssimas roupas, inclusive na hora da faxina da casa. Quando você transcender o "Meu Deus, você poderia ter me dado pelo menos o joelho dela", poderá observar uma coisa interessante: depois de conhecer muita gente meia-boca, Pedro (Selton Mello) cria uma mulher "perfeita". Por que essa mulher é perfeita? Porque ela está sempre disponível pra ele. Ela cozinha, arruma a casa, passa a roupa... Bem, então os tempos não mudaram – os homens continuam querendo a Amélia? Mais ou menos...

Sim, ela faz tudo isso que foi citado, mas a Amélia não tinha a menor vaidade, enquanto Amanda é linda de morrer, tem um corpo fantástico, vive de *lingerie* e sua sexualidade está tanto à flor da pele quanto sua maquiagem impecável. Confesso: a gente sai do filme com vergonha do moletom que usa aos domingos pra ver TV com ele. Mas, se você pensar bem, Amanda é perfeita porque não existe (embora, segundo Mr. Dolito, é mesmo o sonho da maioria dos homens chegar em casa e ter uma garçonete do Hooters servindo-os de shortinho e patins – ahahaha).

E, de fato, não conheço ninguém que tire o pó da casa vestindo um La Perla de quinhentos contos. Aliás, minto! Tenho uma amiga superbonita e sexy que foi visitar o namorado no Rio de Janeiro. Esperou por ele nua em pelo. Quando R. chegou do trabalho... adivinhe qual foi sua perguntinha! "O que você está fazendo pelada?". Sim, esses são os homens...

Mas deixe-me chegar na "Síndrome da Mulher Invisível". Se você curte, certamente é legal ser sexy de vez em quando, fazer uma comidinha gostosa, arrumar a casa, colocar florzinhas... O que não é legal? Ficar como Amanda, 24 horas por dia à disposição do seu cabra. Nem o personagem Pedro curtiria isso a longo prazo. Todas as mulheres que conheço (inclusive eu, no passado) que ficaram 100% disponíveis para os seus homens, que fizeram deles o centro do seu universo, tomaram um pé na traseira que está doendo até agora. Isso porque você vai perdendo a personalidade e virando uma entidade plasmática à imagem e semelhança do seu amor, e ninguém quer brincar de "imite o macaco" 24 horas por dia, quer?

☆ DIA 59 ☆

## CELEBRE AS ALEGRIAS DOS OUTROS

Minha amiga Luciana Capobianco tem uma história interessante. Ela tem 42 anos e queria muito ter mais um filho. Morou um tempo em Nova York, onde disseram para ela que sua taxa hormonal era muito baixa e que ela teria que fazer aquele tratamento caríssimo. Bem, ela queria tanto um bebê que, uma semana depois desse diagnóstico, engravidou, e sem o tal tratamento. Mulheres brasileiras! Uhuuuuuuu!

Pois bem, o filhote nasceu semana passada e se chama Leonardo. Coisinha mais fofa do mundo. Fiquei tão feliz que até chorei. É engraçado que a gente chore tanto por alegria quanto por tristeza, não é? Sei lá, deveria ter uma outra engenhoca para o quesito alegria, talvez derramar lágrimas pela orelha, sei lá.

Luciana estava no Hospital Albert Einstein, e é longe para quem não dirige e mora em Pinheiros. Mesmo assim, peguei um táxi, comprei um presentinho simbólico (porque nesse momento dindim não é o meu forte) e fui para lá celebrar esse evento tão importante.

Como sempre, ela estava linda e loira, num superastral. E fiquei muito, muito feliz por ela. Uma vez li uma frase do Lama Padma Samten que dizia: "Alegre-se com as alegrias e vitórias dos outros, pequenas ou grandes". E, de fato, parece que a vida (e a gente) fica muito melhor assim. Os caminhos se abrem, as cores se abrem, as pessoas se abrem. Muito bom!

☆ DIA 60 ☆

## PARE DE SE MATAR AOS POUCOS

Não acredito em três coisas nessa vida: 1- Mulher que não tem nenhum tipo de TPM; 2- Mulher que não seja nada ciumenta; 3- Gente que não tem vício. E o que nos mata aos poucos são os vícios. Entenda por essa palavra aquilo que você não vive sem, sabe que te faz mal (racionalmente), mas não larga nem a pau (emocionalmente). Eu diria que a razão da gente perto do vício chega a ser um caiaque num tsunami.

Vícios mais comuns e que, em excesso, matam a gente

devagarzinho (às vezes, nem tão devagar): cigarro, drogas, bebida, relacionamentos tóxicos, trabalho etc. etc. etc.

Uma tara que me perturba há muito tempo chama-se açúcar. Vulgo doces em geral. Me perturba porque me faz mal (e nem vou entrar na esfera do engordar). Doces em excesso me deixam com uma espécie de névoa no cérebro, pioram minha rinite e o funga-funga (e por isso tenho que tomar um antialérgico fortíssimo), me deixam com preguiça, me envelhecem, sem falar na retenção de líquidos que me transforma no boneco Michelin.

Isso tudo eu sinto por experiência própria, mas sei que estudos indicam coisas bem piores (leia *Sem açúcar, com afeto*, de Sonia Hirsch). O excesso de açúcar:

– predispõe o corpo a infecções e bactérias por causa da acidez exagerada;

– causa um estresse absurdo no organismo e o pâncreas para de produzir insulina;

– provoca hipoglicemia;

– provoca diabetes;

– pode causar corrimento nas mulheres.

O fato de a gente não conseguir largar o vício provavelmente é porque ele funciona como uma muleta na nossa vida. Nos atrapalhamos diante de algo e corremos para a muletinha, em vez de levantar, sacudir a poeira e dar a volta por cima. A boa notícia é que um Vigilante da Autoestima não precisa mais de pernas artificiais e capengas, já que está tomando para si o seu próprio poder e principalmente aprendendo a dizer “não!”.

Portanto, hoje eu não vou comer doces. Mentira!

## ☆ DIA 61 ☆

## PRATIQUE AFETO. ELE CURA

Kiki é a gata branca e linda da minha amiga Cris, com quem fui almoçar hoje. A história das duas é muito legal: há três anos a Cris ficou com um negócio chamado Síndrome do Intestino Irritável (SII), algo que causa muito desconforto e dores.

Em função disso, ela teve depressão e desenvolveu uma espécie de pânico (e quem não teria?). Uma prisãozinha de ventre besta já faz a gente ter um ataque de fúria. Bom, essa moça tem 46 anos e não casou por opção, mas, claro, se sentia um pouco sozinha na sua casa e com o seu problema. Foi quando ela teve a ideia de adotar a Kiki, em novembro do ano passado.

Depois da chegada da gatinha, a Cris se curou de 90% de todos os males. Não, a Kiki não veio de nenhuma história infantil nem é uma fada disfarçada, o bichinho apenas soube dar amor e receber da Cris.

Madre Teresa de Calcutá já costumava falar: "O ser humano não precisa de comida, precisa de afeto". O problema é que, às vezes, a gente está correndo tanto e não tem tempo de dar e até de receber (vide minha gata e a "caixa de carinho"). Depois, o tempo voa e dá aquela sensação de "puxa, eu poderia ter dado ou tido mais daquilo que era tão bom...". Já ouvi muitos médicos que trabalharam com pacientes terminais relatarem que uma das coisas de que eles mais se arrependem é de não terem demonstrado o quanto amavam as pessoas à sua volta (enquanto ainda tinham saúde. E vida!).

## ☆ DIA 62 ☆

## RESPEITE SEUS LIMITES

Hoje fui ao Shopping Eldorado tirar meu passaporte. Não que eu vá viajar, mas o antigo estava vencendo e nunca se sabe... Já fui pega de surpresa em cada coisa nesta vida. Aliás, palmas para a Polícia Federal. Tudo feito no vapt-vupt, sem encheção de saco, tudo pela internet, inclusive o agendamento. A única coisa chata foi ter que tirar um comprovante dizendo que votei nas últimas eleições (já que não guardo a praga do canhotinho). Ele desaparece, junto com minhas piranhas de cabelo e minhas canetas Bic.

Lá no shopping há um brinquedo novo. Chama-se algo como "Water Walker". A criançada entra numa bolha de plástico e tenta andar na água. Parece divertidíssimo... para quem não tem claustrofobia como eu. Não entro nesse negócio nem com uma ogiva nuclear apontando pra mim. Deus me livre e guarde.

Confesso que já perdi muitas oportunidades na vida por causa desse problema e já fiz Mr. Dolito subir trinta andares de escada porque fomos a uma festa, num desses prédios velhos, e o elevador parecia o caixão do Drácula. Não dá! Não tem jeito. Chegamos suados na cobertura, mas a festa foi ótima...

Acontece que muita gente tem vergonha por causa dos seus limites. Eu não tenho, não mesmo. Uma vez, em Chicago, deixei de ver as baleias no aquário porque ficava lá nas catacumbas do subsubsolo. Fazer o quê? Fui para a lojinha ver foto do bicho, mesmo porque lugar de baleia não é em aquário. Coitada...

Também já dei piti em elevador de shopping. Ser humano sempre acha que cabe mais um em elevador de shopping e fica todo mundo se espremendo. Quando eu tô dentro, pareço louca. Espero encher, fico na frente, e não deixo ninguém mais entrar alegando claustrofobia. A pessoa fica me olhando com aquela cara de "What a hell is going on here?". Nem dá tempo para pensar e o elevador já sobe e a pessoa fica lá, com cara de orifício circular corrugado, localizado na parte inferolombar da região glútea.

Se você tem limites, respeite-os. Não invente de se jogar da ribanceira de *bungee jumping* porque você tem medo de altura e disseram que tem que se superar. Manda essa gente catar coquinho no Polo Norte. Eu, hein...

## ☆ DIA 63 ☆

## DIA DE "BELEZA AMERICANA"

Vendo as fotos do passaporte de agora e do antigo (1995), só tenho algo a dizer: sim, já fui baranga!

Eu estava um dragão-de-komodo porque só trabalhava e me sentia estressadísima e acabei comendo demais e dormindo de menos. A pele estava feia, o cabelo estranho, o rosto inchado...

Confesso que ultimamente também andei me esquecendo de mim novamente. Só trabalhava, voltava para casa e via TV até de madrugada (ou computador). Mas ontem peguei o filme *Beleza americana* e, por isso, o texto de hoje tem esse nome. Nele, o personagem do ator Kevin Spacey se apaixona por uma garota mais nova e resolve dar um "up" no seu visual. Ele começa a fazer exercícios, a correr, fazer musculação, tomar sol... E o resultado é ótimo! Agora, esqueça a garota mais jovem... Minha proposta hoje foi começar o "Dia de Beleza Americana". Arrumei a casa para gastar calorias e também diminuí doces e carboidratos, que me deixam inchada como um peixe-boi.

Depois, peguei os creminhos para o rosto e pele que estavam jogados no armário e me lambuzei feliz da vida. Amanhã, uma amiga vem em casa pintar o meu cabelo para cobrir o vermelho-vinho-vinagrão-desbotado. Também vou tentar tomar um pouco de sol na casa de alguém, já que a última vez em que vi o astro, cara a cara, já deve fazer um ano. Ah, sim, as unhas também ganharão cuidados especiais num salão baratex aqui ao lado. E – confesso que não resisti – comprei um vestido rosa, *à la Caminho das Índias* (por 50% do preço). Está tudo em liquidação! Uhuhuhuhu!

A gente merece pelo menos um dia de "Beleza Americana". Existem esportes de todos os preços e produtos de beleza idem. E o sol é de graça...

## ☆ DIA 64 ☆

## CHEGA DE "COMPLEXO DE BAHUAN"

Ô cara chato esse Bahuan (Márcio Garcia), da novela *Caminho das Índias*. Encarnou um complexo de rejeição que afe Maria. Se sente rejeitado pelo Raj e o persegue. Se sente rejeitado pela Maya e não deixa a coitada em paz; porque vamos combinar que isso não é amor nem aqui nem na Índia, né? Bom, se fosse só o indiano, tudo bem, o problema é que conheço muita gente que também sofre com esse "Complexo de Bahuan".

Confesso que já fui uma delas. E vou ver se consigo dar alguma contribuição aqui. Meu pai nunca foi um cara amoroso e carinhoso, ao contrário, era meio frio e autoritário. O oposto de amor na cabeça de uma criança geralmente é a rejeição, e ela não se acha boa o suficiente para ter o amor do pai. Bem, cresci obviamente me apaixonando por homens "rejeitadores", à procura do meu pai – porque, como já conhecia essa estrutura de vida, então me "sentia em casa". Nem preciso dizer o quanto me machuquei tentando agradar a esses homens durante anos e anos da minha vida. Só para você ter uma ideia: eu cheguei a ter um caso com um moço que tinha um olhar tão frio, mas tão frio na cama que eu precisava disfarçar e colocar uma venda nos olhos dele (dizendo que era "brincadeirinha erótica"). Fora os que me tratavam como uma sardinha Coqueiro e eu ainda os enchia de presentes... Cruz-credo!

O problema da pessoa com "Complexo de Bahuan" é que ela própria, muitas vezes, alimenta o rejeitar do outro. Ou seja: eu forço a barra, o outro me rejeita e aí eu posso nutrir esse meu complexo e dizer pra todo mundo: "Vejam como sou uma coitadinha que ninguém quer!".

Eu só saí desse ciclo masoquista com muita terapia e também parando de buscar meu pai nos outros. Aliás, parando de buscar meu pai nele mesmo.

Eu tinha um mestre budista que costumava dizer: "Quando alguém ou uma coisa não te quer, muitas outras vão querer... Abandone o velho, queime os navios e abra-se para o novo!".

Vamos dividir o mundo em duas categorias: as pessoas que te querem e as que não te querem. Para essas últimas, vamos dar um "Não nos procure, nós o procuraremos" – e vamos sumir do mapa. "Valorization" já!

## ☆ DIA 65 ☆

## CHEGA DE JULGAMENTOS

Ontem fui a uma festinha de criança com Mr. Dolito. É impressionante a rapidez do pensamento de uma mulher quando o assunto é julgamento! Em apenas 60 segundos, consegui julgar as roupas das mulheres, quem engordou, quem estava tentando parecer mais jovem do que é, se Fulana tinha a ver com Beltrano, quem estava com cara de cansada por ter tido filho... Meu Deus! Ainda bem que fiz esse diário para me vigiar todos os dias, porque, se estou julgando os outros assim, imagine o quanto estou fazendo isso comigo mesma.

O mais interessante é que, enquanto eu julgava as colegas, Mr. Dolito (de casaco de couro) e um amigo se divertiam nos jogos eletrônicos, se esbofeteando. Concordo, muito mais saudável, não é? E não estou sendo irônica.

Se você quiser entender mais essa diferença entre nós e eles, sugiro o livro *Feito homem*, de Norah Vincent. Nele, a jornalista conta sua experiência inusitada de se vestir como homem durante dois anos. Ela frequentou grupos masculinos de boliche, clubes de *striptease*, saiu com mulheres que conheceu na internet etc., sem nunca se revelar. Quase pirou, mas o resultado é sensacional. Um dos capítulos que mais me chamaram a atenção é sobre essa espécie de "falsidade" que se vê mais nas mulheres do que neles. Ela cita algo que você já deve ter sentido: "Quando uma mulher encontra outra que não vê há algum tempo... elogia, beija, abraça (mas o pensamento está julgando negativamente: roupa, gordura, jovialidade, saúde etc. etc.). Já os homens se cumprimentam com aquele abraço estranho de lado, tiram sarro um do outro, mas é tudo às claras, sincero, profundo. Já reparou?".

Não sei de onde vem essa mania, mas é um bom momento para refletir. Madre Teresa de Calcutá já dizia: "Quando você julga alguém, não tem tempo para amar...". Você anda fazendo muito isso com os outros? E com você?

## ☆ DIA 66 ☆

## VALORIZE SUA BAGAGEM DE VIDA

Já faz algum tempo que eu gostaria muito de trabalhar num grande portal de jornalismo na internet. Mas nunca imaginei que daria certo, porque não tenho diploma de jornalismo. E também larguei duas faculdades: uma no começo e outra no finzinho. Na verdade, cheguei a ter vergonha de nunca ter tido muito foco profissionalmente (trabalhei com publicidade, internet, em revistas etc.) e sempre culpei o meu déficit de atenção por isso. Acontece que a empresa soube que eu estava bandeira livre no mercado e hoje me ligou para me contratar para uma vaga justamente onde era preciso toda essa bagagem profissional. Imagine como não estou histérica e louca e me entupindo de chocolates. Começo dia 3 :)

Isso me lembrou uma frase do Steve Jobs, criador da Apple: "Se eu não tivesse largado a faculdade, nunca teria frequentado aulas de caligrafia e os computadores não teriam a maravilhosa caligrafia que eles têm. É claro que era impossível conectar esses fatos olhando para a frente quando eu estava na faculdade. Mas aquilo ficou muito, muito claro olhando para trás dez anos depois. Então, tem que acreditar que, de alguma forma, tudo se conectará no futuro. Você tem que acreditar em alguma coisa – sua garra, destino, vida, carma ou o que quer que seja. Essa maneira de encarar a vida nunca me decepcionou e tem feito toda a diferença para mim".

Vejo muita gente reclamando porque já fez muita coisa neste mundo e não sabe o que fazer agora, ou não se acha capaz para começar algo novo. Mas, segundo os budistas, "tudo é o Caminho". Se você fez algo nesta vida é porque foi preciso, faz parte do seu Caminho, da sua bagagem, e deve ser valorizado. Experiência é o que conta. Sim, você é capaz!

## ☆ DIA 67 ☆

## NUNCA DESISTA!

Sempre gostei muito dessa frase de Winston Churchill, peça chave na vitória contra os nazistas (Segunda Guerra Mundial): "Nunca desista. Nunca! Nunca! Nunca!". E admiro muito as pessoas que seguem essa filosofia. Vou citar uma delas. "Bagulho" é o nome carinhoso que dei para um ex-namorado que era psicólogo. Nosso relacionamento foi coberto de perrengues, mas devo muito a ele porque me "curou" da "Síndrome de Vítima" e hoje tenho mais chances de ser feliz no amor.

Bagulho, vulgo André Camargo Costa, é certamente uma das pessoas mais inteligentes que conheci e que mais escreve bem. E sempre o incentivei a fazê-lo. Ele começou a escrever artigos para o site "Iscas Filosóficas". A coleção dele se transformou no livro *O poodle de Schopenhauer*. Acontece que duas editoras o recusaram, o que seria motivo suficiente para muita gente desistir. Mas não o Bagulho, paciente e budista como ele só...

E, sim!, ele conseguiu publicar o seu livro e me convidou hoje para escrever a apresentação dele, na quarta capa.

Se você pensa em desistir de algo em que acredita muito, aqui vão algumas célebres frases:

– "Não estou mais interessado em editar este livro, que já vendeu tudo o que podia vender" (primeiro editor de *O alquimista*, de Paulo Coelho, devolvendo ao autor o contrato – 1988)

– "Quem se interessaria em ouvir atores falar?" (H. M. Warner, Warner Brothers, no auge do cinema mudo – 1927)

– "Não há nenhum motivo concreto para que alguém queira ter um computador em casa" (Ken Olson, presidente e fundador da Digital Equipment Corp – 1977)

– "Nós não gostamos do som deles, e música de guitarra está em franco desaparecimento" (Decca Recording Co., ao rejeitar os Beatles – 1962)

## ☆ DIA 68 ☆

## NÃO ACEITE VIOLAÇÃO!

Ontem, o dia foi "pianinho" o suficiente para achar que não teria assunto para escrever. Mas, à noite, quando cheguei na porta do prédio, o rapaz que toma conta dos carros do restaurante ao lado me disse que haviam assaltado meu prédio. Moro na Vila Madalena em um predinho de três andares, sem porteiro nem elevador. São apenas seis apartamentos, então subi as escadas rapidinho e preocupada, imaginando a cena da porta arrombada e da gata fazendo BO com a polícia. Estava tudo em ordem. Na verdade, a casa estava tão bagunçada que era capaz de o ladrão achar que eu já tinha sido assaltada naquele dia. Ahahahahaha.

Alguns minutos depois, meu vizinho tocou a campainha pra dizer que vira tudo pelo olho mágico. O ladrão, às 15h30, munido de um arame, abriu a porta do prédio e depois tentou abrir a minha e não conseguiu. Também, com a quantidade de "macumba" que tem na minha casa! De santinho a dragão chinês.

Não tenho nada caro em casa, nem minhas roupas são de marca. Mas possuo três coisas que, para mim, não têm preço: uma gata cinza, um anel da minha mãe que sobrou da época das vacas gordas (ela vendeu todas as joias para pagar um tratamento de saúde) e meu computador, que perdeu o *hard disk* recentemente, mas que é meu instrumento de trabalho.

Se uma dessas coisas tivesse sido levada pelo Zé do Arame, eu teria ficado muito, muito triste. Bom, a gata-Edward-mãos-de-tesoura nem o esquadrão da SWAT conseguiria pegar.

Mas uma coisa eu queria falar: se você se sente violada por alguém – marido, namorado, patrão –, é hora de dizer BASTA!

Tenho uma amiga que, depois de se deixar sugar pelo namorado (sim, porque ninguém faz nada sem nossa permissão, né?) por dois anos, deu um chega pra lá e ainda mandou um e-mail xingando-o de: Pônei malhado, Gnomo semianalfabeto, Banco de esperma de ácaro, Jóquei de jegue, *Toy art* da 25 de Março, Playmobil de camelô e Kinder Ovo com maldição. Ahahahaha.

☆ DIA 69 ☆

## SEJA MENOS IMPULSIVA

Hoje foi um dia difícil no emprego novo. Primeiro porque fiquei a cara de um zepelim na foto do crachá (sim, o excesso de doces fez estrago). Segundo, porque levei meu primeiro "toque" no emprego novo. O ambiente jornalístico é muito diferente do publicitário e a vida profissional e pessoal é bem separada uma da outra. O que para mim não faz nenhum sentido, mas fazer o quê... Faz dez anos que sou escritora e estou acostumada a dar entrevistas. Ontem à tarde, a repórter de uma revista importante me ligou para falar sobre o blog. Conversei com ela normalmente, mas depois meu chefe me chamou no "quartinho da morte" e disse que não é legal dar entrevistas sobre a vida pessoal durante o expediente. Fiquei com uma vergonha danada. Até me passou pela cabeça perguntar se eu poderia atendê-la, mas o impulso falou mais alto.

É muito chato fazer algo fora das regras no terceiro dia de trabalho, mas foi bom porque já aprendi de cara. O ótimo de ser impulsiva é que a gente raramente tem medo de fazer as coisas. O ruim é que, como não pensamos, podemos dar com os burros n'água e botar muita coisa a perder. E já fui muito impulsiva em todos os quesitos que você possa imaginar: desde mandar aquele e-mail assassino até passar por cima das pessoas para resolver algo logo (mas não dando uma de sacana. Nunca! Foi mais inadequação mesmo). Sem falar das muitas coisas que comprei por impulso e que nunca usei ou que dei para o primeiro que aparecia. Eu sei lá, dinheiro pra mim às vezes parece aquele carocinho de ameixa – quando ponho a fruta na boca fico querendo me livrar logo dele. Por que quero tanto me livrar do dinheiro? Aposto que você já sofreu por ter sido muito impulsiva em momentos chaves da sua vida, não foi?

Uma vez eu passei o fim de semana em uma cidade pequena no interior que tinha uma linha de trem que não era usada havia anos. A poucos metros havia uma placa: **Pare, veja e escute antes de prosseguir**. Achei sensacional, porque a gente vive mesmo no mundo da impulsividade. Fazemos e falamos coisas sem pensar, nunca ouvimos o outro e, por tudo isso, estamos sempre dando de cara com o "trem". Ai, ai...

☆ DIA 70 ☆

## CUIDADO COM A "SÍNDROME DE KOYAANISQATSI"

*Koyaanisqatsi* é um belíssimo documentário da década de 80, dirigido por Godfrey Reggio. Não tem uma palavra, mas emociona muito com suas imagens contrastantes entre a calmaria da natureza e a loucura das cidades grandes. *Koyaanisqatsi*, na linguagem da tribo indígena Hopi (nada a ver com o Hopi Hari), significa "vida em desequilíbrio" ou "vida louca".

Por que escolhi esse tema para hoje? Porque comecei meu novo emprego com carga máxima e isso já me desequilibrou em alguns aspectos: saúde, dieta etc. Não, não é culpa do emprego e sim da minha facilidade em botar energia demais numa coisa só. Essa expectativa do novo trouxe medo, que trouxe ansiedade, que trouxe musculatura dura, excesso de doces, rinite etc. etc. Até tentei ir ao yoga, a um quarteirão de lá, mas estava tão "adrenada" que não houve jeito de desgrudar do computador. Fora que durmo mal há duas noites com medo de acordar com o Zé do Arame (o ladrão) no meu colo.

A gente tem que ter bem claro uma coisa: quem ativa essa "vida louca" interna somos nós, são nossas escolhas. Não é culpa do nosso chefe, nem da nossa cidade, nem da "palha italiana" que comemos em excesso. E – sim! – dá para voltar a ter um pouco de equilíbrio aos poucos. Cada um tem sua estratégia pra isso. Sendo assim, me dei de presente uma poltrona megacafona, reclinável e superconfortável, onde pretendo fazer meus relaxamentos diários (mentira!), nem que seja por alguns minutos. Junto com gata cinza, claro.

☆ DIA 71 ☆

## PARE DE SE COMPARAR!

Esse fim de semana foi bacana: fui a uma festinha do prédio onde morei por 15 anos.

Encontrei vários antigos amigos e também vi algumas fotos do passado, e não foi fácil, não. E digo isso porque eu era bem, mas bem mais magra, e fiquei meio chateada. O Dalai Lama já falou sobre a tolice de se comparar com os outros porque ou você se acha superior ou inferior, e as duas coisas são uma me%#@. Mas ele nunca falou sobre a tolice de se comparar com você mesma.

Então, resolvi pensar de outra forma: embora menos magra hoje em dia, também me acho bonita. E resolvi comparar meu corpo com aqueles lugares que a gente visita várias vezes e nunca é igual. Minha beleza de agora é diferente da beleza de dez ou de seis anos atrás... E, assim, *la nave va*.

No domingo foi aniversário do meu pai. Mas eu estava cansada pelos muitos eventos do sábado e pela primeira semana de trabalho, então não fui dar um beijo nele, mas mandei flores e bombons, com o seguinte bilhete: "Pai, você não é o Felipe, mas é massa..." (ai, que o deus da publicidade me perdoe). Fiquei com pena porque ele ligou para dizer que não merecia. Mentira, eu não fui lá porque estava cansada e sim porque a nossa relação é esquisita. Ele é como um estranho pra mim e isso é uma coisa ruim e inexplicável. Mas é a tal lei de Newton: ação e reação, vulgo colhe-se o que se planta. Fazer o quê?...

☆ DIA 72 ☆

## NÃO ESPERE TANTO DOS OUTROS

O texto de hoje foi inspirado numa pergunta que a Vigilante Cheerleader Juliana Ricci me mandou: "Esperar atenção alheia faz mal à autoestima?". Bom, tenho algo a dizer: como sempre tive complexo de rejeição, sempre tentei agradar os outros antes para não ser rejeitada. E fiz isso de várias formas: atitudes, presentes, excesso de prestimosidade etc. Eu tinha tanto medo de ser rejeitada que, quando fazia parte de algum *workshop*, já escolhia alguém correndo quando mandavam formar par. Fazia isso porque tinha medo de sobrar.

Ainda tento agradar as pessoas, principalmente com presentes – como meu pai sempre fez com a gente, em vez de dar carinho. Era o que ele sabia fazer. Bom, eu dou os dois, pelo menos.

Mas uma coisa mudou: não espero mais tanto dos outros, por um motivo muito simples: tá todo mundo louco demais para nos devolver as coisas na mesma moeda. Muito corre-corre e talvez pouca generosidade mesmo no DNA. Ora, "quem dá, agradece", logo, a gente até espera um pouco, mas não pode exagerar. Mentira, a gente espera é muito e quase nunca rola. Quem aqui já ganhou presente melhor do que deu em amigo-secreto? Pois é... Não conheço ninguém.

Eu vivo elogiando Mr. Dolito, e outro dia pedi um elogio e ele disse: "Quem tem que se elogiar é você. Você não é uma Vigilante da Autoestima?". Tóin!

Uma vez ajudei uma moça, muito rica, a vender uma casa enorme e encalhada. Confesso que esperei umas flores ou uns bombons (que era o que eu teria feito), mas ganhei um "Muito obrigada!" – famoso "não nos procure, nós a procuraremos".

Dos homens, então, cruz-credo. Quando a gente espera demais é porque se deu demais, pior: doou demais! Doou tempo, saúde, grana e um monte mais de coisas. E aí se frustra mesmo. E eles ainda se sentem culpados. É uma droga... Homens geralmente dão menos (salvo exceções), mas acham que estão dando muito (porque, como o meu pai, é o jeito deles de demonstrar as coisas, geralmente diferente do nosso jeito, e nunca estamos satisfeitas, coitados). Uma vez uma grande paixão minha me disse que eu acabaria sozinha porque eu nunca enxergava o que ele fazia por mim e só reclamava. Ele estava certo :( E tratei de mudar rapidinho a "Síndrome de Vítima". Pior foi ficar com essa maldição do ex, mas que ele desfez uns anos depois a meu pedido, por e-mail, e ainda assinou: "Bento Carneiro, o vampiro brasileiro". Hehe.

Para as doadoras em excesso, lanço uma frase-bomba dita por um amigo antropólogo: "A prestativa, no fundo, é uma controladora. Cuidado com o excesso de insegurança... Doe-se mais a si mesma e liberte os outros".

## ☆ DIA 73 ☆

## PARE DE DAR SATISFAÇÕES

Hoje uma amiga me disse algo muito sábio: "Por que você teve que dar satisfações para a vendedora da C&A, falando que tinha pegado dois números de calças grandes para evitar frustrações?". De fato, quem se valoriza não fica dando satisfação por aí, não é?

Repare que, quando estamos com autoestima de palha, ficamos mesmo antecipando assuntos como se tivéssemos vergonha da maneira como estamos ou como se devêssemos algo a alguém. Alguns exemplos de quando a gente encontra uma pessoa:

– Oi, tudo bem? Estou uma orca, você viu? Mas vou emagrecer!

– Oi, tudo bem? Meu cabelo está oleoso...

– Oi, tudo bem? Estou supermalvestida hoje, mas é que não deu tempo de trocar.

– Oi, tudo bem? Eu vou perto, mas é que o salto do sapato é muito alto (eu, ontem, para o taxista).

Alguém aqui já falou algo parecido? Sim, né? Hahahahaha.

Pare de dar satisfações. Primeiro, porque ninguém pediu. Segundo, porque ninguém tem nada a ver com a sua vida e – acredite – nem quer ter.

## ☆ DIA 74 ☆

## FOFOCA SACANEIA OS OUTROS E FAZ MAL PRA GENTE

"Fofoca é a praga do planeta." Essa frase não é minha, é do psicólogo alemão Wilhelm Reich. Mas faz um sentido dos diabos. Sempre adorei fofocar, sempre. E, na primeira semana de um curso que estou fazendo no trabalho, soube de uma fofoca das boas, mas me lembrei do filme *A dúvida*, com Meryl Streep. Nele, o padre (Philip Hoffman) faz um discurso fantástico sobre a fofoca. Ele diz que, para entender o inferno que a coisa pode se tornar, basta subir no telhado de casa, cortar um travesseiro e ver as penas se espalhando pela cidade inteira. E, depois, tentar pegá-las de volta. Pois é...

Me senti bem não espalhando a praga nem magoando a menina envolvida na coisa. Eu não devia gostar de fofoca, logo eu que sempre fui alvo delas na escola, por ser meio "diferentinha" (é, hoje eu ponho entre aspas, mas sofri que foi um bocado na época) e pelo meu irmão ser da turma do fundão e viver aprontando. Também tenho uma tia muito famosa que se casou com um ator também famoso e mais jovem. Nossa! O que tive que ouvir de coisas absurdas sobre eles, até em festa de Natal na casa de namorado. Me faziam cada pergunta que, juro, dava vontade de enfiar a farofa do peru na orelha do desgraçado do fofoqueiro, com ameixa e tudo.

Acho que a gente gosta tanto de fofoca para esconder nossas falhas, porque assim podemos nos sentir superiores aos envolvidos na coisa. *Bad, bad karma.*

Antes de fofocar, pense quanto isso faz mal para a pessoa envolvida, portanto, não há como ser legal para você. Se a fofoca for infundada, então, afe...

## ☆ DIA 75 ☆

## VALORIZE O QUE VOCÊ FAZ DE MELHOR

Nunca tive um namorado tão cheio de qualidades como Mr. Dolito. Uma delas é a transparência. Outro dia fui pegar uma caneta no seu porta-luvas (eu nunca havia mexido lá) e encontrei um preservativo. Sabe o que ele respondeu? "Em casa tem uns vinte!" Sim, Mr. Dolito era "solteirão" antes de a gente começar a namorar. Ele também é megacriativo, fica criando tipos de abraços para me fazer rir. Nesse domingo, ele inventou o abraço "octópulus" e vai me apertando forte como se fosse o maluco inimigo do Homem-Aranha, ahahaha. Que figura!

Mr. Dolito é um cara muito talentoso, pena que não sabe. Todos os seus amigos sabem. Ele escreve bem, é engraçado e é muito difícil passar despercebido em festas. O moço conta histórias como ninguém. Acontece que, como ele não tem grana, acha que não vale muita coisa.

Assim como a gente às vezes acha que é só corpo, os homens muitas vezes acham que são só a grana que eles têm. Uma pena... Como forma de incentivá-lo, eu e seus amigos estamos tentando convencê-lo a mandar um vídeo para o *Big Brother*. Quem sabe...

☆ DIA 76 ☆

## PARE DE FALAR BESTEIRAS DE SI MESMA

Gosto muito da palavra "bullshit", que significa bo$#@ de touro em inglês, mas também é muito usada quando alguém fala besteira. O texto de hoje é uma tentativa de diminuir o número de bobagens que a gente fala a respeito de nós mesmos. Há dois dias eu vi um filme do Anthony Quinn. Ele era um artista plástico fantástico, mas só falava bobagens dele mesmo. Exemplo: Um cara muito rico disse que possuía um quadro dele e que temia que fosse falsificado. Ele respondeu: "Não se preocupe! As imitações valem mais que os originais...". Afe!

Não pense que também não falo groselhas. Ontem mesmo disse uma inacreditável! Costumo usar botas de salto alto no trabalho, mas vou e volto de tênis para não detonar ainda mais a coluna. Pois é, fui fazer a troca de calçados e disse para o meu chefe: "Espere um pouco, por favor, vou trocar as ferraduras". Ahahahaha, como é que fui dizer uma estupidez dessas? Para o chefe! E quando ele me ligou para perguntar minha pretensão salarial e eu disse para ele não se preocupar com isso porque eu tinha uma vida muito simples? Quando eu desliguei o telefone, fiquei com vontade de dar cabeçadas na parede. Mesmo assim ele me contratou por um bom salário.

Aposto que você também vive soltando essas pérolas ao vento, como um amigo meu – para quem apresentei uma amiga – que, no primeiro dia, contou que ficou três meses sem tomar banho quando tinha 18 anos. Quase que o namoro não foi pra frente. Jesus! Hehehehe.

☆ DIA 77 ☆

## DÊ VALOR PARA O SEU BICHO

Hoje eu vi uma propaganda que me chamou demais a atenção. Eu chorei tanto que resolvi chamá-lo de "o comercial mais triste do mundo". Ele ilustra bem o amor que o nosso bicho tem pela gente. A pergunta é: será que devolvemos na mesma moeda? Era a história de um homem que morre e o cachorro fica deitado ao lado da sepultura.

Minha gata está aqui agora sentada perto de mim, na "caixa de carinho", esperando que eu desgrude do computador para dar atenção a ela. E vai ganhar já! Mas o pior é a quantidade de pessoas que abandonam seus bichos na rua sabe-se lá por qual motivo. Milhares por ano! Minha amiga Silvana Mitne que o diga. Ela vive resgatando os coitados de raça, além dos vira-latas, todos em péssimas condições. E o povo larga os peludos até no meio da estrada e se manda. Deus me livre, não gosto nem de pensar. Dá vontade de botar um desgraçado desses dentro de uma jaula em cima de um vulcão e dar uma soltadinha básica.

Vamos dar valor para os nossos bichos de estimação. O amor que eles sentem pela gente, sem julgamentos, é uma das coisas mais alegres e preciosas da vida e para a autoestima.

☆ DIA 78 ☆

## VEJA ALÉM DOS OBSTÁCULOS

Já falei aqui uma vez sobre a Laurinha Marques, uma vendedora anã negra do Piauí. Cheguei a entrevistar a Laura para uma revista porque ela é uma pessoa incrível que, apesar de todas as suas "limitações", dá palestras sobre autoestima.

Bom, há um mês eu a sugeri como pauta para o programa do Jô Soares... e eles toparam! Sexta passada sua entrevista foi ao ar e nunca vi um Jô tão maravilhado com alguém.

Laurinha já chegou chegando. Dançou a música da bandinha e fez muita gente rir e se emocionar. Uma coisa guardei dessa entrevista: foi quando o Jô perguntou como era o seu dia a dia por causa das limitações e ela respondeu: "Eu não saio de casa pensando nos obstáculos. Eu saio pensando que alguém vai me ajudar a subir no ônibus e não que eu ficarei na rua sem condução. Eu penso que o elevador aparecerá no térreo e não que não terá ninguém para apertar o botão para mim. Eu penso que alguém comprará meus produtos e não que voltarei para casa sem dinheiro...".

Como diz minha amiga Márcia mineiramente: "Laurinha pode morgar, mas nunca quebra" :)

☆ DIA 79 ☆

## PARE UM POUCO PARA "DESAMONTOAR" A VIDA

Minha camiseta usada de hoje deveria estar no cesto de roupa suja, mas ainda não está. Está esparramada no chão do quarto, ao lado de alguns pares de calçados e de umas bolinhas de papel amassadas.

Essa imagem representa totalmente a minha vida nesse momento:

um acúmulo de coisas a fazer. Não vou colocar a culpa em nada porque sempre fui indisciplinada, mas acontece que tenho me dedicado um bocado ao emprego novo. Como o meu cargo está ligado à audiência, não desgrudo da cadeira enquanto não conseguir um bom resultado no dia. Mas, claro, minha vida (a sua!) não é só trabalho.

Também tenho que comprar umas coisas, ir ao dentista, encontrar uns amigos, comprar calça jeans, estudar italiano, inglês, limpar o jardim da gata, fazer acupuntura, ir ao supermercado, publicar o texto de uma amiga, botar o lixo lá fora etc. etc. Socorrrrroooooo!

Mas confesso que está difícil. Depois do trabalho, gosto de ver TV e de escrever o blog. Domingo fico direto com Mr. Dolito, então sábado seria o dia para colocar tudo em ordem, mas marco muitos eventinhos... aí, não tem como.

Uma amiga disse que o ideal é colocar tudo o que a gente precisa numa lista, separando urgente de importante, e se colocar a meta de eliminar "x" itens por semana. Com certeza dá pra arrumar um tempinho.

## ☆ DIA 80 ☆

## PRATIQUE O NADA

Tô um bagaço. Parece que passei por um moedor de salsicha e não vejo a hora de ficar domingo inteiro sem fazer "p..." nenhuma. E sem nenhuma culpa! Digo isso porque uma amiga me escreveu com culpa por ter faltado à academia para se refestelar na cama. Ô delícia...

Quem tem gatos sabe que eles são os reis do *relax*. Talvez por isso sejam mais magros e fiquem menos doentes que os cães. Também duram mais. Ansiedade zero. Relaxar é tudo de bom, mesmo assim tem gente que fica com culpa quando não está fazendo alguma coisa. Pra quê?

Pensando na minha saúde, resolvi comprar um sofá-cama novo, porque é nele que eu e Mr. Dolito "atracamos nosso navio" aos domingos, e meu sofá-cama atual parece um tobogã e mói a nossa coluna, que já não é essas coisas. A gente vive com dor por conta disso.

Escolhi um vermelho bem lindo, barato e que dá pra pagar em seis vezes. A gente merece!

Para ajudar na inspiração, escrevo aqui um textinho da Monja Coen: "Ouça todos os sons. Sinta todas as fragrâncias. Perceba o ar, a temperatura em sua pele. Você está pensando? Ou não está pensando? Nem certo nem errado, nem bonito nem feio. Seja. Apenas sentar. Intersendo com tudo que existe. Que bom estar viva(o). Este instante aqui e agora é o céu e a terra. Isso é tudo. Tudo é nada".

## ☆ DIA 81 ☆

## CURTA AS IDIOSSINCRASIAS DOS OUTROS

Ontem assisti novamente ao magnífico filme *Closer*. Quando o vi pela primeira vez, anos atrás, não gostei. Achei que os diálogos nunca seriam ditos na realidade. Vendo novamente, amei e percebi que justamente essa era a sacada do filme. Os diálogos são transparentes como uma lâmina de vidro. Pudesse a gente ser verdadeiro e direto assim na vida.

Uma passagem muito interessante do filme é quando Jude Law pergunta à Natalie Portman: "Por que eu? Você poderia ter o homem que quisesse!". Ela responde: "Porque você corta a casquinha do pão...".

Acho que se a gente curtisse mais essas diferenças do nosso amor e dos outros tudo fluiria mais gostoso. Digo isso porque sei que a maioria de nós fica martelando os defeitos. Chato pacas, isso. Hoje Mr. Dolito vem aqui. Estou arrumando a casa e também farei uma escovinha e – argh – depilação. Odeio depilação. Odeio! E odeio! *Hobby* do demônio, só pode!

Sei que ele vai aloprar a gata, tascar cheiro de cigarro pela casa inteira, brigar pelo filme da TV... Mas que saudades desse homem! Hehehe.

## ☆ DIA 82 ☆

## ENTREGUE-SE NO AMOR!

Estou tentando investigar com minha amiga Lucia Rodrigues, *expert* em "Criatividade Quântica", o motivo pelo qual eu engordo e emagreço desde os 15 anos de idade. E chegamos a uma conclusão muito interessante: eu sempre engordo quando começo a namorar.

Como partimos da ideia de que a camada de gordura é uma proteção (como para os ursos), então minha gordura provavelmente estaria ligada à proteção (= medo) de dar e receber amor. Concordo com isso. Talvez por ter visto minha mãe viver uma relação tão infeliz devo mesmo ter ficado com essa paúra de me entregar. E acho até que isso se estende também para o sexo, mesmo tendo escrito dois livros de humor erótico. Creio que poderia ter dado mais de mim em muitos momentos da vida, aproveitado mais, me permitido ter mais prazer. Ô arrependimento...

De fato, tenho ainda essa dificuldade da entrega e acredito que atraia namorados assim, com medo de amar, como eu. Aos que realmente tentaram se aprofundar nesse sentimento, eu "retribuí" com sabotagem e "consegui" que o namoro não desse certo. Claro que tudo isso num plano inconsciente (será?) e claro que fiz vários anos de terapia. Nesse fim de semana tentei me "jogar mais" ao Mr. Dolito. E desliguei a televisão mais tempo para a famosa "hora do abraço". Foi bom, pena que escolhi o momento do *Jornal do Esporte* e quase Mr. Dolito dá com o salame na minha cabeça. Pergunto: se você está fora do peso, está se protegendo do quê? "Viver com medo é viver pela metade."

☆ DIA 83 ☆

## DÊ COLO PARA UM AMIGO

Há cinco meses um amigo recém-separado foi ao meu Orkut e gostou de uma amiga jornalista. Tratei de apresentá-los rapidinho e eles começaram a namorar. Eles combinavam muito bem e fiquei feliz por fazer a "ligação". Durante esses meses de felicidade, ambos me escreveram para agradecer o momento ótimo que estavam vivendo.

Umas duas semanas atrás ele fez mais uma declaração a ela, dizendo que estava contentíssimo ao seu lado, que era um cara de sorte. Alguns dias depois, meu amigo a procurou para desmanchar, alegando que havia conhecido outra pessoa mais interessante aos olhos dele. Fala sério! Não é de fu#$%?

Bom, você pode imaginar como minha amiga ficou. Ontem, ela veio em casa para expurgar tudo o que estava sentindo. É uma moça diferente de mim, porque sou explosiva e xingo de tudo quanto é nome. Ela é calma, não agrediu, não ofendeu, pediu apenas para não vê-lo mais (coisa que não cumpriu hoje de manhã, mas que seja mesmo a última vez).

Fazia tempo que eu não sentia uma dor de amor, mas vendo me lembrei direitinho de como é. Não pude fazer muita coisa. Ofereci colo, palavras amigas, suco de tangerina orgânico, castanhas e o olhar curioso da minha gata.

Sei que ela ficará bem, como todas nós ficamos – porque, como diz a escritora Collete, "mulher nenhuma morre de amor". E não morremos mesmo, mas não há nada como o colo dos amigos nesse momento. É como se a batida do nosso coração se unisse à batida desse outro coração esmagado embaixo de um sapato.

Não sei o que deu na cabeça do amigo. Nem ele. Mas os destinos se descruzaram. Deveras triste...

## ☆ DIA 84 ☆

## OBSERVE SUA RAIVA

Nesse fim de semana não fui muito legal com Mr. Dolito. Eu estava um pouco fria e até irritada com ele. E muitas vezes eu o depreciei, coisa que quase nunca faço (só quando estou do lado negro da Força. Sim, também tenho meus dias de Darth Vader. Pensa que não?).

Só ri muito na hora em que ele me viu dançando como doida e me chamou de "Boneco do Posto". Ahahaha. Aquele boneco inflável com uns brações e uma cabeça molenga cheia de ar. Eu estava parecendo mesmo.

Decidi investigar por que Mr. Dolito estava me irritando tanto e consegui entender. Um dia antes de encontrá-lo eu tinha ido visitar meus pais. Como já disse antes aqui, minha relação com meu pai não é das melhores. Se você já ouviu falar em Inteligência Emocional... meu pai, não. E sempre foi assim, minha vida inteira, sempre uma incapacidade de falar algo legal, de elogiar, de motivar a gente. Só depreciação. O que não quer dizer que ele não tenha qualidades. Enumero as "pérolas" desse fim de semana:

Eu: Levei um bolo de chocolate divino pra ele.

Ele: Da próxima vez liga antes para eu dizer o que quero.

Eu: Estou estudando italiano para falar a língua do meu avô (tenho cidadania).

Ele: Só aprendeu isso até agora? Você ganha mais aprendendo chinês.

Eu: Estou trabalhando numa empresa muito bacana.

Ele: Perceba que essa empresa é muito séria, não é aquela editorazinha em que você mandava e desmandava.

Bom, agora você entende o porquê da raiva e o porquê de descontar no pobre do Mr. Dolito, espécime masculino mais próximo. E o pior: o motivo de depreciá-lo tanto. É, agressividade gera agressividade. Tremenda injustiça com ele... Mas consertei a coisa a tempo dando bastante carinho, elogiando e arrumando umas comidinhas gostosas para ele.

Nós temos que observar de onde vem nossa raiva. Esse é o melhor caminho para absorvê-la e ficar bem (essa é minha, não é do Dalai Lama).

☆ DIA 85 ☆

## SEJA INDIFERENTE À INDIFERENÇA

Fui almoçar com uma amiga que estava sofrendo muito com indiferença. Já sofri muito também, pois sempre tive complexo de rejeição, mas quando você trabalha esse complexo tudo se fortalece. Além do quê, criei um mantra muito fino para falar na minha cabeça quando alguém é indiferente comigo que é o "Ah, vá pá pu$@ que pa$%#". Eu sei, eu sei, é terrível, mas é um grande alívio porque você dissolve na hora o complexo de Patinho Feio.

Porém, se você for bem mais educada que eu e não quer falar palavrão nem na sua cabeça, você pode usar o humor. No feriado, fui a um restaurante com Mr. Dolito. Estava uma briga danada para conseguir uma mesa. E eu estava esperando para fazer reserva. Nisso, uma mulher toda chique passa na minha frente com um marido idem. Gentilmente, eu disse que havia chegado antes. Aí, ela olhou para Mr. Dolito (que não estava lá muito bem vestido) e disse, bem esnobe: "Ele está com você?". Eu respondi: "Está, quer comprar?". A moça fez uma cara de mais fresca ainda, mas o marido começou a rir.

Sim, o humor a tudo salva, mas o mais importante é a gente entender que algumas pessoas não conseguiram virar mamífero, continuam frias como um sushi de salmão. São elas que não respondem a cumprimento em elevador, nem bom dia, nem boa tarde, e te olham como se você fosse um carrinho de plástico do camelô. Depois, o avião cai nas Torres Gêmeas e fica todo mundo "sensível" e bonzinho. Mentira, isso só dura uma semana. Que pena...

☆ DIA 86 ☆

## TENHA A CORAGEM DE BILLY ELLIOT

Não tem jeito, se eu ligo a TV à noite vou até de madrugada. Tive sorte ontem. Estava passando o filme *Billy Elliot*. Ele é um menino de 11 anos que mora com o pai, a avó e um irmão ogro numa cidadezinha da Inglaterra. O sonho de Billy é ser bailarino; o do pai, é que ele seja lutador de boxe. E o pai e o irmão mais velho são daquele tipo megamacho.

Billy finge que vai ao boxe, mas faz aulas de balé escondido. Um dia o pai o pega no flagra e o humilha e exige que pare as aulas. O que Billy faz? Começa a dançar na frente dele. E dança. E dança. E dança, com confiança, ardor e muito ódio nos olhos.

Emocionado, o pai junta dinheiro e até fura greve (ele trabalha em minas de carvão) para que ele possa fazer um teste em Londres e ganhar uma bolsa.

Em frente à banca de jurados, Billy dança bem, mas depois eles fazem uma entrevista com ele. É um menino de poucas palavras. A pergunta da decisão é: "Billy, o que você sente quando dança?". Para decepção dos jurados e do pai, o menino responde: "Não sei...".

Mas quando está indo embora, vira-se e fala: "No começo é difícil, mas depois eu sinto como se desaparecesse. Sinto como se eu fosse o fogo, a eletricidade. Sinto que voo...".

Sim, ele consegue a bolsa. Ele desafiou, com sua coragem, toda uma cidade de mineiros machões, seu pai e seu irmão, mas conseguiu conquistar o seu grande sonho, sua vocação. Ferrado de bom.

## ☆ DIA 87 ☆

## SALVE UMA VIDA

Sexta foi um dia triste na minha vida. Quando cheguei ao trabalho, vi um cachorrinho bem estropiado em frente ao prédio. Ele estava tão fraco que não conseguiu comer o presunto que comprei. Consegui dar um pouco de água; ele estava com muita sede. O moço que fica na barraca de biscoitos me disse que uma mulher havia aberto a porta do carro e o largado lá, para morrer. Pensei em fazer um carinho, mas fiquei com "encanation". Depois, me lembrei de Silvana, arranquei o ego e o agradei.

Como é que dá para trabalhar vendo uma coisa dessas? Liguei para minha amiga Silvana Mitne, que dá a alma pelos bichos. Às vezes, implico um pouco com ela dizendo que tem que pensar mais nela, no seu bebê, em como ganhar dinheiro para se sustentar... Enfim, largar um pouco os animais carentes. Mas na sexta entendi bem o que ela sente. É desumano demais, e Silvana e Jello (seu amigo) certamente são mensageiros, os tais dos "anjos caídos". É sua missão e isso sempre está acima de qualquer coisa mesmo. Quem viu o filme *Ensaio sobre a cegueira* sabe do que estou falando, com a Julianne Moore abdicando de tudo para ajudar os cegos.

Silvana agitou para que o seu amigo fosse buscar o Tommy (ela deu esse nome a ele), e o cãozinho agora está no hotelzinho do Jello, separado de todos porque está com cinomose, sarna e desnutrido. Qualquer pessoa teria sacrificado o cãozinho, mas não Silvana. Ela, como São Francisco de Assis, acredita que "tudo que vive quer viver". Os peludos são muitos e cada vez chegam mais vítimas da maldade humana. Então, resolvi escrever este texto para que mais gente possa ajudar quem precisa, seja humano ou não.

Salvar uma vida é o ato mais divino que um ser humano pode fazer por um ser vivo. Todos os problemas se dissipam. Toda baixa autoestima desaparece. Salve uma vida hoje! "Quem dá agradece."

☆ DIA 88 ☆

## NÃO COLOQUE TANTA ENERGIA NUMA COISA SÓ

Sábado, eu e Mr. Dolito completamos um ano de namoro. Eu o conheci no Orkut, e uma das coisas que me conquistou nele foi seu gosto por filmes. Como sou cinéfila da gema, é importante que meu companheiro também goste da coisa, embora a gente quebre pau todo domingo para escolher os filmes que quer ver.

Bom, como Mr. Dolito está duro, ele faria o jantar do nosso evento e eu daria um presente (já comprado!). Hoje, Mr. Dolito me ligou e pronunciou uma das frases que as mulheres morrem de medo de ouvir: "Você ficaria chateada se...". Lá vem, pensei. "... ficaria chateada se deixássemos nossa comemoração para o próximo sábado? Esqueci que era aniversário da minha vó...".

Bom, se fosse há uns anos eu realmente ficaria chateada, porque eu tinha uma "Síndrome de Vítima" que Deus me livre e guarde, como já contei aqui. Eu me sentiria rejeitada, magoada e sei lá mais que "ada". Sim, eu já fui uma mulher que ama demais e já chorei rios de lágrimas por muitos homens na vida. Agora, posso dizer que sou livre, leve e solta. Não lembro bem quando foi a hora dessa "virada", acho que foi um conjunto de terapia, muito saco cheio por sofrer tanto e também ter arrumado muitas outras coisas para fazer. Mas, principalmente, perceber que botar todos os ovos numa cesta só logicamente leva ao sofrimento.

Não sei se você se lembra de uma polêmica em torno de uma mãe que teria incentivado duas adolescentes (incluindo sua filha) a quebrarem o pau na rua (uma professora, se não me engano). Sabe o motivo da briga das duas? Homem! Fiquei triste, imaginei que as novas gerações viriam "pagando menos pau" por eles, colocando sua energia em outras coisas também, mas acho que me enganei. Vejo essas meninas sofrendo igualzinho às mulheres mais velhas.

A regra do cassino também vale para a vida: não coloque todas as fichas numa coisa só. Encontre outras atividades, objetivos para a sua vida. Sua autoestima aumenta e certamente seu amor valorizará você ainda mais.

## ☆ DIA 89 ☆

## FAÇA COMO *SOB O SOL DA TOSCANA*

Hoje Mr. Dolito estava num mau humor de cão do inferno. O pior não foi vê-lo esbravejar, e sim repetir a mesma ladainha de sempre: "Tô cansado, tô sem grana, queria mudar meu rumo profissional, não acredito em mim", etc. etc. etc. Juro que dá vontade de pegar o martelo de bife e dar uma martelada na cabeça dele pra ver se o CD muda de faixa.

Faz um ano que ele repete isso e, caramba, nunca o vejo tentar mudar. E sei que não faz nada por medo do novo ou por não acreditar na sua capacidade ou vai saber o motivo, já que não sou psicóloga. Mas confesso que isso vai desgastando a relação.

Sou o oposto de Mr. Dolito, impulsiva que é uma beleza, e saio dando tiro pra todo lado até acertar o alvo, então as mudanças – o novo – sempre me parecem mais fáceis do que para ele. Sei também que não é fácil para muita gente aqui. Então, vou citar um filme (obrigatório de se ver) e uma pessoa.

O filme se chama *Sob o sol da Toscana* e conta a história de uma jornalista americana que descobre a traição do marido, fica arrasada e vai passar uns dias na Itália. Só que dá uma louca na moça e ela compra uma casa toda detonada internamente. Aos poucos, muito aos poucos, ela vai consertando tudo na casa e é assim que vai se reconstruindo também, tijolo por tijolo. É lógico que no meio do caminho há vários percalços, mas ela segue sua jornada devagarzinho, devagarzinho... É divino!

O mesmo aconteceu com minha amiga Andréa. Ela se separou depois de 16 anos de casada e, nos últimos anos, se moveu no sentido de mudar, de melhorar: colocou seios maiores (bom, era importante pra ela!), fez curso de maquiagem, de autorretrato, e a gente pode ver sua mudança. Ficou um mulherão autoconfiante!

Quando a gente tem medo de se atirar no lago, a melhor coisa é colocar primeiro a mão, depois o pé e entrar devagarzinho. E, se a gente faz isso com o lago, faz com qualquer coisa da vida: da mudança de emprego ao desapego daquela relação tóxica medonha.

## ☆ DIA 90 ☆

## PARE DE FAZER LISTA DE INFELICIDADES

Putz, hoje acordei fazendo lista de infelicidades. Deve ser TPM, só pode. Aliás, tenho reparado em algo em comum com as pessoas que se dizem no fundo do poço: todas fazem lista de infelicidade, enumerando todas as coisas ruins que existem nelas e na vida delas.

Parecem papagaios e vivem repetindo suas listas. Aliás, já começam a conversa falando de tudo o que está ruim. Ontem fui jantar com uma amiga e ela me perguntou como estava meu trabalho – eu fiz uma lista de coisas boas e ela me achou metida... Pode? Será que é por isso que hoje acordei o oposto de ontem?

Por que sempre essa praga desse culto à "vitimice", do olha-como-a-minha-vida-tá-uma-m----"? Afe! São raras as pessoas que me mandam uma lista das coisas legais que estão rolando na vida delas. Faz tempo que eu mesma não faço uma lista de felicidades.

Até eu chego a pensar que não emagreço justamente para manter um item de "infelicidade", assim, se alguém me pergunta da vida, eu posso responder: "Tudo bem, fora a gordice". Ai, como somos loucos.

O líder espiritual Osho já dizia que bastava as pessoas agradecerem todas as noites que o universo já mandaria coisas boas em troca. Não vejo ninguém fazendo isso, não. E dá-lhe infelicidade e estagnação...

Uma vez eu vi um pastor americano na TV que criou um bracelete de borracha de 1 dólar, onde estava escrito: "Por um mundo sem reclamação". Foi um sucesso nos Estados Unidos. Comprei sete, para toda a minha equipe, mas nunca chegaram... Pastor 171! Ops! Reclamei... Hehehe.

☆ DIA 91 ☆

## CHEGA DE SERMOS PEQUENOS

Como a maioria dos brasileiros, me emocionei quando escolheram o Brasil para ser sede das Olimpíadas 2016. Confesso que nem estava tão envolvida com isso porque não ligo muito para esportes. Mas o que mais me emocionou foi o discurso do Lula dizendo: "Está na hora de deixarmos de ser pequenos, de nos achar pequenos". E acho que isso cabe bem aqui pra gente. Quem já não se achou pequeno em determinada hora, lugar ou diante de alguma pessoa? Quem já não pensou: "Sou pequeno demais para esse emprego, ou para esse homem, essa faculdade, esse prêmio etc. etc. etc."?

Pois eu já, e não foram poucas as vezes. Já cheguei até a achar meu currículo melhor que eu, ahahahaha. Com alguns homens não foi diferente. Uma vez tive um paquera carioca bonito, rico e alto que me cortejava. Ele vinha para cá e ficava em hotéis muito luxuosos. A gente se divertia muito porque ele é cinéfilo como eu e ficávamos assistindo DVDs até altas horas da madrugada. Mas eu dei pra trás por pura baixa autoestima. A situação toda era estranha porque, como não guio, quem me levava era o meu zelador, num Gol preto com janelas de vidro escuro. Eu saía de lá de vestidinho, capa e franjinha no cabelo. Eu tinha certeza de que os caras da recepção achavam que eu era garota de programa.

Mas o pior não era isso. O cara tem 1,90m, e eu, 1,56m. Você não pode imaginar como eu me sentia ridícula com o roupão branco do hotel, tipo um gnominho na neve, sabe? Fora isso, eu também não tinha tanta roupa chique pra usar com ele. Aliás, só tenho um vestido sofisticado que é o mesmo que uso em casamento, hotel e festa de "firma". Se a pessoa casou e depois morreu, vai sacar que é o mesmo na hora, haha. Pois é, baixa autoestima é uma me$#@. O cara não entendeu nada quando resolvi sair fora. Nunca soube que foi por causa dessas idiotices.

Hoje em dia, prefiro repetir a frase de Fernando Pessoa: "Meu tamanho? Sou do tamanho do que vejo!".

☆ DIA 92 ☆

## CUIDADO COM O "FORA ISSO"

Recebi um e-mail de uma amiga falando sobre o seu relacionamento. Nitidamente o cara é tóxico e ela está cansada de levá-lo nas costas. Achei curiosa a frase: "Fora isso" (que incluía defeitos péssimos), ele é um cara legal.

Engraçado, também ouvi a mesma frase na Oprah hoje. A entrevistada era Mackenzie Phillips, filha de John Phillips (do The Mamas & The Papas). Ela lançou um livro confessando que foi abusada sexualmente pelo pai durante dez anos e que também foi ele quem a viciou em drogas.

Quando sua madrasta soube do livro (mulher do maluco na época), ligou para Oprah e disse: "Ele era alcoólatra, drogado e tinha muita "intimidade" com a filha; fora isso, era um bom homem". Fora isso? Afe!

Os "fora isso" sempre ferraram bem a minha vida. Me pergunto quantas de nós estão vivendo a ilusão do "fora isso" no amor, no trabalho, com a família ou sei lá mais onde. Se conformando por causa de duas palavrinhas seguidas de uma vírgula...

É hora de colocar na balança friamente os prós e contras da situação. E, depois, aos poucos tomar uma decisão que mude a vida, já que ela é uma só.

☆ DIA 93 ☆

## CHEGA DE DAR MUITA INFORMAÇÃO

Eu estava na fila do supermercado e comecei a ouvir uma groselhada e prestei atenção. Era uma moça loira e muito bonitinha, com um corpo lindo, conversando com um moço bonito também. Parecia comecinho de namoro.

Ele: Você gosta tanto assim de iogurte?

Ela (a louca 1): Você está me chamando de gorda, né? Tô sentindo que você está me chamando de gorda.

Ele: Claro que não!

Ela ("dona muita informação" começou): Quando eu era adolescente, vestia as roupas e perguntava para a minha família se eu estava gorda. Aí meu apelido virou "Bujãozinho". Eles falavam isso só para me irritar. Eu não era gorda. Bom, agora sou um pouquinho.

Eu (a louca 2): Não, você não é gorda, não é, não é.

O rapaz concordou. Em duas frases a moça conseguiu passar que se autodepreciava, que a família a depreciava, e ainda tentou fazer com que o mocinho a depreciasse. Gente, para que tanta informação do passado, do presente e sei lá mais de quando?

É incrível como a gente não percebe como dá informações negativas demais. Uma vez fui jantar com um amigo e uma amiga. A ideia era formar um casal. Ele já saiu dizendo que tinha hepatite B; ela já foi falando que teve namorados péssimos. Ai, Deus! *Too much information!*

Em boca fechada não entra mosquito da dengue.

☆ DIA 94 ☆

## FOQUE ALGO DE QUE VOCÊ GOSTA NO SEU CORPO

Nessas minhas andanças pelo mundo velho sem porteira, uma vez fiz um curso de sensualidade com a professora Nelma Penteado. Foi divertido, e uma coisa de que me lembro bem é a frase: "Não chegue para o seu amor realçando algo de que você não gosta no corpo. Isso dá muito poder para o defeito. Realce o que você gosta". Embora simples, achei legal porque ninguém faz isso, a maioria faz o contrário, inclusive eu mesma.

Bom, ontem fui passear no shopping e fazia muito tempo que eu não era paquerada, mas ontem o meu cabelo estava lindo e eu sabia disso e alguns caras deram uma olhada bem intensa. Tenho certeza de que isso aconteceu porque eu estava com a "energia" focada em algo que eu realmente estava achando belo.

Achei muito legal a iniciativa da revista *Glamour*, que trouxe mulheres "normais" para suas matérias. Eu acredito que TODAS elas estejam lá, não pensando que são gordinhas ou que tenham imperfeições, mas apostando em algo de bonito que sabem que têm.

Não sei se você sabe, mas a França e a Inglaterra já estão querendo intervir no abuso do Photoshop em anúncios publicitários e nas revistas femininas para que parem de "espalhar" a mulher/homem inatingível que amassa a autoestima de todos nós. Eu amo e odeio Photoshop. Amo porque a gente fica perfeita. E odeio porque a moça do carrinho assassino (cheio de carboidratos) lá de onde eu trabalho viu a minha foto sem Photoshop e perguntou se era minha filha. Juro, deu vontade de responder: "Filha, o car#$%&%$@! Meu nome é Zé Pequeno, po%#@!

É isso aí, por um mundo sem Photoshop (ou quase sem) ;)

☆ DIA 95 ☆

## NÃO SEJA TÃO EXIGENTE COM VOCÊ

Todo mundo aqui já ouviu falar da Lei de Murphy, aquele ditado popular que diz que "se alguma coisa pode dar errado, certamente dará". Pois é, hoje rolou comigo a maior Lei de Murphy da minha vida. Eu trabalho num portal grande, tentando trazer audiência para a parte de vídeos. Eu estava assistindo a um vídeo, em alto volume (com fones), sobre a suposta voz ouvida e gravada na casa do falecido Michael Jackson. Nessa hora, a chefe do chefe chegou toda feliz. O portal acabara de ganhar um prêmio importante. E, nessa hora também, eu tomei um susto medonho com o vídeo e pulei da cadeira dando um berrão. É, eu nunca me concentro, mas quando me concentro... Jesus...

Nem preciso dizer a cara que a diretora e meu chefe fizeram. E quanto a equipe inteira ficou branca-Omo-total. Eu tinha duas saídas: 1- sair correndo e pedir um emprego de duende de Papai Noel no Shopping Iguatemi; 2- não ser tão exigente comigo, dar risada da situação, mandar um e-mail de desculpas e lembrar que essa desgraça poderia ter acontecido com qualquer pessoa. Óbvio que foi o que fiz, embora meu sonho secreto sempre tenha sido ser um duende natalino.

Quando a gente diminui nossa exigência interna, sofre muito menos e deixa de fazer eternas tempestades em copo d'água. Isso provavelmente nos deixa menos travados e também menos exigentes em relação aos outros. Perfeito, gente, só o Cirque du Soleil (e olhe lá) ;)

☆ DIA 96 ☆

## CUIDADO COM QUEM DEIXA ENTRAR NA SUA VIDA

Ontem assisti ao filme *Deixa ela entrar*. Se eu fosse resumir, diria que é o amor entre um menino solitário e uma menina que por acaso se alimenta de sangue, também solitária. Note que eu usei a palavra amor e não paixão. A diferença é toda a harmonia da relação e principalmente a aceitação. Cada um está com os pés bem no chão (gelado, por sinal) e consegue ver, ouvir e aceitar o outro, sem querer mudar nada. Não existe apego. Nenhum dos dois crava uma estaca na liberdade do outro nem suga sua essência.

O filme tem cenas belíssimas e fortes. Gosto muito quando uma mulher, humilhada pelo marido na frente de amigos, levanta-se para ir embora e ainda dá uma bolsada nele. Viva a não submissão!

Mas o que quero falar do filme é outra coisa: vampiros não podem entrar na casa das pessoas sem serem convidados. Em uma das cenas, o garoto testa isso e sua namorada quase morre. A cena é inesquecivelmente profunda e europeia. Sim, a Europa é estranha. É o Nelson Rodrigues do cinema.

O que quero dizer com isso, trazendo para a nossa realidade: ninguém pode fazer mal a você se você não permitir. Ninguém entra na sua vida se você não quiser. Portanto, não existe o "ele me fez mal". Existe o "eu permiti que ele me fizesse mal".

Assumir a responsabilidade por tudo é "o cara" nessa vida. Se é...

## ☆ DIA 97 ☆

## CUIDADO COM O "FEITIÇO DO TEMPO"

*Feitiço do tempo* é um filme fantástico com o Bill Murray. Ele é um repórter antipático, rabugento e medíocre que é mandado para cobrir o Dia da Marmota, em pleno inverno, numa cidadezinha americana. Só que acontece um "feitiço" e ele é obrigado a viver o Dia da Marmota por um loooongo tempo. Então, Bill acorda e é sempre tudo igual. Um desespero! Em determinado momento, o moço se toca de que as coisas poderiam ser diferentes e começa a melhorar muito como pessoa: estuda piano, medicina, ajuda os outros e mais várias outras coisas. Acaba se tornando um cara popular, muito melhor e mais interessante, e até conquista a jornalista que estava com ele e que antes o achava uma besta. E assim o feitiço se desfaz.

Acontece que eu cheguei à conclusão de que também estava vivendo uma espécie de "feitiço do tempo", com os dias sempre iguais e muita estagnação, a começar pelo lado amoroso. Mr. Dolito é um cara muito legal e adorável, companheiro e amoroso, mas é um "homem-sofá". Definindo: "homem-sofá" é uma pessoa um pouco acomodada demais, que prefere não mudar o seu jeito de ser, nem tem ambição, nem quer conhecer coisas novas. Alguém que curte mesmo um sofá e uma TV. O que não tem problema nenhum, cada um é do seu jeito. Para alguém agitada como eu, no começo isso é legal, como aquelas cidades cheias de neve – no meio também é legal, mas no fim... putz, já é meio desanimador. Digamos também que meu estilo de vida é um pouco mais *light* e saudável. Mr. Dolito é chegado em cigarro, Doritos e Coca-Cola no café da manhã. E, tá, ele gosta de ver o Didi, dos Trapalhões, no domingão. Pronto, falei! Hehe. Então, resolvemos tomar rumos diferentes. E ambos estamos bem, antes que você se preocupe :)

No meu inferno ou paraíso astral estou sentindo uma forte vontade de evoluir em tudo. E a coisa está vindo mesmo intensa. E não há momento mais sagrado do que este: quando encaramos os medos e conseguimos mudar. Confesso que tive um pouco de ansiedade quando me separei de Mr. Dolito, mas observei que medo era esse (já que toda ansiedade vem dessa emoção) e resolvi relaxar.

É, a gente não nasceu pra ser o mosquito da dengue que curte uma "estagnation" básica. Para o alto e avante! (Você também, Mr. Dolito!)

# MADEIRA

No passo seguinte, na **casinha de madeira**, já estamos começando a entender que é necessário que nos dediquemos mais a fazer melhor, ou seja, percebemos que merecemos mais e que podemos nos superar.

Aqui começa o caminho de volta a uma vida no qual o conceito de dar e receber existe com mais consciência. Mas a autoestima por si própria oscila, e você pode sentir-se ora adequado, certo, suficiente, ora – em outros momentos – o seu oposto.

Nesta fase da **casa de madeira**, já se percebe mais atenção sobre as qualidades positivas e as formas de superação, aprendidas com a frustração da etapa anterior. Estamos mais preparados para buscar o que nos dará mais segurança no amor, no estudo, no trabalho, na amizade etc. Mas ainda culpamos o outro por nossa infelicidade.

Neiva Bohnenberger

☆ DIA 98 ☆

## PERCA O MEDO DE FICAR SOZINHA

Tentei procurar uma foto no Google para retratar o "estar sozinha", agora que não namoro mais Mr. Dolito, mas só havia imagem baixo-astral. Eu não sei por que estar sem alguém precise sempre parecer melancólico ou triste. Até me deu, como eu disse, uma ansiedade grande nos dois primeiros dias, mas percebi que essa sensação era coisa do passado e não minha. Antigamente (mas não muito), eu tinha uma obsessão doida. Eu achava que, quando acabava um namoro, tinha que arrumar outro homem correndo porque cultivava em mim um sentimento de "desamparo" devastador (trazido da infância, mas que já não pertence mais a este corpo). E este era o perigo: as escolhas impulsivas, muitas vezes desesperadas, e quase sempre erradas. Erradas no sentido de os meus parceiros serem legais, mas não terem nada a ver comigo. Sempre achei que ficar solteira seria como festinha de aniversário: não viria ninguém. Ou seja, eu seria a "velha dos gatos" em questão de anos.

De qualquer forma, agora que estou aprendendo a me dar mais valor, começo a curtir o "tirar férias de namoro". Quando a gente se envolve num relacionamento (e tem autoestima de palha), contêineres de energia vão para o parceiro. A gente não se cuida tanto, não faz tanto o que gosta, larga *hobbies* e gasta dinheiro com surpresinhas e mais um monte de coisas para ele. Sem ninguém, vem tudo pra gente. É uma maravilha! Podemos até baixar a foto do ator Gerard Butler para o *desktop* e, sim, ficar sem se depilar por um tempo, hehehe. Isso se você não tem um P.A., vulgo "P-- Amigo" ou "Patrocinador de Alegria", como prefiro falar – rapaz responsável pela manutenção dos seus feromônios, mas sem nenhum compromisso ou envolvimento afetivo. Pra falar a verdade, não curto muito. Acho difícil transar com alguém com quem eu não tenha intimidade ou laços afetivos, a não ser que seja o Gerard Butler.

Aliás, uma vez li que transar com quem quiser – para as mulheres – não era lá essas coisas porque, como temos essa necessidade da continuidade, nosso vazio existencial aumenta muito mais. Então, nem tô pensando muito nisso, mesmo "livre". Além do mais, mulher bem resolvida tem sempre seu brinquedinho de estimação (se é que você me entende).

## ☆ DIA 99 ☆

## MUDE, MAS SEJA VOCÊ MESMA

A coisa mais boba que você deve fazer quando desmancha um namoro é ir assistir a uma comédia romântica. E foi o que eu fiz. E ainda por cima no Shopping Iguatemi, o "balneário" do cartão de crédito. Fui assistir ao filme *A verdade nua e crua*, que conta a história de um homem bem ogro que dá conselhos sobre paquera para as mulheres. O filme é legalzinho, mas saí de lá pensando que talvez eu não saiba paquerar e acabo namorando porque sou tão desastrada que alguns caras acabam achando graça. Mr. Dolito falou que no começo do namoro eu fiz "tudo errado", mas que ele gostou assim mesmo. Ah, mas eu tenho culpa? Mr. Dolito é o único homem sem celular no Brasil. Aí, eu queria contar umas coisas para ele durante o dia e não tinha como. Então, eu ia mandando MSN. Acontece que quando ele chegava em casa e ligava o computador, a "rapaziada" começava a pular de todo canto. Tipo a louca-ansiosa-compulsiva.

Mas eu não sou mesmo muito boa nessa coisa de paquerar. Pra começar, não gosto de me vestir de forma sensual. Não gosto de vestido porque sou friorenta e não sei andar com salto alto; pareço uma marreca aprendendo a patinar no gelo. Nunca acerto o tamanho da calça jeans e não uso um decote há uns dez anos. E confesso que jamais me faltou namorado, desde os 15 anos, porque invisto muito na minha personalidade e no caráter. Sim, saiba que está provado pelas pesquisas que a primeira coisa que um homem quer numa mulher – para se relacionar – é personalidade. Mas o personagem do filme, conselheiro amoroso, manda usar calça justa, sutiã sexy e decote. E, sim, como eu já disse, ele é bofe e eu otária de entrar na dele (é, ainda não tenho autoestima de tijolo, mas pelo menos já passei para madeira). Então, é claro que saí do filme e comprei umas blusinhas com decote, pra você ver como sou facilmente induzida. Ops! Aliás, quem estava dizendo que estava numa boa sem namorado e que não pensava tão cedo em arrumar outro? Mentiraaaaa.

De qualquer forma, o filme é bem previsível e claro que o bofe se apaixona pela mocinha pelo que ela é e não pelo que ele a manda ser. Mesmo assim, me fez pensar em algumas coisas e deu vontade de mudar outras, mas sem deixar de ser eu mesma. Jamais!

## ☆ DIA 100 ☆

## PRATIQUE "MOMENTO GOSTOSINHO"

Foi minha amiga Tereza quem me deu a ideia deste texto. Ela fez uma reunião na casa dela e seu amigo Machadinho propôs que todos fizessem uma cara de quem se lembrava de um "momento gostosinho" para tirar foto. Então, tive a iniciativa de fazer alguns momentos assim no feriado. Como sou uma paulistana da gema, fui passear na Liberdade – onde comprei um tatame para a yoga (sim, estou levando a sério de novo). Mentira! (Quase a sério.) Depois, fui ao shopping para escolher duas calças jeans com meu número certo; e mais tarde fui ao cinema com Mr. Dolito. E, claro, acabou rolando uma amizadezinha colorida básica.

O shopping já colocou o Papai Noel na porta e a decoração de Natal está quase pronta. Natal é uma época estranha para mim. Se por um lado eu gosto, por outro sinto uma tristeza profunda e sempre choro. Não choro apenas pelas pessoas que não têm privilégios como a gente, mas porque tenho uma lembrança triste que nunca esqueci.

Quando eu tinha 3 anos meus pais se separaram (voltaram anos depois e se separaram e voltaram) e, de um dia para o outro, ficamos pobres porque meu pai "quebrou" pela primeira vez, e feio. Foi perto do Natal e minha mãe não teve dinheiro para me comprar o urso que eu queria. Sempre fui louca por ursos de pelúcia e detestava bonecas.

Essa coisa ficou na minha cabeça e sempre que me dá um treco eu compro um urso, depois dou pra alguém porque gosto mesmo é do meu pequenininho encardido. Meu ex-namorado psicólogo disse que isso se chama "objeto transicional" e que normalmente é deixado na infância. Mas como eu tive uma infância "capenga" emocionalmente, gosto de ter o bichinho por perto. Não sei se é porque eu via filme de terror escondido e o urso me deixava com menos medo. Sei lá, cada um com sua estranheza.

## ☆ DIA 101 ☆

## CUIDADO COM A "SÍNDROME DE OURO DE TOLO"

Meu amigo Dê me ligou hoje muito aflito. Ele dizia que tinha conseguido tudo o que queria: emprego novo, apartamento novo... mas que sentia uma incerteza sobre ter feito ou não a coisa certa. Como se ele precisasse dessa incerteza para não deixá-lo feliz com as conquistas. Ele me perguntou se era autossabotagem. Eu respondi: "Não! É Síndrome de Ouro de Tolo".

Eu dei esse nome para essa "síndrome" por causa da música "Ouro de Tolo", do Raul Seixas. A letra diz:

*Eu devia estar contente porque eu tenho um emprego, sou um dito cidadão respeitável e ganho quatro mil cruzeiros por mês... Eu devia agradecer ao Senhor por ter tido sucesso na vida como artista. Eu devia estar feliz porque consegui comprar um Corcel 73... Eu devia estar alegre e satisfeito por morar em Ipanema depois de ter passado fome por dois anos aqui na Cidade Maravilhosa... Ah! Eu devia estar sorrindo e orgulhoso por ter finalmente vencido na vida, mas eu acho isso uma grande piada e um tanto quanto perigosa... Eu devia estar contente por ter conseguido tudo o que eu quis, mas confesso abestalhado que eu estou decepcionado... Porque foi tão fácil conseguir e agora eu me pergunto "e daí?".*

Acho que muita gente aqui já passou por isso. Nossa, eu já passei muito por isso e acho que existe uma "cura" para essa "síndrome" que, aliás, o próprio Raul Seixas revela no final da sua letra:

*Eu que não me sento no trono de um apartamento com a boca escancarada cheia de dentes, esperando a morte chegar... Porque longe das cercas embandeiradas que separam quintais, no cume calmo do meu olho que vê assenta a sombra sonora de um disco voador...*

Não, ele não estava doidão (ou estava, sei lá). Acho que ele quis dizer o mesmo que Campbell falou em seu livro *O poder do mito*, ou seja, a felicidade não está nas coisas da vida e sim nos mistérios da vida. Há quanto tempo você não larga o controle de tudo e de todos e se deixa levar pelos mistérios? Aqueles momentos raros em que a mente não entende lhufas, mas que arrepiam a gente, que dão uma sensação de "nossa, eu fui tocada por algo além da minha compreensão".

Hoje, assistindo ao filme *As mães de Chico Xavier* na madruga, ouvi de uma senhora que perdeu o filho uma das frases mais belas da minha vida: "São as coisas simples que nos elevam...".

## ☆ DIA 102 ☆

## SEJA FLEXÍVEL

Algumas pessoas que leem o blog ficaram indignadas porque eu tive uma amizadezinha colorida com Mr. Dolito outro dia. Mas eu preciso explicar melhor as coisas. Como eu já disse aqui, ele foi um excelente namorado: protetor, responsável, divertido, preocupado, honesto e sempre me deu um valor danado. Então, não tenho motivo para excomungá-lo da minha vida. Por que resolvi me separar dele? Porque ele tem duas faculdades e um supertalento, mas sua longa vida de baladeiro o fez perder o pé na profissão e ganhar mal que é o diabo. Longe de mim ter algo contra quem está duro, eu mesma já fiquei sem dindim várias vezes, mas o problema é que a gente não conseguia ir a lugar nenhum (e ele também não me deixava pagar). E o que é pior: ele se contentava com essa situação profissional, e aí o bicho pegou muito. Também cansei de ficar trancada em casa o domingo inteiro vendo TV. No começo era legal, como eu relatei, mas depois foi cansando, cansando... Mr. Dolito também fuma (e tenho asma!), é muito sedentário (e eu voltei pra yoga) e adora *junk food* e todos os "itos": Doritos, *caquitos*, Cebolitos... que geralmente são o seu jantar. Também não cuida da saúde e só vai ao médico sob escolta do BOPE.

Então, como eu quero cada vez mais evoluir na vida e ele não, resolvi optar pela separação, embora eu goste dele. Porém, aprendi com um mestre budista que na vida a gente deve ser flexível como um bambu, pois o primeiro a quebrar na tempestade é o tronco rígido. Por isso, não vejo nenhum problema em ir ao cinema de vez em quando com ele, que é uma companhia muito agradável (principalmente em lugar onde não pode fumar, hehehehe).

## ☆ DIA 103 ☆

## RESPONDA: QUAL A SUA VERDADE?

Há uma semana eu "herdei" uma gata preta já adulta, mas bem estropiadinha (Pipi). Acontece que os donos tiveram um bebê e o gato siamês começou a aloprar. Resultado: ambos foram confinados na pequena área de serviço, e aí já viu. Eu a trouxe pra casa e hoje não escreverei muito porque a veterinária foi dar uma injeção doída na bichinha e a dentada sobrou para o meu dedo. Acabo de ver mais um episódio de *Betty, a feia*, em que o "boniton" Daniel – que tem uma famosa revista de moda – quer mudar o visual da sua namorada. O motivo? Ela não agradou o mundo *fashion* mega-hipervaidoso e exigente.

É claro que não dá certo e é claro que ele deixa essa besteira pra lá porque quase perdeu a mulher de que gosta. Sei que muita gente, talvez a maioria de nós, vive uma grande mentira. Tem gente que odeia o trabalho, mas fica lá por causa do dinheiro. Tem gente que insiste numa droga de relacionamento, sem amor ou sem tesão, porque não tem coragem de se separar. Tem gente que usa drogas pra botar debaixo do tapete alguma emoção que incomoda muito etc. etc. etc.

Minha mentira sempre foi o personagem cômico que inventei. Foi a forma que encontrei para chamar a atenção e ser aceita. Afinal, todo mundo gosta de gente engraçada. E também é o jeito como eu escondo minha imensa sensibilidade. Por exemplo: quando vou a um hospital e sei que tem gente sofrendo, se eu não fizer e falar coisas engraçadas eu começo a chorar que nem louca. Então, o personagem segura a onda. Acontece que já estou cansando dessa mentira. Já consigo escrever sem ter a necessidade de ser cômica e até acho que seria melhor um choro honesto do que uma alegria *fake*. É uma droga conviver com mentiras. Mentir para si mesma é uma hecatombe na alma. E eu pergunto: qual é a sua verdade?

☆ DIA 104 ☆

## SEJA A LUZ DOS OUTROS

Moro no bairro mais badalado de São Paulo: Vila Madalena. Ontem, com o apagão, parecia filme de "day after". A vida sem os eletrônicos é muito estranha, mas pelo menos dava para conversar com os amigos via torpedo ou celular. Fiquei sentada na poltrona da sala bundando e pensando em nada muito interessante. Aí, lembrei que as pessoas estavam nas ruas perdidas e assustadas.

Minha rua estava o breu dos breus, apenas cortado por faróis de carros cada vez mais escassos. Resolvi acender duas lamparinas com vela na varanda. Moro no primeiro andar. Não, não iluminariam a rua, mas pelo menos serviriam de farol, de referência para os navegantes perdidos do asfalto.

Vi grupos passando, casais andando, um cara fazendo xixi atrás da árvore e uma mocinha de uns 19 anos agarrada na mochila, com um passo acelerado. Conheço esse passo. É feminino e é de pavor de que aconteça alguma brutalidade. Minha mente não reagiu tão rápido. Não consegui perguntar se queria uma lanterna ou se gostaria de ficar um pouco na minha casa. Mas dificilmente, em uma situação dessas, alguém aceitaria um convite de uma estranha, com cara da mãe do Norman Bates, em *Psicose*. É, porque eu estava de moletom branco, cabelo bagunçado sem escova e apenas com uma luz de vela me iluminando. Muito sinistro.

Quem passava solitário por minha rua olhava para o farolzinho. Um segundo de esperança e conforto no meio da escuridão. Não há nada mais assustador que a escuridão. Em todos os sentidos. Eu pensei: qual é minha grande escuridão? E me respondi: o medo de amar. É, sim, é o medo de amar.

## ☆ DIA 105 ☆

## CURE SEU CORAÇÃO

Museu dos Corações Partidos é uma ideia muito bacana que minha amiga Ines Cardoso está realizando pela internet. A ideia é juntar depoimentos, fotos, objetos que signifiquem o fim de um amor. As experiências de quem partiu ou teve o coração partido vão virar um vídeo e todo mundo pode participar.

Essa ideia me lembrou o filme *Flores partidas*, com o Bill Murray. O personagem de Bill é um cara solteirão, amargo e egoísta que recebe uma carta anônima revelando que tem um filho de 18 anos. Assim, ele começa a visitar suas ex-namoradas para saber quem é a mãe e se depara com coisas boas e ruins. As boas são pessoas gratas pelo antigo relacionamento que o tratam muito bem. As ruins são pessoas que tiveram o coração partido e cujas vidas, depois da separação, tomaram um rumo triste. Bill se espanta com o que vê.

Gostaria de falar duas coisas: 1- Seja gentil e compreensiva quando for terminar com alguém. A dignidade dessa pessoa está em primeiro plano. 2- Se o seu coração ainda está partido é porque você ainda não aceitou essa situação. E, sim, a verdade liberta. E eu te pergunto: você realmente disse tudo o que queria para a pessoa que partiu o seu coração? Se não, é hora de escrever um e-mail, carta, *outdoor*... com tudo, absolutamente tudo que gostaria de dizer. E preste muita atenção se, nesse tempo, você não está alimentando a "Síndrome de Vítima" e se fazendo de coitadinha. A gente vicia nisso e é uma desgraça só.

## ☆ DIA 106 ☆

## ACEITAR-SE, SIM. ACOMODAR-SE, JAMAIS!

O texto de hoje é em homenagem ao e-mail iluminador que uma vigilante me mandou. Na primeira vez eu li, mas não compreendi, e portanto saí na minha defesa. Na segunda vez, com a "guarda baixa", compreendi e aceitei o que ela tentava me mostrar. Vou reproduzir uma parte:

*Tenho acompanhado seu blog com regularidade. E a cada post seu, mais dúvidas tenho sobre o que é realmente autoestima. Entendo também como autoestima a aceitação de si mesma. E não vejo isso manifestado de forma clara. O que vejo então quando leio os posts? Uma pessoa superbacana, legal e com disposição pra danar... mas que, lá no seu íntimo, acredita que tenha que mudar (observação: uma coisa é aprimorar o que já se é, desenvolver novas habilidades e evoluir, crescer. Outra coisa é negar aquilo que se é e buscar um ideal irreal, leia-se perfeccionismo).*

*Em relação ao seu corpo – aqui, eu acho que vale o uso da compaixão e abertura para receber e entender o que está por trás disso: 1) você quer ficar com o corpo legal porque se curte independente de estar assim ou assado ou 2) porque se ficar com o corpo legal se sentirá melhor e isso ajudará na sua autoestima?*

De fato, Sandra, acho que eu estava caindo na velha e boa armadilha (no setor autoimagem) do "Só serei feliz quando...". E isso é o "embaixador" da baixa autoestima. Vale, inclusive, citar a frase de Erich Fromm, no livro *A arte de amar*: "Sou amado pelo que sou; ou talvez com exatidão maior: sou amado pelo que sou".

Essa reflexão me fez pensar um bocado e, para encerrar, transcrevo um trechinho do discurso de posse do Obama: "Estamos aqui porque amamos o país tanto que não aceitamos deixar os próximos quatro anos iguais aos oito que se passaram".

☆ DIA 107 ☆

## PRATIQUE O EFEITO JOANINHA

Tenho uma amiga de uns 40 anos, muito alto-astral e com uma beleza, digamos, normal. Onde quer que a gente entre vem um homem falar com essa mulher. É a coisa mais impressionante que já vi. Ontem mesmo, na padaria, um cara de uns 50 anos, bonitão, ficou olhando, olhando, esperou a gente sair e foi lá dar um bilhetinho com o telefone.

Eu perguntei como isso acontece e ela respondeu: "Eu nunca procuro! Não fico doida, obcecada pensando que preciso ter alguém do meu lado de qualquer jeito. Você não conhece o 'Efeito Joaninha'? Ele é citado no filme *Sob o sol da Toscana*. A moça conta que, quando era criança, sempre perseguia as joaninhas. Um belo dia, ela deitou na grama, dormiu e quando acordou estava coberta por elas...".

É curioso, e também ontem um amigo publicitário me mandou um comercial argentino mostrando quanto a ansiedade afasta as pessoas. Mostra um rapaz que fica doido pra arrumar alguém e isso só põe tudo a perder. No comercial, eles dizem que o cara parece estar "em promoção", ahahaha.

Nossa! Quantas vezes na vida eu não parecia estar "em promoção" no amor? Nossa Senhora!

Se isso está acontecendo com você – na amizade, no amor ou no trabalho –, é melhor "deitar um pouco na grama" e parar de perseguir o que tanto quer. Como diz a minha amiga Emi: "Ansiedade é a inimiga da sedução", sem contar que passa uma carência danada. Ninguém gosta. Deus me livre!

Veja que lindo esse poema de Fernando Pessoa, principalmente a última frase:

*Uma vez amei, julguei que me amariam,*
*Mas não fui amado.*
*Não fui amado pela única grande razão –*
*Porque não tinha que ser.*
*Consolei-me voltando ao sol e à chuva,*
*E sentando-me outra vez à porta de casa.*
*Os campos, afinal, não são tão verdes para os que são amados*
*Como para os que o não são.*
*Sentir é estar distraído.*

☆ DIA 108 ☆

## DISPA-SE!

Minha mãe está bem de saúde e sua solidão diminuiu porque agora ela tem enfermeira em casa. Mesmo morando com meu pai, ela se sente muito só, porque ele não conversa e dorme muito. Ela sempre teve problema em ficar só. Hoje fui visitá-la. A enfermeira fez uma cara estranha quando me perguntou se eu era casada e eu respondi que sou bidivorciada, mas que estava sozinha no momento. Acima da cabeça dela, estava uma réplica de um quadro da Tarsila do Amaral com uma mulher nua. Aí me deu uma vontade incrível de entrar num estado de "nudez" emocional. Explicando: o "despir-se" aí é me conhecer melhor, sem mentiras nem máscaras e sem depender da opinião alheia. Como já disse aqui, eu sempre fui uma mulher-trapézio, sempre saía de um namoro e engatava em outro. Portanto, nunca estive comigo mesma o suficiente para me conhecer melhor.

Ter um companheiro, para mim, que tinha autoestima de palha, era como um certificado de qualidade, um ISO 9000. Se tenho um parceiro é porque tenho valor, portanto, devo ser bonita, interessante, legal etc. E agora? Que referências tenho eu de mim mesma, assim, afetivamente "nua"?

Hoje o meu professor de inglês comentou que eu era bonita. Respondi: "Eu sou?". Chegou a hora de ter minhas próprias percepções, como no filme *O enigma de Kaspar Hauser*, de Werner Herzog, em que uns cidadãos de uma cidade encontram um homem que viveu por toda a sua vida preso num quartinho, sem comunicação. Muito interessante sua jornada pelo autoconhecimento.

☆ DIA 109 ☆

## NÃO TENHA VERGONHA DE SE ENALTECER

Geralmente, quando procuro uma foto no Google colocando a palavra em inglês as imagens são mais, digamos, inesperadas. "Enaltecer" em inglês pode ser traduzido como "praise". E *praise* tem uma conotação bem religiosa, como "glória a Deus".

Mas não era isso que eu tinha em mente. A não ser que eu já tenha alcançado consciência o suficiente para perceber que D-eu-s = a mim.

Mas, enfim, eu queria mesmo era falar do antônimo de depreciar, que é enaltecer. Ontem assisti à Oprah. Ela estava fazendo um programa sobre pessoas que iniciaram suas carreiras em lanchonetes e que hoje são famosas. Uma delas é Suze Orman, uma das maiores economistas americanas. Achei bárbaro quando ela disse, na lata: "Sempre fui boa em tudo. Na lanchonete eu servia e cozinhava muito bem".

Meu Pai! Se fosse aqui no Brasil, todo mundo cairia matando em cima da moça, chamando-a de metida, convencida e muito mais... Acho isso uma das estupidezes brasileiras, em que as pessoas parece que só se identificam com a lista de infelicidades, defeitos e desgraças dos outros. Como se o sucesso do outro me obrigasse a encarar o meu próprio fracasso. Tremenda bocomoquice.

Logo que me separei de Mr. Dolito, fui "brincar" um pouco num site de relacionamentos. Fiquei só uns dias e resolvi encarar a "sozinhice". Eu coloquei esta chamada no meu perfil: "Divertida, supercharmosa e inteligente". Um Zé Arruela respondeu que eu era cabotina (exibicionista). Não tive dúvidas e perguntei: "Meu brilho te incomoda?". Mas que sujeito ordinário.

Veja bem, acreditar e enaltecer as suas habilidades não tem nada a ver com o falso ego, em que as pessoas engrandecem qualidades que não têm para serem aceitas.

Se você e eu queremos uma única dica para mudar esse negócio de baixa autoestima, aí vai: pare de se depreciar! Depois, comece a se enaltecer, sem vergonha de ser feliz. Para o VAE, **baixa autoestima é um vício que alimentamos com autodepreciação**. Vampararcomisso!

## ☆ DIA 110 ☆

## ACREDITE QUE A VIDA É SEMPRE MAIOR QUE O FATO

Pela primeira vez na minha vida tive uma insônia dos diabos e vou fazer plantão daqui a duas horas. Portanto, se você observar algo estranho na *home* do portal em que trabalho, sou eu com sono.

Fiquei sem dormir por uma série de coisas: calor, pernilongo, um diabo de um chá-verde, a gata pretinha que resolveu dormir em cima de mim e não parava de se coçar etc.

Aí, desisti de dormir e vim ver e-mails de Vigilantes. Fico triste porque tem muita gente sofrendo por coração partido ou por outras coisas. Como estou meio vesga de sono, não vou falar muito, mas vou dizer que já vivi tempo o suficiente para achar que nada é tão péssimo assim. O problema é que a gente fica falando e falando e falando do problema e ele só aumenta.

Isso me lembra muito a lenda de Prometeu (mitologia grega) e vou escrever um trecho aqui: "Toda noite uma águia bicava o fígado de Prometeu acorrentado e ainda vivo. Seu suplício não tinha fim, porque o fígado, como os gregos pareciam saber há milênios, antecipando-se ao que a medicina confirmaria mais tarde, é um dos únicos órgãos do corpo humano capaz de se regenerar. Assim, a águia que voltava toda noite sempre tinha o que comer".

Só mais uma coisa a dizer (que aprendi no livro da Sonia Hirsch): A VIDA É SEMPRE MAIOR QUE O FATO.

## ☆ DIA 111 ☆

## REFLITA UM POUCO SOBRE O AMOR

Hoje estou bem estranha, quase triste (já aviso que estou de TPM!), e achei que fosse porque estou sem um amor. Mas não é isso. É pior: acho que não acredito mais nesse sentimento como eu acreditava que fosse ou como a vida veio me apresentando. Quase sempre foi tudo muito complicado para mim nessa área. Quando foi simples demais também não serviu. Então, eu não sei bem o que pensar sobre esse assunto. Pra você ter uma ideia, a minha linha do coração – na mão direita – é tão riscada que parece um arame farpado de Auschwitz. Credo!

Eu sei que hoje tive uma recaída e comecei a achar que talvez o amor fosse o "Red Bull" da vida, uma espécie de felicidade artificial, e que não há nada tão intenso pra gente botar no lugar. E eu queria que tivesse. Amo meu trabalho, meus amigos, minha casa, os gatos, bolo de chocolate com musse... Mas nada disso me deixa tão nas nuvens e tão plena como o amor. Ou tão falsamente plena como o amor.

Rumi, um poeta indiano, diz que o amor verdadeiro é por Ele, o universal:

*Eu soube enfim que o amor está ligado a mim.*
*E eu agarro esta cabeleira de mil tranças.*
*Embora ontem à noite eu estivesse bêbado da taça,*
*Hoje, eu sou tal, que a taça se embebeda de mim.*

Mas não sei como fazer isso. Como também não sei fazer como Felty, que não está nem aí para relacionamentos porque já sacou que eles não levam a lugar nenhum. Discordo um pouco. Um dia, meu ex-psicólogo Contardo Calligaris me disse que a gente era bem-sucedida afetivamente quando se transformava. Fiquei feliz nesse dia, me achei o Ronaldinho, o Fenômeno dos relacionamentos. Porque eu não seria quase nada do que sou hoje se não tivesse passado pelos homens por que passei.

Mas não quero mais ser a pessoa que sempre toma a iniciativa, a que conquista. E também não sei onde estão os homens que me conquistariam. Não sou lá muito de sair de casa. Como já disse aqui, sou um pouco eremita e qualquer lugar com mais de três pessoas falando me perturba os tímpanos.

Então, não sei mais nada nesse momento. Só sei que não quero mais o amor como aquele que gera a falsa plenitude, nem como vício ou como algo que diminua o desamparo que vem da minha infância ou como uma mera companhia para atravessar a vida. E, enquanto isso acontece, vou observando o amor dos outros pra ver se aprendo alguma coisa.

## ☆ DIA 112 ☆

### CURTA SUA INCONSTÂNCIA ADOIDADO

O texto de hoje será escrito em cima de uma polêmica que aconteceu em torno do seguinte comentário de uma Vigilante ou UM Vigilante intitulado “Lilith”. Levanto a lebre do UM porque todo mundo que tem o mínimo de “estrógeno” no corpo sabe como as mulheres são inconstantes, mas Lilith parece não saber. Vou transcrevê-lo para quem não leu:

*Acho seu blog um balaio de gatos. Você tem certeza de que tem 45 anos? Porque sua inconstância é tanta que às vezes parece que tem 15, eterna adolescente confusa e insatisfeita, apesar de ter tido tantos homens. Um dia você desfaz o romance com Mr. Dolito porque se ama o suficiente pra isso. Dias depois confessa que assim que terminou o romance entrou num site de relacionamento procurando um substituto.*

*Depois vai pra um hotel acompanhada de um ursinho de pelúcia, o que é no mínimo estranho pra alguém na meia-idade. Hoje vem com a história de que precisa ter um amor pra se sentir plena. Sei não, mas debaixo da casca de mulher analisada e liberada vive uma menininha insegura, à procura de um príncipe encantado e perfeito e de um amor infinito. Acorda pra vida, criatura! Isso não existe. Relacionamento bom é coisa pra gente grande, flexível, de pé no chão; não cabem ilusões nessa equação.*

Tenho que fazer dois agradecimentos a esse comentário:

1- Obrigada por chamar o blog de "balaio de gatos". Todo mundo aqui sabe que sou gatólatra da gema.

2- Por causa do seu comentário fui rever a fantástica peça *A alma imoral*. Nela, a atriz Clarice Niskier – nua – interpreta o texto do rabino Nilton Bonder cujo foco principal é "não existe tradição sem traição. Não existe traição sem tradição". Cada trecho é mais lindo que o outro. Mas dois, especificamente, me chamam a atenção.

A- Quando ela relembra que todo super-herói é extremamente frágil (basta ver os atrapalhados Clark Kent e Peter Parker).

B- Quando ela diz que quando rejeitamos e não aceitamos nossa sombra, o mundo inteiro se escurece.

O que tenho a dizer aqui é que são justamente esses retalhos da minha vida que me fazem ser uma mulher tão inteira e única e de verdade. E que me fazem dizer: sim, tenho autoestima quando aceito e tenho orgulho de todos os meus fragmentos. De cara lavada, nua e sem pseudônimos. Não os escondo na sombra. Não tenho vergonha de ser forte nem fraca. De ser mulher de "meia-idade" nem de ser a criança que conserva o urso encardido da infância. Aceito e celebro minhas inconstâncias. Amo cada uma delas mesmo quando doem, mesmo quando me fazem sentir diferente das pessoas tão perfeitas como "Lilith".

Não tenho vergonha dos amores equivocados, nem de todos os meus corações partidos. Nem das ilusões e desilusões que tive. Também não tenho vergonha de quando amei e de quando fiz feliz. Não tenho vergonha quando me sinto triste se não estou celebrando o amor. Mas encaro isso com a alma lavada. Como diz Clarice, na peça: "A maior solidão é a ausência de si mesma".

Fico cara a cara com minhas luzes e sombras na mesma proporção. assim sigo a jornada atrás da vida que o destino me deve. E, assim, milhões de pessoas nesse blog me seguem.

E, Lilith, se você entende tanto de amor, por que o chama de equação? Aprendeu a amar na aula de matemática?

"E é porque sinto meu corpo, os apertos, os lugares que coçam, os ruídos que ele faz, o calor, o frio, os sentimentos que se digladiam dentro de mim, os batimentos do coração que se aceleram, a dor de estômago, as percepções invisíveis, que eu estabeleço uma relação de interrogação e de diálogo. O corpo nos traz de volta a nós mesmos; ele não pode mentir." (Juliette Binoche)

☆ DIA 113 ☆

## SEJA O SOL DE SI MESMA

Acho que não me expliquei bem no dia 112 sobre o que eu pensava, ou não mais pensava, sobre o amor. Então, vou tentar explicar novamente usando para isso o belíssimo filme *Lua nova*. Bella é desesperadamente apaixonada pelo vampiro Edward. Veja bem, paixão e amor são diferentes. Amor é quando você não precisa da pessoa, você apenas quer estar ao lado dela e assim seguir sua jornada. Paixão é quando você não vive sem essa pessoa (ou acha que não vive). Quando se separa, não sobra um pedaço inteiro. Desespero total (que é o que acontece com Bella em *Lua nova*).

Ok, Bella está apaixonada por Edward. A pessoa apaixonada quer ser igual ao outro, se anula, quer só viver a vida do outro. Para isso, Bella decide abrir mão de sua alma (morrer) para viver a eternidade com Edward (que já avisou que ser imortal é um pé no saco). Mas Bella não quer só ser imortal por querer ficar ao lado de Edward, no fundo ela tem medo de que ela envelheça e ele não. E que, por isso, ele a largue (aqui está, aliás, um dos grandes dilemas femininos: o abandono!).

Bella é apaixonada por Edward porque ele sempre a protege (o que me desaponta muito, porque achei que um dia inventariam um romance em que a mocinha não ficaria sempre na dependência do mocinho para viver ou ser feliz).

Pois bem, minha vida inteira (até quatro anos atrás) namorei "Edwards", ou seja, caras fortes e protetores, porque não achava que tivesse meu próprio poder. Em 2005, eu era mega-apaixonada por um homem da lei, um policial, mais forte e protetor que todos os anteriores, a grande paixão da minha vida (eu disse paixão e não amor). Por várias pisadas na bola minhas (e na época eu não tinha essa consciência porque era totalmente Síndrome de Vítima), ele acabou me traindo numa noite, no Carnaval em Floripa. E eu peguei no flagra. Ok, a relação já estava uma porcaria (o que não justifica), mas tive minha parcela de "culpa" nisso e praticamente rolou um "desculpa-me por me traíres". Nessa mesma noite saiu de mim uma força tão imensa, eu dei uma rodada de baiana tão fantástica, que nunca mais precisei de um homem com essa característica: eu finalmente tinha encontrado a força dentro de mim, não no outro (sim, Jedi, a força está com a gente). Aprendi a ser o sol de mim mesma. E aquela se revelou a pior e a melhor noite da minha vida.

Depois desse homem tive mais três namorados e com eles tive uma relação mais madura, menos "hecatômbica". Foram meus companheiros, amigos, pessoas das quais gostei, que gostaram de mim com tranquilidade (graças a Deus!), mas não me dei tempo suficiente de ficar sozinha comigo.

Quando me separei de Mr. Dolito, que era um companheiro fantástico e de muito bom caráter, foi porque queria para mim um estilo de vida mais saudável, me conhecer mais e também ter um relacionamento em que houvesse uma evolução maior, em que ambos crescessem individualmente. Agora, isso não quer dizer que eu não sinta falta de estar amando, porque estar junto com alguém é mesmo uma delícia. Principalmente se você não **precisar** dessa pessoa, como Bella precisa de Edward, porque aí é só sofrimento.

Quando eu digo que questiono o amor é porque estou tentando me conhecer, virar e desvirar sozinha para saber o que penso sobre isso agora. Quem sou eu sem esse referencial masculino por perto? E como será meu próximo relacionamento depois que eu descobrir essa resposta?

E o título deste texto é uma frase que Bella fala para Jacob, o lindinho lobisomem: "Você é o sol de si mesmo"!

☆ DIA 114 ☆

## AMOLEÇA SEUS CONCEITOS

Sábado foi um dia intenso. Começou com o *workshop* do VAE (de que falarei com calma amanhã) e terminou com a festa de casamento de dez anos de uma amiga queridíssima. Marido idem.

Fui ao evento com minha amiga Cecília, professora de italiano, que me ensinou a seguinte frase: *Io faccio colpo!* Em minhas palavras: "Cheguei abafando!/Cheguei pra chocar!/Cheguei chegando!", frase essa absolutamente adotada aqui agora pelo VAE.

Muita coisa me impressionou na festa: a imensa casa, o bufê de quitutes deliciosos, as sobremesas criativas como o raviÓli de chocolate com calda de banana, champanhe a rodo, mas o que me fez perder o fôlego, catar uma caneta e escrever atrás do talão de cheque foram três ímãs (na estante) que reproduziam o trabalho de um chinês chamado Cai Guo-Qiang.

No trabalho dele, você vê diversos e diversos coiotes "correndo" pela parede do Museu Guggenheim, em Nova York, até se estatelarem numa parede de vidro. Reproduzo uma parte do texto sobre a obra, escrito na embalagem do ímã: "...esse gesto falível da humanidade de seguir qualquer ideologia coletiva tão cega e esse destino da sociedade de repetir erros impensadamente". ("...human fallibility of following any collective ideology too blindy and society's fate to repeat mistakes unthinkingly").

Aproveito para colocar um texto maravilhoso, escrito pela jornalista Eliane Brum, sobre os e-mails de pessoas que tentavam impor uma verdade à mãe de uma criança em coma há 12 anos: "Da mesma forma, ao contrário do que tantos pregam, é o número de dúvidas – e não o de certezas – que dá a dimensão da sabedoria de alguém. Todo o conhecimento humano foi construído a partir de pontos de interrogação, não de exclamação. Muito menos de pontos-finais".

## ☆ DIA 115 ☆

## QUAL A DOR DA SUA CRIANÇA?

O *workshop* do VAE com a psicóloga Neiva Bohnenberger (minha parceira) foi pequenino e, como sempre, muito iluminador. Mais uma vez a Neiva nos fez acolher a nossa criança interior. Dessa vez resolvi participar e não ficar só olhando. Vou descrever dois momentos importantes: 1- Quando ela pediu que escrevêssemos uma cartinha para nós mesmas quando éramos crianças. Você também pode fazer isso em casa!

Era uma cartinha convidando para vir aos tempos atuais. Depois, era a vez de a criança responder. Para isso, escrevemos com a mão esquerda (exercício interessante). Usei o brigadeiro para persuadir minha criança a aceitar o convite. E ela "gostou" muito da ideia. Isso certamente pôde me dar uma pista de por que me atraco tanto aos doces.

2- Na sequência do exercício, tínhamos que encontrar a casa da infância e convidar essa menina a seguir conosco, para, depois, num gesto simbólico, guardá-la no coração. Mas antes era preciso dar adeus aos nossos pais. Abracei minha mãe, tão linda, mas não consegui abraçar meu pai. Ele era um estranho para mim. E isso, claro, sempre refletiu nos meus relacionamentos. Muitos anos de terapia para compreender tudo isso melhor.

Nesse *workshop* chorei pela dor da minha Giselinha e pela dor das crianças das outras mulheres que estavam no *workshop*. Hoje minha pergunta é: qual é a sua dor? Como eu disse no dia 1, não existe autoestima sem entrar em contato com essas raízes tão profundas.

"O verdadeiro sábio novamente torna-se uma criança. O círculo se completa – da criança de volta à criança. Mas a diferença é grande. A criança, como tal, é ignorante. Ela terá que passar pelo camelo, pelo leão e voltar à criança; e essa criança não é exatamente a velha criança, porque ela não é ignorante. Ela se moveu pelas experiências da vida: da escravidão, da liberdade, do sim impotente (camelo), do não feroz (leão) e, ainda assim, deixou tudo para trás. Não é ignorância, mas inocência. A primeira criança era o início da jornada. A segunda criança é a conclusão da jornada." (Osho)

☆ DIA 116 ☆

## PEÇA PERDÃO

Estou chateada com uma história e vim pedir desculpas publicamente. Meu agora amigo Mr. Dolito tem uma amiga bem querida. Conheci uma moça muito bonita na festa dessa amiga um tempo atrás. Ela me contou sobre um relacionamento não muito legal. Escrevi sobre isso num *post* do passado e a moça ficou muito magoada. Primeiro porque não pedi permissão e, segundo, porque fui grosseira ao descrever a situação.

Infelizmente só soube dessa reação ontem porque Mr. Dolito conversou com sua amiga sobre isso e ele me ligou para contar. Se eu soubesse no dia, certamente teria tirado do ar. Escrevo sobre tantas histórias há tantos anos (inclusive sobre as minhas) que talvez eu tenha ficado insensível para algumas coisas. Como não coloco nomes, acho que não tem problema, mas não é bem assim. Toda história tem seu único e legítimo dono.

Uma vez vi um documentário sobre um fotógrafo do Discovery que ficava tão alucinado para tirar as fotos que não media as consequências. As consequências podem ser: prejudicar alguém, deixar de salvar alguém ou até a sua própria morte.

Esse episódio que aconteceu me fez ficar esperta para que isso nunca mais aconteça. Peço perdão a você, moça!

☆ DIA 117 ☆

## DEMONSTRE AFETO DO JEITO QUE DER

Visitei minha mãe e ela não está muito bem de saúde de novo. Não foi fácil. Percebo que não tenho só um personagem para me proteger de me expor ao chorar. Não tenho só a máscara cômica, também tenho a que fala pra caramba e conta um monte de coisas.

Como já disse, minha família não é muito de contato físico, e me sinto estranha ao ficar de mãos dadas com mãe ou irmãos. Não por besteira ou moralismo, mas porque é lógico que vou chorar pra caramba, pois assim entro em contato comigo mesma e com minhas dores da infância. Então, minha forma de demonstrar afeto é dando ursos de pelúcia. Já cansei de falar sobre essa minha mania de urso de pelúcia nas terapias que fiz, mas meus psicólogos sempre relevaram essa questão e eu achei que não morreria se tivesse um bicho encardido em casa.

Então, nesse dia, levei uma ursinha para a minha mãe. Ela tem um laço e eu pude pendurá-la na porta da frente do armário do seu quarto. Dá cor e dá vida. E afeto.

Essa coisa da minha mãe está mexendo comigo de muitas formas. Estou megassensível e não fazendo muitas tempestades em copo d'água. Tenho visto as coisas mais simples depois disso. E estou bem mais na minha. Falando bem menos durante o dia. A sensação de desamparo também aumentou bastante porque dona Clarice sempre foi uma das fortalezas da minha vida. Vê-la tão frágil assim dá um medo imenso. Mas, calma, estou bem e com os pés plantados no chão. Aceito meu medo e não me desespero. Mentira!

## ☆ DIA 118 ☆

## A GENTE SE ADAPTA A TUDO

Muito engraçadas as duas gatas que tenho. A cinza se parece comigo, gosta de carinho e amor, mas quando vai ganhar pra valer... sai correndo. Ahahaha. A pretinha curte chamego, fica no colo, parece um gremlinzinho. Fofa. O primeiro mês de convivência entre elas foi uma "Faixa de Gaza". Altos paus. Agora, estão quase na maior amizade. Outro dia, flagrei uma com o focinho encostado no da outra.

Tirei uma foto da gata cinza "malhando" no Monstro Manco, já que eu mesma não consigo. Chego em casa parecendo um *marshmallow* derretido de cansaço. Mas a yoga estou fazendo. O professor vem em casa e ele tem até a chave da porta lá de baixo, assim não tenho como fugir.

Hoje foi um dia especial porque jantei com meu ex-chefe e a equipe do antigo site feminino em que eu trabalhava. Quando o site foi vendido, ninguém sabia o que fazer da vida. Agora, depois de poucos meses, todo mundo se adaptou à vida nova e às novas chances (obrigada, presidente Lula!).

Mas veja: adaptar não é se acomodar. Beeeeem diferente.

☆ DIA 119 ☆

## PARE DE SER A "RAPOSA E AS UVAS"

Um amigo me indicou o filme *500 dias com ela*. Fui vê-lo domingo à noite. Ele me lembrou muito uma frase que Mr. Dolito costumava dizer: "Vejo o amor como eu gostaria que ele fosse e não como realmente é".

Tenho muito a dizer sobre esse filme, que desconstrói o ritmo da história assim como o faz com o amor. Mas antes vou resumir a fábula da raposa e as uvas. A raposa está faminta e avista uma parreira com frutas muito suculentas. Ela tenta de tudo quanto é jeito pegá-las, não consegue e diz: "Ah, estão verdes mesmo...". Nesse momento, um galhinho cai e ela corre para catar achando que é um dos cachos. Ela nega o seu verdadeiro desejo. Autoengana-se. E sofre!

Agora, voltando ao filme. Tom se apaixona por Summer. Filha de pais divorciados, ela não acredita no amor, mas chora no cinema ao ver o casal junto no final de *A primeira noite de um homem*. Tom quer ter um relacionamento sério com Summer. Ela diz que quer algo sem compromisso. Ele aceita, mas sofre. E diz: "Ah, tudo bem..." (a cena com a tela dividida com as legendas "Expectativa/Realidade" é uma das melhores que já vi). Dá para enxergar "a raposa e as uvas" escancarada em ambos.

E na nossa vida, como a "raposa" se manifesta? De muitas formas e em muitos setores, principalmente quando negamos nosso desejo por algo só porque não o conseguimos de imediato. Desde que terminei o namoro com Mr. Dolito, estou como Summer, digo que não acredito mais no amor (pelo menos não da forma convencional em que eu acreditava), mas me emociono em filmes românticos, em que o amor é retratado de uma forma sempre perfeita e hollywoodiana. Então, isso significa que estou confusa e que a "raposa" anda fazendo a festa aqui pelas videiras da minh'alma.

☆ DIA 120 ☆

## SEJA FELIZ. SIMPLES ASSIM!

Você é feliz? Perguntinha danada e na lata essa, hein? Primeiro, vou citar umas frases que já li por aí sobre felicidade: "É um estado de espírito", "É quando suas atitudes agem de acordo com seus pensamentos", "É quando a mente está em harmonia com a alma", "Bem-estar, contentamento"... Mas gosto mesmo da frase do astrólogo Quiroga que fala: "Para ser feliz, basta não estar infeliz". E, na minha opinião, um passo para a infelicidade é se comparar com outra pessoa.

O que me levou a escrever este texto hoje foi o e-mail de uma amiga em que ela dizia: "Quero minha vida de volta". Marcella diz isso porque está bem mais gorda do que antes e isso a impede até de sair de casa. Agora vou juntar uma coisa com a outra.

Já tive inveja de quem era mais magra ou mais bonita ou mais rica ou sei lá mais o quê... Quem mudou esse sentimento foi minha ex-chefe, Joana Woo, me ensinando que o oposto de inveja é admiração e que temos inveja daquilo que também temos o potencial para ter. Ou seja: se você tem inveja de alguém mais rico é porque tem o potencial para ficar mais rica. Marcella está com inveja dela mesma, o que significa que ela tem todo o potencial de voltar a ser como gostaria. E que o primeiro passo pode ser ter compaixão por ela mesma.

Semana passada, na TPM, mandei um e-mail para minha parceira, a psicóloga Neiva. Eu reclamava que eu não era tão bonita e tão jovem quanto muitas outras mulheres à minha volta. Ela respondeu: "Esse é um dos problemas de fazermos comparações e olharmos mais para fora do que para dentro... A Sukie sempre insistia que essa maturidade cheia de autoconfiança só é conquistada com uma profunda e sincera determinação e vontade.

"A tua decisão de perceber o buraco do desamparo te levará para uma aceitação do teu interior, e calará parte desta voz que insiste em manter a insegurança da menina expressa nesta autorrejeição. As realizações e as falas que validam quanto tua exposição ajuda tantas pessoas, no VAE, começam a criar raízes sob seus pés, fortalecendo a árvore que és e sentindo o solo que te segura e acolhe.

"Então, quando vierem os ventos dos pensamentos com a força de balançar a cabeça e que tentam derrubá-la, é bom confiar nos pés que te sustentam e te conduzem por todos os caminhos, rever os agradecimentos ouvidos e a gratidão da coragem de ter sobrevivido a tudo e estar aqui, claro, mais velha, menos jovem... mas com um conhecimento que só um coração com cicatrizes é capaz de valorizar a jornada".

## ☆ DIA 121 ☆

## FAÇA-SE PRESENTE

Minha irmã é dessas advogadas que trabalham pra caramba e praticamente casou com a profissão. Há oito anos ela adotou uma menina negra fofa e muito esperta. Seu nome é Aline. Hoje Aline fez 12 anos e teve uma festinha num bufê. Minha irmã ficou doente e não pôde ir.

Sabendo que no bufê só haveria bonecas brancas, mesmo doente ela se lembrou de mandar duas mocinhas "chocolates". Eu e a fotógrafa tratamos de colocar uma delas, gloriosa, ao lado do príncipe. Tiramos a branquela possessiva de cena. Ficou um belo casal. Achei legal o gesto da minha irmã e tiramos fotos de todos os detalhes para mostrar a ela.

Fiquei rindo com a fotógrafa ao ver a mesa da festa com sua decoração de príncipes, princesas e castelos. É aí que começa desde cedo o nosso "drama" de correr atrás de homens perfeitos. Podíamos, de repente, colocar bonecas filantrópicas ajudando bichos, ou escrevendo livros, ou na ONU, mas acho que não daria ibope, ahahaha.

Me emocionei na hora do bolo, vendo que minha outra irmã e amigos íntimos se anteciparam para ficar ao lado da menina, no lugar da mãe. Não tem coisa mais esquisita que chorar em parabéns.

Duas frases me marcaram nesse aniversário. Uma garotinha estava chorando muito, tentando achar o pai que já tinha ido embora. Meu irmão pegou-a no colo e disse: "Mas que choro mais dolorido!". Outra convidada lembrou que todo choro é dolorido. Pura verdade!

A outra frase foi de uma mulher divertidíssima, de uns 50 anos. Estávamos falando sobre silicone e ela virou e tascou: "Eu não ponho silicone. Prefiro ser como o filé *mignon*, toda molinha". Ahahaha. Bom demais.

Minha mãe fofa também estava na festa, bambinha, mas estava. Ao final, ela pediu um pratinho com doces para levar para o meu pai. Não peguei com boa vontade, mas rezo muito pelo dia em que eu possa fazer isso (pelo menos por compaixão). Mas, como dizia Fellini, "e la nave va...".

## ☆ DIA 122 ☆

## INCENTIVE OS OUTROS

Detesto gente que não acredita na gente. Pessoas que fazem cara de "sei, sei" quando você diz que começou algo novo ou quando fala que vai realizar um sonho. Ontem mesmo vi uma cena no restaurante:

Moça 1: Emagreci dez quilos.

Moça 2: Agora quero ver manter!

Afe! Todo mundo torce o nariz quando digo que comprei uma bicicleta, achando que não vou usar nunca. Mas vou e vai ser em breve (só não sei quando nem onde).

Ontem vi a família do senador Ted Kennedy na Oprah. Fiquei muito emocionada quando seu filho Ted Kennedy Jr. contou uma passagem da sua infância. Ele teve leucemia e tirou uma perna. Estava começando a usar perna mecânica. Começou a nevar e seu pai precisava pegar algo no alto de uma ladeira. Jr. tentou ir e escorregou. Ele começou a chorar dizendo que não conseguiria. O senador disse: "Não há nada que você não possa fazer, filho. Nem que leve o dia inteiro".

O pai o pegou pela mão e, lentamente, conseguiram subir a rampa. Anos depois, ele fez o mesmo com o neto que tinha vergonha de não saber velejar. Ele o incentivou tanto que o garoto acabou ganhando prêmio de melhor velejador. Incentivo já!

☆ DIA 123 ☆

## DEIXE DE SER BUNDONA

Não se ofenda, não. Essa frase é mais para mim do que para qualquer outra pessoa. Explico: tenho um pecado capital que se chama "preguiça". Por ter preguiça, deixo de ver, ouvir e de viver muitas coisas. Ontem foi festa do meu trabalho. Às 5 da tarde eu decidi que não iria porque estava meio com gripe e com muita preguiça. Também não estava me achando lá muito bonita.

Bom, todo mundo achou ridícula a minha decisão. Aí, dei razão a eles e marquei cabeleireiro à noite. Sim, uma simples escova pode deixar qualquer mortal lindo. E fiquei linda mesmo.

Ainda deu tempo de passar no lançamento do livro da querida Monja Coen. Depois, fui para casa, botei um vestido simples, mas bonito, um pouco de maquiagem e minhas botas adoradas.

Cheguei às 11 da noite, ao som do Jorge Ben Jor (ao vivo e em cores). Me diverti muito. Deixei qualquer encanação ou preconceito do lado de fora da festa. Também deixei as expectativas. Lembrando a frase de Buda: Expectativa = Frustração = Sofrimento.

Se eu fosse dar uma nota para quanto essa festa me fez bem para a autoestima, eu daria 9 (porque a gente sempre pode se superar, né?)!

Portanto, Gisela Rao, larga de ser bundona e para de deixar de fazer as coisas porque se acha gorda, incapaz, preguiçosa, duranga, esquisita e sei lá mais que desgraça. A vida tem cada surpresa boooooooa.

☆ DIA 124 ☆

## TENHA UM DIA DE GLÓRIA

Sábado foi um dos dias mais divertidos da minha vida. O Machadinho, o mesmo amigo que inventou o "Momento Gostosinho", também criou o "Momento de Glória". A ideia era ir à casa de Tereza despertando a celebridade que há em você. Sim, sim, sua noite de "revista *Caras*" com direito a *red carpet* e tudo.

Esse meu amigo, talentosíssimo, foi fantasiado de Sophia Loren no filme *C'era una volta*, com Omar Sharif.

Mas, veja bem, ele não foi apenas caracterizado, ele REPRESENTOU a cena final e em italiano. Fala se um homem desses não merecia um Prêmio Nobel?

Depois da apresentação de Toni Loren, todos os presentes posaram para os "paparazzi" alvoroçados. Eu fui de "Adagas voadoras", com uma calça *fuseau* preta e uma camisa lilás com mangas longas e esvoaçantes. Pergunta: dá para ter baixa autoestima numa noite dessa? Pergunta 2: qual é a celebridade que há em você?

☆ DIA 125 ☆

## ÀS VEZES, BASTA RESPIRAR FUNDO

Recebi um e-mail muito doído de uma Vigilante. Era sobre amor. Seu namorado parecia estar com algo mal resolvido com a ex. Eu não disse muita coisa para ela, mas o que disse talvez ajude mais alguém. Em qualquer tipo de dor.

Todo mundo aqui sabe que eu venho de uma infância um pouco confusa e com a ausência do pai. Quando a gente não tem lá muita estrutura nos primeiros anos da vida, isso influencia muito a vida adulta e as relações, e é até normal, às vezes, ter um pouco de sensação de desamparo.

Fiz alguns anos de terapia que, claro, ajudaram, mas também ajuda um pouco a minha bagagem espiritual. O que eu disse para essa moça – quando ela escreveu que estava triste e sem direção – foi simples: "Plante os pés no chão, respire fundo e ouça o mantra Om Mani Padme Hum". Mantras são como refúgios de paz. Para esse especificamente existem traduções muito belas, mas gosto de uma simples, que apenas diz: "É possível a todos encontrar a luz na escuridão e na adversidade, assim como a flor de lótus emerge da lama, branca e pura, em direção ao sol".

Então, quem nesse momento – por algum motivo – estiver se sentindo sem direção, apenas respire fundo e entoe um mantra. Essa é uma das minhas gravações favoritas: migre.me/5nNh8

☆ DIA 126 ☆

## UM DIA DE CADA VEZ

Ouvi essa frase de uma Vigilante, a Iria, talvez, e fiquei com ela na cabeça. Hoje é o dia de usá-la. Como também é o dia de usar a frase de uma outra amiga: "Quero a vida em conta-gotas".

E também o poema de Monja Coen: "Um momento após o outro é tudo que ela tem".

É o dia de dizer que acordei tranquila, que minha mãe está se recuperando, que pedi desculpas a um amigo que ofendi na terça, que estou feliz no emprego, achando amar (mesmo sem ninguém) legal.

Um dia de cada vez é o que quero viver este ano. Menos correria, ansiedade, doideira. A natureza é louca como nós. O mar está manso, de repente vira tsunami. A terra está morna e calma e de repente vira um terremoto. Mas é um dia de cada vez. E todo mundo depois se adapta, cura suas feridas, arruma outro emprego, sai da pindaíba, arruma outro amor... Sim, as placas tectônicas voltam a se encaixar, agora de outro jeito, mas voltam.

Um dia de cada vez cura qualquer machucado. Ri disso quando meu pai me falou essa frase no dia em que levei meu primeiro pé no traseiro, milhares de anos atrás. Ele falou que o tempo era o melhor remédio. E é...

Seja lá o que você esteja sentindo nesse momento, não entre em pânico: viva um dia de cada vez...

## ☆ DIA 127 ☆

## NÃO CONTEMPLE A QUEDA

Tenho um amigo professor de yoga querido demais (junto com sua cara metade Van). Ele se chama Edson Moreira e tem uma escola no Amazonas. Edson desenvolveu o Yoga Livre, feito a 50 metros do chão, no meio da mata. Uma das coisas mais impressionantes que já vi (por fotos).

Encontrei-me com ele ontem e perguntei: "Mas você fica preso por alguma corda, não tem medo?". Ele respondeu:

– A gente não contempla a queda. A gente não vai pra lá pensando que pode cair. Essa é apenas uma possibilidade em meio a tantas outras.

Fiquei completamente boquiaberta com a resposta. E resolvi que um dos meus *slogans* de vida será: eu não contemplo a queda!

## ☆ DIA 128 ☆

## SAIBA O QUE VOCÊ QUER AO SEU LADO

Há duas coisas que eu amo nessa vida: bichos e o Richard Gere. Isso me levou a assistir ao filme (história verídica) *Sempre ao seu lado*. Nele, Gere cuida de um cãozinho Akita desde pequeno. O peludo é louco por ele e o espera voltar da faculdade todos os dias, às 5 da tarde, na estação de trem.

Acontece que um dia o personagem de Gere sofre um enfarte e não volta para casa. Porém, todos os dias o cachorro espera por ele no mesmo lugar. E isso dura nove anos! O pessoal da estação cuida do bicho, cada um da sua maneira. Como eu disse, a história é verídica: aconteceu com um professor japonês no início do século passado e os moradores da cidade acabaram fazendo uma estátua em homenagem à lealdade do animal.

Nem preciso dizer quanto chorei. Lindo demais. De certa forma, o filme me fez refletir sobre o que eu quero ao meu lado, perto de mim, por toda a vida. E não estou falando só de pessoas, mas também do que de fato desejo.

Acho que sempre perto de mim quero a ética que a minha mãe me ensinou, o meu jeito de fazer os outros rirem e a minha paixão por ajudar as pessoas. E, claro, o meu delineador marrom, hehehe.

E você?

## ☆ DIA 129 ☆

## LIVING LA VIDA LOCA

Pois é, nada como o chavaozão "nada como um dia após o outro". Sexta foi a segunda festa da "firma" e eu dancei como uma doida, sem me preocupar se tinha ou não gente pra paquerar, se eu iria estragar a escova, essas coisas... Fiz uma parceria com um menino magrinho do oitavo andar e dançamos a noite inteira. Meu auge foi a música do Ricky Martin "Livin' la vida loca".

Sempre achei que onde tem música não tem depressão nem baixo-astral. E sempre que danço faço uma experiência muito legal: eu fecho os olhos e tenho a sensação de estar transando com a música. É uma vivência louquíssima. Eu simplesmente me entrego (com todo o corpo e sem a mente) ao ritmo, a todos os instrumentos que estão na música e ao ar por onde ela flutua. E temos, assim, um incrível caso de amor. Puro êxtase! Experimente também em casa, na balada, na padaria.

Estou gostando que estou menos eremita e curtindo mais tudo. Fui a três festas em dez dias... Quem diria! E continuo me achando bela e, portanto, os outros também me acham. Como diz o Gasparetto: "Pare de se achar uma kombi!". E viva la vida loca ;)

## ☆ DIA 130 ☆

## DESCONSTRUA

Olá! Espero que o seu Natal tenha sido legal. O meu foi bem bizarro. Sexta, afinal, me encontrei com minhas três irmãs e meu irmão, e, como somos todos bem diferentes e com diferença de idade de um ano cada, vira uma Torre de Babel. A gente ri e, às vezes, se pega de pau.

Hoje vou falar de algo interessante que li na *Marie Claire*. Era um texto do psicólogo Contardo Calligaris que vem na contramão de tudo:

"A autoestima por si só não existe, ela só existe se houver o julgamento do outro. A imagem que a gente tem da gente depende diretamente da imagem que os outros têm de nós. Porém, o maior equívoco das pessoas é culpar o outro pela baixa autoestima. Porque isso nada mais é do que projetar nossas inseguranças no outro. A gente se relaciona para descobrir novas coisas, novos caminhos, inventar novas experiências, fazer coisas que são mais gostosas a dois. Estar num relacionamento para se conhecer melhor é uma chatice, um tédio".

Aposto que você tomou um susto, não foi? Ahahahaha. Mas o que eu acho que ele quer dizer é que dificilmente a opinião dos outros não influencia o que pensamos de nós mesmos, que o valor que damos a nós está ligado a como achamos que os outros nos enxergam. A não ser que a gente more numa ilha deserta, mas sem a bola Wilson.

Eu aceito o que ele diz, mas não quero concordar. Ainda quero chegar na autoestima tijolaço, em que nada nem ninguém terá poder para derrubar os valores que tenho por mim.

E vou chegar. Ah, vou!

## ☆ DIA 131 ☆

## TURBINE A SUA VIDA

Domingo fui à Liberdade comprar minha "mandinga" de ano-novo. Na virada do ano gosto de estar com um dragão no corpo. É meu signo chinês, e, fora isso, me identifico muito com a simbologia da força, sorte, proteção. Também vou passar de vermelho. Não me identifico com roupas brancas e não vai ser justamente na virada que vou usar branco só porque todo mundo usa. Vermelho, para os chineses, é prosperidade. Eu adoro coisa de chinês.

Andando pelo bairro da Liberdade encontrei um pôster numa lanchonete onde estava escrito: "Turbo açaí". Achei divertido e tem a ver com meu propósito para o próximo ano: *upgrade* total! Para dar um "up" na minha vida só tenho que combater uma coisinha: preguiça! É ela que me faz adiar exercícios, dietas mais saudáveis e até melhores escolhas em vários sentidos.

Então, é o que farei no ano-novo: vou turbinar a minha vida, botando mais pó de guaraná na minha autoestima, hehe.

☆ DIA 132 ☆

## TÁ, VAI, UM POUCO DE EQUILÍBRIO É BOM!

O livrinho *O jardim das qualidades*, de Elaine Vieira, é um dos grandes achados desta vida. A autora faz uma abordagem para a "ecologia interior". O livro contém um baralhinho que nos convida a retirar uma carta para ver que energia é preciso mudar na vida.

Hoje tirei uma carta e perguntei o que eu precisava mudar no ano-novo. Deu o seguinte: "É preciso transformar Incerteza em Equilíbrio. Para isso busque contato com seu 'conselho de sabedoria interior' ou de uma pessoa que possa facilitar o processo de 'ver o que você deseja', favorecendo o equilibrar-se para tomar uma decisão em direção à ação autêntica e significativa para seu momento. Confie no seu eixo!".

Incerteza = é aquela coisa paralisante de quando a gente "sabe o que quer" (e a gente sempre faz o que quer, embora nem sempre tenha consciência disso), mas não se dispõe a assumir – seja por falta de conhecimento de si ou por imaturidade – e também não sabe que pode pedir ajuda.

Equilíbrio = é aquela coisa que encanta a gente. Prende nossa atenção ver aquele ser caminhando com maestria e elegância na corda bamba.

Portanto, hoje me desejo um pouco de equilíbrio (mas um pouquinho só).

☆ DIA 133 ☆

## DIA DO FAXINÃO GERAL

Sim, sim, sim, bora sacudir a poeira e a preguiça e dar uma geral na casa para a energia fluir legal.

Hoje vou jogar fora os trecos quebrados, dar o que não uso mais (Exército de Salvação: www.exercitodesalvacao.org.br), trocar coisas, jogar fora plantas secas, fotos de gente que me fez mal (argh), dar banho nos meus bichos (ou escová-los), consertar o que tem de ser consertado, colocar coisas em movimento em casa: sinos de vento, fontes de água etc.

Aproveitar para fazer uma faxina emocional, desapegar de uma vez do que não serve mais, mudar seu pensamento, parar de me depreciar, ficar na posição de "Cristo na cruz", botando os braços bem pra trás para abrir os chacras. Vou borrifar água com sal pela casa, acender um incenso de boa qualidade, colocar sons legais – uma musiquinha clássica faz milagres pela água das células do nosso corpo.

Também vou fazer um faxinão no corpo, usar um bom esfoliante e passar cremes deliciosos depois.

E viva o "Faxination's Day!".

☆ DIA 134 ☆

## FECHE O CICLO PARA ABRIR UM NOVO

Hoje vou para o hotel, aqui em São Paulo mesmo, curtir a virada do ano, e à meia-noite estarei num ritual budista com a Monja Coen. Sim, vou sozinha e vou curtir bem (meu chefe acha que estou indo para um hotel sozinha para me matar, ahahaha).

O que eu desejo a todo mundo aqui está escrito a seguir:

"O coração precisa estar, em cada patamar da vida, predisposto à despedida e a novo início para, na coragem e sem pesar, entregar-se a outras novas ligações. E em todo começo reside uma magia que nos protege e nos ajuda a viver. O Espírito Universal não nos quer prender e limitar; quer erguer-nos degrau a degrau, quer nos ampliar" (Hermann Hesse).

☆ DIA 135 ☆

## MUDE ALGUMA COISA AGORA!

Faz cinco meses que eu tento acordar mais cedo para ir ao trabalho a pé. Fica a uns 25 minutos de casa (sem carro). Primeiro, porque eu faria exercício. Pois é, a bicicleta nova está encalhada na cozinha. Segundo, porque eu economizaria táxi (já que não guio – nem quero, apesar de ter carta). Pois hoje foi o dia "D". A gatinha preta ficou chorando na porta do meu quarto uma hora antes do meu horário de acordar. E um gato miando fininho é como dez agulhinhas no seu tímpano.

Fui andando pela Teodoro Sampaio, curtindo as lojas (e, claro, não resisti e comprei um miniursinho para a minha coleção por cinco reais). Também aproveitei para tomar sol, coisa que tenho preguiça de fazer no fim de semana. Mas não foi só isso que mudou na minha vida nesse começo de ano. Minha alimentação, que antes era feita de 80% de carboidratos, caiu para 20%, para dar uma enxugada básica.

Sobre o mudar, tenho algo a mostrar. É um texto do Dr. Joe Dispenza, um megacientista americano especializado em cérebro humano:

*Quando repetimos muito os pensamentos negativos, nossa rede de neurônios manda mensagens para nossas células diariamente e acabamos viciados neles, ou seja: se todo dia você acorda e fica irritada, sua tendência é acostumar-se com essa terrível condição. Isso vale para tristeza, frustração, raiva, ansiedade e até para a obsessão por sexo.*

*Quando perceber que está tendo um pensamento desses que emperram sua vida, interrompa imediatamente para se perguntar qual a origem dessa crença. Você deve alterar esse padrão. Se mudar seus conceitos, acredite: você transforma até as pessoas que estão a sua volta.*

Sim, ele tem razão, como diz Caetano Veloso: "Gente é para viver, gente é para ser feliz". Vou mudar agora e já!

## ☆ DIA 136 ☆

## ORGULHE-SE DAS SUAS MEMÓRIAS

Giuliano, meu ex-namorado querido – que mora fora do Brasil –, está em São Paulo. Eu não o via fazia um ano e pouco. Hoje fui encontrá-lo num *happy hour* com vários amigos. Ele vai embora domingo. Tenho por ele o mesmo carinho de sempre, mas senti que quando cheguei, para ele, eu era como uma estranha.

Fiquei um tempo, conversei com as pessoas, conversei com ele e uma hora depois resolvi ir embora. Não gosto muito de bares. Me levantei para sair. Ele também. Nos demos um longo abraço e, nesse gesto, relembramos os grandes momentos que passamos juntos. Então, eu me emocionei um pouquinho. Não de tristeza, mas pela gratidão de ter vivido coisas tão maravilhosas ao lado de uma pessoa idem. Ambos seguimos nossos destinos e somos felizes, cada um num canto do mundo :) Mas que prevaleça sempre esse amor fraternal e essas memórias fantásticas.

Coincidentemente, ao chegar em casa, abri um e-mail de minha amiga Ines – que tem o projeto "Museu dos Corações Partidos", em que as pessoas podem se expressar sobre o assunto. Havia um *link* para um clipe que, a meu ver, explica tudo o que tentei dizer: "Mesmo partindo, a luz busca um rastro de ouro. Seguir o sol. Ânsia sobre o oceano rosa. Amanhã alvorada. Vivo o corpo. Chama ao alto onde a luz brilha. Sentindo por todo o além. Pulsar o tempo silencioso. Silencioso". (Anna Ruth)

## ☆ DIA 137 ☆

## DÊ UMA ESBRAVEJADA BOA

Definitivamente nem tudo é como a gente quer neste mundo esburacado de ozônio. Estou há poucos meses no meu trabalho, seguindo uma linha editorial que dá resultados de audiência. Mas os sábios chineses já diziam: "Não se faz omelete sem quebrar ovos". E é claro que tem gente que não concorda com essa linha utilizada e reclama.

Então, meu chefe pediu que eu mudasse o foco de trabalho por uma semana, para vermos como a coisa funcionaria diferente. Tremendo banho de água fria em mim, que sou uma caçadora de audiência.

De imediato reagi ficando chateada e com cara de... (bom, você sabe do quê).

Depois, esbravejei um bocado. Não para ele, claro. Esbravejar significa que o seu pulso ainda pulsa, que você está viva, tem opiniões e não deixa nenhum sapo encalacrado na sua garganta. Chutar umas paredes de vez em quando ajuda a gritar para o mundo: "Droga, não concordo!" (o que não quer dizer que você se sinta injustiçada nem nada dessa patacoada).

Ah, mas depois de ouvir um CD inteiro de Bach, com duas gatas penduradas em mim, voltei ao centro da Terra, chegando à conclusão de que talvez eles estejam certos e que seria mesmo interessante experimentar a nova proposta. Por que não? E eu que tire leite de pedra, como sempre adoro fazer. É muito infantil a gente querer que as coisas sejam sempre do nosso jeito. Egocêntrico demais. É essa tremenda mania que temos de fazer *scripts* de como a vida deve ser. O fato odioso e talvez bacana é que ninguém consegue controlar tudo. E às vezes eu preciso me voltar para a tatuagem no meu pulso que diz: "Surrender!". Sim, entregue-se e deixe rolar...

## ☆ DIA 138 ☆

## NO AMOR, FIQUE DE OLHO NOS SINAIS

Ontem começou aquela praga de *Big Brother*. Eu tenho muita pena de parte da humanidade que passa a crer que aqueles, sim, são os valores corretos: trapaça, tramoia, fofoca, puxação de tapete, mulheres se desvalorizando sexualmente, conversas "abobrescas" e por aí vai... Mais interessantes – e seria bom que mais gente pudesse ter acesso – são os *reality shows* da TV fechada. Muitos eu sei que já estão em TV aberta.

Ontem assisti a um de uma psicóloga que tem sete dias para salvar um casamento à beira do divórcio. A história é muito conhecida por nós: depois de dez anos ela ficou desleixada na aparência porque cuida da casa e do filho (seria uma desculpa?). Ele ficou mais frio e passa a implicar com ela direto. Ela fica mais carente, e ele, mais irritado. Até aí, tudo bem. É uma análise superficial da relação.

Mas eles choram mesmo, e profundamente, diante das câmeras, quando falam que um não enxerga nem vê mais o outro. E a sensação de "não importância" fica insuportável. Um não vê os sinais que o outro manda. E isso acontece o tempo todo. Nunca acreditei muito na fala de uma amiga ou amigo que diz que o casamento acabou de repente. Sabemos que não é assim que acontece. Apenas ninguém quer ver o outro nem seus sinais.

A psicóloga (não lembro o nome) faz um exercício interessante. Leva os dois ao parque e pede que um viva o papel do outro no seu pior. A moça vira uma controladora e implica com ele. E ele vira uma "mulher carente e pegajosa". Os dois se emocionam muito e realmente veem o que o outro sente. Toda a opressão.

Prestar atenção nos sinais do outro é estar conectado ao outro (quem viu o filme *Avatar* me entenderá). É amar o outro acima do ego e das maluquices da vida. Conectados, não há distância nem separação e certamente não haverá sofrimento.

## ☆ DIA 139 ☆

### SEPULTE SEUS FANTASMAS

Adoro usar a palavra carma para lá e para cá e nem sei bem o significado. Mas digamos que, para mim, significa resolver "algo pendente" (já volto a falar nisso).

Este ano decidi que será o grande ano da minha evolução, tanto no amor como espiritualmente. Com a matéria não me preocupo (mentira!). Os bons trabalhos sempre me acompanham na vida e, por consequência, o dindim.

Chamo de espiritual todo o bem que eu posso fazer pelos outros. E, nesse momento, estou muito triste com o sofrimento das pessoas no Haiti. Por isso, resolvi que vou transformar o VAE numa ONG porque, assim, quem sabe eu possa fazer um trabalho diferenciado – pelo mundo – com vítimas de catástrofes ou guerras civis (principalmente as mulheres, as grandes vítimas de estupro).

No plano do amor desejo encontrar alguém que faça bom uso dos seus 100 bilhões de neurônios, do seu caráter e que também seja voltado às causas humanitárias.

Para que isso aconteça, eu sei que tenho que sepultar três

fantasmas na minha vida, e essa semana consegui enterrar o último. Vou dizer quais são:

1- O fantasma de que minha relação com meu pai não é legal e que tenho raiva dele por não ter sido amada. Pois bem, a partir desse mês vou ajudá-lo de uma forma que ele precisa (e ele sabe qual). E estou fazendo isso de coração aberto e com boa vontade. Me emocionei quando ele disse ter orgulho de mim por eu estar cuidando dele. E dei risada quando eu falei que ele já me ajudou muito e ele, claro, não soube o que fazer com o elogio.

2- O abraço que dei no meu ex-namorado que mora em Chicago (quando ele esteve aqui) foi o fechamento de um ciclo definitivo e significou: "Você sempre será importante para mim como ser humano, mesmo que eu não seja mais para você".

3- Há seis anos eu namorei um policial. Naquela época eu ainda tinha Síndrome de Vítima e reclamava de tudo. Graças à psicologia, isso está totalmente curado no presente. Porém, como eu já disse aqui, numa determinada noite ele estava de saco cheio das minhas reclamaçõezinhas e tascou as seguintes palavras na minha cara: "Você vai ficar sozinha pro resto da vida!". Bom, sou uma namorada muito legal hoje em dia, mas mesmo assim mandei um e-mail para ele, após seis anos, pedindo que tirasse a "maldição". Não nos falávamos havia muito tempo. Ele riu e disse que a "maldição" estava tirada. E ainda assinou: Beto Carneiro, o vampiro brasileiro (muito engraçadinho ;)

Então, é assim que agora me sinto linda, leve e solta, com meus fantasmas sepultados, o coração livre e a vida inteira pela frente.

## ☆ DIA 140 ☆

## PRATIQUE UMA SOLIDARIEDADEZINHA

Não é fácil trabalhar num grande portal de notícias, porque a gente vê desgraça o dia inteiro e em primeira mão (como no caso do terremoto no Haiti). Infelizmente ou felizmente eu tenho um problema. Explico: vi numa pesquisa que tem gente que tem a capacidade de sentir a dor física de outras pessoas. Eu tenho isso, só que sinto a dor emocional. Então, está difícil não chorar um pouco por dia.

O que mais me emociona nesses acontecimentos, além das perdas, é a solidariedade das pessoas. Gente do mundo inteiro está contribuindo com o que pode. Mas eu vou transcrever um relato de uns estudantes que estão lá no Haiti que me fez molhar a camiseta: "Estamos sempre atentos aos inúmeros tremores que se sucedem", disse. "Em frente a nossa casa, foram erguidas barraquinhas onde dezenas de pessoas se preparam para passar mais uma noite. Os vizinhos servem comida e água para os que se abrigam nas barracas. Há pouco tocaram a nossa campainha. Nos convidaram para dormir nas barracas, compartilhando um espaço já pequeno, e afirmando ser perigoso nossa permanência na casa. Ficaram mais tranquilos quando viram que, por trás dos muros, dormimos no jardim...".

Não acredito que exista coisa mais formidável que essa, o verdadeiro amor sem fronteiras, na minha opinião.

Infelizmente, não estou lá para ajudar, mas tenho um guarda-chuva do tamanho de um zepelim e hoje vi algumas pessoas tomando chuva no ponto de ônibus. Bom, só posso dizer que ele abrigou mais duas :)

## ☆ DIA 141 ☆

## ATITUDE-SE!

Ontem vi uma cena chocante no shopping. Um senhor foi descer a escada rolante, caiu e ficou se segurando no topo. Noventa por cento das pessoas que estavam ali presentes não fizeram nada. Deu um branco na cabeça de todos. Foi preciso um comando meu para que, em segundos, segurassem o homem, pedissem uma cadeira e um copo d'água. Não, não estou me vangloriando, só tento entender esse mecanismo cerebral que paralisa as pessoas diante do desconhecido e talvez até do medo.

A atitude sempre andou junto comigo, às vezes até na forma de prejudicial impulso. Minha família demorou para descobrir essa minha "identidade secreta" porque eu sempre fazia a personagem da "caçulinha retardada". Mas uma vez duas irmãs e eu fomos a um *workshop* em que tivemos que descer um rio lascado num bote. Não sei o nome do esporte. Dentro do bote havia companheiros do *workshop*. Metade travou, paralisada de medo. A outra metade só atrapalhou. Em segundos, assumi a liderança e deu tudo certo. Minhas irmãs ficaram impressionadas, não entenderam de onde teria vindo tanta atitude. Mas sempre esteve comigo.

Atitude é tudo nessa vida. Ontem mesmo eu vi grandes astros de cinema e música sentados numa sala de telemarketing (na CNN) atendendo pessoas que queriam doar dinheiro para o Haiti. Que coisa incrível...

Encerro esse dia com a frase do escritor Ian McEwan, no livro *Na praia*:

"É assim que todo o curso de uma vida pode ser desviado – por não se fazer nada".

## ☆ DIA 142 ☆

## VALORIZE SEUS TESOUROS

Ontem Mr. Dolito me contou algo, ao telefone, que me deixou perplexa. Disse que conheceu um cara que tem perfil num site de relacionamento que saiu com duzentas mulheres num ano. O rapaz chega ao cúmulo de ter uma planilha Excel para não confundir as moças. Então ele tem a coluna das loiras, japonesas etc. etc. Que filho da mãe!

O objetivo dele não é arrumar namorada, e sim transar. E, segundo ele, 60% delas transam no primeiro dia.

Sempre fui megacriticada por afirmar que jamais transo no primeiro dia. Muita gente já me chamou de careta pra baixo. Acontece que a minha "tchetchênia" não é brinde (nem está em liquidação) para ser entregue a qualquer um como um chaveirinho de posto de gasolina. Minha intimidade é um dos meus tesouros. Não é à toa que vem escondida e não escancarada por aí.

Se eu tivesse transado com um sujeito desses, me arrependeria pelo resto da minha vida. Teria feito um haraquiri ou me inscrito na Legião Estrangeira e sumiria de vergonha. É claro que esse cara é um extremo, mas garanto que há milhões de pessoas por aí que não merecem nem um apertinho de mão.

Quando a gente valoriza nossos tesouros, atrai pessoas que também o valorizarão. É básico! Mostre-se para o mundo como uma flanela de borracharia e é assim que vão ver você. Mostre-se como um rubi das joias da Coroa e é assim que verão você. Ainda não consigo me valorizar em tudo na vida, mas nesse quesito faço questão.

É uma pena que existam pessoas assim em sites de relacionamento. Esse é um lugar para quem entra de coração aberto e disposto a recomeçar. Tem o seu sagrado. Fazer o quê?... Espero que nós mulheres tenhamos discernimento suficiente para distinguir os caras legais de um boçal.

## ☆ DIA 143 ☆

## NÃO LEVE AS COISAS TÃO A SÉRIO

Resolvi que este ano a questão do amor teria um grande foco. Já estou sozinha tempo suficiente. Já está bom. No ano passado o objetivo era o trabalho. E deu certo, graças ao grande e sábio Universo. Mas este ano percebo que gostaria de ter uma base afetiva legal e, como não saio muito, entrei junto com uma amiga num site de relacionamento bacana. Agora para valer. Quando começaram a chegar os perfis dos moços, eu comecei a levar muito a sério. Foi uma besteira levar as coisas a sério demais, isso causou expectativa, ansiedade e frustrações.

E, como eu já disse, "a ansiedade é inimiga da sedução". Depois que eu caí do primeiro cavalo, resolvi pegar leve. E comecei a conhecer as pessoas numa boa, pra ouvir suas histórias, seus pensamentos, o que os homens achavam das mulheres etc. Quase como se eu estivesse fazendo uma entrevista. E o resultado está sendo incrível. Estou aprendendo muitas coisas.

Está tudo mais gostoso, divertido, muitas vezes engraçado. Alguns desses caras ficarão meus amigos, outros talvez eu nunca mais veja, talvez alguém seja quem procuro, sei lá... Acho estranho essa frase "procuro alguém" quando a gente não sabe quem. Será o amor uma eterna procura?

O curioso é que coloquei um título para o meu perfil que fez dobrar o número de acessos. O título? "Eu namoraria comigo!" Hehehe.

## ☆ DIA 144 ☆
## ARRUME ALGO RADIANTE

Ontem liguei à noite pra minha amiga Esmeralda. Ela é mestre em tarô e também psicóloga. Eu pedi que ela viesse em casa tomar um sorvete porque eu estava encaraminholando demais para o meu gosto. Queria debater com ela sobre o porquê de estar colocando foco demais na questão da procura do amor.

Esmeralda matou a charada com uma frase só: "Porque você é muito criativa e a sua vida deve estar uma rotina muito grande. Começar um novo amor é como viajar para um país totalmente distante. Tudo é novidade, um delírio. Por que você não torna a sua vida menos normal, fazendo algo novo e radiante?".

Nossa! Foi um alívio. É claro que eu estava transferindo para o amor minha sensação de tédio. Nesse circuito casa-trabalho-casa. Mas, como disse o astrólogo Quiroga, "o tédio é uma armadilha da mente que teima em não ver a beleza da vida".

Então, nesse momento, estou pensando no que seria radiante fazer. Entrar num curso? Num voluntariado? Praticar um esporte? Minha ansiedade afetiva abaixou bem e agora estou em busca dessa resposta. Espero em breve consegui-la.

☆ DIA 145 ☆

## RELAXE NA SITUAÇÃO

O mais interessante de ir fazer uma matéria numa casa de *swing* não é a casa em si, mas sim contar a vivência para a minha mãe, de 74 anos, ahahaha. Sempre contei tudo pra ela e tenho a mente aberta graças a essa senhorinha-não-julgadora.

A coisa foi assim: fazia tempo que eu queria escrever sobre *swing* e nunca tive coragem. Então, chamei um amigo de confiança e fomos para lá. Pra quem não conhece, o lugar parece uma boate normal. Tem uma pista de dança, bar e mesinhas com casais.

Agora, o bicho pega mais adiante, depois de um corredor, onde o povo transa em salas individuais (a gente pode ver por uma janela estilo confessionário) ou em sala coletiva. Tudo é meio no escurinho e parece ser a coisa mais normal da vida. Pessoas de pé assistem a pessoas fazendo amor. Simples assim. Não fui para transar, e sim para estudar um pouco o comportamento de toda aquela gente.

Três coisas me chamaram atenção:

1- Não há julgamento no lugar. Ninguém julga ninguém. Só houve um lugar onde senti a mesma coisa: no Carnaval de New Orleans, onde até os policiais estão fantasiados.

2- As mulheres não olham nos olhos das outras mulheres. Têm vergonha, sei lá. Os homens te "comem" com os olhos, claro.

3- Os casais mais velhos, de uns 50 anos, que vi lá, não estavam numa boa. O casamento me pareceu já ter ido por água abaixo. E vi uma moça loira tentando chamar a atenção do marido, numa dança sensual, e ele nem aí. Isso me entristeceu.

Fiquei observando tudo, sóbria da silva. Em um dado momento tive uma experiência "cósmica". Sentei no sofá com meu amigo e fechei os olhos. Senti umas mãos fazendo carinho em mim que não eram as dele. Mãos que vinham do "além". Me senti sendo abraçada e tocada pelo Deus Shiva, ahahaha.

Fiquei lá por um tempo e relaxei na situação. Se eu estivesse de olhos abertos, não teria as manhas. Depois de uns minutos saí da sala como um corisco, justamente para não ver os rostos correspondentes às mãos.

Não pretendo voltar a um lugar desses porque não é a minha praia, nunca foi. Mas sou grata pela oportunidade, apesar de ter quebrado o salto da bota justamente na hora em que o moço do *striptease* me chamou pra dançar com ele. Aí, quebrei o segundo salto para equalizar. Que perigo, poderia ter fincado um prego no pé dele. Afe!

## ☆ DIA 146 ☆

## CUIDADO COM OS PENSAMENTOS ÁCIDOS

Assisti a um filme ontem cujo nome não vou dizer para não estragar a viagem de quem for. Mas, na cena final, um homem de 65 anos é encontrado morto (do coração) com roupas de mulher, maquiagem no rosto e, em seu quarto, esperava por ele uma garota de 18 anos.

A turma do pensamento ácido certamente já o rotularia de depravado, travesti... e daí para baixo. Acontece que ele apenas estava fazendo uma homenagem à sua mulher, que havia morrido meses antes (e tinha o sonho de ir a esse lugar), e a garota de 18 anos apenas o ajudou a chegar a um local que ele não conhecia (ele era de outro país).

A expressão "pensamento ácido" aprendi na marra com um médico carioca chamado Alberto Perinabez. Ele é fantástico e trabalha com pessoas pobres em Campos do Jordão. Eu o estava esperando um dia para uma palestra e ele se atrasou cerca de 40 minutos. Eu disse para as pessoas ao lado: "Ah, esses cariocas! Ele deve estar curtindo o sol...". Não, ele não estava, estava cuidando de uma criança que tinha sido atropelada.

É o pensamento ácido, ou, como dizia Al Bauman, é essa "praga do planeta" que torna a vida medíocre e qualquer ímpeto criativo vulgar. Quando a gente faz isso, projeta frustrações e repressões nas atitudes dos outros. *Bad, bad karma.*

## ☆ DIA 147 ☆

## CANTAR CURA

Não é de hoje que canto para espantar meus perrengues internos. Quando me irrito ou me estresso, canto mantras mais introspectivos. Se estou jururu, canto os mais alegres. Quando estou com o coração partido e debaixo de um salto agulha, canto o *Réquiem* de Mozart junto com a London Philharmonic Orchestra & Choir, talvez em respeito à morte do amor.

Tendo a música, não preciso beber nem me drogar. Minha mente simplesmente sozinha transcende o aqui e agora. Não faço mesmo nada disso. E nunca me sinto só. Nunca!

Outro dia saiu na internet que a música clássica é capaz de fazer os bebês prematuros aumentarem de tamanho mais rápido. E também a música é capaz de jogar xadrez com a morte e vencer! Foi o que aconteceu com uma senhora haitiana que ficou dias debaixo dos escombros e foi retirada cantando. Os bombeiros ficaram emocionados. Embaixo dos escombros, sem luz, sozinha, sem água, sem comida, o grande conforto que ela possuía era cantar. Putz, que coisa mais linda.

A música é a forma mais rápida e poderosa que conheço de mudar o estado emocional e de elevar a autoestima. É questão de segundos. Num passe de mágica. Se cantássemos mais, provavelmente não existiriam os "tarja preta".

## ☆ DIA 148 ☆

## ACREDITE NOS SINAIS

Já faz algum tempo que consigo ver *out of the box* e não com os olhos da mente, mas da alma. Nasci com uma sensibilidade acima da média, geralmente encontrada em quem tem hiperatividade, que é bom e ruim ao mesmo tempo. Uma característica dessa sensibilidade é saber, às vezes, o que vai acontecer. Pode ser uma coisa besta como prever que o dançarino da casa de *swing* me tiraria pra dançar. Pode ser algo complexo como saber que eu iria escrever sobre o Katrina, em New Orleans, mesmo contrariando a vontade do meu editor. E acabei mesmo indo porque o concorrente escreveu antes da gente e ele me liberou rapidinho. Peguei uma dengue desgraçada, mas nunca me senti tão viva e tão jornalista.

Quem é muito sensível também acredita no poder dos sinais (veja *Avatar*. Isso fica muito claro lá). E já não é de hoje e todo mundo aqui sabe que estou recebendo "um chamado" para ir ao Haiti. E, de fato, tenho batalhado minha ida através de vários canais na tentativa de escrever uma matéria. Ou nem que seja apenas para dizer a frase para as mulheres de lá: *Nous sommes ensemble* (Nós estamos juntos!). Como já mentalizo minha ida (e vou ter que tomar vacina de febre amarela no sábado), ontem à noite eu pensei que poderia levar na mala fitinhas do Bonfim para colorir um pouco a vida e para simbolizar o "estamos juntos", já que, nesse momento, somos um só (exército, bombeiros, religiosos, médicos, jornalistas de todos os países...).

Inacreditavelmente, hoje à tarde chega uma caixa cheia de fitinhas do Bonfim no meu trabalho. Era um desses brindes de começo de ano. Mesmo que eu não consiga ir, foi como um sinal de que estou sendo "ouvida" e isso reavivou mais do que nunca a chama da minha perseverança.

"Dizem que o que todos procuramos é um sentido para a vida. Não penso que seja assim. Penso que o que procuramos é uma experiência de estar vivos, de modo que nossas experiências de vida, no plano puramente físico, tenham ressonância no interior do nosso ser e da nossa realidade mais íntimos, de modo que realmente sintamos o enlevo de estar vivos..." (Joseph Campbell)

☆ DIA 149 ☆

## MANDE PRO ESPAÇO O QUE TE DÁ ANSIEDADE

É interessante que, no dicionário, a palavra "ansiedade" apareça como aflição, agonia, grande mal-estar físico e também como desejo ardente. Talvez, então, o problema não seja desejar algo – já que é o que nos leva às conquistas –, mas sim o "ardente". Buda já dizia que desejar demais uma coisa causa expectativa, frustração e, portanto, sofrimento (já falei isso aqui antes).

Mas a verdade é que ansiar demais faz mal à saúde e deixa a gente sem dormir porque os miolos ficam agitados demais. Foi por isso que resolvi sair do site de relacionamentos em que eu estava. Aliás, há dois motivos. Vou falar primeiro da ansiedade. Quando você vê centenas de opções de algo de que gosta (no caso, homens), você volta a ser criança no parque de diversões: quer fazer tudo ao mesmo tempo. Ou como mulheres adultas na promoção da loja favorita; sabe bem, né? Você acorda todo dia querendo que mais e mais gente te veja, te escreva, te queira. Ufa! E o ego começa a ficar se achando demais. Isso sempre é ruim.

O segundo motivo foi porque um amigo, também cadastrado nesse site, me deu sua senha, então pude ver as coisas pelo olhar masculino. Se em um mês 800 homens visitaram meu perfil, em 3 DIAS o mesmo número de mulheres visitou o dele. E a quantidade de moças que deu uma piscadinha para ele mostrando interesse foi inacreditável. O triste é que a maioria rouba no jogo, colocando fotos delas bem mais jovens. Por que alguém faz isso? Porque tem baixa autoestima, óbvio, e porque é tola, já que essa atitude não vai dar em coisa boa.

Mas o que mais me espantou mesmo é que, enquanto as mulheres escrevem algo sobre o perfil do moço, ele manda respostas padrão para todas elas, começando com o mesmo elogio. Várias e várias respostas padrão. Nossa, isso me chocou tanto! Então, imaginei que esses meus futuros candidatos, de fato, estariam saindo com vinte mulheres ao mesmo tempo. Ou seja: "banalization" total!

☆ DIA 150 ☆

## QUANDO A CORRENTEZA PUXAR, VOLTE PARA A AREIA

Eu sei que a baixa autoestima vem se formando desde a infância. E já falamos os vários motivos: falta de carinho, de atenção, falta de os pais nos darem uma estrutura emocional legal, tentativa frustrada de fazê-los felizes, ser menos amada que um irmão etc. etc. Agora, persistir na baixa autoestima é estagnação mental. Viciamos numa estrutura de vida e achamos que não podemos sair dela. E assim ficamos como moscas presas no mel.

Mas quem se aventura a desgrudar da gosma experimenta o doce sabor da liberdade e o ventinho fresco do novo, do melhor, da superação. Eu estava conseguindo isso, porque voltei a praticar exercícios depois de dois anos de marasmo. E estava sendo bom demais. Eu ia para o trabalho a pé, tomava sol no caminho, curtia mais a vida. Mas faz alguns dias que cortei esse processo porque a correnteza da baixa autoestima ou da autodestrutividade (amiguinhas, por sinal) voltou a me puxar para o meio do oceano da nhaca.

Então o meu conselho para mim e para você é: quando a correnteza te puxar, volte para a areia. Portanto, se eu não vim a pé hoje, voltarei. Senão o corpo, malandrinho, desconecta rapidinho dessa nova energia saudável que ele estava experimentando e curtindo tanto.

Deixe a vida te levar, não a baixa autoestima.

## ☆ DIA 151 ☆

## LEMBRE-SE: NÃO ESTAMOS SÓS

Como diz uma amiga minha, ontem não acordei soltando foguetes, como geralmente faço. E é claro que era o olho do furacão da TPM. Não mordo ninguém quando estou nesse dia, mas fico jururu. Pra piorar as coisas, cometi um erro sério no meu trabalho por uma falha de percepção. Interpretei um vídeo de uma forma, mas as pessoas (principalmente quem tem filhos) interpretaram de outra. E deu problema. O que me deixa mais chateada não é cometer um erro, é aborrecer meu chefe, que eu gosto muito e que é megacompetente.

Quando a gente pisa na bola, se sente só. Como se o mundo desaparecesse e só restasse uma calota de gelo. E você fica lá, estatelado nela como um urso-polar vítima do aquecimento global. Nesse momento a gente busca consolo. Foi o que fiz. Mas escolhi uma pessoa que conheço apenas há duas semanas. Um amigo novo que tem na voz uma doçura e na alma um grande acolhimento. Escolhi a pessoa certa. Ele não me falou nenhum chavão maledeto, nem tentou me tirar do estado de espírito através das suas próprias possibilidades. Ele apenas disse: "Busque na sua sabedoria como sair dessa. Você já sabe...".

É verdade, eu sei, como todo mundo aqui também sabe. Embora eu tenha muitos amigos reais, é na internet que não me sinto só, pois tenho o mundo inteiro comigo. E foi nela que encontrei uma matéria sobre a regravação do clipe "We are the world". Ele acabou de ser produzido por artistas fantásticos que não estavam no anterior. A verba será doada para o Haiti. Nesse novo clipe, com 70 estrelas, está uma veterana romântica como Barbra Streisand ao lado do *rapper* Weezy. Um saladão geral. Mas as vozes de todas essas pessoas se juntarão às vozes de milhões de pessoas no planeta. Gente de todas as cores e credos nos mostrando que definitivamente nós não estamos sós.

"Não podemos viver apenas para nós mesmos. Mil fibras nos conectam com outras pessoas, e por essas fibras nossas ações vão como causas e voltam para nós como efeitos." (Herman Melville)

☆ DIA 152 ☆

## DESCANSE!

Ontem fiz uma coisa que não fazia havia anos: virei 24 horas no trabalho. Eu precisava entregar um relatório para o meu chefe, mas tenho déficit de atenção. E fazê-lo durante meu trabalho normal seria praticamente impossível para mim. Então, reservei minha grande amiga: a madrugada.

Foi nela que escrevi meus quatro livros e é nela que encontro o silêncio e a inspiração de que sempre preciso. Muitas vezes, durante a noite, pensei em desistir, mas aí me lembrava da frase do Roberto Shinyashiki que dizia: "O sacrifício é temporário, a vitória é para sempre". E eu tinha dito para o meu chefe, na hora em que ele foi embora, para confiar em mim. Não daria mesmo para entregar o negócio incompleto. Mas foi muito louco reencontrar o pessoal do dia anterior às 7 da manhã. Uma espécie de "Koyaanisqatsi" ou, para quem não viu, *Feitiço do tempo*.

Cheguei em casa o próprio zumbi e dei uma dormida básica. Quando acordei, na minha folga, já queria fazer mil coisas, mas o corpo não estava dos melhores, então jantei com minha "quase filha" Japa Jabi e descansei, descansei e descansei e, quando vi, eram dez horas de hoje. E também tenho a sexta de folga. Agora vou tomar sol no meu ex-prédio, depois vou à acupuntura e ficar bundando por aí. E, claro, cineminha à noite. Sempre.

☆ DIA 153 ☆

## ESTAMOS NOS DANDO O DEVIDO VALOR?

Ontem tive o privilégio de rever a excepcional interpretação de Al Pacino no filme *Perfume de mulher*. Ele faz o papel de um cego que contrata um rapazinho para levá-lo a Nova York. Várias cenas são memoráveis, mas vou falar de apenas uma. Quando os dois estão no avião e o rapaz diz para Al: "Você gosta de mulheres, hein?". E ele responde: "Gosto de mulheres acima de tudo. E em segundo lugar, longe, muito longe... vem uma Ferrari".

Agora gostaria de pular para o assunto *Big Brother*. Ontem também fui visitar minha mãezinha fofa (sim, a mesma que quase foi para o beleléu no começo do ano passado). Assistimos à novela juntas e depois começou o *Big Brother*. Achamos que talvez fosse apenas uma bobageira para relaxar a mente, mas nos enganamos. Conseguimos nos estressar, pois os trinta minutos iniciais foram recheados por bate-bocas, discussões, grosserias, gritos, histeria e ofensas entre mulheres. Fiquei até com pena dos caras. Afe!

Me pergunto: será que é dessas mulheres que Al Pacino estava falando? Acredito que não... E me pergunto novamente: por que elas acham que o valor delas (a ponto de serem escolhidas pelo público a ganharem uma fortuna) estaria nesse tipo de comportamento? Teríamos aí uma pista do motivo pelo qual os homens ganharam na maioria dos *Big Brothers*?

E eu, que tipo de mulher sou? E você? Será que Al Pacino nos incluiria nesse elogio? Será que ainda somos gentis, perfumadas, compassivas, inteligentes, sensíveis, amorosas, perspicazes, carinhosas... ou viramos um amontoado de testosterona sem noção?

## ☆ DIA 154 ☆

## OUÇA O "CHAMADO"

Meus pais se separaram pela primeira vez quando eu tinha 3 anos. Ficaram oito anos separados (deixa pra lá os motivos), mas namoravam escondido. Depois voltaram, tornaram a se separar e voltaram de vez. Mas essa coisa toda foi suficiente para que meus irmãos e eu não tivéssemos muito contato com a família do meu pai.

Porém, lembro que, quando eu era pequena, uma sobrinha dele elogiava muito a minha voz e eu ficava muito autoconfiante por isso. Em razão dessa autoconfiança (sim, ela é tudo!), comecei a frequentar jograis na escola ou a ser escolhida para ler algum texto e coisas do gênero.

Várias décadas se passaram, quase nunca mais vi essa prima, mas no ano passado eu soube que ela estava com câncer e que o diagnóstico não era muito bom. Não sei se alguém aqui vai me entender, mas recebi um "chamado" para ir lá. Uma sensação forte de que eu poderia fazer algo para ajudá-la. Sendo assim, liguei, marquei o dia e coloquei na bolsa um ursinho de pelúcia (pra variar) e um pequeno pingente de dragão.

Esses dois estão pela minha casa toda e representam o meu todo, que é forte e frágil alternadamente. Também representam afeto e proteção.

O encontro foi muito legal e rimos pra caramba (característica da minha família). Eu disse à minha prima que sabia que ela não iria morrer, mas que não sabia por que tinha essa certeza. Depois disso, não nos falamos mais. Ontem – um ano depois – encontrei um recado dela na minha secretária eletrônica dizendo que tinha voltado do médico e que sua situação estava megamelhor e controlada e que ela gostaria de dizer quanto a minha visita a ajudou.

Fiquei perplexa. Assim, desta forma: perplexa. E pergunto: dá para ter baixa autoestima diante de um fato desses? Dá para se sentir fora de forma, ou velha, ou qualquer coisa do gênero diante dessa riqueza que é a vida/morte? Quando entrevistei o Patch Adams, fundador dos Doutores da Alegria, aqui no Brasil, ele disse: "Já vi pavores na vida, o suficiente para não acreditar em Deus. Mas acredito no Mistério...".

## ☆ DIA 155 ☆

## PRATIQUE VALIDAÇÃO

Escolhi o texto de hoje para dar uma notícia muito importante: estou com um novo amor :) Mas primeiro preciso me redimir junto ao site de relacionamento match.com. Há algumas semanas eu relatei aqui minha decisão de sair dele, achando que a possibilidade de encontrar alguém muito legal era bem pequena. Bom, assumo que me enganei.

Alguns dias antes de cancelar minha conta (e baixar a minha ansiedade) eu conheci o Rica_sp. Ele foi o cara que me emprestou sua senha para que eu pudesse observar como os homens agiam e o que as mulheres diziam (ele também deixou o site uns dias depois de mim). Acabamos ficando mais próximos e começamos a sair. No domingo de manhã (no meu plantão), eu abri a minha caixa eletrônica e havia um e-mail dele me pedindo em namoro. Sim, ainda existem homens que fazem isso!

A história dele é legal porque tem dois filhos lindos, um garoto de 19 e uma menina encantadora de 22, e foi justamente ela quem ajudou o pai a escolher a "finalista" no meio de tantas pretendentes.

Resolvi falar disso neste texto porque um amigo me mandou um vídeo fantástico chamado "Validation" (é longo, mas vale muito a pena: migre.me/5o9q2). "Validation" em português significa "Validação", que, por sua vez, significa legitimar algo. No caso do vídeo, o rapaz muda a vida das pessoas porque, com seu jeito simpático, valida algo de bom que já existe nelas e que nem elas mesmas sabiam. Os sorrisos começam a proliferar. E a proposta do VAE é exatamente essa: legitimar pontos positivos em nós que nem imaginávamos que existiam. E não só do VAE: nosso começo de namoro também é repleto de validações (e espero que isso dure por muito tempo). Estamos sempre legitimando o que cada um tem de melhor. Seja por e-mail, por torpedo, ao telefone ou ao vivo.

São duas pessoas saudáveis que se propõem um relacionamento idem. Eu aceito o que ele me diz de bom e vice-versa. Não queremos mudar um ao outro porque, acima de qualquer coisa, enxergamos muitas qualidades (os defeitos, como diz Rica_sp, é problema de cada um, não dos dois).

Quando você ler este texto, espalhe validações pelo seu dia. É aí que você ajuda as pessoas a encontrarem seu pote de ouro no fim do arco-íris :)

## ☆ DIA 156 ☆

## LEMBRE DE VOCÊ

Ontem Rica_sp perguntou como eu estava. Eu respondi: "Só vou saber no fim de semana". E expliquei que nessa semana trabalhei demais e me desconcentrei demais, a ponto de não ter caminhado nenhum dia, ter dormido tarde e ter vacilado com a alimentação. Ou seja: esqueci de mim mesma. Perdi o foco. De novo!A bike Oprah? Vendi pra minha faxineira, vulgo "Funcionária do Mês". Aliás, troquei por dias de trabalho. Pelo menos ela vai usar.

Bom, um dia, uma semana, vá lá! Mas quando você esquece de você mesma por muito tempo, perde a base, engorda, tem pânico... e todas essas coisas ruins. Por isso, a partir de agora, volto a lembrar de mim e do bem que eu estava me fazendo. Eita, "ciclaida" repetitiva, Jesus...

## ☆ DIA 157 ☆

## ACEITE SER AMADA

*Preciosa* é o nome de um dos filmes mais tristes que já vi na vida. Ganhou o Oscar de melhor atriz coadjuvante. A produção é da Oprah e conta a história de uma mocinha negra que sofre abusos do pai e da desgraçada da mãe.

Mesmo assim, o filme traz uma mensagem de esperança para as pessoas, como ela, aparentemente sem luz nenhuma no fim do túnel.

Preciosa só se ferra na vida, mas, em determinado momento, sua professora fala com ela sobre amor e ela responde algo como: "Se amor for isso que as pessoas fazem comigo, então eu não quero". Não, o que ela recebia estava longe de ter esse nome. Mas também não é fácil para ela quando, ao longo do filme, começa a receber esse sentimento.

Quis falar sobre esse roteiro porque passei o Carnaval ao lado do novo namorado, em sua casa. Foi bem legal, mas mesmo assim não pude evitar ter sido agressiva com ele em alguns momentos do feriado (em outros, foi tudo ótimo!). Por quê? Porque é difícil receber amor, assim, na lata. O amor é uma espécie de afronta quando a gente já sofreu um bocado na vida e quando criamos uma camada de "proteção". Resumindo: é difícil baixar a guarda, relaxar nas couraças e abrir mão da "arisquice". Afinal, o amor nos faz fortes para a vida, mas também vulneráveis ao outro. E isso dá medo. E quando temos medo temos agressividade. Talvez por isso a cantora Sade nos chame de "soldiers of love" (soldados do amor), verdadeiros sobreviventes.

Em determinado momento do filme *Preciosa*, a mãe da mocinha se refere às pessoas de escorpião como seres "complicados". Sim, de fato somos! Mas, afinal, quem não é?

## ☆ DIA 158 ☆

## PARE DE SER "CRÍTICA DE PLANTÃO"

Ontem recomecei o "In Magro", um instituto de emagrecimento coordenado pelo querido Dr. Sidney Chioro – ele é neurologista e professor de psiquiatria da USP. Já falei uma vez sobre isso, mas falarei de novo. Acredito na proposta do Dr. Chioro porque não há dieta restritiva, você apenas segue três regras:

1- Espera a fome para comer.

2- Come devagar.

3- Quando estiver saciada, para.

É claro que na primeira parte do programa há um grupo de apoio e, na segunda, projeções que ensinam a gente a lidar melhor com as emoções e, portanto, não comê-las. Na projeção de ontem, o doutor disse algo muito importante que me despertou: "Toda pessoa que engorda é uma crítica de plantão, porque as pessoas que têm tendência a engordar são muito, muito negativistas. Criticam os outros e a si mesmas e muito".

O interessante é que eu vinha num pique de saúde muito grande desde o Natal. Mas nas duas últimas semanas dei um vacilo e não caminhei nem um dia e, em consequência, a endorfina diminuiu e os doces aumentaram (coincidência, né?). Mas não foi só isso; nessas duas semanas eu também estava mega "crica" comigo e com os outros. Muito louco! Chata pra caramba.

Para combater o negativismo e o "criquismo", o Dr. Chioro sugere que se volte com o positivismo em tudo. Ou seja, no lugar de falar "ainda faltam sete quilos!", diga: "Já emagreci um quilo!". Aliás, o ideal é fazer isso em todos os cantos da vida. Mais exemplos: troque o "estou desempregada" por "estou vendo novas oportunidades". O "estou encalhada" por "esse é o ano do amor :)". E por aí vai... A gente já tá cansada de saber, mas praticar, que é bom, nada!

☆ DIA 159 ☆

## NÃO ACEITE A VIOLÊNCIA

Duas cenas ruins marcaram esse fim de semana:

1- Faz sete meses que eu tento estudar italiano, acontece que tenho déficit de atenção e o livro indicado pelo professor particular (com muito texto e oito páginas de exercícios por aula) é um terror para mim. Então, a Vigilante Cecília, que também é professora de italiano, me sugeriu outro muito mais agradável. Tentei em vão convencer o professor a usá-lo e, na sexta-feira, dei um ultimato: sem ele eu não faria mais aulas. Nem preciso dizer o estresse que rolou, no meio do Shopping Iguatemi (onde eu faço aula). O professor me xingou de tudo quanto foi nome, tentando me ofender de todos os jeitos: de retardada para baixo (ficou megaofendido com minha "arrogância" porque eu quis trocar de livro). Não me isento de culpa, porém, mesmo que eu tenha sido arrogante, nada justifica a agressividade. Quando percebi que eu também estava levantando a voz (mas sem ofendê-lo) e estressando todo mundo em volta, eu me levantei e fui embora. Ninguém merece ir ao shopping e assistir pancadaria de "carcamano".

2- No domingo, voltando tarde do plantão, vi um casal jovem e bonito, na rua, num clima medonho. Ele, um troglodita, berrava com a mocinha, que, por sua vez, tentava acalmá-lo gritando também. Pedi para o táxi dar a volta e perguntei se ela queria ajuda. Faltava pouco para a moça apanhar. O "bárbaro" veio como um *pitbull* perguntando o que eu era dele. Eu respondi: "Sua amiga!". Ele baixou a guarda. Mas, ao ver o motorista (um senhor) rindo da situação, ele disse: "Tá achando graça, velho? Vem achar graça nisso aqui (e encheu a mão com seus "países baixos").

A verdade é que não precisamos aceitar a violência. Nem contra nós nem contra os outros. Não precisamos ficar recebendo pancada verbal e também não precisamos ver uma mulher sendo agredida. Não chamei a polícia por pouco na segunda situação.

Espero que você pense como eu e tenha suas reações de indignação diante da violência, seja ela qual for. Espero mesmo, realmente.

PARA DENUNCIAR VIOLÊNCIA CONTRA MULHERES: ligue 180.

☆ DIA 160 ☆

## ABRACE SUAS INSEGURANÇAS

Conheci Marília Gabriela quando eu tinha uns 12 anos, era namorada do meu tio, que eu considero meu segundo pai (com quem foi casada por longos anos e tem dois filhos lindos que amo). Na época, ela era jornalista no *Fantástico* e depois no *TV Mulher*. Gabi sempre foi minha estrela-guia profissional e também para a vida, com seu talento e confiança inabalável. Também sempre fui a sobrinha favorita :)

Fazia uns anos que não nos falávamos, mas hoje vi uma matéria sua na revista *Cláudia* que me chamou a atenção. Gabi fala sobre suas inseguranças. Reproduzo: “Considero minhas inseguranças muito saudáveis. Como profissional eu duvido de alguns resultados e ouço os elogios com bastante parcimônia. Tenho minhas carências e nunca me deitei na cama de louros. Uma vez, numa pesquisa, apareci como a mulher mais admirada do país. Mas sabe por quê? Porque eu era casada com o Gianecchini, o galã. Agradeço, mas acho que minha colaboração foi maior que essa. Briguei por salários, discuti relações trabalhistas, afetivas... Tudo o que eu tenho foi batalhado. Até minha cabeça”.

Uma vez tive a oportunidade de entrevistar o Gianecchini e ele disse uma coisa muito legal sobre ela: “Gabi está sempre se reinventando”... E acho que é assim que lida com suas inseguranças. Aliás, lembro da força que ela deu ao jovem marido para que fosse ator da Globo, mesmo sabendo as consequências que isso ocasionaria. E ela teve mesmo que passar por boatos cretinos, gente apalpando o marido e daí pra baixo...

Então, o texto de hoje é em homenagem a esse mulherão que escreveu o maravilhoso livro *Eu que amo tanto*.

☆ DIA 161 ☆

## LEMBRE-SE: NOSSO DIA ESTÁ CHEGANDO

Como disse aqui dois dias atrás, voltei a falar com minha tia Marília Gabriela. Como ela sempre foi minha estrela-guia, geralmente eu a procurava quando estava lançando um livro ou coisa do gênero. Não para que ela me ajudasse, mas para que sentisse orgulho de mim. Uma bobagem, talvez, mas muita gente aqui vai entender o que estou dizendo.

Fiquei de almoçar em sua casa na sexta-feira que vem e, conversando com minha parceira Neiva, eu disse: "Minha tia vai ver que engordei". E Neiva respondeu: "Não! Ela verá que você é uma mulher como todas e que, nesse tempo, amadureceu, batalhou, amou, viveu etc. etc.".

Foi muito legal ouvir isso. Mais legal ainda foi ver que a Semana de Moda de Milão abriu seus desfiles com a coleção de Elena Mirò. Detalhe: o menor manequim é 46!

Reproduzo as palavras da jornalista Carolina Vasone, do UOL: "Representantes das que estão acima do peso mesmo no mundo das calças jeans com etiqueta 40, as gordinhas de Elena Mirò parecem dar um tapa na cara tanto nas mulheres da ficção das passarelas quanto nas da realidade das ruas. Para as duas, a mensagem é a mesma: não há tanto tempo assim na vida para que boa parte dela seja gasta com tanta preocupação, insegurança, privações e relações de amor e ódio em relação ao próprio corpo. E existe, sim, uma alternativa. Basta cuidar com bom senso e serenidade da casca que emoldura quem você é e não se deixar oprimir pelos avatares de beleza criados astutamente pelo capitalismo fashion para que você se questione sobre a harmonia de sua imagem e, na dúvida, compre uma promessa de boniteza em forma de bolsa, sapato, vestido, saia".

Sim, nosso dia está chegando! O dia das mulheres normais, mas não comuns :)

## ☆ DIA 162 ☆

## NÃO SE DEIXE "HISTERICAR" PELA VIDA LOUCA

É tarde, mas tenho muito a dizer sobre esse fim de semana tão contraditório de emoções. Sábado me encontrei com Fernanda Baumhardt. Essa moça ganhava um salário fantástico na CNN americana, gastava uma fortuna nos fins de semana, mas um dia ela percebeu que isso não a fazia feliz e foi para a África realizar um documentário sobre mudanças climáticas (detalhe: ela teve um câncer de mama há um ano e virou o jogo de uma forma fabulosa). Nosso encontro foi fantástico e uma certamente ajudará a outra a progredir no "Caminho".

Foi Fernanda também quem me levou num encontro budista com pessoas muito legais, onde conheci um menino que leu um texto que dizia: "Quem ajuda o diamante bruto a conquistar seu brilho é outro diamante já lapidado".

Então, tinha tudo para ser um fim de semana legal, mas não foi. Não foi porque me irritei com algumas coisas do Rica. Mas é claro que ele não é obrigado a saber como funciona a minha mente e o que me irrita ou não. A verdade é que ando de pavio curto com muitas coisas da vida. E não sei se é fígado desequilibrado (segundo os chineses) ou estresse ou hormônio da pílula nova ou se meu lado masculino (nem um pouco *light*) está entrando em conflito com Rica nesse começo de namoro. Eu já vi isso acontecer com várias amigas "estilo independente", mas depois harmonizou. É o mundo moderno e sua vida louca.

Mas não dá pra negar o fato de que a gente é um mosaico de emoções que vêm e vão, ondas mansas, ondas tsunâmicas. E é legal observar de que epicentro elas vêm. Simplesmente negá-las ou soterrá-las torna tudo pior. Ah, não vale a pena a gente se "histericar" nessa vida, não. Entender o que acontece é fundamental. Autoconhecimento é liberdade.

## ☆ DIA 163 ☆

## DIA DO MANIFESTO "HELL, NO!"

Achei essa frase uma coisa formidável na peça *A cor púrpura* que vi no site da Oprah. Vou tentar explicar mais ou menos o que ele diz. A personagem Sophia tem um gênio danado. Então, um dia, a outra mocinha (muito submissa) sugere ao marido de Sophia que ele dê uns tapas nela, para que entre nos eixos. Sophia fica sabendo e dá uma dura danada na outra. Diz que já teve que lutar em casa com pai, tios, irmãos, mas que na casa dela homem nenhum levantaria a mão. E a frase que ilustra isso em inglês é: "HELL, NO!", que deve ser algo como "Com os diabos, não!" (aceito sugestões de tradução): migre.me/5ob3y

Na realidade, o que acontece nas nossas vidas é que estamos o tempo todo permitindo que "batam" na gente. Às vezes literalmente, às vezes num sentido figurativo. Nós sempre apanhamos de meia dúzia de bocomocos que acham que temos que ser magras, lindas, perfeitas, bem-sucedidas, estáveis emocionalmente, felizes no casamento, boas de cama, chiques, proprietárias de um monte de trecos caros e eu sei lá mais que *cazzo*.

"Apanhamos", sim, bonito. E nem percebemos.

Acontece que hoje me deu um chilique e resolvi gritar "HELL, NO!" bem alto. Tô de saco cheio de ter culpa por comer doce, de ter vergonha por comprar calça 42, de ter vergonha de usar camiseta basicona fora da moda, de ser baixinha, de ter 45 anos, de não ter guardado dinheiro para apartamento próprio, de não ter família estruturada com marido e filhos. Tô cansada de me deixar "baterem" por causa disso.

Não vou fazer mais regime nenhum (por causa dos outros) nem tentar ser equilibrada. Também não vou mais gastar dinheiro idiota em roupa da moda (que depois de dois meses dou para a empregada). Existirão dias em que vou querer ser saudável, sim, e outros em que não vou querer, porque é assim que funciono. E daí? Vão me bater? HELL, NO! Vou fazer o que quero e o que tenho vontade, vou fazer para mim, vou me melhorar para mim. Se eu mudar, vai ser para mim.

Então, eu convido você para se juntar ao dia do "HELL, NO!".

Ah, credo, chega de apanhar, de ser perfeitinha pra agradar sei lá quem, que saco! Felicidade e autoestima já! Humpf!

## ☆ DIA 164 ☆

## SEJA UMA AGENTE DE MUDANÇA

Acredito que a gente tenha baixa autoestima quando cristaliza na mente uma crença ruim – de que não é suficientemente bonita, rica, poderosa, magra, eficiente, normal, bem-sucedida, competente, amada, famosa e sei lá mais o quê. Então, a partir de hoje vou valorizar o que de melhor vi ou fiz no dia (e não o pior ou o meia-boca).

Estou com gripe e de molho em casa. À tarde assisti a um programa inglês sobre "Miss Beleza Natural". Várias moças normais se candidataram para o cargo de Miss. Eram vários estereótipos. Mas uma garota "fora de forma" acabou vencendo pelo seu discurso final, em que dizia que não bastava apenas se achar bonita fora dos padrões da sociedade, ela também gostaria de ser uma agente transformadora.

Putz, achei isso muito legal. Então, está mais do que na hora de parar de reclamar e transformar a nós e ao que estiver perto de nós! Faça seu blog, deixe seu comentário, mande e-mails para revistas, mande fazer camisetas, crie seu Twitter, participe de encontros, mande vídeos para a internet...

Aproveito para citar uma marca de *lingerie* – Bravissimo – que colocou suas leitoras na propaganda. Troféu Tijolaço pra eles!

## ☆ DIA 165 ☆

## ABRACE SEU LADO SOMBRA

Muito interessante o programa da Oprah de hoje. Ela convidou o filho e a irmã de dois dos maiores *serial killers* americanos para uma entrevista. O primeiro foi o famoso Jim Jones, responsável por um suicídio em massa de 900 pessoas. O segundo, não me lembro o nome, violentou e matou cerca de vinte meninos adolescentes.

O primeiro entrevistado tinha 18 anos quando a tragédia aconteceu (há uns trinta anos) e só escapou do suicídio em massa porque estava num campeonato de basquete, longe do pai. O interessante é que ele nunca escondeu que era filho de Jim Jones. Tinha orgulho do pai por tê-lo adotado, mas, claro, não tinha orgulho da tragédia. Mesmo assim, nunca mudou de sobrenome ou fingiu que não era com ele. Detalhe: seu nome é Jim Jones Jr.!

Já a segunda entrevistada, irmã do *serial killer* (morto na prisão), escondeu o fato de todos, usou só o nome de casada e nunca deixou que ninguém soubesse do parentesco. Era visivelmente uma pessoa atormentada por essa situação.

Em determinado momento, a Oprah perguntou ao homem por que ele nunca tinha escondido o fato. Ele respondeu: "Porque isso era uma sombra na minha vida e eu decidi abraçá-la, aceitá-la, senão o que seria de mim e dos meus filhos hoje? Esse fantasma mais cedo ou mais tarde iria nos assombrar. Quando eu trago a tragédia para a luz, nada nem ninguém nos afeta nem nos acusa de nada". Oprah se emocionou e eu também.

Quando queremos reprimir uma parte nossa de que não gostamos ou não queremos, a coisa explode, como a pólvora dentro de uma bala. Mas experimente colocar a pólvora livre na sua mão e botar fogo: o máximo que você terá é um "puf"!

Então, eu vou abraçar umas coisas que ando empurrando pra baixo do "tapete".

Ando numa tolerância zero danada, sem paciência, e resolvi abraçar isso, não ter vergonha disso, senão não consigo entender de onde é e por que é. Dessa forma o "demônio" volta mais rápido para as catacumbas.

## ☆ DIA 166 ☆

## O QUE TE MOVE?

Cheguei à conclusão de que não sou uma mulher, sou um conjunto de "placas tectônicas". E só Deus sabe como se formarão ao longo do caminho. Essa semana o terremoto da minha alma atingiu 8.8 na escala Richter e fiquei bem doidona. Mas abracei isso e me permiti ver onde ia dar (e a gripe até voltou!). A verdade é que toda vez que a terra treme coisas novas surgem. O engraçado é que. quando eu estou numa semana das profundezas, a primeira coisa que faço é ir ao McDonald's. Afe! Hehe.

Mas logo tudo se assenta de novo para poder recomeçar até o próximo tremor. E hoje dei de cara com esse texto no UOL:

*Quando Robert Scheidt anunciou a troca da classe Laser, na qual foi nove vezes campeão mundial, pela Star, elegeu como um de seus herdeiros Bruno Fontes. O catarinense não sentiu a responsabilidade e virou, nos quatro anos seguintes, o grande nome da classe no país.*

*Chegou a ficar entre os 11 melhores do mundo para a Isaf e, neste ano, foi o quinto colocado na Semana de Miami, uma das principais competições do calendário mundial. Mesmo assim, perdeu a vaga na equipe olímpica. Pensou em deixar a vela, mas desistiu.*

*"Nem que eu tenha de vender sanduíche na rua, arrumar um bico, vou continuar batalhando. É o que me move, o que me faz acordar todo dia. Fui para uma Olimpíada, mas ainda quero conquistar uma medalha. Sei que é possível", diz o velejador.*

Agradeço muito ao Bruno pela frase e por me lembrar que justamente são esses meus tremores que me movem e me fazem querer fazer coisas cada vez mais criativas. Se minha alma não ficar em carne viva de vez em quando, eu nem preciso acordar...

## ☆ DIA 167 ☆

## "TEIMA, FILHO!"

Essa frase está no filme sobre o presidente Lula. Eu achei muito legal. Quem dizia era a mãe dele toda vez que queria desistir de algo. Acho até que as coisas mais importantes da história do mundo aconteceram porque alguém soprou essa frase no ouvido do herói, do inventor, do artista, do político, enfim...

Curiosamente, assisti a dois filmes que me lembraram bem essa frase. Em *Sonhadora*, a garotinha insiste para que o pai fique com uma égua de corrida que quebrou a pata. O filme é americano e é claro que todo mundo se dá bem no final. Mas, não, não é só em filmes. Nas épocas de "vacas obesas" meu pai tinha cavalos no Jóquei e um cavalo se acidentou e o proprietário não o quis mais. Meu pai comprou o animal por uma mixaria e tratou dele durante meses a fio. Ele até levava o cavalo para tomar banho de mar em Santos. Estou falando da década de 60.

O nome do animal era "Aro", nunca me esqueci. Um tempo depois, Aro venceu o Grande Prêmio São Paulo.

Dá para citar inúmeros exemplos desse. Mas prefiro voltar mais uma vez para o cinema e falar do fantástico filme argentino *O segredo dos seus olhos*, um dos melhores que já vi, indicado ao Oscar. Nele, o protagonista boniton insiste terrivelmente para desvendar um crime em que uma linda mocinha de 23 anos é violentada e morta. E o mais bacana, fora sua implacável persistência, foi a maneira como ele usou sua intuição e perseverança para conseguir a resposta.

Já desvendei muitas coisas nesta vida também usando esse sutil e precioso "recurso".

Que o mantra "Teima, filho(a)!" sirva de inspiração pra nós e pras nossas realizações.

O filme *Guerra ao terror* venceu o Oscar de melhor direção e filme com um orçamento milhões de dólares menor que *Avatar*. O discurso do roteirista: "Insistimos em achar um investidor e distribuidor mesmo recebendo tantos NÃOs pela frente...". Arrasa!

☆ DIA 168 ☆

## ONDE ESTÁ SUA "MARY JOSEPHINE RAY"?

O dia de hoje é uma homenagem à mulher mais velhinha dos Estados Unidos que morreu, aos 114 anos: Mary Josephine Ray.

Como eu não sei deixar de misturar a vida com cinema (seria eu um "replicante" com memórias de filmes infiltradas na mente?), vou fazer um paralelinho com Mary Josephine Ray e o filme *O segredo dos seus olhos*. O filme é cheio de diálogos maravilhosos, mas gostaria de destacar uma frase mais ou menos assim: "Todo mundo tem uma paixão por algo. Todo mundo...". E é através da descoberta de paixões secretas que eles conseguem desvendar o crime.

Mary Josephine Ray, pelo que li num artigo, também tinha duas paixões: o beisebol e jogar cartas.

Eu acho que pessoas que têm loucura por algo vivem mais, pelo menos mais felizes. Talvez o sangue coagule menos, os olhos lubrifiquem mais, os cabelos sejam mais livres. Sei lá... Acho que pessoas que têm paixões zombam um pouco quando jogam xadrez com a morte porque acho que é mais difícil arrancá-las da vida.

Qual é sua paixão? Qual é a sua p.a.i.x.ã.o? Minha paixão sempre foi escrever. E também nesse momento é a Itália. E as causas humanitárias pelas quais viverei um dia na vida.

O pulso ainda pulsa quando se tem paixão.

## ☆ DIA 169 ☆

## PARE DE ROTULAR

Minha amiga Tereza me chamou a atenção ontem no almoço. Disse que rotulo muito as coisas e as pessoas. Pior que é, tenho essa mania. Acho que rotular é uma tentativa insensata de controle. Se rotulo o pote de feijão, de sal, de arroz, posso colocá-los na prateleira que eu quiser. Besta demais quando se trata de gente.

Me lembro de ter lido algo sobre isso na época do estouro de Susan Boyle, e um antropólogo disse que "rotular" é uma forma de proteção do ser humano contra o medo do novo.

E o mais engraçado é que tatuei no pulso a palavra "Surrender" (entregar-se) – que é justamente o oposto disso. Portanto, essa semana vou praticar a entrega. Mentira! "Blowing in the wind..."

## ☆ DIA 170 ☆

## NÃO DÁ PRA EXPLICAR TUDO

Um filhote de elefante surpreendeu os veterinários de um zoológico australiano após ter nascido vivo mesmo depois de ter sido declarado morto quando ainda estava na barriga de sua mãe. A elefanta asiática "Porntip" deu à luz um filhote macho, pesando 100 quilos, no parque zoológico Taronga, em Sidney.

O especialista em reprodução de elefantes do zoológico considerou o fato um "milagre". Não acredito em milagres. Acredito que não somos humildes o suficiente para aceitar que não podemos explicar tudo.

Quando alguém vem me relatar um fim de namoro incompreensível eu apenas digo: "A outra pessoa tem 100 bilhões de neurônios conectados sabe-se lá Deus a quê... Fora os traumas de infância. Como você quer compreender isso? Provavelmente nem a pessoa se compreende".

Os caras do zoológico disseram que uma explicação para o fato poderia ser a de que o elefantinho estivesse em coma e por isso, a princípio, sem sinais vitais. Pois eu acho que com o amor é assim também. Quase todo dia o amor está em coma. Está em coma sempre porque todo o tempo conhecemos pessoas mais interessantes que o nosso parceiro ou sentimos falta da nossa liberdade ou até mesmo das nossas neuroses mais íntimas, as quais temos que disfarçar um pouco (ou não), ou um monte de outros "ous". E, ao amor, só resta escapar dessa e continuar sacolejando por aí ou morrer de vez.

Então, já faz um tempo que na minha vida não tento mais entender as questões do amor, seus meios e seus fins. Também não leio nenhum livro que traga um manual sobre os homens porque não tive sequer um cara igual ao outro na minha vida.

Por isso, para quem pergunta por que desisti do meu namoro com Rica_sp (é, eu desisti), eu respondo: "Porque assim é...". Quando o amor termina porque assim é, há respeito e dignidade pelo outro, não há nem precisa haver sofrimento. Ninguém fica se agredindo ou culpando o outro pela sua infelicidade. Arre! Longe de mim esse cálice. Mas que permaneçam em mim as belas lembranças dos momentos legais.

"Ah, tudo isso é belo, tudo isso é humano e anda ligado aos sentimentos humanos, tão complicadamente simples..." (Fernando Pessoa)

## ☆ DIA 171 ☆

## PARE DE USAR A MALDITA "VÍRGULA"

No dia em que meu amigo Richard me pediu para ler o primeiro romance de Paula Parisot, eu sabia que isso acabaria em casamento. E fiquei com ciúmes, afinal eu era, até então, a escritora favorita de Richard. Mas é óbvio que isso durou pouco e que acabei ficando amiga de Paula também.

Bom, alguns anos depois – hoje – fui assistir à *performance* antes do lançamento do seu livro *Gonzos e parafusos*. Paula ficará por sete dias dentro de um aquário de vidro vivendo sua personagem (que enlouqueceu). Ela não poderá falar com ninguém, nem ler nem nada. Apenas pode dormir, comer (o que levarem), escrever e desenhar.

Pensei que a ideia fosse algo simples e amalucado, mas, quando meus olhos cruzaram com os dela... me deu vontade de chorar. Não me pergunte por quê. Talvez por enxergar a sua solidão ou talvez por enxergar a minha própria solidão ou talvez por enxergar a solidão de todas as pessoas dessa pu%@ dessa Terra. Aquela de alma que eu, você e todo mundo fingimos que não existe.

Mas o que quero falar aqui é outra coisa. Quando peguei o livro de Paula, vi uma foto bonita dela na última página e a elogiei. Richard respondeu: "Eu que tirei, mas a gente estava lá em casa". A maledeta da vírgula tinha que aparecer para depreciar o seu trabalho. O louco é que ando me pegando botando vírgulas demais nas minhas afirmações e quem notou isso foi outro amigo, o Christian.

Fomos à padaria outro dia e falei várias coisas acompanhadas da vírgula desgramada e depreciativa. Do tipo: "A Monja Coen disse isso, mas não dessa forma tosca como falei". Ou: "Sim, eu acho que sou legal, apesar de meio doidinha".

Aliás, essa é a minha favorita. Adoro me depreciar me chamando de doida, quando acho que nem sou tanto. E se sou é porque falei tanto que agora estou condenada a ser mesmo, a desempenhar esse personagem na vida, nos e-mails e até nas entrevistas no trabalho... Pobre de mim, presa a um aquário como Paula, só que construído por mim mesma. A criatura se voltando contra o criador, um frankensteinzinho barato, um "replicantezinho" que seduz Sebastian para chegar até seu inventor.

Tô de saco cheio dessa vírgula. Sim, me rebelo contra mim mesma! Gente, chega de vírgula depreciativa na vida. Chegaaaaaaa!

"Tendo visto com que lucidez e coerência lógica certos loucos justificam, a si próprios e aos outros, as suas ideias delirantes, perdi para sempre a segura certeza da lucidez da minha lucidez" (Fernando Pessoa).

## ☆ DIA 172 ☆

## TENTE PRATICAR O "NOTHINGNESS"

Essa estranha palavra em inglês significa mais ou menos "uma transbordância de nada", e vou falar dela no amor ou no que pensamos que seja o amor.

Uma amiga me ligou hoje para contar que está saindo com um cara do trabalho. Ele se separou há pouco tempo. Ela está interessada nele, só que já saíram duas ou três vezes e ele não a beijou. Ela está se sentindo frustrada, rejeitada e até com um certo bode do sujeito.

A princípio as mulheres parecem estar transbordando de amor e já vão amando o cara num primeiro encontro, mas tenho outra tese: acho que boa parte das mulheres é egoísta e não está nem aí para o outro.

É aí que entra o conceito "Nothingness" que ando praticando de uns dias para cá. O líder espiritual Osho diz que no "Nada" existem todas as possibilidades do mundo. Ou seja, se conheço um rapaz bacana e me interesso por ele, inúmeras coisas podem acontecer daí. Podemos namorar, virar amigos, virar sócios, não virar nada etc. etc. Se vou ao encontro com a mente fixada na possibilidade de que ele tem que ser meu namorado... danou-se! Eu "excluo" todas as outras possibilidades, jogo toda a energia numa só, minha ansiedade triplica e a chance de rolar o que quero cai bem.

Agora, se vou com a ideia do "Nada" na mente, aí o que tiver que fluir certamente fluirá.

As mulheres são egoístas quando saem com os caras e acham

que eles são obrigados a beijá-las ou namorá-las. Formam *scripts* na cabeça e transformam o pobre num ator. No caso dessa amiga, o sujeito acabou de se separar – de repente quer curtir a vida sozinho agora, ou quer ir devagar, ou não quer beijar mecanicamente ou não a achou tão legal quanto a ex, sei lá... E ele tem todos os direitos. Mesmo assim, ela acha que é pessoal, e como ele não cumpriu o roteiro criado por ela, vira um desgraçado.

Para com isso, gente! Como dizia meu amigo Buda: "Se você quer algo, liberte!". Ou como dizia um outro amigo: relaxa, senão não encaixa. Ahahaha.

☆ DIA 173 ☆

## MUDA E NÃO ENCHE!

Esse dia de hoje é uma homenagem à Vigilante Tatiane, uma menina que batalhou pra caramba pra entrar na faculdade de jornalismo. Vale a pena transcrever um diálogo entre a gente:

Diálogo 1 (10/3):

*Tatiane: Oi, Gi!*

*Bom dia...*

*Só queria falar um pouco com vc rs...*

*Ontem foi meu primeiro dia de aula na faculdade.*

*Peixe fora da água é pouco, me senti um monstro fora da água, todo mundo se comunicando e eu perdida.*

*A aula de cara era de rádio, tínhamos que falar no estúdio, microfone, música, nossa, PESADELO.*

*Nos primeiros 15 minutos eu queria fugir...*

*Troquei poucas palavras até mesmo com o professor (ele deve ter algum problema com o Lula, todo exemplo que ele usava para dar uma notícia colocava o homem no meio, ontem o Lula morreu de acidente de avião, de acidente de carro, e ainda pediu pra sair do governo).*

*Pensei que era mais desinibida, mas vendo aquelas pessoas, nossa, sou um bichinho do mato.*

*Estou megadesanimada :/*

*Eu: Tati, sem lista de infelicidades, vai. Mude essa energia e curte a faculdade que você queria tanto.*

Diálogo 2 (15/3):

*Tatiane: Gi!*

*rs Tudo bem com vc? rs Espero que sim. Segui sua dica. Tô curtindo a faculdade.*

*Agora estou conseguindo aos poucos me enturmar...*

*Estou aprendendo muita coisa.*

*Nossa, estou megafeliz por ter a persistência e realizar um desejo meu assim.*

*A faculdade está sendo uma coisa muita boa pra minha vida, que estava mais parada que água de poço rsrsrs...*

*Meu professor disse que a culpa é sua, que me deu força pra entrar mandando eu acreditar nos sinais, e agora ele tem que me aturar...rsrsrs*

*OBRIGADA*

*ADORO VC!*

Sim, sim, sim, é isso: reclamar menos e mudar mais!

☆ DIA 174 ☆

## VEJA O QUE NINGUÉM VÊ NOS OUTROS

Me identifiquei um bocado com o filme *Um sonho possível*, Oscar de melhor atriz para Sandra Bullock. Me identifiquei em menores proporções, claro, e explico o porquê. Sandra tem um marido, dois filhos e adota um rapaz negro de 18 anos totalmente sem perspectivas na vida. Graças à intuição + amor (dela) + talento + dedicação (dele), o rapaz se transforma num incrível jogador de futebol americano (como o nosso Roberto Carlos, ex-detento da Febem e atual contador de histórias internacional).

Eu casei duas vezes nesta vida, mas não quis ter filhos por um simples motivo: nunca tive esse chamado da natureza. Porém, não quer dizer que eu não tenha um instinto maternal afiadinho. Geralmente ele se manifesta com meus estagiários ou assistentes, pessoas jovens, talentosas, em início de carreira, que são de outro estado, mas moram em São Paulo sem os pais e com a grana contadinha.

Vou contar uma história de sucesso: conheci L. M., uma estudante de jornalismo lésbica, muito rapidamente, na gravação de um programa. Foi o suficiente para ela me idolatrar um bocado. Ela é do sul do país e começou a acompanhar todos os meus passos por Orkut e cia. Me mandava imagens de um painel do seu quarto com várias fotos minhas, e se eu comprava um gato ela também o fazia, se eu entrava no budismo, ela também entrava. Doidinha da silva, mas muito inteligente.

L. M. veio estudar jornalismo em São Paulo e entrou em primeiro lugar na ECA (transferida). Nessa mesma época, eu fui convidada para ser diretora de criação de uma revista feminina. Resolvi seguir minha intuição e contratá-la. Das duas, uma: ou eu seria assassinada no banheiro do trabalho ou teria uma grande estagiária. Resultado: me dei bem pra caramba! Hoje L. M. é uma superamiga e uma extraordinária jornalista, elogiada e adorada por gente de muito peso.

O curioso é que o título original do filme de Bullock é *The blind side* ("o lado cego"). Me parece que é uma expressão de futebol americano em que um jogador cobre o ângulo e o adversário que o outro não vê. Mas certamente também significa o talento oculto das pessoas que só quando abaixamos o preconceito e aumentamos a intuição conseguimos enxergar.

Na padaria perto do trabalho trabalha um rapazinho simples. Sempre que vou lá ele se esforça para falar uma palavra em inglês comigo. Por causa desse esforço eu comprei para ele um livrinho de inglês da Publifolha. É um pequeno gesto, mas quem sabe é um grande passo para ele.

☆ DIA 175 ☆

## ÀS VEZES, É NORMAL ESTRANHAR SER VOCÊ

Essa frase não é minha, é de Clarice Lispector. Achei-a num livro que comprei enquanto visitava minha amiga que estava no aquário na Livraria da Vila fazia sete dias. Me sinto estranha principalmente quando não estou amando. Porque, para mim, é óbvio que a vida é legal, mas que a moldura da vida é o amor. Sim, a moldura da vida é o amor.

O que me deixa estranha não é a solidão, é o fato de eu dar de cara comigo. Sem um companheiro, eu dou de cara comigo o tempo todo e sou obrigada a me ver como sou e não como eu me projeto para o outro. Então, nesses dias eu me sinto como a amiga escritora: dentro de um aquário, estranha e olhando para mim mesma.

Não tenho vergonha de estar sem homem. Sento no restaurante sozinha numa boa. O mesmo para cinema, teatro, "barzim" e sei lá mais o quê... Lugares aonde as pessoas vão em dois, três ou mil. Mas o amor me empina a alma, me faz escrever muito melhor. Me pego exibindo o melhor de mim em tudo: na beleza, na inteligência, na ousadia, até na cor do esmalte escolhido; mas também já me perdi fácil de mim mesma.

Confesso que, às vezes, esses encontros e desencontros no amor me deixam cansada e me dá vontade de sair andando de quatro.

Por isso, eu também queria ficar dentro de uma vitrine sem poder falar durante sete dias. Só escrevendo, rabiscando, desenhando, olhando para as paredes brancas.

Falei para o Richard, marido da minha amiga: "Se eu estivesse magrinha, então, ficaria 14 dias!". Hehe. Muito bocomoca, eu.

Paula, minha amiga escritora, escreveu na parede do aquário esta frase – que ilustra tanto o que sinto agora: "Não há nada que os olhos ou o espelho não vejam quando estamos dispostos a ver a nós mesmos".

E hoje quem me espera em casa sou eu, o espelho de 50 anos da minha mãe, a gata cinza e a gata pretinha com ligeiros problemas mentais e "pelais". E não me parece nada mau, não.

Mas cadê meu aquário, pô? ;)

"Quando estivesse mais pronta, passaria de si para os outros, o seu caminho era os outros. Quando pudesse sentir plenamente o outro estaria a salvo e pensaria: eis o meu porto de chegada. Mas antes precisava tocar em si própria, antes precisava tocar no mundo" (Clarice Lispector).

☆ DIA 176 ☆

## E POR QUE NÃO?

Aprendi essa frase, ou melhor, mantra, com meu amigo Marcão. Ando pensando nela um bocado e esperando o momento certo de colocá-la num *post*. Bem, esse dia chegou.

Hoje assisti ao especial de Susan Boyle, no GNT. Todo mundo se lembra do sucesso que a cantora fez no *Britain's Got Talent*. Pois é, em apenas duas semanas ela vendeu 4 milhões de CDs. Mas o mais legal não foi ver que agora ela está famosa, bonitona e talvez até feliz, o legal foi vê-la cantando ao lado de Elaine Paige.

Acho que você se lembra de ela ter mencionado a cantora Elaine Paige quando foi entrevistada antes de dar aquele baile no programa. Elaine é seu grande ídolo, e, naquele dia, ela parecia algo tão distante e inalcançável como o sol.

Pois hoje Susan Boyle e Elaine Paige cantaram juntas.

Sim, ela chegou onde chegou porque deve ter se feito esta pergunta: "E por que não?".

Quando foi a última vez que você se fez essa pergunta e simplesmente foi em frente?

☆ DIA 177 ☆

## VOCÊ É LEVE?

Gosto muito do meu professor de yoga, o Gustavo. Ele é um moço bonito de uns 30 anos, mas nunca o vi se envolver profundamente com ninguém, até conhecer sua nova namorada. Acho que já está há um ou dois anos com ela. Perguntei o porquê dessa escolha e ele respondeu: "Ela é leve!".

Entendo o Gustavo. As pessoas não andam muito leves ultimamente, muito menos a mulherada. Um exemplo? Todas as mulheres com quem trabalhei falavam palavrão pra caramba. Eu não sou uma exceção. Mas não é só isso. Segundo ele, no pacote "leveza" também está incluído não reclamar o tempo todo (não confunda com submissão), ser compreensiva, sensível, curtir a vida... Gente que reclama demais fica pesada pra caramba, como o Dr. Smith, daquele antigo seriado *Perdidos no espaço*, e todo mundo sai correndo. Mulheres, principalmente, adoram reclamar pra nutrir seu complexo de vítima, que aprenderam com a mãe.

Será que estamos sendo leves? Graças a Deus o humor me torna uma pessoa leve na maior parte do tempo, mas em outros momentos ainda me sinto rude e pesadinha.

O mundo está longe de ser leve. Ontem foi o Dia Mundial da Água, e, para alertar as pessoas sobre esse grave problema, o portal em que trabalho "pintou" sua *home* de azul. Muita gente gostou, mas recebemos também e-mails pavorosos de gente xingando e "berrando" (sendo que havia a opção de colocar a *home* normal de novo, mas as pessoas estavam tão cegas pela raiva do novo que nem enxergaram essa opção).

Ora, um relacionamento deve ser gostoso, alto astral e leve. Por que muitas vezes o tornamos tão pesado? Talvez porque tenhamos esquecido de rir de nós mesmos (como, aliás, me ensinou meu amigo virtual Leonardo Sakamoto).

Acho que quem ri de si mesmo é capaz de cavar fácil seu tijolo por dia. Vixe, muda tudo. Por falar em rir, aqui vai o vídeo mais engraçado que já vi na internet: migre.me/5od9M

## ☆ DIA 178 ☆

## DESENTULHE A VIDA

Ontem uma notícia chamou muita atenção onde trabalho: o gênio russo que esnobou o prêmio de 1 milhão de dólares após solucionar um problema sei lá de quê.

O que me chamou a atenção não foi a esnobação e sim o motivo: "Tenho tudo o que quero". E, segundo sua vizinha, ele tem apenas uma mesa, uma cama, um banquinho e um lençol.

Esse fato me lembrou o filme *Amor sem escalas,* com George Clooney. Seu personagem insiste em dizer que um ser humano só precisa, no máximo, de coisas que caibam dentro de uma mochila (de fato, eu iria com Clooney, uma mochila com uma garrafa de champanhe e o meu *nécessaire* para qualquer lugar do planeta, ahahaha). E que o ser humano só se ferra fazendo mil prestações, comprando mil coisas, casando sei lá quantas vezes, fazendo um monte de amizades de que a gente nem dá conta.

Me dá preguiça ver o monte de coisas que entulho na minha casa e de que minha empregada vive reclamando. Ela diz: "Sua casa era tão bonitinha e agora está toda cheia de coisas". É mesmo e nem sei por quê. Só sei que as coisas vêm chegando, chegando e quando vejo parece que tem um *iceberg* dentro de casa e para mim não sobra espaço.

Pra que tanto, caramba? Pra quêêêêêêê?

☆ DIA 179 ☆

## NÃO ACEITE DEPRECIAÇÃO DOS OUTROS

Me irrita muito gente que é infeliz e quer detonar a felicidade do outro. Geralmente a arma é a depreciação. Uma vez li que o povo da frustração usa essa tática para fazer o outro se sentir pior e, portanto, o *loser* se sentir melhor. Bocomoco!

Meu pai é o campeão da depreciação alheia. Se eu fosse contar com ele para ter autoestima, eu estaria danada. Lembro quando disse para ele que estava escrevendo meu primeiro livro. Meu pai apenas respondeu: "Você é que nem eu: afina o violino, mas não toca". Graças a Deus lancei esse livro e mais três e estou indo para o quinto.

Sábado, no aniversário do meu sobrinho, eu comecei a falar italiano com a minha mãe. Todo mundo sabe que é a minha paixão. Errei apenas uma palavra e ele disse: "Por que você se mete a falar uma língua que não conhece?".

Antigamente eu ficava mal, derrubada. Agora mando cinco adagas voadoras, sem dó e sem culpa. Num futuro próximo espero fazer como minhas irmãs: entra por um ouvido e sai por outro. Por isso voltei ao budismo. Ô cara chato... Não consegue fazer um elogio ou pelo menos ficar calado.

Não sou só eu que sofro disso. Um superamigo foi com a irmã para Paris; queria comemorar o aniversário dele. Ele experimentou um casaco todo lindo e a irmã falou: "Você ficou horrível!". Como pode? Fala sério! É ou não é pra empurrar da Torre Eiffel a demente?

Fuja de gente que te deprecia. Como dizia sei lá quem: "Se você quer ser um pavão, pare de andar com os urubus...".

## ☆ DIA 180 ☆

## ENTENDA A "OUSADIA DA ESPERANÇA"

Ontem assisti a um formidável documentário sobre o casal Obama e uma frase de Barack me intrigou: "A ousadia da esperança". Ora, sempre achei que a esperança fosse algo meio passivo, que a gente esperava que acontecesse, então, como é possível ser ousada?

Pesquisando sobre a palavra, talvez eu tenha encontrado a resposta. A frase é do mestre espiritual Osho, que, embora muito julgado nesta vida, nunca ouvi falar uma bobagem. Osho disse: "Não se perca na armadilha da esperança, não se deixe levar pela ideia de que a ajuda vem de fora. O outro não o preencherá".

Às vezes, quando não consigo algo que tem a ver com outra pessoa, dou uma murchada boa na esperança, mas agora tenho a impressão de que vou agir diferente daqui pra frente. Faz sentido, né?

P.S.: Foi muito divertido saber que a Michelle começou a namorar o Obama quando ele tinha um carro com um rombo no chão, causado pela erosão. Quem diria, hein? Hehehe.

## ☆ DIA 181 ☆

## DÊ UMA RELAXADINHA...

Foi num momento interessante de vida que essa frase chegou a mim, enviada por uma amiga. Um momento em que começo a perceber que sair sozinha ou com minhas amigas é tão agradável, transformador e gratificante como se eu estivesse indo a algum lugar acompanhada de um namorado. Aliás, minha irmã 4 observou bem, e na lata, que algumas das minhas escolhas não foram bem amor, e sim tentativas ansiosas de preencher a "vaga" de namorado e, portanto, tapar com a peneira o sol do *gap* da alma. Veja que belíssimo texto:

"Dizem que tudo o que buscamos também nos busca, e, se ficarmos quietos, o que buscamos nos encontrará.

É algo que leva muito tempo esperando por nós.

Enquanto não chega, nada faças. Descansa. Já tu verás o que acontece enquanto isto" (Clarissa Pinkola, *Mulheres que correm com os lobos*).

Penso, portanto, se estaria eu finalmente a experimentar o que muitos chamam de felicidade, simplesmente baixando a guarda e a ânsia para – mais do que o destino – os mistérios da vida. Será? Vindo de mim, nunca se sabe.

## ☆ DIA 182 ☆

## VEJA AS COISAS COMO ELAS SÃO

Tenho uma amiga muito querida para quem eu indiquei um site de relacionamento. Parece que deu certo e que ela está feliz e namorando :) Mas, ao perguntar sobre o que ele faz especificamente, ela respondeu: "Não sei! Não me meto muito em questões profissionais de namorados". Mas eu disse a ela que isso era um erro e que deveria pesquisar, sim, tudo o que o cara faz para não dar com os burros n'água depois.

Parece bobagem, mas outro dia foi na Oprah uma mulher lindíssima casada há anos com um médico. Ela achava algumas posturas estranhas, mas ficava na dela, afinal, não se envolvia com os assuntos de negócios do marido. Além do mais, ele era milionário e dava tudo o que ela queria. Até que um dia o cara foi em cana por aplicar eutanásia nos pacientes para vender os órgãos. Pois é...

Volto a insistir que muitas mulheres têm tendência a ver o amor como elas queriam que fosse e não como é. A ideia de ter um namorado, "seja quem for", é tão suculenta que muito pó acaba sendo varrido para debaixo do tapete.

Como diz a minha mãe, "todo mundo é sensacional no começo", mas aos poucos a realidade vai se revelando e nem tudo é de fato o que a gente pensa ser. Ou, melhor ainda, como diz a escritora e psicóloga Regina Navarro Lins: "Homens e mulheres estão aprisionados pelo mito do amor romântico e pela ideia de que só é possível haver felicidade se existir um grande amor", e por isso fica mesmo difícil enxergar tudo no outro e até em si mesmo.

Mas tenho a certeza de que minha amiga encontrou um cara tão legal quanto ela. Pelo menos ela estava se preparando e lapidando para isso. Boa sorte, querida!

E olhos abertos! Olhos bem abertoooos!

## ☆ DIA 183 ☆

## SEM VERGONHA DE SER VOCÊ, *PLEASE*

Não sei por que passei tantos anos da minha vida dando conselhos amorosos. Talvez porque quem vê de fora, vê melhor. Eu me acho destrambelhada no amor, por isso curto tanto a personagem de Bridget Jones, com seus foras, suas bagunças, ansiedades, suas confusões. Eu até sei paquerar, mas não sei seduzir. Mando torpedo quando não tem que mandar, digo o que ainda não é pra dizer, escrevo maluquice nos e-mails, não sou discreta e nem tenho muita lucidez.

Sou estabanada. Da mesma forma que derrubo e quebro copos em casa direto, também derrubo muitas chances de romance porque não sei ser meio-termo. Tem gente que sabe bem, que faz jogos, mistérios e tem muita calma, como se estivesse num BBB. Acho que chega até a estudar o "adversário". Cruzes!

Mesmo assim, se eu não fosse eu, namoraria comigo assim mesmo porque sou estabanada e sincera demais, transparente como um aquário de peixes-dourados, ansiosa, mas também sou divertida, bonita, cheia de conteúdo, faço cara de castor quando durmo e sou "out of the box". Não tem tédio comigo.

Duas pessoas me "absolveram" dessa culpa de ser desajeitada para o amor. Uma foi Mr. Dolito, meu ex, quando disse: "Você fez tudo errado no começo do namoro, mas eu gostei".

E outra que me absolveu é minha querida amiga escritora Stella Florence, que escreveu: "Se a gente pensar mais a respeito, chega a ser até um tanto machista agir de acordo com esses jogos de etiqueta romântica (ou de acordo com o que o outro espera de você) e não de acordo com o que você deseja. Tudo bem, a gente tem de se preservar, pensar, não se jogar de cabeça, mas se torturar para servir ao que o cara quer da gente? Não. Você está certa: teve vontade, foi verdadeira, disse o que estava sentindo. O que ele fizer a partir disso não é culpa sua. Se a coisa for pra acontecer, isso só vai acelerar. Se for pra não acontecer, também".

## ☆ DIA 184 ☆

## DÊ UMA TRANSGREDIDA BÁSICA

Eu não tomava um pileque fazia vinte anos. Na ocasião, tínhamos ido a um bar no Bexiga (*point* de universitários na época). O nome do drinque era "Seda Azul", feito sei lá com que desgraça. Era bem docinho e devo ter tomado uns três. Nem preciso dizer que saí de quatro, procurando os óculos que estavam na cara, ahahaha.

Depois disso nunca mais passei do segundo copo. *Never*, nunca, jamais. Mas ontem foi um dia muito especial. Fui com o Ricardo Mansho ao restaurante Sushi Guekko, considerado um dos melhores de São Paulo. Ele é amigo do dono e fazia tempo que eu não via a culinária japonesa de uma forma mais ritualística. O saquê rolou solto. E os deliciosos peixes crus e preciosos temperos também. Isso me lembrou uma época em que fiz Kenjutsu, a "Arte da Espada". Meu mestre, Jorge Kishikawa, dizia que era muito comum ver os mestres japoneses tomando pileques e que eles não deveriam ser julgados porque, para eles, só se conhece uma pessoa de verdade quando ela tira as máscaras (coisa que esse tipo de ritual proporciona). Veja bem, não estou fazendo nenhuma apologia à bebida, só estou dizendo que, às vezes, é legal transcender os domínios e o controle da mente (principalmente se você não estiver dirigindo, óbvio. E eu não estava. Aliás, nem sei dirigir direito).

Bom, a noite foi fantástica e inesquecível. E, claro, praticamente voltei pra casa abraçada a dois coqueiros cantando "Singing in the rain", ahahaha.

Repito: como diz o rabino Nilton Bonder, "não há tradição sem transgressão. Não há transgressão sem tradição".

☆ DIA 185 ☆

## PARE OS MOTORES!

Ando um pouco mais ansiosa do que deveria e gostaria. O perigo é que ansiedade é uma bola de neve que leva à avalanche da compulsão e, às vezes, da obsessão. Aí, danou-se! Nesse momento estou um pouco compulsiva demais para o meu gosto. O melhor a fazer nesse momento (e meu corpo, saúde e coração agradecerão) é parar os motores.

Sim, navios deveriam saber para onde vão. Pessoas, idem. Quando a gente não sabe muito, não há problema nem vergonha nenhuma em parar os motores e pegar um mapa, uma bússola, olhar as estrelas, respirar... enfim: cada um com a sua técnica de "break". Para que insistir em ir para o caminho que não está legal?

Eu estava meio desembestada por essa vida sem porteira, mas cansei. Desligo os motores e peço trégua. Só um tempinhozinho sem atirar pra todo lado, sem comer demais, sem atropelar demais, sem gastar demais. Alguém me acompanha de volta ao porto?

☆ DIA 186 ☆

## ONDE ESTÁ SUA RACHADURA?

Interessante a entrevista da Sandra Bullock na *Marie Claire*. Ela ganhou o Oscar de melhor atriz com o filme *Um sonho possível*, uma história verídica em que a americana ricaça Leigh Anne (interpretada por Sandra) adota um rapaz negro, sem a menor perspectiva, que acaba se transformando num grande jogador de futebol americano (isso está em todos os resumos).

Mas o bacana da entrevista foi algo que Sandra disse: "Eu pude conviver vários dias com a Leigh e só sosseguei quando consegui ver uma rachadura nela. Ou seja: eu não acredito que as pessoas sejam só boas e só a enxerguei quando pude ver todos os seus lados, qualidades e também defeitos...".

Será que estou sendo boa demais com os outros? Onde está a minha rachadura? O que faz de mim também gente como a gente, com defeitos, problemas, pirações? Isso tudo é a minha verdade e o que me torna realmente forte e firme para os "ventos" que tentam derrubar minha estrutura interna. E, não, ninguém vai deixar de gostar de mim por ser humana, demasiadamente humana.

## ☆ DIA 187 ☆

## REFLITA: COMO É A SUA RELAÇÃO COM SEU PAI?

Na época em que eu me metia a dar conselhos sobre amor, era muito comum fazer essa pergunta. Eu perguntava normalmente para mulheres que (como eu) costumavam se "atrapalhar" no amor. Entenda por atrapalhar uma coisa não muito tranquila nem estável nessa área (mas também nada exageradamente dramático). A resposta geralmente era um baixar de cabeça.

Eu indico um livro para quem acha que a relação mal resolvida da menina com o pai atrapalhou/atrapalha sua vida amorosa: *A mulher ferida* (Linda S. Leonard – Summus Editorial). "A autora parte do princípio de que a relação que se estabelece entre pai e filha será determinante para a autoimagem da menina e a forma como ela irá relacionar-se com os outros homens, como será capaz de lidar com sua sexualidade e com seu lado masculino.

"Se a relação pai-filha não suprir a menina com o cuidado e a orientação de que ela necessita, ela será 'ferida' em sua autoconfiança, acabando por assumir uma postura de submissão passiva ou o papel da eterna guerreira. Isto certamente se refletirá em sua vida emocional, intelectual, sexual, social e profissional.

"A autora analisa os modelos de vida autodestrutivos resultantes dessa ferida, ilustrando-os com casos clínicos e relacionando-os com os mitos da literatura. Acredita que a compreensão do desajuste no relacionamento pai-filha pode contribuir para uma transformação e gerar uma relação positiva e responsável entre homens e mulheres".

Eu estou lendo esse livro e confesso que está sendo fabuloso. Achei muito interessante este trecho: "[...] ele lhe diz que ela é a única que a pode libertar, o que acontecerá só quando for capaz de amar. Quando ela tenta se justificar dizendo que amou e cita seus vários amantes, ele replica assinalando que ela só amou suas projeções. Em vez de se relacionar com esses homens na qualidade de indivíduos e de vê-los como eram na realidade, ela os revestiu com as roupagens dos vários mitos que desejava encarnar.

"A dificuldade para esse tipo de *puella* é que ela tenta viver por completo no domínio das possibilidades, ignorando as limitações e as realidades dos outros e de si mesma. O que ela precisa fazer, porém, é aceitar os limites e comprometer-se consigo mesma e com algo fora de si. Aceitar o paradoxo da finitude e da possibilidade é o caminho de sua resolução".

Pista boa, né?

☆ DIA 188 ☆

## VOCÊ SABE RECEBER?

Eu queria comentar duas coisas interessantes aqui sobre um mesmo assunto: emagrecer! Na verdade, servem para bem mais que isso, mas vamos lá. Muita gente sabe que comecei a frequentar o "In Magro" do Dr. Chioro. Faço isso porque cansei de dietas cretinas, abusivas, desgramadas, e porque acredito que trabalhando a ansiedade diminuo a compulsão em vários aspectos da vida. E, de fato, estou gastando menos também.

Ontem, o Dr. Sidney disse uma coisa muito interessante: as pessoas que têm tendência a engordar sabem dar e doar muito, mas não sabem pedir e receber. Ele pediu que fizéssemos as seguintes perguntas: "Você tem o que quer no amor? No trabalho? Na vida? Você pede as coisas que quer? Sabe RECEBER as coisas que quer?". Pois é... Perguntinhas difíceis, essas, não? Resumindo: quem não sabe pedir e receber, também não sabe lidar com suas emoções e, portanto, elas saem pelo lugar errado. Resultado: comer muitooooo! Ou alguma outra coisa muiiitooo.

Numa segunda via, mas com um contexto primo do primeiro, o psicólogo Contardo Calligaris escreve, na *Folha*, algo interessante também sobre o corpo (dito por Anna Viviani): "Quando alguém sente que tudo na sua vida está fora de controle, ele sente também que os alimentos, o peso, o exercício são coisas que, em princípio, ele poderia controlar". Talvez isso explique essa obsessão toda por regime, corpo e cia.

☆ DIA 189 ☆

## "DESENGESSE" A FORMA DE VER A VIDA

Hoje estou tão profunda e inexplicavelmente feliz, sem motivo nenhum, que só uma pessoa nesta vida me compreenderia: Tom

Hanks no filme *Joe contra o vulcão*. Nesse filme, muito ruim por sinal, Tom fica sabendo que só tem um mês de vida (calma, não é o meu caso. Nem era o dele, foi um engano). Ele sai do consultório médico e para na porta. A câmera vai abrindo lentamente e revelando um carro de cor rosa, uma parede azul, uma senhora de roupa vermelha puxando um cãozinho. Ele é tomado por uma felicidade tão grande que começa a abraçar os desconhecidos na rua. Um amor incondicional igual ao que a gente sente por alguns segundos na vida e que desaparece tão de repente quanto o viver de uma borboleta. Hermann Hesse chamava isso de "Caminho Dourado".

Na realidade, minha felicidade não é tão do além. É fruto de uma percepção da necessidade de parar de fazer *scripts* na vida e de me abrir ao nada, ao Mistério, ao mais sutil. Sim, tiro as tampas dos poros.

Como dizem os Titãs: "O acaso vai me proteger enquanto eu andar distraído".

☆ DIA 190 ☆

## NÃO SACANEIE OS OUTROS

Minha felicidade plena não durou muito, não, porque eu não vou ouvi o despertador e acordei quinze minutos antes do horário de entrar no trabalho. Portanto, saí como uma louca varrida e quase não deu tempo nem de tirar o pijama.

Apesar do sono, hoje uma matéria me chamou muito a atenção. Falava sobre uma mulher (Kitty Kelley) que escreveu a biografia não autorizada da Oprah. Acho isso uma sacanagem. Então, alguém que não é você resolve escrever a história da sua vida? Mas que diabos é isso? O que achei legal na matéria é que os grandes apresentadores de programas (Barbara Walters, Larry King, David Letterman etc.) já avisaram que não receberão a "escritora". E o mais legal é que esse pessoal é uma espécie de concorrente da Oprah.

Se por um lado existe falta de ética a rodo na vida, por outro existe gente legal que se recusa a compactuar com isso. Ninguém está livre de sacanear e de ser sacaneado. Mas todo mundo tem a chance de acender as "lamparinas" do juízo a ponto de se colocar no lugar dos outros e evitar a porcaria moral. Os americanos têm uma expressão para isso, "in your shoes" (colocar-se no sapato do outro).

Não gosto de magoar os outros. Isso me dói numa intensidade alucinante. Mas às vezes eu faço isso, sim. Magoar, já magoei, mas nunca sacaneei. Se o fiz, foi por pura falta de noção. E sinto muito por isso. *Bad, bad karma.*

## ☆ DIA 191 ☆

## PARE DE TER MEDO DE AMAR

Ontem foi meu dia de folga, e sou tão alucinada pelo meu trabalho que um dia de folga para mim é muito estranho. Parece que fiquei presa há anos e abriram as portas do cárcere para eu sair. Dá uma sensação de "o que faço agora, cacilda?".

Fiquei andando pelas ruas de Pinheiros meio zumbeta e dei de cara com uma loja chamada "Maria Brigadeiro". Fiquei tão, tão feliz que quase chorei. Vou contar a história: Juliana Motter é uma jornalista brilhante, mas também fazia o melhor brigadeiro que já comi na vida (e disse isso para ela na época). Quando ela perdeu seu emprego na revista em que trabalhávamos, resolveu abrir uma empresa de brigadeiros artesanais. Bom, agora Juliana tem uma loja, um livro e está presente nas festas mais chiques de São Paulo.

Entrei na loja e sentei-me com minha amiga à mesinha do jardim. Ela perguntou se eu estava bem. Não, eu não estava dando pulos de alegria, então ela imediatamente pediu uma bandeja de brigadeiros sortidos. Automaticamente qualquer mulher já fica bem, né? Mas eu perguntei: "Juliana, o que leva uma pessoa que está saindo com um cara que se separou da namorada, e gostando de sair com o cara, virar e dizer: 'Por que você não faz um perfil num site de relacionamento?'".

Ela quer dar uma de superior emocionalmente? Ela tem amor universal por todos os seres da Terra e quer todos felizes? Ela é uma completa Forrest Gump?

Sim, eu concordo, é para morrer entalada com uma colher do brigadeiro na goela, não é? Mas não foi o que Juliana respondeu. Ela disse: "Isso é medo de amar, amiga. Isso é sabotagem imediata. Uma vez um cara estava superinteressado em mim, nós estávamos saindo e ele falou que estava preocupado com sei lá que coisa comigo... Bom, eu virei e disse: 'Muito cedo para você se preocupar comigo, não?'. Sim, Gi, foi mais forte e rápido que eu. Eu não pensei aquilo, 'alguém' pensou e disse por mim (risos). Mas eu aprendi e agora só falo a verdade para quem estou interessada. A gente não tem nada a perder. E te garanto que as pessoas se comovem com a nossa verdade. Talvez muitas mulheres tenham medo de assumir o que querem para não assustar os caras e é isso que acaba assustando".

Eu + um coro de "eus" gritarão agora para quem quiser ouvir: sim, eu quero amar e ser amada! Não, eu não quero que você tenha um perfil no match.com. Foi tudo um devaneio, uma ilusão, um equívoco da eterna luta entre minha emoção, minha razão e "sabotation". E prometo ser tão simples de me fazer entender, daqui pra frente, quanto o brigadeiro branco crocante de Juliana que se chama Brigadeiro Branco Crocante!

## ☆ DIA 192 ☆

## CORRA ATRÁS DO NOVO QUEIJO

Ontem almocei arroz, feijão, almôndegas, cenoura... e, de sobremesa, uma demissão. Pois é, depois de nove meses de paixão, comprometimento e dedicação absoluta pelo meu trabalho, tomei "cartão vermelho". O que ouvi foi que eles querem uma pegada mais jornalística do que publicitária na parte da qual eu cuidava no portal. Não vou nem questionar, porque fim de emprego é como fim de relacionamento: a gente nunca saberá a verdade.

Lembro-me de uma lição que aprendi com o Sensei Jorge Kishikawa quando fiz Kenjutsu: "um samurai morre lutando". E lutei tanto pra fazer o melhor trabalho da minha vida e pra conseguir a maior audiência possível que saio feliz e de cabeça erguida. Mentira! Tô bem triste...

Pra quem não leu *Quem mexeu no meu queijo?*, vou resumir: o queijinho era sempre colocado no mesmo lugar (para três ratinhos), num labirinto. Um dia param de colocar o queijo nesse lugar. O ratinho 1 se manda atrás do novo queijo. O ratinho 2 espera uns dias e depois se manda. O ratinho 3 fica eternamente esperando a volta do queijo e morre de fome.

Eu nem preciso dizer que sou o ratinho 1, né? Graças a Deus, por ser do bem, simpática e por ter talento, eu tenho um *networking* formidável que só aumentou nesse trabalho.

Agora, o que acho muito importante dizer: o fato de não trabalhar mais nessa grande empresa em momento nenhum me faz ter menos valor como profissional. E isso é autoestima. O valor que me dou não depende de nada nem de ninguém. Ao contrário: fico feliz por ter realizado meu sonho de trabalhar lá e por poder acrescentar essa empresa ao meu currículo.

Sem contar que agora posso me dedicar mais ao VAE e comer menos e andar mais, já que ficarei longe do por-quilo-parte-com-o-demo, hehe.

Então, por favor, ninguém fique aborrecido por mim, porque já estou atrás do novo queijo (o que não quer dizer que não tenha chorado nem esperneado pra caramba hoje :(

## ☆ DIA 193 ☆

## CONFIE PERDIDAMENTE NO SEU TACO

Pronto! Já chorei bastante e agora chegou a hora de dar um *restart* na vida. E hoje acordei com uma vontade danada de me dar um presente porque trabalhei como um camelo manco no deserto e acho que mereço. E, com vocês, o meu presente: uma viagem para a Itália! Meu grande sonho e segunda nacionalidade :)

Sim, me matriculei em um curso de italiano que dura uma semana e ficarei na casa de uma família (se Deus quiser, com um sobrinho com a cara do Raoul Bova).

Você deve estar me achando louca de pedra de gastar dinheiro agora que estou sem emprego, mas acontece que confio tanto, mas tanto no meu taco que me dei um mês para começar um trabalho novo; fora isso eu tenho meus *freelas* aqui e ali. Quando eu começar a trabalhar em outro emprego só terei férias no meio do ano que vem. Então, agora é a hora!

Aguarde fotos lindas e experiências divertidas. Porque eu não acredito só no meu taco, também acredito no Mistério e espero com humildade o destino que a vida me deve :)

## ☆ DIA 194 ☆

## BLOQUEATION JÁ!

Ontem foi o aniversário da minha mega, ultra-amiga Renata Rode. Foi numa boate chamada Papagaio Vintém. Eu tive que passar num lugar antes, então achei que daria tempo de me trocar... mas não deu e eu fui pré-maloqueira.

Só que mudou uma coisa na minha vida nessa semana. Só mesmo uma demissão pra me fazer sair do transe que eu estava pra arrumar namorado. Nisso foi bom demais. Quando a gente fica desembestada pra arrumar namorado, todo mundo aqui já sabe o que acontece: "p" nenhuma. Os moços fogem pra outro planeta, hahaha.

Como eu desencanei de verdade dessa história, porque agora a questão profissional tá pegando mais, e como estou na adrenalina de ir pra Itália, tô com a energia levinha da silva e dancei feito uma macaca louca na pista. Sozinha. E eu diria que fazia anos que não era tão paquerada. E nem de salto alto eu estava. E não peguei ninguém, não, fiquei só no dança-igual-boneco-de-posto. Doida mesmo. Li numa revista que a ansiedade altera até o nosso cheiro e que isso fica perceptível na hora da paquera. Afe!

Onde entra o "bloqueation" nessa história? Bom, passou um monte de coisa pela minha cabeça nessa hora em que eu dançava e eu quero dar "bloqueation" numas coisas: 1- Na minha ansiedade pra arrumar namorado. 2- No ficar com alguém só por ficar e que não tem muito a ver. 3- Em empregos em que eu tenha que reprimir a minha personalidade, como o último (onde eu era o cisne certo na lagoa errada). 4- Em empregos em que eu não tenha tempo pra me dedicar ao VAE. 5- No desrespeito que tive em alguns momentos por duas pessoas que me trataram bem (Rica_sp e Mr. Dolito).

☆ DIA 195 ☆

## SOLTE A RITA CADILLAC QUE HÁ EM VOCÊ

Ontem fui assistir ao documentário *Rita Cadillac, a lady do povo* e saí de lá fascinada pela ex-chacrete. A história de Rita é bem mais dura do que seu traseiro. Ela não chegou a conhecer o pai e faz mais de quarenta anos que não vê a mãe. Foi criada pela avó (que morreu de câncer), foi traída quando seu filho tinha apenas 3 meses, se prostituiu para sobreviver, perdeu a guarda do filho várias vezes, fez filme pornô se sentindo a pior das mulheres, enfrentou tiro em Serra Pelada, dançou de graça para milhares de presos no Carandiru e por aí vai...

Mas sempre deu a "roda, roda, roda" por cima. E o tempo todo do documentário Rita passa uma dignidade que provavelmente inspirou o apelido de Lady do Povo. Gostaria de falar sobre dois momentos do filme. O primeiro é quando ela diz: "Todas as chacretes faziam círculos grandes com a mão, uma das marcas registradas do programa do Chacrinha. Eu não, eu fazia bem pequenininho para me diferenciar e, você sabe, para dar asas à imaginação...".

E, de fato, funcionou. Alguém consegue se lembrar do nome ou do rosto de outra chacrete fora ela? Pois é... Mas não foi só isso que a eternizou. Rita conta que não tinha ideia da sua gostosura até o dia em que lhe deram o apelido de Cadillac (por causa da sua traseira sensacional. Na época, o Cadillac e o Rabo de Peixe faziam um sucesso enorme entre os carros). A partir desse dia ela começou a acreditar e a fazer jus ao apelido e, segundo ela, dançava no palco com uma energia, uma intensidade, um prazer que não tinha pra ninguém...

Então, minha proposta é: vamos inventar um apelido poderoso pra nós. E vamos acreditar, a partir de agora, no nosso enorme poder. O meu será Gigi Trovão (porque Rao lembra Raio, que lembra Trovão). E qual será o seu?

## ☆ DIA 196 ☆

## APROVEITE A BORDOADA PRA SE REINVENTAR

Muita gente bacana me deu um apoio fantástico quando perdi meu emprego, mas eu gostaria de citar uma pessoa em especial (e isso servirá para muita gente aqui). O moço em questão chama-se Oscar Quiroga e é um dos maiores astrólogos que conheço (fora meu tio Zeca). Ele simplesmente respondeu isto (por e-mail) quando contei o ocorrido:

"No imediato, sempre uma experiência de me---. Na perspectiva do Todo, o universo em mutação através de ti. Abraça essa causa e se reinventa".

Sim, também achei maravilhoso e até anotei no meu caderninho. Agora você entende por que sofri só por um dia. Porque, além do meu taco, confio plenamente nas "mexeções" do Universo. Não me sinto nem um pouco separada do Todo, me sinto numa conexão legal pra caramba. A verdade é que eu era muito feliz no meu trabalho, mas não estava realizada porque usava muito pouco da minha criatividade. Era um trabalho mais mecânico. Agora posso me dedicar às coisas em que me sinto mais realizada (o que inclui comer brigadeiro às três da tarde na loja da minha amiga. Brincadeira ;).

Não é de hoje que entendo a bordoada como um empurrão que a vida nos dá pra mudar completamente, pra se reinventar. Quem viu o filme *Amor sem escalas*, com o George Clooney, deve se lembrar da cena em que ele despede um cara dizendo: "Vi na sua ficha que você fez um curso de culinária, que deve ser sua grande paixão. Quanto tempo mais você ficaria se enganando atrás dessa mesa e desse terno?".

Quando a gente segue nossa verdade na vida, ou o tal do coração, o medo vira combustível.

## ☆ DIA 197 ☆

## FUMAÇA BRANCA JÁ!

Tenho um amigo formidável no meu ex-emprego: Regis Andaku. Ele é diretor de parceria e, quando soube que eu tinha sido demitida, me falou por telefone: "Eu tenho aqui na minha frente uma caixinha com todos os cartões de visitas que talvez possam te interessar. No Vaticano, quando querem escolher um novo papa e não chegam a nenhuma conclusão, eles rasgam os votos, botam fogo e uma fumaça negra sobe aos ares. Aí, eles se recolhem, rezam por três dias pedindo uma luz e voltam a se reunir. E quando o nome do novo papa aparece é a vez de a fumaça branca surgir para a população. Então, dá uma meditada e depois a gente vai almoçar para você me dizer o que quer...".

Nessa semana eu ainda não tinha chegado a nenhuma conclusão. E mandei para ele um e-mail com o assunto: "Fumaça negra ainda". E ele retornou a mensagem com o assunto "Mude a frase para Fumaça Branca Já!".

São pessoas como essa que fazem a vida da gente ser doce como um morango flutuando na calda de chocolate quente. E tenho certeza de que, quando eu voltar da Itália, essa fumaça será *bianca, bianca, bianca* :)

"Então, que seja doce. Repito todas as manhãs, ao abrir as janelas para deixar entrar o sol ou o cinza dos dias, bem assim, que seja doce. Quando há sol, e esse sol bate na minha cara amassada do sono ou da insônia, contemplando as partículas de poeira soltas no ar, feito um pequeno universo; repito sete vezes para dar sorte: que seja doce que seja doce que seja doce e assim por diante. Mas, se alguém me perguntasse o que deverá ser doce, talvez não saiba responder. Tudo é tão vago como se fosse nada." (Caio Fernando Abreu)

☆ DIA 198 ☆

## A VIDA VAI!

Ontem fui a uma lanchonete ao lado de casa. É novinha e em homenagem aos Beatles. No jogo americano, em papel, estavam escritas algumas curiosidades sobre a banda. Copiei um trecho: "Ob-La-Di, Ob-La-Da" significa "a vida vai", no dialeto de uma tribo africana.

Chegando em casa vi uma notícia que ilustra bem este texto: Sandra Bullock, recém-separada do troglodita traíra, está curtindo o bebê que adotou em New Orleans. Dedico este texto a esses dois fenômenos – que passaram por furacões – e que são provas de que a vida vai: Sandra e New Orleans.

Então, hoje eu quero ver todo mundo cantando: "Ob-La-Di, Ob-La-Da, life goes on, bra. La la how the life goes on..."

☆ DIA 199 ☆

## PROCURE O SEU EIXO

Um pequeno grupo de Vigilantes sorridentes se encontrou na minha colorida casa. O mestre em revitalização – Fernando Vianna – nos falou um pouco sobre a jornada de Ulisses (*Odisseia*, de Homero). Em um determinado momento das Ilíadas, o barco de Ulisses passa por maravilhosas sereias, simbolizando os "desvios", as distrações da vida. Ulisses pede que seja amarrado a um mastro para evitar o pior. Vários marinheiros morrem cedendo aos encantos das belas. O mastro simboliza o eixo, o que nos sustenta, o que nos dá base para viver uma vida feliz, apesar das tantas intempéries.

Fernando também nos falou sobre a importância de respirar profundamente porque, dessa forma, a respiração nutre nosso chacra cardíaco, centro das nossas emoções. Sim, na respiração está outra forma de voltarmos ao nosso eixo.

Não dá pra ser destrambelhada sempre; às vezes é preciso voltar pro eixo.

## ☆ DIA 200 ☆

### NUNCA FECHE UMA PORTA

Todo mundo sabe que fiquei bem chateada no dia em que fui embora do meu emprego. E todo mundo também sabe que eu optei por não ficar com mágoa nem nenhuma dessas nhacas e que já saí de banda procurando coisas para fazer. Pois bem, as boas notícias são:

1- Meu próprio ex-emprego está me dando vários *freelas* para eu fazer. E isso me deixa muito feliz, porque no cargo que eu ocupava eu não escrevia e estava morrendo de saudades disso.

2- A chefe do meu chefe respondeu um e-mail que mandei agradecendo a oportunidade de ter trabalhado lá (e enriquecido meu currículo). Olhe que legal: "Oi, Gisela, eu que agradeço a sua participação especial! Se um dia quiser, fique à vontade para usar meu nome como referência profissional sua. Tenho coisas bem boas a dizer, naturalmente! Beijos e boa sorte".

Portanto, que nunca passe pela cabeça de ninguém aqui fechar uma porta. O mundo dá tantas voltas que a gente até perde a conta.

## ☆ DIA 201 ☆

### TENHA UM "PATROCINADOR DE ALEGRIA" (VULGO P.A.)

Uma amiga ligou choramingando dizendo que saiu com um pretendente e transou na primeira noite porque estava carente. Ela estava chateada porque o moço tinha sumido do mapa e ela gostaria de namorar com ele (como sabe, se só saiu uma vez?). Não vou nem entrar no mérito do "dar ou não de cara", mas vou falar uma coisa: carência não leva a lugar nenhum.

Acabei de escrever uma matéria falando sobre as vantagens de se ter um "P.A." na vida, vulgo "Patrocinador de Alegria" (para não dizer outra coisa). Eu não gosto muito, mas muita gente se dá bem. Ter um "amigo especial" para transar quando você estiver subindo pelas paredes pode ser uma boa, principalmente se você tiver maturidade para levar a relação de forma leve. Nesse momento da minha vida, estou fazendo uma limpeza em todos os sentidos, então não quero nem namorado e muito menos um "Moço da Manutenção"; mas já tive os meus nos períodos de "entressafra" e foi bem legal. Nunca deu problema. Para que a coisa role bacana, eu escrevo a seguir cinco regrinhas de ouro. Ame e dê vexame!

1- Não se envolva. Namorado é namorado, P.A. é P.A. Para isso é aconselhável ter relações sexuais com bons espaços de tempo: a cada 20 ou 30 dias.

2- Se o moço não te ligar no dia seguinte ou não ficar para dormir na sua casa, não se sinta rejeitada nem incorpore a "vítima". Ele faz isso para não dar ilusões a você.

3- A vantagem do P.A. é que as fantasias podem rolar soltas e sem julgamento. Por isso, escolha um cara que tope tudo numa boa, que seja bom de preliminar, mente aberta e que só transe de camisinha (lógico!). Lembre-se: o seu prazer e a segurança em primeiro lugar.

4- Nada de ter ciúmes do rapaz. Se ele começar a namorar, esqueça a macumba na encruzilhada e deseje boa sorte.

5- O P.A. é como o Batman, vive esperando um telefonema para agir. Entenda por "agir" somente sexo. Nada de ligar para o P.A. para acompanhá-la ao ginecologista ou ao casamento da sua prima (a não ser que você tenha a fantasia de transar na sacristia).

## ☆ DIA 202 ☆

## TEM QUE TER UM POUQUINHO DE HUMILDADE

Fora uma leve discussão com uma senhora espanhola no avião, defensora das touradas, minha chegada em Roma foi muito tranquila. Estou hospedada perto do Vaticano, na casa de um casal muito gente fina de 60 anos que tem dois cães lindos. Ainda não vi o centro histórico, mas a cidade está cheia de flores nas sacadinhas dos apartamentos. A gente anda tranquila e de repente salta na sua frente um monumento de pedra antiquíssimo. Até arrepia.

Mas, sério, se eu não fosse uma Vigilante da AutoEstima já teria me jogado do Coliseu. Primeiro, porque na minha classe só tem sueca e alemã loira de olho azul com 20 anos. Uma delas é completamente apaixonada pelo Marcio Garcia e tem a foto dele no celular, hehe. Segundo, porque quando cheguei pedi para entrar na classe de iniciante, mas a gerente achou que falei bem e me colocou numa classe avançada. Só que não entendo nada de preposição e de artigo e me mudaram para uma classe mais facinha. Mas a gerente não estava hoje, me colocaram na classe errada e o professor foi lá reclamar que eu não era de lá. Então, finalmente acharam a certa. Quase que eu começo a gritar: "O NEGÓCIO DE VOCÊS É ENSINAR ITALIANO OU METER O SARRAFO NA AUTOESTIMA DOS OUTROS, CARAMBA?".

Mas fazer o quê? A gente tem que ter humildade nessa vida. E a classe nova é legal. Tem duas norueguesas, uma brasileira (de 39 anos que arrumou um noivo italiano pela internet sem falar cinco palavras de italiano), um turco boniton, um francesinho revoltado e uma russa com a cara da Paris Hilton que quer ser apresentadora italiana.

Aliás, sensação de humildade é o que não falta aqui, porque a gente é pequenininho perto desses monumentos maravilhosos e de arrepiar. Mas monumento mesmo é a italianada. Nunca vi tanto homem bonito por metro quadrado. Nossa Senhora! Deve ser tudo parente de gladiador.

Três mitos derrubados nessa viagem: 1- Italiano é estourado. 2- Italiano é grosso (não, não, são gentis até no trânsito). 3- Italiano é tarado. Ah, se fossem, teriam avançado na russa Paris Hilton que anda sempre comigo. Tarado é brasileiro, ahahaha.

☆ DIA 203 ☆

## NÃO ENTRE NA "VIBE" DA PAÚRA

Paúra aqui tem o mesmo significado que no Brasil. E foi o que senti quando cheguei à estação de trem da terra do meu avô às 10 da noite. A cidadezinha se chama Amantea e fica no sul da Itália, na Calábria. Não tinha uma alma viva, *à la* filme *Bagdad Café*. Depois, chegou um senhor do nada, muito engraçadinho, que me respondeu (quando perguntei onde era meu hotel): "Se ele não fica no meio do mar, só pode ser para o outro lado, não?". Ahahaha. E ainda saiu contando pra todo mundo. Maledeto!

Em minutos eu estava no hotel, bem moderno e quatro estrelas por um precinho joia. Mas é impressionante como a energia do medo atrai mais medo. Comecei a encanar que não tinha emprego, que não tinha grana guardada etc. etc. etc. Felizmente resolvi mandar um e-mail para o meu amigo Edu Lotfi, que me respondeu: "Ponha sua energia no novo, plante novas ideias e veja para onde a vida te leva...".

No dia seguinte, tudo tinha clareado de novo e tive um *insight* em relação à vida e Amantea. Essa é uma cidadezinha no alto de uma colina. Você sobe, sobe, sobe e de repente dá de cara com um monastério do século XV. Na vida é assim também: a gente sobe, sobe e quando está bem cansada aparece uma surpresa que faz a gente ter ainda mais fôlego para essa grande subida. E, curiosamente, na subida muita gente quis me dar carona. Na descida, e com chuva, todo mundo negou ajuda. Louco, né? Mesmo assim, desci bravamente a ladeira até chegar ao hotel... para no dia seguinte subir de novo.

À noite enterrei, aqui na cidade do meu avô, um papel com coisas boas que quero pra minha vida e espero que esses desejos cresçam muito férteis. Eu pedi um trabalho que eu possa fazer em casa para poder me dedicar ao VAE. E um namorado inteligente, fiel e com tesão profissional. Liguei para o meu pai depois disso e pela primeira vez senti sinceridade quando ele disse que estava com saudades e que me amava :) Ele estava emocionado por eu estar na terra do seu pai.

Aconteceu também uma outra coisa incrível: mandei cartas para os Rao das cidades vizinhas (não tem mais nenhum Rao em Amantea) dizendo que eu estava em tal hotel e um senhor médico homeopata me ligou e veio me visitar. Não é parente, mas agora me é muito querido: senhor Andrea Rao. A vida é ou não é bela?

## ☆ DIA 204 ☆

## ENTENDA SEU VAZIO EXISTENCIAL

Viagem é um prato cheio pra ficar cara a cara com o vazio existencial porque ficamos longe das coisas que nos distraem: amigos, trabalho, TV, celular, internet etc. etc. Ontem o vazio existencial sentou ao meu lado no banco da praça e me lembrei muito daquela frase de Raul Seixas que diz: "E agora eu me pergunto – e daí?".

Um psicólogo amigo, como eu já disse aqui, descreve esse vazio existencial como uma incrível sensação de separação do todo que se inicia quando nascemos (e somos tirados do útero da mãe) e que depois piora quando somos afastados de gente que amamos, quando não compreendemos a morte e o pós-morte, quando ficamos impotentes diante dos desastres pavorosos da natureza etc. etc.

Os religiosos vão além e atribuem o vazio existencial à nossa separação de Deus ou do Mistério ou do Universo (como queira). A verdade é que acendi uma vela em todas as igrejas que vi agradecendo e pedindo coisas (não custa, né?) e fico me perguntando se no dia em que eu conseguir tudo isso que pedi o tal "E agora eu me pergunto e daí?" voltará com tudo.

Mas o que então pode preencher esse vazio?

Eu respondo porque ontem me veio a resposta: ele pode ser

preenchido por ele mesmo. Eu fiquei em silêncio um tempo e conversei com ele e, assim, passei a ser ele e perdi muito do medo que eu estava sentindo (dele mesmo). Vixe, que zona! Mas acho que deu pra entender mais ou menos.

Mas só resumindo a zona: esse vazio existencial é como um cachorro. Se você corre dele você está danada. Se você para e olha nos olhos dele com humildade... ele se acalma.

Então, o que posso falar hoje é apenas isto: tente falar a língua do seu vazio existencial. A insegurança desaparece como o vulcão Stromboli envolto pela névoa, na frente do meu quarto.

## ☆ DIA 205 ☆

## SE IMPONHA!

O trem da Calábria pra Roma foi bem cansativo, porque não é como o Frecciarossa, que vai de Roma a Florença rapidésimo e com lanchonete a bordo; esse outro é meio tranqueira. Mas no meu vagão sentaram três caras *à la* "Quinteto Irreverente" que me fizeram rir a viagem inteira (isso porque não entendo italiano, imagine se entendesse).

O hotel em Roma é duas estrelas e bem meia-boca. Eu chamo o meu quarto de "cafofation", vulgo *piccolino*. Mas o que me fez escolhê-lo foi a belíssima Fontana de Trevi, a um quarteirão.

Ontem foi um dia muito legal porque minha amiga Flavia me mandou um presente chamado João Carlos. João é um mineiro de 29 anos, arrimo de família, que veio a Roma estudar italiano por um mês e a Flavia deu meu contato. Ontem finalmente pude conhecê-lo e estou aprendendo um bocado com ele. É dele a frase "se imponha!" – eu o vi falar e fazer isso muitas vezes.

Para começar, ele é um dos únicos cinco negros que vi em Roma e todo mundo olha para ele de cima a baixo. Andar com ele em Roma é mais ou menos como andar com o Coliseu pendurado no pescoço em São Paulo. Chama a atenção mesmo! E ele não se abala nem um pouco, porque se impõe diante da multidão (e o 1,85 m ajuda).

João está numa casa de família e a mãe dele, que teve AVC, confundiu os horários e ligou às 11 da noite. A dona da casa – que havia acabado de chegar naquela hora – teve um chilique com ele por causa do horário. No dia seguinte, João reclamou dela na escola e a moça ficou pianinho, pianinho. Sim, isso é se impor.

E não é só isso. Aqui na Itália, se você não se impõe no trânsito doido você não atravessa a rua, não. Eu morro de medo, mas esse homão vai abrindo caminho entre os carros. E eu só no vácuo, hehe.

## ☆ DIA 206 ☆

## PERCA-SE POR UM DIA

Faz alguns dias que estou na Itália e não tenho mais duas coisas: pés e $. Sério, os pés doem tanto que não tem mais negociação e o que resta de dinheiro é para os últimos dias. Mas também vi tudo o que eu queria e comprei coisas legais para mim, para minha família, meus amigos e, claro, para minhas gatas. Sim, gente compulsiva adora viagem porque é pretexto pra comprar e fazia tempo que eu não me divertia fazendo isso. E, sim, eu não deveria estar gastando tanto sem ter emprego garantido ainda. Mas a fé não costuma faiar. Para as gatas comprei um patezinho italiano para felinos e uma placa para colocar na porta de casa onde está escrita a frase: "Cuidado com os gatos!".

Amei a Itália e só tem uma coisa que me irritou muito: para comer na mesinha do lugar onde você compra o lanche é preciso pagar mais caro, então a gente vê italiano espalhado por tudo quanto é canto da cidade comendo em pé (incluindo os chiquérrimos de terno).

Hoje é domingo e vim para o bairro de Trastevere, uma espécie de Vila Madalena daqui. É cheio de casinhas lindas, antigas e coloridas e umas lojinhas fantásticas com roupas, artesanato e acessórios feitos por artistas.

Aqui, deixei o mapa de lado e estou perambulando sozinha pelas ruas sem medo de ser feliz. É legal pelo menos um dia da vida não ter destino, nem compromisso, nem tempo para nada. Nunca fiz isso no Brasil. Perder-se por um dia é esquecer-se de si mesma. É deixar a mente de lado, as obrigações, sem saber o que vai encontrar e no que vai dar. É uma sensação de conquista do nada e de uma liberdade sem preço.

É raro ver algum turista sozinho. A maioria está com a família ou com seu amor. Ontem me deu uma grande vontade de voltar aqui com um namorado bem legal e, para isso, joguei uma moeda e uma rosa vermelha na Fontana di Trevi à noite. A imagem da rosa flutuando era tão linda que um monte de gente fotografou e filmou. Quem sabe vire um dia a primeira frase de um filme ou de um livro.

Como estou economizando o que sobrou dos pés para o Coliseu amanhã, e após me perder deliciosamente por aqui, faço um pouco de hora para ver um filme que se chama *La Nostra Vita* (concorrendo em Cannes), protagonizado pelo divino, maravilhoso, obra de Michelangelo, Raoul Bova. O filme conta a história de um rapaz que perde a esposa amada ainda nova e, portanto, também começa a perder-se de si mesmo. Nesse caso, ele não deixa de lado um mapa, e sim, toda a sua esperança.

☆ DIA 207 ☆

## FIQUE DE OLHO NA DESTRUTIVIDADE QUE HÁ EM VOCÊ

Em menos de doze horas, aqui em Roma, conheci duas grandes arenas: a do Coliseu e a do filme do toureiro "Manolete" (do diretor Menno Meyjes), com Adrien Brody e Penélope Cruz, que assisti hoje à noite. E fica muito difícil não fazer uma comparação. Obviamente o que mais atraía o público em ambas era o desejo de sangue, de destruição, e não os grandes espetáculos. No caso de Roma, as lutas entre gladiadores, escravos e feras. No caso da Espanha, as touradas com grandes nomes como o do próprio Manolete, morto aos 30 anos (ferido por um touro). Cá entre nós: quanto mais desgraça, melhor.

Mas o interessante no filme é ver além da óbvia sede de sangue. Aqui, a destrutividade rola solta e de uma forma, digamos, menos explícita e menos avermelhada. Seja na decadência do grande toureiro após um sonho com a morte (e a crueldade com que o público pouco a pouco o crucifica, com seus polegares para baixo, como no Coliseu), seja numa paixão que se consome como a cocaína usada pela atriz Lupe Sino (grande amor de Manolete), seja na perseguição dos franquistas que provocaram a fuga de Lupe para o México, após a morte do amante, por ser de família republicana.

Então, fica aqui a pergunta: seremos apenas seres humanos comuns, expressando nossos genuínos sentimentos, ou seremos as verdadeiras feras das arenas de nós mesmos?

☆ DIA 208 ☆

## NÃO TENHA VERGONHA ALHEIA DE SI MESMA

Ontem foi o dia mais engraçado da viagem. Nunca ri tanto na vida. Explico: meu amigo Roby, que mora aqui há dois anos, é todo sofisticado, evita falar com brasileiros para não esquecer o italiano e trabalhou anos na Calvin Klein do Brasil. João, o mineiro, é o rei do brega (na opinião do Roby) porque adora uns músicos italianos aqui considerados o fim da picada. E eu sou a rainha do *kitsch* porque adoro uns negócios que beiram o limite do belo e do brega.

Saímos os três juntos e Roby quase morreu de vergonha. Primeiro, porque o João, no seu 1,85 m, botou um fone de ouvido na loja de CD e começou a cantar "Viva la vida loca" em altos brados. Detalhe: de bermuda e havaiana verde-amarela. Segundo, porque parei na pracinha pra ler tarô. Não adianta: adoro um negócio esotérico e o tarólogo falava quatro línguas. Estava chovendo, então você pode me imaginar sentada num banquinho na frente de uma galeria chiquérrima com um baita guarda-chuva emprestado pelo tarólogo. Roby saiu correndo e ficou do outro lado da rua pra fingir que não me conhecia, ahahaha.

Para piorar a situação dele, eu fiquei amiga de todas as pessoas que trabalham na Fontana di Trevi, já que meu hotel fica bem ao lado e vivo tomando sorvete por lá. Fiquei amiga dos camelôs indianos, dos aleijados que pedem esmola, do "Charlie Chaplin" e da "Morte", um moço bonito que se veste de Sexta-Feira 13 e que tem um olhar tão doce quanto um gelato de fragola.

Está um calor vulcânico, então não há escova que aguente, e uma escova aqui, no salão de beleza, custa 50 paus. O negócio é a gente se divertir porque amanhã é meu último dia e hoje vou a uma galeria linda e a um concerto de violinos à noite. Sim, sim, sou *kitsch*, mas também sou chique, hehehe.

☆ DIA 209 ☆

## CURTA O ÚLTIMO DIA COMO SE FOSSE O PRIMEIRO

Hoje é meu penúltimo dia aqui. Estou tentando não ficar triste e lembrar que o budismo ensina a gente a não se apegar tanto para não sofrer. Mas eu sei que sentirei falta de duas coisas aqui, principalmente: a Fontana di Trevi e o meu amigo "Morte", pelo qual nutri um carinho especial e não sei dizer por quê.

E o chato é que eu queria me despedir dele e não o vi nem ontem nem hoje pela Fontana (ele trabalha aqui). Então, você pode imaginar Gisela Rao, no seu último dia na Itália, procurando um cara vestido de Sexta-Feira 13 por Roma, ahahahaha.

Antes de ir embora, aproveitei para respirar bem fundo este ar de gente corajosa: imperadores, gladiadores e tudo o mais. E me dei de presente um colar reprodução de uma joia etrusca que simboliza o sol, porque é o que quero para minha vida: uma jornada cada vez mais cheia de luz no trabalho, no amor, na prosperidade e nas realizações humanitárias (Fontana de Trevas? Tô fora!). E também é o que desejo a todos os Vigilantes que acompanharam o VAE e estiveram junto comigo aqui.

Em breve estarei com minhas gatas, minha família e meus amigos, mas levando no coração o bando de gente do mundo inteiro que conheci aqui. E, mais uma vez, como dizia Fellini: "E la nave va...".

## ☆ DIA 210 ☆

## AVANTE, SEM FRESCURA!

Dias antes eu tirei uma foto com meu amigo "Sexta-Feira 13", fiz uma xerox colorida (com meu telefone celular italiano) e colei no muro onde ele costumava ficar. O cartazinho já estava bem surrado depois de um dia. Parecia coisa de filme, porque ontem ele foi trabalhar do outro lado da Fonte e não viu o cartaz, mas uma amiga que também trabalhava lá o entregou para ele. Ou seja: o "Morte" me ligou duas horas antes de eu ir para o Brasil e pude me despedir dele.

Descobri que ele só tem 22 anos e é romeno. Bom, não parecia nem uma coisa nem outra. E, como muita gente na Itália, está catando lata. Mas é um moço muito legal, muito doce e eu espero profundamente que ele se dê superbem num futuro próximo (ele trabalhava com escavadeira na Romênia).

A viagem foi normal, e quando aterrissei um monte de problemas foi me receber: minha mala (cheia de presentinhos) não apareceu para me receber no aeroporto de São Paulo, fui informada de que meu pai havia caído e batido a cabeça (e está no hospital há dois dias) e minhas duas gatas estão tão carentes que não param de chorar, sendo que a alergia da pretinha voltou na hora em que me viu e que começou a brigar com a outra (e a coisa estava controlada antes da minha partida).

Mas se existe uma coisa que aprendi com os romanos, principalmente os do passado, é que a vida não dá mesmo moleza e que a gente tem que seguir avante sem muito tempo pra choramingo. Hoje, ao final da tarde, mesmo com os problemas e a ressaca de avião, tenho uma reunião para um projeto importante. Amanhã tenho outra. Graças a Deus!

Pois é, "la vita è bella anche se brutta" ("a vida é bela mesmo quando feia").

## ☆ DIA 211 ☆

## XÔ, SOFÁ!

Dormi quase doze horas ontem e hoje o cérebro começa a voltar ao normal. Ele estava bem atrapalhado ontem porque mudei novamente o teclado do computador, mudei a língua, estava com muito sono e hoje de madrugada acordei sem saber onde estava. Mas a gente acaba se adaptando a tudo novamente. Minha mala já chegou, minhas gatas estão mais seguras com minha presença e meu pai está melhor. Vou visitá-lo hoje na UTI, mas infelizmente não poderei levar os chocolates que comprei para ele (família Rao é louca por doce ;)

Duas coisas muito boas aconteceram na Itália e eu pretendo não perder esse pique: A- dormir e acordar cedo (mentira 1). B- Fazer exercícios (mentira 2). Lá, graças ao Roby, eu andei que nem uma lhama na Cordilheira dos Andes e por pouco, muito pouco, os pés não travaram. Não, lógico que não alonguei. No primeiro dia a gente andou oito horas seguidas e, detalhe, eu estava completamente sedentária. Quase me juntei a Cecília Metella na sua tumba.

É impressionante como tudo fica melhor quando fazemos exercícios: raciocínio, saúde, rapidez, ideias e até a libido.

Então, hoje, pelo menos hoje eu proponho o movimento "Xô, sofá!".

## ☆ DIA 212 ☆

## LIBERE A "DIANA CAÇADORA" QUE HÁ EM VOCÊ

Quando cheguei à UTI para ver o meu pai ele parecia um E.T. porque estava com um tubo engraçado na cabeça (operou um coágulo no cérebro). Na realidade, ele sempre pareceu um E.T. para mim, já que sempre teve muita dificuldade em se relacionar com os filhos e sempre foi muito quieto e na dele. Visitar pai na UTI, ainda mais um que você não tem a menor intimidade, não é das tarefas mais fáceis. E a chance de se desmanchar emocionalmente é muito grande, porque passa um monte de coisas pela cabeça. Nessas horas, eu aciono meu lado "Diana Caçadora".

Explico: certa vez reclamei para uma psicóloga americana que eu não me achava tão feminina quanto as outras mulheres. Ela me disse que isso era bobagem porque existiam vários estereótipos femininos e que um deles era a da deusa mitológica "Diana", uma caçadora. As mulheres "diânicas" são pessoas que buscam ser completas em si mesmas. Elas são masculinas e femininas ao mesmo tempo.

Então, quando a "porca torce o rabo", eu apelo para essa minha faceta "diânica" e me sinto forte e equilibrada para qualquer situação. Aliás, desde que voltei da Itália me sinto diferente, porque sempre fui, desde criança, muito sensível e sempre me emocionei e chorei à toa e por qualquer coisinha. Não tem sido assim nos últimos dias. É por isso que viagem é uma das melhores formas de gastar dinheiro. Cada dia é um renascimento, sem falar que a gente incorpora a energia do lugar. Eu certamente entrei na onda daquele povo, que era muito duro na queda. Está aí o Coliseu para provar: sobrevivente de terremoto, fogo e de várias "tungas" internas – o que depenaram o pobre para fazer escadas de basílicas não está no gibi.

Procure no Google a figura de Diana, essa deusa da caça e da lua, protetora das mulheres por excelência, uma deusa virgem no sentido matriarcal da palavra (mulher livre e completa em si mesma), e não no conceito atual da palavra.

## ☆ DIA 213 ☆

## TRANSFORME BARRO EM OURO

Viajar é o máximo. Voltar com o pai com o coco rachado, gata surtada e despelada (viciada em aquecedor), pilha de roupas pela casa, contas caindo, fatura do cartão chegando e vida desorganizada não é tão legal (ops! Isso está cheirando a – argh – lista de infelicidades). Mas, como diz uma grande amiga, "tudo se acalma". E isso não é nada perto do que essa amiga está passando, e é para ela que vai esta frase – "transforme barro em ouro" – que o Quiroga me disse um dia quando eu estava nas catacumbas da alma.

Andrea Cals é minha alma gêmea astrológica. Nascemos na mesma hora, dia, mês e ano. Chegamos a trabalhar juntas em seu site – Banheiro Feminino – e era muito louco porque às vezes eu não sabia se o texto era meu ou dela. Ela é do Rio e sou de São Paulo e cada uma foi pra um lado, mas sempre produzindo, sempre produzindo...

Na mesma época em que perdi meu amado emprego de dez meses, ela perdeu algo bem pior: seu amado marido (com quem estava casada havia dez anos!). Pois essa mulher conseguiu transformar barro em ouro e dor em blog e criou o blog "A Viúva Verde", uma das coisas mais legais que tenho lido ultimamente. Transcrevo um textinho: "Hoje me aconteceu uma coisa pela primeira vez, em um mês. Eu estava dirigindo voltando da escola quando percebi que estava rindo enquanto lembrava de um filminho que a gente fez falando sobre a manga palmer. A gente só falou besteira a tarde toda e me vi pela primeira vez tendo aquilo que já me falaram, mas ainda não tinha acontecido. Eu lembrando e rindo do Zé, mas rindo mesmo, sem tristeza. Tá certo que agora estou chorando, mas as coisas se acalmam" (Andrea Cals).

## ☆ DIA 214 ☆

## RESPEITE A SOLIDÃO DOS OUTROS

A solidão que fez minha amiga J. voltar para o noivo depois de ter descoberto um diálogo entre ele e a amante no MSN é a mesma que faz a brasileira Iara Lee se arriscar numa expedição humanitária para a Faixa de Gaza e é a mesma que faz minha gatinha sem metade dos pelos no corpo não desgrudar do aquecedor e é a mesma que me faz chorar quando ouço um rapazinho africano dizer (num vídeo dos Médicos Sem Fronteiras) que nasceu sem direito a viver e é a mesma que faz muita gente ligar para o CVV (Centro de Valorização da Vida) na bobageira do Dia dos Namorados e é a mesma que faz todo mundo correr aqui para os bares da Vila Madalena e é a mesma que faz a gente tolerar cada coisa nesta vida e é a mesma que me fez ir estudar italiano na Itália mas grudar em dois brasileiros e é a mesma que faz a gente ver o Gianecchini na novela e é a mesma que faz minha amiga "Viúva Verde" escrever um blog e é a mesma que faz meu pai ser paparicado pelas enfermeiras e é a mesma que me faz visitar meu pai mesmo sendo uma tarefa árdua e é a mesma que faz a Silvana Mitne, a Suzan e a Juliana Bussab recolherem animais pela rua mesmo sem ter dinheiro e é a mesma que faz a gente entrar alucinadamente em redes sociais e é a mesma que faz a gente dar atenção a quem nos pede informação na rua e é a mesma que nos faz sentar perto dos outros no cinema vazio e é a mesma que nos faz comprar presentes de Natal no fim do ano e é a mesma que faz meu poeta e amigo Roger Jones dizer "pelo menos numa coisa não estamos sós: todo mundo está sozinho".

☆ DIA 215 ☆

## NÃO SE ARREPENDA DE NADA

Janey Cutler é a nova sensação do mesmo programa *Britain's Got Talent* que elegeu a fantástica Susan Boyle. É uma senhora inglesa de 80 anos que encantou a plateia com a música "Je Ne Regrette Rien" ("Eu não me arrependo de nada") – que Edith Piaf cantava.

Há pouco tempo eu poderia dizer que isso era uma grande mentira e que todo mundo se arrepende de "algos", mas não penso mais assim. E resolvi não pensar assim porque na época em que as coisas aconteceram não tive como fazer diferente. Eu simplesmente não tinha como ser mais madura com alguns homens que amei, eu não tinha como ter guardado mais $, eu não tinha como ter comido menos quando engordei, eu não tinha como não ter perdido alguns empregos em que trabalhei e por aí vai...

Então, não dá para ficar sofrendo por nenhum arrependimento. Simplesmente não dá. E é isso que essa senhora de 80 anos vem nos dizer.

Aqui, a tradução da música de Charles Dumond e Michel Vaucaire na versão dos ingleses:

"Não, nenhum arrependimento. Não, não teremos nenhum arrependimento. Enquanto você vive posso dizer: amor era rei, mas somente por um dia. Não, nenhum arrependimento. Não, não teremos nenhum arrependimento. Por que explicar? Por que adiar? Não vá embora, simplesmente termine tudo. Oh, a vida continua, mesmo após o amor ter terminado. Um último beijo... Não se importe... Nenhum arrependimento enquanto sussurramos "Adeus!".

## ☆ DIA 216 ☆

## ENCONTRE SEU PRÓPRIO CASTELO DE SANT'ANGELO

O Castelo de Sant'Angelo fica em Roma e é um dos lugares mais lindos de lá. Foi construído para ser o Mausoléu de Adriano, o Imperador (não o jogador, o outro ;). Na época medieval foi a fortaleza mais importante que pertenceu aos papas. Ou seja, quando a coisa ficava preta para o lado de Sua Santidade, ele corria por uma passagem longa (infelizmente fechada para turistas) da sua casa no Vaticano ao castelo para se proteger.

Eu gostava tanto desse meu ex-emprego e era uma empresa tão sólida que eu me sentia no Castelo de Sant'Angelo. Eu pensava: enquanto eu estiver aqui estou protegida da falta de dinheiro, da falta de futuro, de crises, de terremotos, estou protegida até se faltar amor por muito tempo na minha vida. Minha surpresa, quando o perdi há dois meses, foi descobrir que fui embora e levei meu castelo junto. Se tive dois dias de paúra após sair de lá, tive 58 de coragem, de acreditar em mim, de saber que sou criativa para sair dos perrengues, de saber que sou querida por um bocado de gente prestes a ajudar, de acreditar na sorte que sempre me acompanhou e nos méritos que a vida vive me (nos) trazendo.

Eu não me sentia assim antes de começar o VAE. Isso significa que, se você levar nossa proposta a sério, as chances de você encontrar o seu próprio Castelo de Sant'Angelo são grandes. O Vigilantes da AutoEstima nos faz ficar cada dia mais fortes e confiantes porque andamos juntos, ao mesmo tempo em que ficamos cara a cara com nós mesmos. E vivam nossas fortalezas interiores!

## ☆ DIA 217 ☆

## PARE COM A "MATEMÁTICA EMOCIONAL"

Andrew Gottlieb acaba de escrever o livro *Beber, jogar, f@#er*. Ainda estou no primeiro capítulo, mas é bem divertido e vale comentar umas coisas.

A primeira delas é sobre a "matemática emocional", ou seja: pensar e repensar demais a relação, quem deu mais, quem deu menos etc. etc. Ai, que chatice... E a segunda coisa é como ele fala sobre as diferenças entre homens e mulheres, na minha opinião uma das formas mais interessantes que li até agora.

Andrew não concorda que homens são de Marte e que mulheres são de Vênus, e sim que somos feitos com "softwares" diferentes. Homens seriam mais "Macintosh" e mulheres mais "PC". "Só é necessário um pouco de trabalho para fazer os dois sistemas se comunicarem. E, às vezes, mesmo as melhores intenções não são suficientes para superar essa incompatibilidade. Às vezes, Macs e PCs simplesmente não conseguem falar a mesma língua. E, às vezes, as pessoas simplesmente não foram feitas para passar a vida juntas", diz o escritor em seu livro.

Concordo com ele: já perdemos tempo demais tentando entender por que o outro é tão diferente de nós. Talvez o melhor fosse mesmo observar como isso é interessante. Mas talvez pelo fato de o "diferente" sair do nosso controle, do nosso "script" de vida, a gente surte.

Uma coisa que aconselho a todos os novos casais: não falem no MSN! Evitem até o e-mail. A comunicação virtual leva a gente a mil interpretações e a ficar "minhocando" a mente. Fala-se demais e pensa-se demais no amor hoje em dia, quando o bacana é sentir, não?

## ☆ DIA 218 ☆

## PARE DE SER "MÃE" DO SEU HOMEM

Este texto é mais para as mulheres, mas os homens que frequentam o VAE entenderão bem. Fui assistir *Sex and The City 2*. Por quê? Porque adoro, oras. É lindo, colorido, fútil e legal. Ele é tão legal mas besta ao mesmo tempo que quase não dá um *post*, mas vou falar de uma coisa, sim: Carrie Bradshaw!

No começo do filme a moça está chata pra caramba. Ela pega no pé do "Mr. Big", implicando porque está com os sapatos no sofá, porque quer ver TV antes de dormir, porque traz comida de fora... Deus me livre! Ela encarna uma daquelas mães chatas que deixam o coitado realmente com saudades dos tempos de solteiro. Por que muitas vezes temos que ser mães dos nossos homens? Porque é a referência de feminino autoritário ou submisso que muitas de nós têm na cabeça? Porque invejamos sua liberdade e seu jeito sossegado de ser e de ficar numa boa com coisas simples, enquanto vivemos atormentadas tentando sabotar a relação?

Vamos parar de encher o saco dos homens pegando no pé deles, fazendo papel de mães autoritárias. Depois não reclamem se eles preferem ver na frente o chupa-cabra a uma aliança de casamento. Cuide da sua vida, da sua autoestima. Deixe o bofe em paz!

## ☆ DIA 219 ☆

## ACREDITE: "O QUE É DO HOMEM O BICHO NÃO COME"

Em 1992, o furacão Andrew atingiu a Flórida e causou danos de 25 bilhões de dólares. Em 2005, o furacão Katrina fez um estrago danado em New Orleans que obrigou 1 milhão de pessoas a se deslocarem de suas casas. Agora, feche os olhos e imagine o encontro dos dois. Imaginou? Então, eu estou pronta para contar uma história de amor (e de esperança para quem está sozinha e não acredita mais no acaso).

Há cinco anos, depois de passar o Natal com a minha família, fui tomar um vinho na casa de uma amiga muito querida. Lá, conheci K. J., seu irmão. O que posso dizer desse breve encontro é que uma flecha cupidesca nos acertou de raspão. Não rolou absolutamente nada nesse dia, mesmo porque K. J. morava em Curitiba e não estava numa fase lá muito boa de vida. Porém, durante todos esses anos não o esqueci e vice-versa. Ele perguntava de mim para minha amiga e a mesma coisa acontecia do meu lado. Mas nunca soubemos disso.

Há quinze dias eu estava num táxi indo encontrar dois amigos no cinema. Eles haviam comprado o meu ingresso. 1- No meio do caminho me ligam pra dizer que tinham perdido a chave do carro. 2- Trinta segundos depois, Emi me liga pra ir ao bairro da Liberdade. 3- Desço do táxi e Emi me pega na rua. 4- Dois minutos depois os amigos ligam dizendo que encontraram a chave do carro (tarde demais!). 5- Na volta da Liberdade estava rolando a Parada Gay. 6- Tivemos que mudar o caminho para minha casa, o que nos "obrigou" a passar na frente da casa de outra amiga, a curitibana. 7- Ligo pra ela pra perguntar se poderíamos subir pra tomar um café (7 PM). 8- A gente sobe. Pergunta: quem estava na casa dela, morando e trabalhando em São Paulo havia dois meses e numa fase boa? Sim, K. J., uma das criaturas mais interessantes e raras que já conheci (mesmo acordando 7 AM e perguntando, no maior gás: "Como era mesmo aquela música do Popeye, baby?")! E dessa vez a flecha pegou a gente em cheio. E foi assim que duas pessoas "furacônicas" se reencontraram e se "fundiram" sem se perder de si mesmas.

Para quem já desistiu, está desanimada ou com tédio no setor amor, só tenho algo a dizer: "O que é do homem o bicho não come". Cansei de ouvir minha mãe repetir essa frase centenas de vezes na minha infância, mas eu sempre fui tão ansiosa no amor, tão destrambelhada, tão obcecada que precisei perder o meu emprego no portal onde eu trabalhava e me apaixonar por outra coisa (Itália!) para esquecer totalmente o assunto homem. E foi assim, sem "minhocation", que o Universo se abriu e trouxe o destino que a vida me devia.

## ☆ DIA 220 ☆

## SURPREENDA O MEDO!

Não entendo nada de futebol. A última vez em que torci para o Corinthians foi em 1977 (com direito a mandinga pra Cosme & Damião). Mas posso dizer uma coisa sobre o primeiro e o segundo jogo do Brasil na Copa. Na minha opinião, o time fez feio no começo porque estava se pelando de medo. Não vou julgar, porque eu acho que nem sairia do vestiário de tanto pavor e frio (que fica mais frio ainda quando estamos com pavor).

No segundo jogo, os caras surpreenderam o medo e o atropelaram como uma manada de búfalos. "Desminhocaram" mesmo dessa emoção e deu no que deu. Parecia outro time, caramba. A verdade é que medo é uma me#%@ e só serve pra atrapalhar a vida da gente. Acho lindo o papinho dos bio/antrop/psic/ólogos que dizem: "O medo é importante para as espécies porque faz correr ou lutar diante do perigo". É nada! A maioria das pessoas que conheço paralisa diante do medo e fica com cara de pastel de quiabo.

Eu já falei aqui sobre uma vez em que fiz parte de um *workshop* que teve um *rafting* de surpresa. Os grupos foram divididos por botes. Na hora em que o meu bote caiu na correnteza, metade do grupo paralisou e a outra metade ficou tão lesada que mais atrapalhou que ajudou. Levei várias remadas na cabeça liderando sozinha o barco. Foi nesse dia que descobri duas coisas: 1- Não tenho medo sob pressão (mesmo detestando o elemento água). 2- Tenho um ser diabólico em mim que, sob estresse, tem pensamentos terríveis, como, por exemplo, jogar todo o grupo dentro d'água (hahahaha).

Então, para quem tem paúra paralisante (no trabalho, no amor, na vida) eu sugiro que reveja os dois jogos do Brasil. Ou viaje até Roma para incorporar os fantasmas dos gladiadores. Gladiador com medo, naquela época, virava fio dental de leão. E, sinceramente, não acredito que as coisas sejam muito diferentes da "selva selvachia" de hoje.

Se os jogos não adiantarem para você, sugiro uma terceira coisa: arte marcial (e quanto mais japonesa melhor). É lá que o bicho pega!

☆ DIA 221 ☆

## ONDE ESTÁ O SEU "WILD EYES?"

A Vigilante C. T. tem um sonho profissional, mas não sabe como dizer isso ao pai (empresa familiar onde ela trabalha há anos). P. L. tem o sonho de morar fora do país, mas não sabe como começar. G. J. F. está num casamento péssimo e tem o sonho de voltar a ser solteira e estudar, mas como largar a "segurança"? Minha pergunta para todas é: onde está o seu "Wild Eyes"?

Esse é o nome do barco de Abby Sunderland, uma garota americana de 16 anos que desafiou o oceano sozinha, tentando ser a velejadora mais nova a conseguir circum-navegar a Terra. Ela quase conseguiu. Uma coisa que me chamou muito a atenção no depoimento de Abby foram estas frases: "Eu tinha começado a pensar que os sonhos fossem destinados a ser não mais do que sonhos e que os sonhos não se tornam realidade. Então, meu irmão (Zac), antes de mim, saiu em sua viagem. Foi incrível ver todo o apoio que ele recebeu de todo mundo e ver como todos trabalharam em conjunto para ajudar a tornar seu sonho uma verdade. Vê-lo fazer isso realmente me fez acreditar que eu poderia também".

Às vezes, quando entro no metrô e vejo muitas pessoas com um olhar oco, fico imaginando em que momento de suas vidas elas realmente acreditaram que seus sonhos nunca passariam de meras "viagens". E me entristece. Talvez seja o momento de todos nós aqui soltarmos as amarras de nossos "Wild Eyes". E definitivamente compreender a frase de Amyr Klink que diz: "A pior forma de naufrágio é nunca partir...".

Eu acredito que esteja fazendo isso, neste momento, no amor. Sinto que pela primeira vez, em tantos anos (talvez em toda a vida), eu tenha soltado as âncoras do medo que eu tinha de amar e, pior, de ser amada (e até de sentir prazer). Apesar de toda a minha (nossa) hiperatividade, quando estou com K. J. estou tão inteira, tão presente que até posso ouvir seus pensamentos. O que ele me diz eu ouço, o que ele me toca eu sinto, o que ele me inspira eu expiro. Não há joguinhos, nem estratégias, nem "minhocation", nem manipulações para mudar o outro, nem ciúmes, nem desconfianças, nem medo da perda em nenhum dos lados dessa relação. Cada um respira e celebra a liberdade do outro. E assim estamos juntos e unidos, como a mão esquerda e a direita.

Go, "Wild Eyes"!

## ☆ DIA 222 ☆

## NÃO DÊ SEU PODER PARA OS OUTROS!

Peço desculpas a minha amiga antes de qualquer coisa, mas terei que falar o que penso dessa situação de ontem. Explicando: uma grande amiga me ligou ontem muito triste dizendo que havia levado uma "facada no peito". Quase tive um enfarte de susto. O que ela queria dizer é que o moço com quem havia namorado intensamente por três anos havia dado um "cartão vermelho" no namoro por telefone. E eu sou testemunha do quanto ela tratou esse cara bem. Eu estava no táxi e o motorista ouviu a conversa e respondeu: "Pu#% covarde!".

Eu adoro ouvir a opinião dos homens em relação às atitudes dos homens porque a gente nunca sabe se está se solidarizando demais com as mulheres. Mas a verdade é que esse sujeito foi mesmo um ordinário e fez um papelão. Não dá nem pra chamar de moleque. Vou chamar de retardado, abestado, elo perdido da estupidez e de criatura-lixo. Mas não é coisa exclusiva dos homens, não. Muita mulher também pisa na bola nesse grau.

Uma vez colocado o ser do planeta esgoto em seu devido lugar, vamos a uma segunda análise. Minha amiga também estava muito triste porque se sentiu usada por ele (que, em tese, não precisava mais dela). Aí, não concordei e gostaria de deixar algo bem claro. Todo mundo aqui sabe que já fui uma "mulher que ama demais" e que já me trucidei nas relações do passado. Tipo "terremoto-no-Haiti-no-setor-amoroso" mesmo. O que mudou nesses anos foi que parei de dar o meu poder aos meus parceiros e graças a muito esforço consegui rasgar o papel de vítima.

Todas nós crescemos com a semente da "vítima" em nós, que vem das nossas mães e avós. Então, não concordo com minha amiga. Acho que esse homem gostou muito dela e sabe-se lá por que cargas d'água mudou o foco do sentimento. Não existe ser usado. Tudo é troca. Tudo, em qualquer circunstância de qualquer relação, é troca. Então, não é ela falando, é o papel de vítima.

Acho que minha amiga tem todo o direito de se sentir triste e com raiva, mas não pode alimentar nenhum desses sentimentos intensamente ou por muito tempo porque é dar poder demais para o "homem-barata". E NADA NEM NINGUÉM TEM PODER SOBRE NÓS! Este é, sim, um momento fantástico de resgatar o seu próprio poder interno.

☆ DIA 223 ☆

## PARE COM ESSE MEDO DE "PERDER"!

Karen é minha amiga e a mulher mais bonita que conheço (que graças ao VAE parou de se depreciar). Ela foi em casa ontem comer castanhas, brigadeiros e tomar saquê. Falamos sobre trabalho e falamos sobre amor. Karen perguntou se não tenho medo de demonstrar meus sentimentos no começo da relação, se não tenho medo de perder o namorado. Por que eu teria medo de perder algo que não me pertence? Ou melhor: por que eu teria medo de perder qualquer algo que me pertença? E por que teria receio de demonstrar o sentimento mais belo que a vida nos dá?

Sinceramente, para mim, quem tem muito medo de perder alguém ou algo é porque ainda não se achou. E por isso deposita tantas fichas nisso. É claro que, quando eu era uma mulher sem noção de autoestima (abaixo da palha), eu tinha pavor que meu namorado me deixasse. Isso acontecia porque na época eu "precisava" demais dele, já que não me tinha. Para que preciso tanto de alguém nos dias de hoje se tenho a mim, meu blog, os Vigilantes, meus livros, amigos, família, gatos, yoga, Itália, Mozart, Kurosawa, Buda etc. etc. etc.? Se meu amor for embora, minha vida continua... Se meus gatos forem embora, minha vida continua... Se minha mãe for embora (e não vai ser fácil!), mesmo assim minha vida continua... E irão... porque tudo é impermanente, caramba! O que não quer dizer que eu não vá ter meus dias de luto sincero e silencioso. Se alguém aqui me disser que conhece algo permanente eu dou uma caixa de brigadeiros agora!

Quando fui fazer matéria em New Orleans, pós-Katrina, entrevistei pessoas que haviam perdido completamente suas casas na força das águas. Era um olhar vazio (de que nunca me esquecerei), de quem procura algo que não tem mais, mas mesmo assim suas vidas continuaram...

Quando você precisa demais de alguém e tem medo de perdê-lo, você já o perdeu. Por quê? Porque começa a prendê-lo. Ele vira seu prisioneiro. Então, começam as cenas de ciúmes, de manipulação, de joguinhos, de prepotência, de possessão. Que saco, credo! E ninguém aguenta isso, muito menos os homens. Devo lembrar-lhe da frase que um ex uma vez me disse: "Quanto mais liberdade você me dá, menos eu uso...".

E é essa "filosofia" que levo para minhas relações nos dias de hoje. E é assim que meus ex deixaram testemunhos maravilhosos no meu (falecido) Orkut. E é assim que somos amigos até hoje (sem mágoas). E é assim que sou dona de um só alguém nesta vida: eu mesma! E mesmo assim, muuuuito impermanente ;)

☆ DIA 224 ☆

## RESPEITE A "CAVERNA" DO SEU HOMEM

K. J. pegou uma dessas gripes dos infernos. É nessa hora que a gente saca se o cara está mais para um "homem-filho" – que fica superfrágil e precisa dos nossos cuidados e colo – ou se é um "homem-caverna" – que vai pra toca e fica fazendo suas próprias pajelanças pra se curar. As mulheres costumam ter horror desse segundo tipo por dois motivos: 1- Eles gostam de ficar em silêncio e isso as deixa loucas e cheias de minhocas na cabeça. 2- Eles não nutrem os instintos maternais que elas adoram usar um pouco exageradamente neles (não que cuidar não seja feminino, eu estou me referindo a cuidar em excesso, praticamente sufocando o coitado). Bem, K. J. é um "homem-caverna". E eu não me incomodo nem um pouco.

Sobre isso tenho algo a dizer: na minha opinião, toda mulher deveria ter na cabeceira a "bíblia" *Por que os homens fazem sexo e as mulheres fazem amor?*. Nesse livro, dois psicólogos explicam antropologicamente e tintim por tintim as grandes "diferenças" dos dois gêneros. Coloco em aspas para não generalizar. Homens eram caçadores e, portanto, o faziam em silêncio porque precisavam de foco e não podiam espantar a caça. Quando voltavam da empreitada, sentavam com os outros homens em volta da fogueira e trocavam poucas palavras. Mulheres trabalhavam na colheita com outras mulheres e não precisavam de foco nem de silêncio. Lembre-se: falamos 7 mil palavras a mais por dia que eles!

Quando K. J. praticamente some dois dias para se curar, não significa que ele não gosta mais de mim, nem que tem outra, nem que eu tenha dito algo que não deveria ter dito etc. etc. Simplesmente significa que ele precisa ficar sozinho e em silêncio na sua caverna.

O que uma mulher com autoestima legal deve fazer nessa hora? Cuidar da sua vida, claro! E esperar... porque num belo dia a criatura volta para a luz (e com saudades!). Pois foi o que fiz e ontem à noite recebi um e-mail dele lindo (e criativo, como sempre!), dizendo que estava melhor e que iria sonhar comigo.

Mulheres têm outras formas de cura (embora eu também curta a minha caverna quando estou com gripe). Me refiro mais às dores emocionais. A maioria dos homens precisa do silêncio da caverna. As mulheres não, elas começam ligando para todas as amigas, depois falam com os vizinhos, com o taxista e terminam com o Zé da padaria. É assim que a gente se cura. É assim que eles não se curam. Basta observar e não minhocar...

## ☆ DIA 225 ☆

## PARE COM ESSA CARA DE ZERO A ZERO

K. J., já curado da gripona, veio passar o fim de semana em casa. Foi bom demais. A gente conversou e ele me falou sobre uma amigona que estava triste porque não arrumava namorado nem a pau. Fui correndo para o Facebook ver a fulana. Mulheres não perdem essa curiosidade, não adianta. Olhei para as fotos e disse: "Ela tem cara de zero a zero...".

Essa expressão eu inventei na sexta-feira após um jogo do Brasil com Portugal e após observar a expressão das pessoas aqui da minha varanda. Estava todo mundo com cara de zero a zero, com jeito de quem dá aperto de mão bem mole.

Cruz-credo, tenho pavor de gente assim. Na Copa, vá lá, mas na vida não dá! Até para escolher estagiária eu reparo se tem cara de falta de gol e se tem mão maria-mole. Para trabalhar comigo tem que ter gás, ser esperta, rápida no gatilho. Gente assim provavelmente acha a vida chocha e besta. E se vem com esse papo para o meu lado toma um chacoalhão que roda sem sair do lugar. Porque não é possível achar a vida besta com tantas possibilidades e com gente tão interessante!

Se você está com cara de bola na trave, faça o favor de encontrar um objetivo já! Lembre-se: a vida não é oitavas de final e muito menos tem disputa de pênaltis. Para o alto e avante!

## ☆ DIA 226 ☆

## CHEGA DE "MURO DAS LAMENTAÇÕES"

Minha casa estava uma bagunça que Deus me livre e guarde. Pra você ter uma ideia, tinha coisa ainda da viagem da Itália espalhada pela sala. Hoje, durante o jogo do Brasil bateu o santo e fiz um faxinão daqueles (de olho na tela, claro!). Joguei uma montanha de papéis fora e achei umas coisas bem legais. Uma delas é uma historinha zen que vou contar para você.

*Uma senhora era conhecida como a "mulher chorosa", pois chorava o tempo todo. Então, um monge perguntou:*

*– Senhora, por que chora o tempo todo?*

*– Porque tenho duas filhas. Uma se casou com um vendedor de*

*sapatos e outra com um vendedor de guarda-chuvas. Quando o tempo está bom, penso em como as vendas de guarda-chuvas estão ruins. Quando chove, penso que ninguém sairá para comprar sapatos da minha outra filha.*

*E o monge diz:*

*– Mas em dias ensolarados devia pensar como as vendas de sapatos estão boas. E em dias chuvosos, em como estão boas as vendas de guarda-chuvas.*

*Daquele dia em diante a mulher parou de chorar. Em vez disso, ria todos os dias, qualquer que fosse o tempo...*

O que me deixa feliz é que no começo do VAE eu recebia muitos e-mails de lamentações porque eu era a própria chororô, mas uma prova de que o Vigilantes funciona é que a maioria dos e-mails hoje em dia é de gente com problema mas que virou ou vai virar o jogo. Normalmente terminam otimistas. Deixe as lamentações para o Muro lá na Terra Santa. Eu garanto que as linhas de expressão dão uma estacionada, hehehe.

Gente que só se lamenta enche o saco demais, credo. Por isso que todo mundo se afasta dos idosos que estão sempre chororô com tudo. Eu espero ser uma velhinha bem legal como a minha mãe: inteligente, divertida, ocupada, rodeada e amada por um monte de gente; a luz da minha vida!

## ☆ DIA 227 ☆

## SEM INTENÇÃO NÃO ROLA

Hoje gostaria de falar de uma coisa muito séria, que é mudar totalmente a vida. Então, muita calma nessa hora! Dia 15 de abril eu perdi o meu emprego, assim, de repente, sem *trailer*, nem nada. Portanto, no dia seguinte acordei sem nenhuma perspectiva concreta de outro trabalho, já que não tinha nenhum plano B em mente. Na mesma época eu também não tinha nenhuma perspectiva – também concreta – de encontrar um novo amor. Estava até desencanando, pra falar a verdade.

Eu tinha duas escolhas: 1- Fazer uma lista de infelicidades. 2- Virar o jogo antes da disputa de pênaltis. Quando a gente opta pela segunda alternativa acontece um fenômeno energético chamado de "intenção". A primeira coisa que fiz foi me reequilibrar energeticamente, já que fiquei muito chateada com a situação.

A forma como resolvi me reequilibrar foi indo para a Itália. Por que escolhi esse país? Porque sou budista, e para o budismo os ancestrais têm uma força muito grande. Lá, resolvi honrar o meu passado e pedir bênçãos para o meu futuro. DETALHE: tudo o que fiz foi carregado de uma grande intenção de prosperidade. Não fiquei lamentando nada, apenas olhei para a frente. Essa intenção esteve presente nas velas que acendi nas igrejas, na rosa vermelha e nas moedas que joguei na Fontana di Trevi, no agradecimento a tudo e a todos e principalmente no papel que enterrei na pequena cidade do meu avô pedindo o que eu queria no amor e no trabalho.

Dois meses depois, eu estou sentada nesta mesa escrevendo para você completamente realizada, tanto afetiva quanto profissionalmente (e não importa se vai durar ou não). Além de K. J., que está sendo um raro amor na minha vida, eu fechei um acordo com a sanofi-aventis para ser editora-chefe do Atmosfera Feminina. É um portal para mulheres e com muitas matérias sobre saúde, bem-estar, beleza, comportamento e muito mais. Por isso, totalmente dentro da minha filosofia de vida. E eu posso trabalhar em casa e, assim, sobrará tempo para escrever meu livro novo.

Se você sentiu o que chamam de "inveja", mude agora mesmo o seu sentimento para "admiração", porque admiração é o primeiro passo para quem busca a intenção de mudar alguma coisa. Eu volto a dizer: se aconteceu comigo, por que não pode acontecer com você? E digo mais: você não precisa ir à terra do seu avô enterrar nada nem fazer "macumbation" em fonte. Esse foi o meu processo intuitivo de buscar o que eu queria para mim.

Vou repetir: se aconteceu comigo, por que não pode acontecer com você? Intenção já!

## ☆ DIA 228 ☆

## GRITE: "MENEFREGUEI!"

Muitas pessoas têm o poder de ser um pé no saco. Simplesmente projetam todas as suas frustrações em cima da gente. Tipo, você vai toda animada contar uma coisa e a fulanada tenta te jogar pra baixo dizendo que tudo pode sair ao contrário do que você acredita. Hoje, umas duas pessoas fizeram isso comigo num curto intervalo de tempo (aliás, me lembraram bem meu pai).

Felizmente, aprendi com meu ex-chefe a expressão: "cag#@%!". Esse é um cara que não aceita desaforo nem "broxismo" pra cima dele. Eu adoraria que esse fosse o grito de guerra de todos os Vigilantes da AutoEstima, mas não dá porque é um palavrão. Então, eu criei uma outra palavra adaptada dos italianos. Quando eles estão pouco se lixando para as coisas, eles falam: "Me ne frego!".

Então, a partir de agora o nosso grito de guerra para tudo e todos que enchem o nosso saco será: "MENEFREGUEI!" ou "MENEGREGAY" se você for gay, hehehe.

Isso vale para o seu companheiro péssimo, pra gente que fala mal de você, gente que não serve pra você, gente que te chama de algo pejorativo e muitas outras coisas mais...

## ☆ DIA 229 ☆

## O AMOR NOS LIBERTA DA PRISÃO DO BELO

Por culpa do Dunga (claro) acabei matando umas duas caixas de brigadeiros neste fim de semana. Esse ataque ao chocolate (mais a mudança de anticoncepcional) resultou no famoso efeito "retenção de líquido". Acontece que K. J. comprou uma máquina fotográfica há poucos dias e decidiu que eu seria o alvo predileto dele. Quando a gente acorda com retenção de líquidos e o namorado resolve tirar foto... danou-se! Certamente vamos nos achar a cara do "Baby Dino" ou do girino do Monstro do Lago Ness. Mas, para minha surpresa, K. J. achou as fotos maravilhosas e quase mordeu a minha mão quando eu tentei apagá-las. Repetiu mil vezes: "Como você é linda!".

Eu quis contar essa historinha para fazer um gancho com o *workshop* do VAE desse sábado. Ele foi tremendamente especial porque contou não só com a presença do maior número de pessoas até agora como também incluiu um homem no meio de 28 mulheres. Eu fiquei muito, muito feliz quando vi o P. M. entre nós, porque isso pode significar que os homens estão se abrindo mais para o autoconhecimento e todo o mundo (literalmente!) tem a ganhar com isso.

Mais uma vez a psicóloga Neiva trabalhou nossa criança interna e suas feridas. Fizemos exercícios de "olho nos olhos", meditação para "voltar" à infância e nos expressamos com massinha de modelar. As histórias que ouvi nesse encontro foram de uma profundidade que acredito que nenhuma pessoa tenha saído como entrou. Relatos de abusos, rejeição, de excesso de amor materno, de tentativas desesperadas de ser amada, de superação... Mas o gancho que eu queria comentar é o de uma menina (muito gracinha) que sentia muita solidão e adotou um cãozinho vira-lata, apesar de todas as pessoas torcerem o nariz para a sua feiúra, incluindo sua mãe, que sugeriu trocá-lo por um mais bonito. Ela bateu o pé e viveu uma história fantástica de companheirismo por 16 anos!

Tanto esse episódio como o relato de K. J. & a retenção de líquidos só vêm nos mostrar uma coisa: o amor é capaz de nos libertar da prisão do belo. Por isso, se você se acha feia demais, gorda demais, baixinha demais, alta demais, velha demais, orelhuda demais, celulítica demais... para ter um companheiro ou para ser feliz, lembre-se: o verdadeiro amor está no maior "Menefreguei!" pra tudo isso.

☆ DIA 230 ☆

## LIVRE-SE DESSA RETENÇÃO DE LÍQUIDOS!

Ontem fui, com o meu contador, tirar uma certidão digital. Eu já não estava nos meus melhores dias porque tinha ido toda feliz buscar meu seguro-desemprego e o cara da Caixa – frio como um sushi – me disse que não estava lá e que poderia atrasar até quarenta dias. Whaaaat? Quarenta dias?? E quem precisa desesperadamente, como faz? Fiquei com muita raiva e com muita pena de quem precisa desesperadamente.

Mas, voltando à certidão digital. É claro que esqueci as fotos 3x4, mas a moça se ofereceu para tirar no seu computador. Quase caí da cadeira: a retenção de líquidos tinha se apoderado do meu rosto. Eu parecia um ouriço do mar, sem os espinhos. Pergunta: por que o espelho não mostra a verdade pra gente como a câmera? 1- Porque ele é legal! 2- Porque não queremos enxergar a realidade. 3- Porque a luz do nosso banheiro é legal. 4- Porque Alice no País das Maravilhas é legal e está atrás do espelho dando uma cancha...

Decidi enfrentar o problema e comprei uma sacola de frutas: melancia, atemoia, manga, gomos de jaca (sim, é brega, mas eu gosto, embora tenha pavor de morrer comendo um, porque na hora em que você engole fica metade da gosma na sua boca e outra metade já na garganta. Imagine a humilhação de morrer de jaca). E detalhe: não comi nenhum doce-açucarado-retentor-de-líquidos e ainda andei uma horinha a pé. Sim, os líquidos foram saindo e o meu rosto voltando ao normal (principalmente o nariz, que estava parecido com o do Capitão Caverna).

Já faz tempo que o povo da saúde aqui do blog vem tentando me convencer a trocar doces por frutas, e hoje posso dizer que fiz isso de bom grado, principalmente com a atemoia (parece uma pinha), que é docinha pacas. A realidade é que a retenção de líquidos não pertence a esse corpo, em nome de Deus, e por isso a gente se sente muito, mas muito melhor e mais bonita sem ela.

Juro que invejo os homens, que pensam que "retenção de líquido" tem a ver com água estagnada e o mosquito da dengue, ahahaha.

## ☆ DIA 231 ☆

## DÊ VALOR AO COMPROMETIMENTO

Adotei a gata pretinha há uns dez meses. Para quem já lê o meu blog há muito tempo, ela foi retirada da casa de um ex-namorado – que teve bebê – porque estava sofrendo maus-tratos por parte de outro gato (morava num armário minúsculo e só fazia xixi, comia e bebia quando tinha algum ser humano na cozinha). Chegou traumatizada na minha casa e acabou ficando um pouco mais em crise, afinal meu apartamento era novo para ela e minha outra gata também não é muito flor que se cheire e deu umas enquadradas nela (mas nem se compara ao siamês do meu ex). Como ela não é muito certa da bola, cada mês escolhe um lugar para morar. Agora mora embaixo do armário do quarto, no estilo "abrigo antiaéreo").

Ela é preta, lindinha e doce, mas está sem metade dos pelos sabe-se lá por quê. Semana passada eu fui ao quinto veterinário, que finalmente pediu uma batelada de exames. Fiz os exames hoje e gastei R$ 230,00. Ela já deu muito trabalho e já custou muito dindim e muita gente me fala para doá-la, mas eu não o faço por um motivo muito simples e profundo: comprometimento! Fora que gosto muito dessa pelada.

Quis falar da gata para fazer um *link* com amor. Ontem recebi dois e-mails de Vigilantes. Uma está "namorando" um homem casado e a outra sai há um ano com um solteiro que não a assume como namorada. Gostaria de fazer uma pergunta: para que uma mulher quer ou precisa de um homem avesso a compromisso?

Desde que tenho 15 anos de idade o caráter do parceiro sempre foi um quesito fundamental para que eu o namorasse. Quando eu tinha uns 22 anos meu ex-namorado M. B. tomou um porre e me pediu em casamento. Eu esperei o dia seguinte, porque não dá para confiar muito em manguaçado, mas ele acordou e falou: "O que eu te disse ontem está de pé, eu tenho comprometimento". Eu ouvi a mesma frase de K. J. semana passada num outro contexto, mas igualmente importante.

Na minha opinião, quem gosta de sombra é maquiador. Por que uma mulher aceitaria viver à sombra de um homem que não a assume? E por que muita mulher solteira continua recitando o mantra "os homens não querem nada sério"? Gente, é 1 milhão de casamentos no Brasil por ano! Será que elas estão deixando de se valorizar e não estão se comprometendo consigo mesmas?

Lembre: a gente atrai o que é (ou o que está)!

## ☆ DIA 232 ☆

## DIAS MELHORES VIRÃO HOJE, AGORA, JÁ!

Vou falar com muita calma sobre um e-mail que recebi da Vigilante C. M. Aí vai um pedacinho dele: "Você fala numa simplicidade, me lembra esse pessoal que faz novela ou é escritor, que sabe o que quer desde pequenininho. Sempre tem uma história linda pra contar nas entrevistas, sobre como chegou até ali. Eu fico impressionada e minha autoestima fica lá embaixo, porque penso: gente, eu trabalho, dou um duro danado, me considero uma verdadeira guerreira. Tenho certeza de que algumas leitoras devem pensar: cacete, eu realmente tô fazendo alguma coisa bem errada, mas o quê? Como lidar e superar assim, com tanta facilidade, trabalho, relacionamento e saúde?? Como? A grana é curta pra fazer cursos pra se especializar (profissão), tem aluguel, filho com diabetes, fora a grana que não chega até o final do mês. Vi outro dia você comprando fruta e tal, até pra isso é difícil a vida. Aí, o que fazer?? Por que, na boa, até pra guerreira o negócio tá difícil".

Muito bem, vou responder o e-mail "ao vivo". C. M. disse no texto que acompanha meu blog só há um mês, portanto, não viu minha transformação ao longo deste ano, como muita gente fez (e também conseguiu!). Aliás, justamente um dos *slogans* do VAE é: "Atitudes que transformam a sua vida". Mas vou falar sobre esse assunto usando algo que a gente aqui no VAE abomina (e a que C. M. ainda se agarra): "lista de infelicidades"! Cresci com uma tremenda síndrome de "Patinho Feio" e com um enorme complexo de rejeição porque a ausência e frieza do meu pai eram tão gigantescas como o buraco na camada de ozônio. Isso fez com que, desde pequena, eu me atirasse de relacionamento furado em relacionamento roubada (procurando o pai!) como o passarinho que vive dando de cara no vidro da janela. Vi minha mãe sofrer afetivamente desde que tenho 3 anos, sem falar nos vários cânceres que ela desenvolveu desde os meus 18 (um deles terminal, e, graças a Deus, ela virou o jogo).

Também vi meu pai ser rico e pobre simultaneamente, portanto, um dia eu morava numa mansão em Higienópolis com chofer e, no outro, na casa da minha avó com minha mãe e meus quatro irmãos, sem praticamente ter grana para o lanche da escola. Cresci um frangalho emocional, com a autoestima de palha no meio dos "incêndios" que a vida traz e que também a gente provoca. Durante muito tempo sofri, como minha mãe, de "Síndrome de Vítima" (como já falei aqui), o que realmente me fez acreditar que todos os homens do mundo eram culpados pela minha infelicidade. Claro, gente com baixa autoestima ainda não consegue assumir a realidade dos seus atos, é a eterna criança emocional.

Porém, nunca, jamais, em tempo algum me acomodei nessa situação e sempre fui buscar a luz na jornada muitas vezes escura. Quando tive dinheiro fiz terapias pagas, quando não tive fiz as gratuitas (como o Mulheres que Amam Demais, por exemplo). Também viajei muito para fora do Brasil; como eu não tinha grana, escrevia matérias e vendia. Por ser hiperativa e com déficit de atenção, nunca terminei uma faculdade, mas também nunca deixei faltar trabalho, porque, assim como C. M., sempre fui uma incansável (e também cansável) guerreira. Me virava como dava. Não tenho casa própria e, às vezes, não tinha dinheiro para pagar o aluguel, mas não ficava me lamentando, criava alguma saída, nem que fosse fazer dança do ventre no Réveillon (na pousada de algum amigo na praia). Eu sabia que logo estaria trabalhando novamente porque sempre fui muito criativa, cara de pau, tenho bons contatos e uma determinação danada :)

Quando comecei o VAE eu já tinha um autoconhecimento formidável, mas uma autoestima "meia-bocation". O que mudou?

1- Parei com o "minhocation" de me depreciar e de me comparar com os outros (outra tremenda forma de se depreciar).

2- Tomei para mim a responsabilidade de cada um dos meus atos.

3- Decidi que interromperia ciclos repetitivos destrutivos na minha vida (principalmente nos relacionamentos).

4- Risquei da minha vida as listas de infelicidades.

5- Comecei a levar o budismo a sério e seus maravilhosos ensinamentos sobre o desapego e a impermanência das coisas (o que me ajudou muito a não colocar toda a minha energia no amor, a tirar os homens do centro do meu universo e começar a vê-los como mais um planeta da minha órbita. E também me ajudou quando eu perdia algum emprego ou algo importante pra mim).

6- Comecei a ajudar muitas outras pessoas com VAE e a ser ajudada por elas.

7- Comecei a me aceitar com meus quilinhos a mais, sem casa própria, com meu nariz italiano, com meu 1,56 m de altura, sem carro (nem quero!), com meus 45 anos, sem grana guardada, sem emprego fixo etc. etc. etc.

8- Criei o *slogan* "Menefreguei!!", vulgo "Cag%#@!" para toda vez que eu tiver um pensamento negativo ou depreciador ou para quem vier me detonar (aliás, me afastei de gente que me detonava, incluindo meu pai. O que não quer dizer que eu não tenha gratidão por ele em muitas coisas).

9- Comecei a dançar *hip-hop* em casa, nos momentos em que estava um pouco pra baixo.

10- Coloquei toda a minha energia no foco de acreditar que eu poderia criar uma vida legal e, em pouco tempo, estava trabalhando para um cliente bacana (que colabora com a saúde e autoestima das mulheres), ao lado de um homem maravilhoso e dando mais valor aos meus amigos reais e virtuais (além das duas gatas que eu amo e que me amam).

11- Comecei a ilustrar minhas atitudes diárias com casinhas coloridas: palha, madeira ou tijolo.

12- E decidi! Repito: decidi ser feliz e achar uma graça incrível nas coisas, em qualquer coisa, incluindo comprar atemoia na feira quando estou com retenção de líquidos! O que não quer dizer que não me olhe no espelho, às vezes, e grite: SOCORROOOOOOOOO!

Para finalizar, coloco aqui uma frase da música "Dias melhores", do Jota Quest, em que ele diz: "Vivemos esperando dias melhores, melhores no amor, melhores na dor, melhores em tudo. Vivemos esperando o dia em que seremos pra sempre. Dias melhores pra sempre...".

Se me permite o Jota Quest: "O dia melhor dos Vigilantes da AutoEstima é hoje, aqui e agora!".

## ☆ DIA 233 ☆

### TODO MUNDO TEM DIREITO A UM DIA DE "CONVIDADO BEM TRAPALHÃO"

Esse é o nome de um filme muito engraçado com o Peter Sellers. Ele interpreta um ator indiano megadesastrado que é convidado por acaso para uma festa de bacanas do cinema americano. E claro que ele só faz trapalhadas. Hoje me senti um pouco como ele. Tinha uma reunião com minha cliente e depois haveria um almoço com as colunistas – médicas – do site. Fiz algumas besteiras dessas que cinco segundos depois você pensa: "Ai, que me$%#!".

Exemplo 1: minha cliente colocou meu currículo na apresentação para os colunistas. Eu consegui dizer a pérola: "Ah, não, tira os nomes dos meus livros sobre sexo, são meu passado negro...". Onde é que eu estava com a cabeça para falar essa frase desgraçada, autodepreciativa e absolutamente nada a ver?

Exemplo 2: o *brunch* seria às 12h30. Às 11h eu já estava vendo duendes marombados cantando "Living La Vida Loca" de tanta fome. Não havia tomado café da manhã e tinha mandado ver num remédio meia hora antes. Parecia que uma furadeira habitava o meu estômago. Do lado de fora da nossa sala estava rolando um *break* de outra empresa. Esperei acabar e fui roubar uma bombinha de chocolate. É claro que minha cliente me pegou com a mão na massa. E, como se não bastasse, servi de mau exemplo para algumas colunistas que também foram pegar guloseimas.

Isso até poderia ser um fato sem importância e bobageira se eu já não tivesse uma longa vida de inadequação. Sei lá, talvez por ser hiperativa, às vezes faltam uns pinos na cachola. Esse tipo de coisa impulsiva não dá para explicar. É claro que vou fazer um bom trabalho junto com eles, mas é claro também que, de vez em quando, não vou conseguir disfarçar totalmente uma ou outra maluquice.

O que dá para tirar de dica dessa coisa toda? Bom, vou pensar sobre esse assunto hoje, mas não vou ficar me autoflagelando. Talvez minha cliente entenda que muita gente que trabalha com criação tem um "fiozinho" solto mesmo.

## ☆ DIA 234 ☆

## HÁ VIDA APÓS O AMOR: O AMOR-PRÓPRIO!

Fiquei impressionada com a quantidade de e-mails pedindo conselho amoroso que recebi essa semana. Leio com respeito, mas é incrível como muita gente ainda acha que **auto**estima passa por algo externo como, por exemplo, o amor. Eu fico me descabelando para dizer o oposto disso, mas muita gente escuta e não ouve :( São as pragas dos velhos padrões e crenças. Sem contar que o VAE não é um blog de conselhos amorosos, e sim para pessoas que estão em busca de se fortalecer internamente pra segurar qualquer ventinho, vendaval ou furacão da vida.

Aqui no meu quarto eu tenho um quadro lindo e ao redor do coração está escrito um pequeno poema, da Elisa Lucinda: "Quero ser minha para poder ser sua. Quero nunca mais partir para longe de mim. Quero ser sua para poder ser minha...".

Mas como é que eu posso convencer alguém de que esse é o caminho? E as pessoas escrevem longos e-mails contando em detalhes o que o cara disse, o que ela respondeu, se ele ligou, não ligou... Jesus! Eu só respondo: "Cadê você e sua vida nessa história toda? E por que o cabra é o centro do seu universo e não você?".

O percurso que fiz para não ser mais uma escrava do amor e para não rebaixar minha autoestima nesse setor eu nem lembro mais. Só sei que trabalhei muito minhas carências e a síndrome de rejeição, mas muito mesmo, para parar de buscar isso nos pobres dos homens. Tanta gente me escreve dizendo: "Ele jogou minha autoestima na lama", "Ele me humilhou", "Ele me fez sofrer...". Não, pessoas! Ninguém faz essas coisas. Nós nos permitimos isso! Chega de "vitimation"! Quando vamos pegar para nós a responsabilidade e o poder que nos pertencem? E parar de dar tanto poder para os outros?

Sobre a vida após o amor vou reproduzir um texto da minha gêmea astral Andrea Cals, que, como eu já disse aqui, perdeu o marido há pouco tempo e transformou a dor em arte.

"Tenho muita saudade, muita saudade do Zé. O que só a gente sabia, as coisas que só ele sabia de mim. Sinto muita falta do que só ele entendia ou do que não entendia, mas que só ele sabia que existia em mim, saudade dos meus defeitos apontados, de como ele conhecia minhas coisas ruins, as chatas. As coisas legais, a gente mostra fácil, mas alguém que fica com a gente e com as nossas coisas ruins, não é fácil encontrar. Acho que a ausência do Zé me traz a falta de mim também. Aquela que eu era com ele já não existe mais e eu sinto falta dela".

## ☆ DIA 235 ☆

## TENHA SEUS PRÓPRIOS BRINQUEDINHOS

Sim, esta era uma "família" feliz. K. J., eu, uma gata cinza e uma preta. Ríamos e nos divertíamos todos juntos. Tínhamos sempre tempo um para o outro e vivíamos trocando beijos e abraços e ulalalá mais... Um comprava as coisas que o outro gostava de comer e beber. Suco de laranja, no meu caso, e 50 latas de cervejas diferentes no caso de K. J. ;)

Até chegar em nossas vidas o "Milestone" e seu sistema *android*. Esse bicho, para quem não sabe, é um treco desses do demônio tipo meu iPhone, vulgo Afonso, mas muito mais maquiavélico e cheio de coisas muito, mas muito legais. E K. J. está completamente fissurado pela coisa. Eu cheguei em casa toda feliz para contar que um amigo leu minha mão e disse que o nosso relacionamento será longo e profundo e que teremos um filho lindo (K. J. tá doido pra ter filho), inteligente e ecológico. Porém, essa informação, ou qualquer outra perto da chegada do Milestone, soa como: "Amor, tem gelo na geladeira...".

Não é justo! Primeiro inventam a TV aberta com mais de cem canais. Por mais Vigilante da AutoEstima que uma mulher seja, como concorrer com mais de cem canais? Aliás, não tem TV no meu quarto por causa disso. Nem vem...

Fico imaginando o nosso filho chegando pra ele e dizendo: "Pai, o Milestone é meu irmão?". Ahahahahaha.

O que fazer quando o seu namorado não desgruda do bagulhinho pretinho eletrônico? Tentar seduzi-lo com *lingerie* nessa friaca não parece muito boa ideia. Ameaçar colocar o treco no micro-ondas seria legal caso eu tivesse um micro-ondas. Arrumar para ele um outro negócio mais legal ainda que o Milestone (Deus me livre!). Ameaçar pegar os gatos e ir para a casa da minha mãe (acho que em estado de transe ele não perceberia). Pegar os meus próprios brinquedos? Mas eu só tenho o Nestor, o vibrador, e está sem pilhas... Opa! Achei as pilhas. Hehehe.

Brincadeira, não fiz nada disso. Eu estou só tirando sarro da situação. Deixei K. J. brincando com o "alienzinho" e fui trabalhar no meu PC. Depois, ele veio todo fofo para ouvirmos juntos, no Milestone, um cantor holandês romântico que ele adora.

*E la nave va...*

☆ DIA 236 ☆

## DISPA-SE DAS ROUPAS E DA VERGONHA

"Fi-lo porque qui-lo"! Quem disse essa frase foi o ex-presidente Jânio Quadros, e vou colocá-la no rol de frases legais VAE. Ela seria perfeita – como título – para uma matéria que li na revista *TPM* sobre mulheres brasileiras que posaram para Matt Blum. Matt é um fotógrafo americano que realizou o "The Nu Project" e fotografou mulheres como a gente, nuas e sem Photoshop (www.thenuproject.com/). Ele escolheu a terra dele (Minneapolis) e São Paulo. Questionado sobre o porquê de vir a São Paulo, respondeu:

"Pensei que seria interessante tirar fotos de pessoas normais, já que todos vão ao país para fotografar modelos e praias do Rio de Janeiro", esclarece.

No ponto de vista de Joana Vilhena de Novaes, autora de *O intolerável peso da feiura*, é interessante ver um Brasil fotografado "gordo". E, considerando que o autor vem da cultura norte-americana, em que Hollywood desacostuma nosso olhar aos feios, aos imperfeitos e aos velhos, só mostrando pessoas lindas, magras e jovens, Matt vai na contramão ao fotografar imperfeições. "É importante as pessoas darem uma arejada no discurso que seguem no sentido de criminalizar a gordura", conclui.

Eu fico muito, muito feliz de perceber o quanto estamos "por aqui", de saco cheio de perfeição. Tenho uma amiga escritora, Stella Florence, que me disse: "Quando vou transar com um homem pela primeira vez eu já tiro toda a roupa e fico 100% nua na frente dele e com a luz clara. Eu não tenho nada a esconder...". Confesso que ainda não penso 100%

como Stella e ainda escondo uma coisinha aqui e outra ali. Aliás, tenho uma mania ridícula. Depois da transa, na hora de ir ao banheiro, eu saio de fininho e com as mãos na traseira pra esconder a celulite. E K. J. não está nem aí para isso e vive repetindo (baseado no filme *Matrix*): "Seu código é lindo!". Ou seja: ele consegue me ver muito melhor que eu e além da minha beleza. Como ser uma boa escritora ou uma mulher transparente se "minto" para meu namorado (portanto, para mim mesma), escondendo uma coisinha aqui ou outra ali? A gente não vê homem fazendo isso na hora do sexo, puxando, por exemplo, o lençol em cima da barriga pra esconder as gordurinhas. Estão muito mais inteiros nesse momento que nós.

Outra parte bacana nessa matéria da *TPM* foi este relato da artista plástica Michele Lerner:

"Há menos de um ano, pouco antes de me unir ao primeiro namorado da vida, escutei: 'Você não vai emagrecer para o casamento?'. Eu rebati, indignada: 'Isso não diz respeito a ninguém, só a mim'". Michele viu seu corpo ser posto em discussão desde menina, quando participava de um grupo de dança folclórica judaica. "Sempre fui gordinha, baixinha, de cabelo preto e enrolado", assume ela. "O negócio desse fotógrafo é ver gente normal, muito diferente dos editoriais de moda, que mostram que a beleza está na magreza. Quando vi as fotos, um portal se abriu para mim. Não importa quanto eu pese, foi um tesão ver o resultado", relata.

"Há um tempo em que é preciso abandonar as roupas usadas que já têm a forma do nosso corpo e esquecer os nossos caminhos que nos levam sempre aos mesmos lugares. É o tempo de travessia; e se não ousarmos fazê-la, teremos ficado para sempre à margem de nós mesmos." (Fernando Pessoa)

## ☆ DIA 237 ☆

### QUANDO CHEGAR O "PEPINÃO", LEMBRE-SE: *ERES MÁS FUERTE!*

Recebi uma notícia-bomba hoje. Foi um surtão desses que você fala: "Agora, danou-se muito!". Mas, por incrível que pareça, quem me deu uma luz foi o meu sobrinho Gabriel, de 19 anos (e sem saber). Entrei no MSN após receber a notícia, ainda em estado de choque, e li no título do MSN dele: "ERES MÁS FUERTE!".

Achei essa frase bacana pra caramba e ela acaba de entrar também na seleção de preferidas do VAE. Ela serve para todas as pessoas que me escrevem, por e-mail ou por comentário, contando uns pepinões medonhos. Agora, para todo mundo eu vou escrever: "ERES MÁS FUERTE!".

Sim, nós somos mesmo mais fortes do que os "touros" que vêm espetar a nossa traseira ao longo da vida. Ela é meio uma versão da frase "Ninguém nem nada tem poder sobre mim", que é a minha favorita. A escritora francesa Gabrielle Colette escreveu em seu livro *A vagabunda* que mulher nenhuma morre de amor. Incluo aí os homens. E também digo que ninguém morre de amor, nem de perder o emprego, nem de ficar sem grana, nem de perder algo que ama, nem de frustração, nem de escolha errada... porque *eres más forte*!

Essa frase também me lembra muito esse grupo argentino, o "Fuerza Bruta!". São uns caras loucos que saem desembestados estourando os obstáculos que aparecem na frente deles.

Às vezes, precisamos mesmo sair desembestados pela vida metendo a cara e a coragem no que tenta frear a nossa jornada. E isso inclui pessoas também. E não pode pensar muito.

## ☆ DIA 238 ☆

## MEGACUIDADO COM A CEGUEIRA EMOCIONAL!

Não dá para o VAE ficar em silêncio quando a mídia vem mostrando tantos casos terríveis de violência contra as mulheres. Na matéria "Sinais avisam que o amado pode virar algoz", a jornalista Renata Rode reproduziu um trecho do e-mail enviado pela médica paulista Glaucianne Hara, dias antes de sua morte. Ela conversava com sua psicanalista e amiga, Tatiana Hades, sobre o relacionamento que mantinha com o marceneiro gaúcho Rodrigo Fraga da Silva, assassino confesso da parceira. Uma das frases ditas por Glaucianne é esta aqui: "Taty, eu amo o Rodrigo, sei que ele me bate porque tenho alguma culpa nisso tudo".

Curiosamente, uma das Vigilantes que fez parte do nosso último *workshop* chegou dizendo que havia resolvido estudar depois de certa idade e que seu marido não curtira a ideia e descolara uma amante. Ela disse a seguinte frase no começo do trabalho: "Eu perdi o amor da minha vida por causa de um sonho". Ao final do *workshop* ela nos revelou que apanhara e muito do tal sujeito (o mesmo que ela ainda chama de "amor da minha vida").

Estou contando essa história para que todo mundo aqui se lembre de que a violência contra a mulher está bem mais próxima do que a gente imagina, talvez até na sua casa, neste momento. Porém, devido a uma cegueira emocional ela pode acabar parecendo "normal". NÃO, ELA NÃO É NORMAAAAAAL!!

"Centenas de mulheres morrem por causa de amor patológico, seja porque se matam, seja porque se envolvem com sociopatas. É o que chamo de cegueira emocional: uma codependência que promove a incapacidade de lidar com o outro de forma saudável. Quem vê de fora tem a sensação de que a mulher é 'burra', mas o fato principal é que essa 'burrice emocional' é uma doença, e o sofrimento é enorme", explica Tatiana Hades. Portanto, a mulher nessas condições precisa de ajuda urgente!

Atenção para estes sinais de alerta:

– O homem dá diversos sinais verbais de que poderá cometer um crime passional ou uma futura agressão física.

– O homem que começa a gritar ou a xingar a companheira no futuro pode machucá-la fisicamente.

Se você ou alguém que conhece está sofrendo violência, ligue para o número 180 – Central de Atendimento à Mulher. É um serviço gratuito da Secretaria Especial de Políticas para as Mulheres, que orienta as vítimas de violência doméstica. Funciona 24 horas, todos os dias.

☆ DIA 239 ☆

## O OPOSTO DE AMOR É EGOÍSMO (E NÃO ÓDIO)

Alguém aqui viu o filme *Corra, Lola, corra*?, em que fica nitidamente claro que podemos escolher o final de "n" coisas na vida da gente? Ok, vou falar dele já, já...

K. J. fez aniversário nesses dias. Ele é de Curitiba e a parte 1 era jantar com ele, a irmã, a tia e uma amiga no restaurante indiano. A parte 2 era o casal ir para casa e beber champanhe com cerejas à velha e boa luz de velas. A primeira parte foi como planejamos, com direito a ganhar uma calça linda e um *pen drive* do Darth Vader.

A segunda, não. Quando estávamos indo embora do restaurante chegou uma antiga e querida amiga também de Curitiba. K. J. curte uma boa cerveja, a amiga também, então fomos para um dos bares da Vila Madalena. Eu não bebo, quer dizer, nunca passo do segundo copo porque não gosto de ver o mundo girar mais do que já roda. Fora isso, eu estava com uma lente de contato me perturbando bem os olhos. Às 3 da manhã, decidi ir para casa (a um quarteirão do bar!). E deixei os dois bebendo e se divertindo pra valer. Eles estavam muito engraçados mesmo, zoando com o povo no bar.

Eu sei que só este depoimento já vai fazer muita gente ficar de cabelo em pé. Mas vou continuar, e é aí que entra o filme *Corra, Lola, corra*. Eu poderia escolher o final: 1- Fazer papel de vítima, me sentindo rejeitada, e chorar porque a noite não foi como eu queria. Ou o final 2- Ter um ataque de ciúmes e quebrar a garrafa de champanhe na cabeça dele, estragar a sua noite e a minha. Ou o final 3- Eu poderia ficar me mordendo de ciúmes e me esconder atrás da árvore para espionar. Ou o final 4- Eu poderia entender que era o aniversário dele e não o meu e que amor é o oposto de egoísmo e deixá-lo curtir à vontade, ir para casa, comer um pouco das cerejas e esperar ele voltar feliz e contente. Afinal, estou encontradamente apaixonada por ele e não perdidamente.

Quando a gente está com a autoestima forte escolhe, sem pestanejar, o quarto final, e foi o que fiz. Duas horas depois, eu ouvi (aos berros pela janela) uma das declarações de amor mais lindas e sinceras. Depois, os dois subiram aqui em casa bebaços, me alopraram o quanto puderam e eu nunca ri tanto na minha vida. Antes que alguém diga "COMO VOCÊ CONSEGUE ISSO?", já vou contar.

Sempre tive um ciúme medonho que fazia com que eu me machucasse – saindo que nem louca de bicicleta – ou estragasse a minha relação vendo coisas que nem existiam (e estou falando de três, quatro anos atrás). Como curei essa doença?

1- À medida que fui trabalhando meu complexo de rejeição, foi diminuindo o medo da perda, portanto o ciúme diminuiu também (a terapia foi fundamental, claro, e também sessões de "Criatividade Quântica", Lucia Rodrigues (ecologiadacriatividade@uol.com.br). Foi ela quem me ajudou a descobrir qual era a raiz dessa coisa, dessa crença que gerava o ciúme.

2- Sofri tanto no amor, mas tanto, mas tanto que automaticamente parei de colocar tantas fichas nele. Como eu já disse várias vezes, o meu namorado é um dos planetas da minha órbita e não o centro do meu universo.

3- O budismo me ajudou a entender melhor a impermanência das coisas e, portanto, a não me apegar tanto a elas. Como fazer isso? Fazendo e curtindo milhares de outras coisas nesta grandiosa vida (com grana ou sem).

4- Quando a gente encontra nossa própria liberdade, ama e valoriza a do outro. Ver meu amor feliz no dia do seu aniversário, depois de ter passado tanto perrengue no passado, me deixa muito, muito feliz. Hoje em dia tenho o mesmo prazer saindo com minhas amigas ou com ele.

5- K. J. não me faz feliz. Ele me faz **mais** feliz. Eu já estava bem contente antes dele e o povo é testemunha (porque decidi que assim seria, mesmo sem amor e sem emprego). Se em tese não preciso de K. J. para me fazer feliz, logo não tenho medo de perdê-lo (o que não quer dizer que não vou chorar como uma hiena pelo avesso no dia em que nossa história acabar).

6- Hoje em dia me acho uma das pessoas mais legais que já

conheci (hehehe), portanto, por que vou achar que outra mulher é melhor que eu? Menefreguei!

Eu gostaria imensamente que este texto ajudasse todo mundo que sofre com a doença do ciúme. Eu sei a desgraça que é e como ela traz infelicidade à relação e ao casal. Antes de mais nada, o ciumento é um tremendo egoísta, autorreferente, que acha que a sua felicidade está em controlar o outro. Pergunta: isso é amor? Resposta: não! Mas a boa notícia é que tem cura :)

☆ DIA 240 ☆

## "OVERSPENDING": APRENDA A CUIDAR DESSA DOENÇA FINANCEIRA

Ontem quem pediu um momento "caverna" para K. J. fui eu, para tentar entender o que me levou a ter um surto de gastança nos últimos dois meses. Aliás, o que me levou a ter MAIS um surto. Gente como eu, e talvez você, sofre de uma doença (como eu já disse aqui) que se chama "overspending" (vou traduzir gentilmente para "gastar mais do que devia"). Sim, ela é considerada tanto um vício quanto fumar, beber, se drogar etc.

Todo vício tem uma raiz comum: atenuar algo que está pesado demais na realidade e com que a gente não sabe lidar direito. Então, vira uma espécie de fuga para aplacar ansiedade, estresse, carência, problemas, vazio existencial etc. etc. Fiz um longo *check-in* da minha vida ontem à noite e não cheguei a conclusão nenhuma. Estou bem afetivamente, profissionalmente, o blog está com um mega-acesso, vou escrever o livro do VAE, minha gata pretinha melhorou... Enfim, não achei nada.

Acontece que o "overspending" na minha vida já tem muitos anos e é hereditário – e quem me deu a "herança" foi o meu pai, que, aliás, se deu muito mal por causa disso. Eu me lembro de quando eu tinha 15 anos e fui com minha irmã para Bariloche. Enquanto eu não torrei o meu dinheiro todo eu não sosseguei. O resultado foi passar o último dia comendo maçãs na terra da picanha (peço desculpas aos vegetarianos). Terrível...

Há uma facção que acredita que o excesso de ansiedade (que seria uma das origens do "overspending"), para algumas pessoas, vem da falta de carinho na infância. Talvez seja daí. Ou de uma necessidade de fo#%@ a sua felicidade de alguma forma. Então, se estou feliz numa ponta, logo, vou detonar alguma outra coisa. Sim, há outra facção que acredita que muitas mulheres engordam nos novos relacionamentos por causa disso, para boicotar a felicidade.

Na minha opinião, o gastar demais tem mesmo um quê de comer demais, afinal, quem tem tendência pra engordar come quando está alegre, triste, com raiva etc. Talvez a turma do "overspending" também seja tão sensível e intensa quanto as pessoas que comem demais. Talvez essa turma também não saiba lidar com as emoções – mesmo que boas – e sai gastando. Ou seja: as emoções para nós são tão intensas que não cabem em nós mesmos e aí entramos num delírio digno de *Afogando em números*, do diretor Peter Greenaway. A matemática, as cifras, as contas, o que estamos gastando, os preços... viram números levitando no ar e parecem não fazer mais nenhum sentido. Nos desconectamos totalmente da realidade na hora do surto.

Mas aí vem a ressaca, a realidade, o bicho pega e acabamos ficando tristes e frustrados. O que fazer, então? Somos Vigilantes da AutoEstima e não precisamos bater nossas cabeças na parede por isso. Aliás, ser um viciado não tira nosso valor. Afinal, pelo menos dois terços da população deve ter um viciozinho. O resto está mentindo, hehe.

A primeira coisa que fiz ontem foi cair na real. Eu assumo que sou viciada em gastar e que o vício é como um trem. Há dias em que está nos trilhos e há dias em que descarrila feio. Quando assumo que sou viciada e não fico negando, fica mais fácil tomar decisões. Vou contar as que tomei:

1- Liguei para o gerente do banco e pedi a redução do meu limite de cheque especial.

2- Tranquei o cartão de crédito numa gaveta (a internet é o maior perigo para o "overspendico").

3- Comprei um bloquinho de dois reais para anotar tudo o que gasto (mesmo!), coisa que não faço a menor ideia.

4- Combinei com o K. J. (que também é chegadinho num gasto exagerado) que o nosso amor agora segue 100% nacional. Nada de queijo russo, cerveja alemã, rosas colombianas... Brazucation mesmo! Só isso já diminuiu as despesas no super em dois terços.

5- Quando deixo de fazer uma compra compulsiva, como hoje (que não comprei aquela pulseira linda com gatos desenhados), eu anoto o preço da coisa pra ver quanto eu economizei no fim do mês (com objetos que eu nem usaria mesmo).

6- Estou colocando em prática uma frase que um amigo me aconselhou. Eu olho para a coisa e pergunto: "Eu tenho isso?". Se a resposta for "sim" eu saio correndo da loja (roupa, CD, livro, acessórios, maquiagem etc. etc). Aliás, o ideal é nem entrar nas lojas por um tempo.

7- Voltei a andar para gastar energia em excesso (que facilmente se transforma em ansiedade).

8- Estou prestando mais atenção às minhas emoções. Mentira!

9- Voltei a usar a "prima" da frase do AA: "Hoje eu não vou gastar compulsivamente".

Enfim, estou aqui para ajudar quem precisar. Vamos juntos nessa caminhada para a "Prosperidade já, já e já!".

## ☆ DIA 241 ☆

### QUANTAS VEZES VOCÊ DISSE "NÃO" ESTA SEMANA?

Ontem tive a felicidade de encontrar, por acaso, o professor Nuno Cobra numa cafeteria. Nós escrevemos na mesma época para a revista *UMA*. Nuno Cobra é um tremendo preparador físico e uma dessas pessoas iluminadíssimas e de uma bondade incrível (ele é modesto pra caramba e não vai concordar comigo). Quando ele começou suas atividades na década de 50, propondo em seu treinamento o autoconhecimento (emoção, razão, físico e espiritual), muita gente deve tê-lo achado biruta, mas depois o mundo foi dizendo "sim" para pessoas como ele e o professor teve a oportunidade de preparar atletas como o Ayrton Senna, os Diniz, esportistas olímpicos e vários outros campeões.

Antes de sair da cafeteria ele me perguntou duas coisas: "Está cuidando mais dos outros do que de você? Olha, hein...". E depois, em outro contexto, ele perguntou: "Quantos 'nãos' você disse esta semana?".

Esse encontro com o professor me lembrou um e-mail que recebi de um amigo. Ele pedia que eu analisasse um texto que havia escrito para uma moça e ele parecia gostar bem dela. O texto estava tão carregado de nãos e de tanto racional que eu até fiquei tonta. Infelizmente, ele dizia exatamente o oposto do que gostaria, como se colocasse uma barreira medonha entre ele e a amada.

Fiquei pensando sobre a pergunta do professor e sobre como a gente fala "não" pra diabo. Mesmo quando não quer, como é o caso do meu amigo. Eu não soube contar os "nãos" que disse essa semana, mas me proponho e proponho a você fazer isso hoje, pelo menos por um dia. Muitas vezes o "não" é o medo disfarçado. Medo do novo, do velho ou da simples nua e crua verdade das coisas. No caso do meu amigo, a paúra de se expor era tão grande que ele acabou ficando arrogante. E, nossa, se a intenção dele era trazê-la para perto, certamente acabou afastando mais.

Então, quantas vezes você falou "não" hoje?

## ☆ DIA 242 ☆

## CUIDADO COM A "CAIXA DE PANDORA" NO AMOR

Muito interessante a polêmica sobre as duas formas de "nãos" interpretadas no dia anterior: 1- Como é ruim não saber falar "não" para os outros. 2- Como é péssimo falar "não" demais para o novo e limitar a sua vida. Pensando bem, o professor Nuno pode ter falado da primeira versão mesmo. Ambas são muito importantes, mas eu gostaria de falar sobre uma terceira e cruel forma de dizer não: o que nos exclui (ou o que pensamos que nos exclui).

Mentiu quem disse que o amor protege. O amor não protege a si mesmo das armadilhas da paixão. Um diálogo estúpido entre K. J. e eu foi o suficiente para se abrir a "Caixa de Pandora" e sentirmos o gosto ácido do orgulho ferido. Pandora é a personagem da mitologia grega que, por curiosidade, abre a caixa que continha todos os males do mundo, e assim a humanidade começa a padecer.

Ontem K. J. me abraçou e disse: "Você é minha mulher bonita, gostosa, inteligente, amiga... só faltava ser rica". Eu respondi: "Se eu fosse rica estaria com um namorado argentino jogador de polo equestre". Ambos se calaram e ambos sentimos o ego machucado porque na nossa cabeça ele disse: "Você não é boa o suficiente para mim". E quem de nós aqui já não ouviu isso de alguma forma, principalmente de um de nossos pais? Ou quem de nós não tem uma frustração de, por exemplo, não ter guardado $?

A droga de se ter um mal-entendido desgramado desses no fim de noite é que ambos vão dormir tristes e sem resolver a coisa. Quer dizer: nós mulheres não conseguimos dormir direito e eles dormem, sim.

Talvez nesse momento tenha aparecido o primeiro minhocation da relação: "Um dia ele vai me trocar por uma perua rica". "Um dia ela vai me trocar por um cara cheirando a cavalo...".

Quando a "Caixa de Pandora" se abre num namoro a me#%@ começa a se espalhar e a chance de descer ladeira abaixo é muito grande. É aí que começamos a tirar o poder de nós e dar para coisas que certamente irão prejudicar o nosso relacionamento, porque os males da paixão podem estar começando a ganhar força: ciúme, inveja, desvalorização, mágoa, desentendimento, medo da perda etc. etc. E começamos até a questionar se o amor existe mesmo, já que nunca o conhecemos bem, principalmente na infância. E que talvez o que as pessoas chamem de "love" seja apenas um forte e, ao mesmo tempo, frágil entusiasmo (ou não! Who knows?).

O que fazer nessa hora? Voltar para a nossa essência, para a fonte maior, lembrando que nossa vinda à Terra é sagrada e que portanto

– e definitivamente – a nossa felicidade não está contida em uma pessoa. Juro que não! Juro que não! Juro que não!

No meu caso, tento parar o "minhocation" lembrando que minha missão nesta vida não é ficar rica para agradar K. J. (mesmo que ele estivesse brincando sobre isso, e depois tudo se esclareceu e ele entendeu que não precisava ter dito aquilo), e sim transformar as pessoas, incluindo eu mesma. Meu trabalho no VAE é minha enorme riqueza, a origem da minha realização e alegria (não quer dizer que eu não seja feliz com K. J. – ao contrário!). Cada vez que recebo um e-mail de alguém que está melhor e mais forte graças ao blog eu choro. Choro uma emoção que não consigo conter dentro de mim. É grande demais.

Se isso não for o suficiente, e geralmente é, eu me volto aos mantras de cura tibetanos que me ajudam a esquecer de mim mesma e do meu ego que se fere à toa, o bocomoco.

Ontem me deu um *insight* de que, como o *notebook* que K. J. me deu (comprou um novo!), nós pensamos pequeno, achando que quem nos nutre a alma é uma bateria que dura apenas duas horas. Nós esquecemos que podemos nos ligar a uma fonte inesgotável de verdadeira felicidade e no momento que quisermos – basta se reconectar ao Todo. Acho que isso é a "batida perfeita" que a gente procura e que o Marcelo D2 fala na música dele.

Putz, mas, às vezes, esse caminho é muito, muito difícil de achar. Vixe, se é...

## ☆ DIA 243 ☆

### CADA UM SABE A DOR QUE TEM. RESPEITE!

Um dos motivos de ter parado de dar conselhos amorosos é bem simples: cada um é cada um. Portanto, quando alguém me escreve pedindo para analisar a atitude de outra pessoa eu apenas respondo: são 100 bilhões de neurônios, como quer que eu tenha essa pretensão? Fora que sou "destrambelhada" no amor e não tem como ajudar muita gente, hehehe. Mas ajudar a fortalecer a autoestima, como estou fazendo, ah, isso tem jeito, sim.

Estou dizendo isso porque às vezes escrevo algo que aconteceu comigo e as pessoas respondem numa simplicidade incrível frases como: "Deixa de ser boba", "Isso não foi nada", "Foi só uma brincadeira...". Na real, as coisas não são assim tão simples. Todo mundo tem seus machucados de infância ou um jeito de reagir às coisas diferente dos outros. E não dá para julgar nem banalizar. Dou dois exemplos:

1- Esse eu acho que já citei aqui. Uma vez eu estava no shopping e um senhor caiu na escada rolante. Havia uma moça bem mais perto que eu e ela não fez NADA. Eu gritei: "Por que você não ajuda?". Ela respondeu: "Porque eu fico paralisada diante do medo e você deve respeitar isso". Eu, ao contrário, em cinco segundos já tinha ajudado o senhor, arrumado uma cadeira e um copo d'água. Sim, são pessoas completamente diferentes com respostas idem.

2- Vi uma foto maravilhosa em que o Obama, o homem mais poderoso do mundo (fora o Gerard Butler), está chorando pela morte de uma grande feminista. Muita gente aqui talvez ache uma besteira, mas não é tolice para ele, pelo visto. E dificilmente a mulher dele vai virar e dizer: "Para com esse choro, que bobagem, seu banana...". Pois é...

Agora, o fato de a gente se magoar com uma coisa não quer dizer que a gente deva nutrir essa mágoa. Só o que precisamos é olhar para isso e tentar entender de onde veio essa "reação" inesperada. E, assim, continuar para o alto e avante, porque somos Vigilantes da AutoEstima! E é por isso que K. J. e eu conversamos sobre o que aconteceu sábado e pudemos compreender um ao outro. Porque nessa hora, ouvir de alguém um "que bobagem!" não só não melhora em nada, como estropia a riqueza dos nossos sentimentos. Sem contar que essa pessoa certamente não terá o respeito dos outros quando chorar por suas próprias "baboseiras".

Cada um sabe a dor que tem. É legal respeitar as nossas e as dos outros.

## ☆ DIA 244 ☆

## NÃO TRANSFORME O SEU AMOR NUMA "LOVE PARADE"

Não dá para ler uma notícia dessas e não fazer uma metáfora. A "Love Parade" deste ano foi programada para ser em Duisburg, na Alemanha. Infelizmente, virou uma tragédia, com a morte de 20 pessoas e um saldo de mais de 500 feridos. Havia cerca de 1 milhão num lugar planejado para 250 mil. Ou seja: as pessoas morreram sufocadas na "Love Parade" quando começou o empurra-empurra.

Não é só na "Love Parade" que se morre sufocado. Infelizmente, fazemos isso o tempo todo nos nossos próprios relacionamentos. Queremos controlar o parceiro porque o desejamos só para nós. Nós o "amamos" tanto que não podemos correr o risco de perdê-lo. Amamos seu cheiro, sua beleza, seu jeito de falar, a inteligência, a forma como nos dá prazer e, principalmente, o que há nele e o que não há em nós. Se pudéssemos, nós o colocaríamos numa caixinha transparente na estante da nossa sala, junto com algum troféu enferrujado e as medalhas de um tempo distante qualquer. Sim, eu tenho ele, você não tem!

E é aí que começamos a matá-lo. E o que era para ser algo pacífico e alegre, como a "Love Parade", vira um inferno. É aí, nesse apego diabólico, que a alma da pessoa vai definhando sufocada, junto com o relacionamento.

"Ah, mas eu sou assim, e agora, como faço?" Primeiro precisamos descobrir onde está a nossa liberdade perdida que faz com que detonemos a do outro. Segundo, temos que curti-la o máximo que pudermos. Terceiro, temos que lembrar que o outro apenas está se "doando" para nós, mas não se dando. Ele está na nossa vida porque isso vai transformar a ambos. Depois, quando for o momento certo, ele não estará mais.

Vou dar um exemplo: K. J. é especializado num negócio de internet que está bombando. Apareceu uma vaga para um profissional como ele em uma agência de publicidade muito famosa e que paga bem. Quem me contou da vaga foi a irmã dele, também publicitária. Ela disse: "Se você indicá-lo, ele não vai ter mais vida própria. É isso que você quer?". Eu pensei: não quero isso... Mas fiquei matutando. Uma das grandes estrelas guias da minha vida é a Marília Gabriela. Quando ela namorava o Gianecchini, que era modelo internacional, ela o apresentou na Globo e deu uma superforça e incentivo na sua nova carreira de ator. Ela sabia que depois disso eles perderiam a privacidade e que haveria gente atacando o moço na rua (como ela presenciou várias vezes). Minha tia foi um mulherão seguro de si.

No dia seguinte, eu indiquei K. J. para o cargo e torço muito para que dê certo. E isso me deu uma sensação de amor e liberdade muito grande. A mesma que tive quando mudei para o primeiro andar de um prédio em Pinheiros e cortei a rede de proteção da janela para minha gata poder passear no jardim. Eu poderia tê-la perdido. Mas sua felicidade e liberdade estavam acima de tudo. Sofri que foi o diabo no começo. Estamos juntas há oito anos. E ela sempre voltou...

☆ DIA 245 ☆

## "STOP MINHOCATION" – COM REBOLATION

Eu vi a foto de umas mulheres bem feiosas na internet. Depois, eu assisti ao vídeo com elas dançando música árabe no YouTube. Jesus, que arraso! A feiura simplesmente desapareceu.

Aliás, eu tenho dado muito esta dica para quem me manda aquelas novelas mexicanas dramalhônicas (eu leio todas, mas não vou ser cúmplice de "coitadismo", hein, gente!): vá dançar! Parece má-criação, mas não é. Wilhelm Reich, psicanalista alemão, afirmava que era possível identificar bloqueios e traumas emocionais através da análise da postura do corpo. Segundo essa teoria, traumas e bloqueios tiram o corpo do seu eixo natural, provocando grandes desvios devido ao retesamento muscular; dessa forma, distúrbios mentais e emocionais poderiam ser facilmente eliminados trabalhando o corpo através da expressão corporal, exercícios de respiração e dança.

É por isso que no próximo encontro do VAE eu convidei a minha amiga Marisa para dar aula de dança cigana para nós (mulheres e homens!). Não é de hoje que eu resumo a baixa autoestima com apenas uma palavra: estagnação! Estagnação da mente em uma crença autodepreciativa medonha e/ou estagnação do corpo que se sabota e chama de preguiça.

Você não precisa se matricular em nenhum lugar para dançar. É só soltar o "frangation" na sua casa mesmo. Lembra da música "She's a maniac, maniac on the floor. And she's dancing like she never danced before" ("ela é uma maníaca na pista. E dança como se nunca tivesse dançado antes")? Que delícia....

## ☆ DIA 246 ☆

## PARE DE ENCANAR COM A SUA BARRIGA

Definitivamente, nós mulheres somos muito estranhas mesmo. Hoje vai rolar uma noite romântica especial com K. J., portanto eu diminuí os carboidratos ontem e torci muito para que a minha barriga acordasse menor hoje, mas não acordou, não. O mais interessante é que o desprezo que tenho por ela é enorme a ponto de praguejá-la e escondê-la com roupas ou pedaço de lençol. O mesmo não acontece com a barriga de K. J., que é o dobro da minha :) Eu brinco com ela, faço carinho, chamo de linda, dou beijos. Que loucura, né? Ai, que bocomoca que eu sou.

Mas lendo o texto da pesquisadora Denise Gallo, na revista *Trip*, a gente entende: "A centralidade da aparência na existência feminina jamais foi desestabilizada pela busca de outras realizações. O historiador e crítico de arte John Berger escreveu que a mulher está sempre acompanhada pela imagem que tem de si, dividindo-se internamente em vigilante e vigiada, para tomar conta de como aparece no mundo. Meninas pequenas são empetecadas e – "que gracinha!" – aprendem que o caminho para agradar o auditório passa pelo invólucro que as embala. Invólucro que será para sempre modificado, seguindo os padrões das editorias de beleza".

Portanto, hoje eu resolvi que vou tratar minha barriga com mais amor e carinho e que vou dar um nome para ela, no lugar do apelido "carinhoso" de Boneco Michelin. Ela vai se chamar Bárbara! Aliás, essa história de dar nome para as coisas me parece interessante. Por exemplo, dei o nome de George Clooney para o meu dinheiro, assim penso duas vezes antes de dá-lo para alguém ou de torrá-lo. Ahahahaha.

☆ DIA 247 ☆

## FALTA DE DINHEIRO SE RESOLVE COM CRIATIVIDADE

Essa frase não é minha, não, mas acho muito sábia. Vou dar um exemplo: K. J. chegou de Curitiba há cinco meses. Ele veio para trabalhar numa empresa em São Paulo. Morou um pouco na casa da tia, depois na da irmã e agora está rachando um apartamento com mais dois caras.

Bom, K. J. precisa de um colchão, obviamente. Por enquanto, está dormindo – ui! ai! – na minha esteira de yoga. E eu, num *sleeping bag*!! Só por amor, mesmo... Afe Maria! Mas como comprar um colchão se ainda não está sobrando grana? Resposta: criando algo legal!

Para quem não sabe, todo dia 29 de cada mês é celebrado o "Nhoque da Fortuna". As pessoas pedem essa opção do cardápio nos restaurantes e colocam um dindim embaixo do prato para trazer prosperidade. Pois bem, criamos o "Nhoque da Fortuna para o K. J.". Fizemos um convite divertido chamando os amigos para conhecê-lo e para comer um delicioso nhoque na casa da irmã dele. Quem doou o molho e a massa foi o Ristorante Spadaccino, de uma amiga querida. O preço do evento era R$ 30,00 (com Coca-Cola).

Várias pessoas toparam a empreitada e agora ele pode comprar (se quiser!) pelo menos um colchão de solteiro no Magazine Luiza.

Se você estiver dura neste momento, em vez de choramingar, ponha a cachola pra funcionar :)

☆ DIA 248 ☆

## MANIFESTO PELO DIREITO AO SURTO DE VEZ EM QUANDO

A bruxa devia estar solta esta semana. Em apenas alguns dias vi quatro mulheronas surtarem. A primeira, por ter tido um pesadelo em que ela perdia o homem amado para outra mulher e para o vício do passado (eu!). A segunda, por ciúmes. A terceira, anciã, pelo nervosismo de ver seu marido, de quase oitenta anos, ir para a mesa de operação (minha mãe!). A quarta, por receber de um dia para o outro (literalmente) o aviso de fim de seu casamento.

Vou resumir os quatro casos em apenas uma palavra: abandono! Muitos homens não compreendem o peso desse sentimento na vida de uma mulher. E, curiosamente, essas quatro grandes mulheres foram, de um jeito ou de outro, abandonadas muito cedo por seus pais.

Vou entrar mais fundo na questão. Uma vez fiz um *workshop* com uma psicóloga americana (Sukie Miller). Era sobre relacionamentos. Ela disse que homens e mulheres tinham temores diferentes. O grande medo dos homens era a perda da liberdade (não generalizando). O das mulheres era o abandono. E é claro que quando nos sentimos abandonadas interferimos na liberdade do outro.

Ao pesquisar sobre a palavra "abandono" no deus Google, cheguei a "desamparo" e daí cheguei a "não proteção". Mulheres abandonadas pelo pai muito cedo não sabem mesmo o que é ter sido protegida pela figura masculina. E, portanto, por mais mentalmente fortes que sejam, podem, de uma hora para outra, ter um surto se em determinado momento da vida esse código – de abandono – for acessado. E estou falando de mulheres que fizeram anos de terapia.

Isso talvez signifique que uma ferida como essa de infância ou de juventude jamais cicatrize.

Quando uma mulher surta, geralmente é vista como frágil e desequilibrada. Homem, então, coitado... E minha pergunta é: por que a fragilidade do outro nos causa tanta ojeriza? Minha opinião: porque somos estúpidos o suficiente para fingir que "eu sou forte, você não é". E o surtado nos remete à nossa própria fragilidade, a mesma que evitamos como a cruz que foge do diabo. Maldito seja, portanto, esse puto que surta diante dos nossos olhos.

O texto de hoje é um manifesto ao direito ao surto para a humanidade inteira. Seja para as mulheres. Seja para os homens. Seja para a própria natureza. Viva esse surto que nos revela humanos fortes e frágeis. Alternadamente...

## UIDE DESSA "SÍNDROME DE REJEIÇÃO"

fim de semana sobre abandono e rejeição mexeu com (por comentários e e-mail) e por isso vou falar desse triste. Não importa o grau, a verdade é que todos nós aqui temos pavor de ser rejeitados (e não há como não ser em momentos da vida). O que não quer dizer que a gente também já não tenha feito isso com os outros.

Mas eu vou falar sobre ser rejeitado e deixar que isso estrague a vida. Quando eu praticava yoga numa escola de São Paulo, o mestre pediu que fizéssemos a seguinte experiência: 1- Plantar dois feijões em potinhos com algodão. 2- À medida que as plantinhas fossem crescendo, deveríamos proceder assim: uma a gente rejeitava totalmente (sem deixar de regar) e a outra a gente enchia de elogios e atenções. Nem preciso dizer que a primeira planta cresceu toda atrofiada e a segunda ficou linda, vibrante e saudável. Para você ver a catástrofe que é uma atitude dessas.

Recebi e-mails de duas Vigilantes que me deixaram muito emocionada. Reproduzo: 1- "Quando eu era criança tinha uma tia que perguntava se eu não tinha inveja da minha prima, que era tão mais bonita, tão mais bem vestida, tão mais magra (eu sempre fui gordinha), tão mais inteligente e sei lá mais o quê".

2- "Consigo me lembrar de uma dor recente: a perda da minha mãe. Fui expulsa de casa pelo meu pai porque ele arranjou outra pessoa menos de seis meses depois que minha mãe morreu e eu não aceitei, e fui morar com meus tios que há pouco me pediram para ir embora e morar de favor com minha avó que está doente... São dores misturadas e já não consigo mais saber qual é a mais dolorida".

É por essas, e milhares iguais a essas, que meu sonho é formar várias "Vilas VAE" pelo Brasil. Uma espécie de "friend's house" onde todo mundo que foi rejeitado pelas pragas dos parentes, e que se sente sozinho, poderia morar. Sim, porque muita gente que teve problema de infância acaba crescendo desestruturada, meio "destrambelhada" no amor, e é mais difícil dar certo nas relações. Aí, todo mundo poderia cozinhar junto, ver DVD, se divertir, cuidar uns dos outros etc., enquanto não se "encontrassem" a si mesmos e afetivamente. Seria uma espécie de segunda família. E é claro que teria um encontro do VAE toda semana :) Realidade ou Shangri-la?

Aceito sócios investidores!

## ☆ DIA 250 ☆

## E SE NÃO...?

Gostei pra caramba do comentário que uma Vigilante colocou no dia do surto e resolvi transformá-lo em *post*.

"Perder alguém ou pensar em perder, ser trocada, ser de algum modo desvalorizada é uma dor tremenda. Nessas ocasiões, penso 'e se não doesse?'. Pode parecer bobagem, mas já alivia. É como quando estou no *spinning* e não aguento mais, aí eu digo: 'E se eu não estivesse exausta?', então eu pedalo mais e melhor".

Eu acho que a gente poderia experimentar essa técnica, que parece ser bem legal, porque a moça descobriu uma nova opção para "Stop minhocation!": uma realidade paralelinha. Achei uma graça porque me lembra uma coisa meio Harry Potter, como se a gente por alguns minutos pudesse mudar o rumo das coisas. E acredito que possamos mesmo :)

E a gente pode testar o que quiser hoje: "E se não doesse?", "E se não fosse difícil dar aquela palestra?", "E se eu não estivesse insegura?", "E se eu não estivesse com essa culpa?", "E se eu não estivesse triste por estar sozinha?"...

## ☆ DIA 251 ☆

## SEJA VOCÊ MESMA ATÉ O FIM DO INFERNO

Eu sei, eu sei, o título está meio exagerado, mas é pra chamar a atenção mesmo.

Terça achei uma graça danada numa coisa que K. J. me disse: "Você precisa ver mais gente e sair um pouco da internet e da sua casa". Eu acho que ele tem medo que eu vire algo isolado como o Tibete antes da invasão chinesa ou que eu saia pela casa pelada escrevendo mil vezes a mesma frase na parede, como o maluco de *O iluminado*.

O que K. J. não sabe é que raramente eu fico um dia sem encontrar algum amigo ou sem conhecer gente nova. Ontem, por exemplo, encontrei dois queridos que estavam unidos pelo mesmo vértice: Rafael e a Karen-linda-Gallo.

Rafa é um mocinho de 19 anos. Ele é estagiário na empresa francesa para a qual presto serviço e me encantou pela sua garra e ambição saudáveis. Ele é humilde o suficiente para ouvir meus toques e conselhos profissionais. Ontem, foi sua primeira palestra e o público eram os jovens da escola técnica estadual onde ele estudou. Eu prometi que ia e fui (toda chiquérrima) para incentivar meu novo amigo (mesmo porque alguém terá que empurrar minha cadeira no sol quando eu for a velha rica dos gatos, ahahaha). Rafa foi aplaudido duas vezes no final, não só pelo conteúdo da palestra, mas principalmente por ter sido ele mesmo o tempo todo. Nunca ri tanto. Ele falou palavrão, contou dos foras que deu na primeira semana de trabalho, disse frases picantes em alguns momentos, falou da sua vontade louca de ser famoso... A ex-professora dele quase teve um treco. A galera? Veio abaixo!

Depois, fui jantar com a Karen (totalmente por acaso!), seu novo namorado e um amigo muito engraçado. Ela arrepiou! Contou para o recente namorado das baladas que foi, das bebidas que tomou, dos surtos que teve. Quanto mais ela falava, mais os olhos dele brilhavam. Eu quase me enfiei embaixo da mesa com o que ela dizia, ahahaha. Mas ele curtiu adoidado.

O sucesso dos dois na noite de ontem foi bancar as pessoas que são, as reais, sem personagens, sem máscaras, sem pisar em ovos. Pisar em ovos é um saco do caramba e não dura muito tempo. Pintar de "a perfeita" é um grande porre.

## ☆ DIA 252 ☆

## DECLARE O SEU AMOR DO JEITO QUE VOCÊ CONSEGUE

Uma vez assisti a uma palestra do psiquiatra Roberto Shinyashiki. Naquele dia, ele contou sobre um trabalho que desenvolveu com pacientes terminais. Um dos fatos que mais o marcaram nessa jornada foi ouvir de vários pacientes a mesma coisa: o arrependimento por não terem declarado direito o seu amor para as pessoas mais próximas.

Sinceramente, não sei o que é mais difícil para quem tem a autoestima "tortinha": declarar o seu amor ou ouvir que é amado. Você não tem ideia do que eu já escutei de gente falando que só vai dizer "eu te amo" se o(a) companheiro(a) falar primeiro. Ai, caramba, isso só pode estar enquadrado no medo da rejeição e numa grande insegurança, ou seja: "Se eu declarar o meu amor, ele/ela vai ficar se achando e eu vou dançar". E o pior: provavelmente os dois estão pensando a mesma coisa e por isso a relação vira uma bocomoquice generalizada. Que tristeza...

No início da minha relação com K. J., a gente tentou não ter esses "minhocations". A gente simplesmente começou a dizer o que sentia e a coisa foi... Mas tem semanas que damos uma travada. K. J., engraçadinho, diz que quando isso acontece é porque está fazendo um "laboratório", estudando a relação, estudando a mim. Desculpe o termo pra lá de chulo, mas para mim isso é "punhetation", ou seja: medo dos bons. E ele leva uns bons cascudos quando vem com essas frescuras.

Mas quando a gente desencana de ter medo, a coisa sempre é divertida. Teve uma semana que eu cansei de ouvir "eu te amo" pra cá, "eu te amo" pra lá nesses filmes americanos e cheguei à conclusão de que eu não ia mais falar as palavras "amo" e "amor" porque estão muito banalizadas e porque, no fundo, ninguém sabe é nada sobre o que é amar. Então, eu comecei a trocar essas palavras por nomes de temperos. Eu assinava os e-mails assim: "Eu te mostarda", "Eu te shoyo" e ele respondia: "Eu te maionese muito". Ahahaha, foi muito divertido.

Ontem também foi engraçado. K. J. estava aqui em casa e o diálogo foi o seguinte:

– Gi, você me ama?

– O que você quer?

– Uma cerveja!

– Ok!

– Você me ama muito?

– O que você quer mais, K. J.?

– Presunto! E dependendo do número de fatias que você trouxer eu vou saber o quanto você me ama.

Aahahahahaha. K. J. é uma figura e é, sem dúvida nenhuma, um dos homens mais inteligentes e interessantes que conheci. Ambicioso pra caramba e com um tesão pelo trabalho e pela vida como eu nunca vi igual. Se ele controlar a doideira dele, vai longe, muito longe.

## ☆ DIA 253 ☆

## ONDE ESTÃO SEUS FRAGMENTOS?

Esse fim de semana foi um bocado intenso e incluiu: um *workshop* sobre a trilogia *Matrix*, a ajuda a um amigo que estava se perdendo de si mesmo e uma palestra, ao lado de duas escritoras, sobre amor romântico.

Esse meu amigo é uma das pessoas mais complexas e, portanto, interessantes que já conheci. Já passou maus bocados na vida e está num momento de grande felicidade, tanto profissional quanto amorosa. Estar feliz, para quem já comeu o pão que o diabo amassou, pode ser uma faca de dois gumes. Pode significar que, a qualquer momento, "eu perco tudo isso e volto a ser o que eu era e isso não é nada bom". E isso pode gerar um medo terrível. As pessoas lidam de muitas formas com o medo. Podem encará-lo, podem tirar um barato da cara dele, podem buscar ajuda ou podem, simplesmente, tentar fugir. Na minha opinião, a última opção é devastadora, porque a forma como fugimos do medo geralmente é através de alguma compulsão (lembre-se: medo = ansiedade = compulsão). E, aí, para se perder de si mesmo é uma questão de dias. Ele estava indo nesse caminho.

Quando fugimos do medo ou da nossa realidade é porque já estamos fragmentados. Quando nos jogamos em alguma compulsão – ou vício – nos fragmentamos mais ainda. Aí, perdemos toda a nossa base, porque não estamos inteiros mesmo. E, como consequência, perdemos tudo o que está a nossa volta, afinal – patrão, namorada(o), sócio, *room mate* para rachar o aluguel, amigos, família etc. –, ninguém quer a gente pela metade, meia-boca, pano de chão.

Foi isso que eu disse para o meu amigo e foi isso o que eu disse para a plateia da palestra sobre amor romântico. Como é que temos a ousadia de falar em amor se muitos de nós estão fragmentados? E como é ser um casal com uma pessoa e meia? E, mais importante que isso: por que eu ou você ou todo mundo aqui está fragmentado? Escolha uma das respostas: estou cuidando demais dos outros ( ), trabalho demais ( ), estou viciado em alguma porcaria química ( ), estou viciado no mundo virtual ( ), estou sem fazer exercício ( ), estou praticando "minhocation" todo dia ( ), faz um tempão que não tenho um momento de silêncio comigo ( ), faz um tempão que não cuido de mim ( ).

Pois o que eu tenho a dizer é: vamos começar a recolher nossos fragmentos AGORAAAAAAAAAAA!

A proposta do VAE é ajudar a mim e a você a catar nossos pedaços, colar com Super Bonder e nos fortalecermos individualmente e também todos juntos. Vambora!

## ☆ DIA 254 ☆

## FAÇA UMA DESINTOXICAÇÃO ENERGÉTICA

Tem dias que a casa cai energeticamente. Principalmente se o seu começo de gripe coincide com sua TPM. Resumindo: hoje tô um bagaço de cana de fim de feira!

Quando a gente fica uma tranqueira, o negócio é não forçar o motor de proa, e sim se dar uma cuidada. É o dia em que não conseguimos trabalhar direito, em que não queremos ver o nosso amor nem fazer nada mesmo direito. Só no "meia-bocation". E não há problema nenhum nisso (reze para não ser um dia de trabalho importantíssimo). Vixe, eu não gosto nem de olhar no espelho nesses dias.

Então, vamos lá. O que pude fazer por mim hoje, num típico dia de "queda-da-Bastilha-energético" (e espero que ajude quando você tiver o seu):

1- Trabalhei menos.

2- Não comi doces (que só roubam mais energia).

3- Tomei muita água de coco.

4- Arrumei a casa, que estava uma maloca e só piorando o fluxo de energia.

5- Não falei muito.

6- Tomei banho com todos os meus trecos favoritos que eu fico miguelando para usar.

7- Não saí à noite.

8- Relaxei na poltrona ouvindo Mozart.

9- Não fiquei com culpa (mentira!).

10- Não fiquei grudada na internet (muito mentira!).

Amanhã "nóis" volta com tudo :)

## ☆ DIA 255 ☆
## JOGUE LUZ NAS SUAS TREVAS

Como eu já disse aqui antes, neste fim de semana eu fui a um *workshop* sobre a trilogia *Matrix*, com o Arhan, mestre em tarô. Arhan tem uma visão bem interessante sobre a obra dos irmãos Wachowski: "Neo é aquele que sente que há algo a mais na vida além do materialismo; é um autêntico buscador. Ao se encontrar com Trinity (o amor) e Morpheus (deus grego dos sonhos, que representa a primeira manifestação psicológica de Neo), se torna um verdadeiro iniciado que chega às fontes feminina e masculina do conhecimento: o Oráculo e o Arquiteto. Tendo vivenciado tudo, Neo revela-se um genuíno AVATAR!".

Complicado pra caramba, né? Mas o que ele quer dizer é que Neo, Mr. Smith, Oráculo e Arquiteto são fragmentos da mesma pessoa.

Interessante também a colocação de Arhan sobre o que chamamos de mal, como, por exemplo, Lúcifer. Em várias línguas, Lúcifer significa "o portador de luz", a "estrela da manhã", "o mais brilhante". Ué, como ele pode representar o mal, então? Resposta: segundo a igreja católica, Lúcifer era o mais forte e o mais belo de todos os querubins. Então, Deus lhe deu uma posição de destaque. Mas ele se tornou tão orgulhoso de seu poder que não aceitava servir ao "homem", e, "p" da vida, revoltou-se. Nesse momento, Deus o expulsa do céu. E assim se inicia a guerra do "Bem" x "Mal". As palavras estão em aspas porque, como disse ontem uma amiga, não existe uma coisa sem outra, como se o princípio fosse um só.

Aonde quero chegar: vive sua luz quem quer. Vive sua treva quem quer. Para mim, treva significa esconder-se à sombra de algo ou de alguém. Um cara que pratica violência contra uma criança, mulher ou animal está à sombra do amor. Uma pessoa que se faz sempre de vítima e que tenta "prender" os outros com chantagens emocionais está à sombra da sua própria liberdade. Uma pessoa que estraga sua vida com um vício pesado está à sombra do seu próprio talento. Uma mulher que não consegue se livrar de um relacionamento doente está à sombra do seu próprio poder. E por aí vai...

Mas, sim, todos nós temos nossas sombras. E todas as possibilidades do mundo para jogar luz nelas. Então, a pergunta é: quais são as suas trevas? Quais-são-as-suas-trevas? E, no VAE, posso dizer que trevas = travas.

## ☆ DIA 256 ☆

## ENCONTRE A ORIGEM DA SUA CULPA

A frase que mais se ouve na plateia durante o filme *A origem*, com Leonardo DiCaprio, é: "Que loucura!". E, em alguns momentos, é preciso mesmo jogar isso para fora, senão quem pira somos nós.

Todo mundo sai do avesso depois desse filme, e uma coisa fica bem clara: por mais que a gente reclame da realidade, é a ela que, no fundo, preferimos. Dá para perceber isso na "torcida" da plateia.

Nem vou entrar no mérito do roteiro pra-lá-de-Marrakesh. Também não vou entrar no mérito budista do "tudo é uma ilusão. Estamos dormindo ou acordados?". Mas vou falar de um sentimento que atravanca o nosso progresso individual: a culpa! O brilhante personagem de Leonardo é perseguido pela culpa durante os quase 160 minutos do filme. Sofremos junto com ele, suamos junto com ele, afinal, atire a primeira pedra quem não sofre desse mal.

A boa notícia é que o diretor, depois de bater com a nossa cabeça várias vezes no chão, nos dá o maior dos presentes: nos redime, através do ator, da culpa que carregamos e de que inevitavelmente lembramos durante o filme.

O curioso da obra, que em inglês se chama *Inception*, é que ela nos remete à criação do mundo. *Inception* em inglês significa "princípio". Então, flutuam as perguntas: estaria Deus dormindo ou acordado quando nos criou? E a culpa é divina ou foi criada pelos homens como mais uma forma de controle? Se eu tenho culpa, logo, devo a alguém, logo, me enfraqueço e sou facilmente manipulado. Lembro de uma amiga que traiu o marido. Ele descobriu e, certamente em nome da culpa, ela deixou tudo o que ganharam no casamento para ele quando saiu do apartamento. Apenas um pequeno exemplo.

Pergunta de hoje: qual é a culpa que nos persegue? Ou: qual é a culpa que ainda nos persegue e por que ela tem tanto poder?

## ☆ DIA 257 ☆

## "DESENDOIDE-SE"

Fui assistir à divertida peça *Mulheres alteradas* e ri muito. Mas a verdade é que o surto constante tem graça no palco e não na vida real. Veja bem: não estou falando do surto esporádico, estou falando da gente andar bem doida ultimamente.

A revista *Trip* traz uma matéria muito assustadora que diz que o Rivotril (ansiolítico) é o segundo remédio mais vendido no Brasil. De fato, se eu parar e olhar agora à minha volta, vou ver um cenário com muita gente na "Ilha de Lost". Exemplos: um superamigo inteligente pra caramba jogou a ansiedade na comida e nas compras e entrou numa megadepressão. Teve que ir ao psiquiatra para poder voltar a trabalhar. Um amiga linda, de 40 anos, que sofria muito com a ansiedade, está tomando um treco desses – tipo Rivotril –, virou um zumbi e pensa estar feliz assim.

Um outro amigo querido, quando não tem uma compulsão por perto, sente um tédio danado e fica impaciente, precisando fazer algo estimulante. Um vizinho precisa diariamente de uma droga um pouco pesada, e, quando não rola, ele gruda tanto na namorada que ela está com "sufocation" e pediu um tempo. O marido de uma Vigilante precisa beber muito desde que nasceu o bebê porque não sabe lidar com a paternidade.

Ok, para tudo! Para tudo! Não sou psicóloga, mas dá para perceber que, de alguma forma, a realidade está insuportável demais para muita gente. P.O.R Q.U.Ê? Eu vou dizer o que acho e tentar ajudar dentro da minha experiência de vida:

1- A televisão e o cinema, depois de décadas e décadas de filmes e comerciais perfeitos, criaram uma espécie de "xilocaína emocional" que nos faz acreditar que só seremos felizes se tivermos uma vida perfeita e se comprarmos as porcarias que eles vendem. Sofrer? Nem pensar! Afaste de mim esse cálice! Ser imperfeito? Afaste de mim esse cálice! Ficar triste (eu não estou dizendo alimentar a tristeza, ok?)? Afaste de mim esse cálice!

2- Profissionalmente, estamos trabalhando demais, afinal, queremos comprar a tal vida perfeita e as porcarias que eles vendem.

3- Os bagulhos eletrônicos nos jogaram na cara como somos

lerdos, como tudo tem que ser mais rápido, e como, em vez de eu estar comigo lendo um livro ou olhando para o céu ou ouvindo uma música, eu tenho que twittar, twittar, orkutar, facebookar, linkedindar... Uma amiga reclamou que twitto pouco. Ai, meu Deus, twitto pouco!! Quase entrei na dela e passei o dia twittando. Aí, pensei: que droga! Quando eu morrer, devo escrever na lápide: "Viveu um pouco e twittou muito". Afe!

4- Todas essas coisas nos afastam da gente. Então, imagine que você é um barco; você precisa voltar às vezes para o porto, não? E se não tiver porto (no caso, o seu interior)? Ou imagine que você é um pinguim nadando e nadando, mas sem nenhuma calota de gelo por perto para descansar. Pois é... Uma hora surta, não?

Como voltar para o centro da sua Terra?

1- Existem profissionais para tentar nos ajudar nas angústias e, principalmente, na raiz delas. Eles se chamam psicólogos e existem grupos gratuitos também.

2- Existem os florais de Bach, que também ajudam no reequilíbrio e são baratinhos. Você pode intuir sua medicação a partir de um livro ou pode procurar um profissional que faça isso para você.

3- Você pode viajar no fim de semana, se mandar para o mato ou para a praia, longe de toda essa loucura.

4- Você pode ouvir mantras que servem para relaxar e te levar para dentro de você.

5- Você pode frequentar os encontros do VAE, diminuir o "minhocation" e se divertir.

6- Você pode fazer yoga com gente divertida e legal, como o André De Rose.

Gente, vamos parar um pouco, respirar fundo e pensar se é mesmo o caso de a gente estar tão doidona. Minha gata que medita é bem menos surtada que a pretinha, que não relaxa nunca.

## ☆ DIA 258 ☆

## VEJA-SE TÃO MELHOR QUANTO O OUTRO TE VÊ

Eu tenho um namoro meio moderno com K. J. Às vezes, a gente fica um ao lado do outro, com seus *notes*, fazendo nossas coisas. Às vezes, a gente fica num *notebook* só vendo filme ou ouvindo alguma música. É gostoso. Nesse fim de semana, enquanto ele baixava sei lá o quê, fiquei conversando com uma Vigilante (vou chamá-la de "GG") por e-mail. Estava um frio desgraçado e sair da cama para fazer qualquer coisa parecia ser uma péssima ideia.

Ela pediu permissão para mandar um texto escrito por ela.

O texto é uma beleza e vou transcrever um pedaço (mas tive que picotar).

*O ônibus foi enchendo. Ele senta ao meu lado. Era um cheiro meio de perfume de fim do dia. Quem seria o dono desse cheiro tão gostoso?*

*Me empolguei e dei de cara com o cara. Olhos nos olhos. Era bonito, bem vestido e cheiroso. Me senti ri-dí-cu-la por pensar que ele poderia estar me paquerando. Gorda, malvestida, descabelada, fedorenta. Mas será? Não... não... não... não pode ser.*

*Ele desceu. Pensei: ah... quer saber?... Vou sorrir para ele... Ele já saiu do ônibus mesmo... Ao menos, se ele sorrir de volta, vou saber se ele estava me paquerando.*

*De repente... Quando minha janela cruza o caminho do moço bonito... Eis que acontece o inesperado: ele me manda um beijo seguido de um belíssimo sorriso. Que lindo! Siiiiiiiiiiiiiiiim. Eu sou paquerável! Não conseguia me conter. Há muito tempo um beijo não me fazia tão bem.*

*Cheguei em casa e minha filha já estava dormindo. Deitei e pensei: saí para ver o pôr do sol e vi nascer o sol dentro de mim, mesmo que por alguns instantes.*

Esse texto me lembrou uma coisa que sempre acontece comigo. É nessas horas que eu acho que ainda não tenho a autoestima que gostaria, o que não me impede de continuar para o alto e avante. Sempre que alguém me contrata para um *freela*, eu penso num valor bem menor do que a pessoa havia imaginado. Já sabendo disso, eu pergunto: qual é o seu orçamento? (em vez de dizer o meu precito). Batata! Em quase todas as vezes o contratante oferece o dobro do que eu iria dizer. É um cruz-credo isso.

E tenho certeza de que com você também acontece alguma coisa do gênero. Em quantas situações alguém te achou mais bonita, inteligente, magra, esperta, talentosa, mais jovem do que você mesma? Pois é! É impressionante! Talvez agora seja o melhor dia para refletirmos: por que é tão difícil nós nos darmos um valor real? Por que o outro nos enxerga melhor do que achamos que somos?

E quando é ao contrário? O sujeito te vê pela primeira vez na rua e diz: "Pensei que você fosse mais alta!". Juro que dá vontade de responder: "Pensei que o seu p-- fosse maior!". Ahahaha.

Agora, voltando ao sério: em que momento desvalorizamos ou deixamos que desvalorizassem o nosso "passe"? Na infância? Na adolescência? E até quando vamos realmente acreditar nisso? Até quando?

## ☆ DIA 259 ☆

## E QUANDO TUDO DÁ PAU? DÊ UMA "REZADA" BÁSICA

Hoje foi o dia da "pira". Minha mãe deu pau (e foi para a UTI). Meu namorado deu pau (e foi para o "cavernation"). Meu iPhone-instrumento-de-trabalho deu pau (e foi para a Claro).

Quando coisas importantes na nossa vida dão pau ao mesmo tempo a gente corre um enorme risco de sentir um grande medo (o da perda, claro!). Mas também acontece algo inexplicável: alguém ou alguma coisa sempre vai te ajudar nessa hora. Nem que seja um café com leite morno, ou um banho quentinho, um pedaço de bolo de cenoura com chocolate, um amigo próximo ou o seu bicho de estimação que pede para sentar no seu colo quando você pensa em fazer xixi.

Hoje nada disso deu resultado, mas a Dadá deu. Dadá é minha faxineira, que é da religião adventista. Ela vem uma vez por semana. Dadá reza sempre por mim e acha que, graças a ela, arrumei trabalho e amor. A terra do meu avô, onde enterrei meus pedidos, também acha que foi graças a ela (a terra). A Fontana di Trevi também acha que foi ela. Lord Ganesha (pra quem peço coisas), idem. E sou grata a todos.

Mas hoje Dadá viu meu estado de medo e me chamou para fazer uma oração. Eu fui, porque isso me lembrou muito o dia tétrico da minha vida em que vi uma grande paixão me traindo no Carnaval, em Floripa. Eu voltei às 3 da manhã de táxi, misturando choro, risada e estado de choque. O motorista era crente também e ele dizia: "Entrega sua dor nas mãos de Deus, dona". Nossa, foi um bálsamo na hora. Aliás, o único.

Deus, espiritualidade, religião, quando sai da nossa boca, é *cool*. Quando sai da boca dos outros é brega e maluquice, mas naquela hora eu não achei, não. E me deu um certo alívio poder dividir a dor hecatômbica com o Deus do taxista.

Voltando à Dadá, nós nos ajoelhamos no tapetinho rosa da sala, demos as mãos e ela começou uma oração em que pedia que Deus preenchesse todo o meu corpo e o corpo do meu namorado, da ponta dos pés à cabeça. Então, eu estava lá, de mãos dadas com a faxineira crente, de moletom preto escrito "Itália", sendo preenchida pelo Deus-botox-de-Dadá. Eu fechei os olhos e me entreguei, porque nessa hora, já que ajoelhou, tem que rezar.

Foi bom, foi muito bom. Porque o simples respirar e acalmar a mente já ajuda muito, sem falar na força da oração, seja ela qual for. Tomei banho, me vesti e fui levar o iPhone-Afonso na Claro. E, uma hora depois, K. J. me ligou para dizer que estava melhor. Minha mãe, eu vou visitar amanhã e trarei notícias.

Mas o bom, o bom mesmo, foi que quem melhorou fui eu. Porque você sabe, né, que quando o avião entra na "pira", a gente tem que botar a máscara de oxigênio na gente e depois em quem tá pior que "nóis".

☆ DIA 260 ☆

## FAZ OU NÃO FAZ. NÃO EXISTE TENTAR!

Faz tempo que eu estou como um cão dentro de um balaio de gatos na questão do volta-não-volta a fazer exercícios. Acontece que, além de redondinha, eu estou perdendo força muscular nos braços, já que só os uso para teclar o dia inteiro e para pegar minha gata cinza igualmente redondinha no colo.

Então, vamos por partes. Primeiro: o que leva a, no meu caso, comer chocolate demais? Segundo a psicóloga Dorit Wallach Verea, especialista em dependência química, o chocolate estimula a produção de serotonina, substância do cérebro ligada à sensação de prazer, e, com isso, alivia a depressão e, no meu caso, a ansiedade (já que sou hiperativa de nascença ou de "ficança").

Além de elevar os níveis de serotonina, as calorias elevam os teores de endorfinas, o que explica a sensação de prazer citada por absolutamente todos os apreciadores de chocolate. Ou seja: a serotonina acalma e as endorfinas melhoram o humor.

Ah, que maravilha! É, seria se eu não engordasse e fosse perseguida pelo caminhão da Ultragaz (que pensa que sou um bujãozinho fugitivo). Ahahaha.

Mas olha que bacana essa notícia que acaba de sair: "Estudiosos da Universidade de Vermont, nos Estados Unidos, acabam de comprovar que a euforia proporcionada pelas endorfinas, moléculas despejadas no cérebro durante a atividade física, perdura por 12 horas. Ou seja: praticar exercícios, além de melhorar o condicionamento físico, ainda melhora o humor!".

Então, hoje, finalmente eu dei uma de mestre Yoda, no filme *Guerra nas estrelas* (da década de 70, óbvio). Em um trecho, o Luke Skywalker tenta fazer uma pedra levitar, não consegue e fica "p" da vida. Aí, ele vira para o mestre e fala: "Eu vou tentar mais uma vez". O Yoda responde: "Ou faz ou não faz. Não existe tentar!".

Então, eu resolvi comprar outro "Monstro Manco" pela internet (o outro eu vendi), mas esse a vendedora garantiu que não sai andando pela casa. E como uma amiga *personal* disse pra eu botar um nome mais pra cima, que me incentive mais, eu vou chamar de "Pedalinho-Gerard-Butler".

## ☆ DIA 261 ☆

## CUIDADO COM O EXCESSO DE INTERNET

Eu tenho uma teoria que, se não me render um Oscar de Ficção, certamente renderá uma boa esquizofrenia. Eu sinto que o mundo virtual é a verdadeira "Ilha de Lost". Acho que nosso comportamento está o tempo todo sendo testado e avaliado por gente com bem mais poder sobre nós do que imaginávamos. Estou falando de Orkut, Facebook, Twitter, Google, MSN & cia.

Acho que, ao poucos, essas pessoas estão nos enfraquecendo a saúde e a cachola, além dos nossos relacionamentos. Quem aqui não conhece pelo menos um casal que se separou por causa do Orkut, Facebook, MSN ou sei lá qual dessas pragas?

A verdade é que estamos dormindo pior, comendo pior (muitas vezes um rápido sanduíche na frente do computador) e nos relacionando pior, já que não saímos do computador e já que temos mais amigos dentro do que fora.

Às vezes, sinto tanta falta de K. J., mesmo ele estando ao meu lado (grudado em algum treco desses). Às vezes, acho que para ele nitidamente o mundo virtual é muito mais "cool" que o real e que seria ótimo se eu virasse um avatar que morasse lá, dentro de algum programa do Milestone dele, ehehehehe. E eu sei que ele gosta muito de mim.

K. J. já não se satisfaz mais com um simples cinema, ou um passeio de mãos dadas pela praça ou com um sorvete colorê domingo à tarde, no solzão. Ele fica inquieto quando está longe do vício.

Quanto a mim, o caso também é sério. Migrei para a internet em 95. Fui a primeira publicitária a sair de uma grande agência para "morar" e trabalhar nessa selva louca e desconhecida. Também sou viciada, mas ainda curto todas essas coisas que citei.

Esta semana tomei duas decisões importantes: 1- Vou passar uns dias com uma amiga que mora numa chácara em Santa Isabel e que não tem internet (mentira!). Vou dar um tempo de todas essas coisas loucas (outra mentira!). 2- Tirei xerox de uma matéria: "200 coisas para se fazer em São Paulo". Faça uma lista da sua cidade também! Vou convidar alguns amigos para darem um rolezinho comigo por aí :)

## ☆ DIA 262 ☆

## A ÁGUA ESTÁ NO TOPO DA MONTANHA

Eu estava esperando um gancho para falar do encontro de Vigilantes deste sábado, em que 60 pessoas se divertiram pra valer. Pois esse gancho é o novo filme *Karatê Kid* que assisti ontem à noite. Tanto no filme como no encontro a palavra que me vem à cabeça é: superação!

O personagem de Jaden Smith muda com a mãe para a China e aí começa o bullying. Ele sofre ameaças e violência dos garotos da escola. Em vez de viver se escondendo, começa a ter aulas de *kung fu* com o Sr. Miyagi (Jackie Chan) e encontra nessa atividade um novo sabor para a vida. Uma das cenas inesquecíveis é quando ambos começam a subir uma longa escada e o garoto se queixa várias vezes de sede. O Sr. Myagi apenas diz: "A água está no topo da montanha". E, de fato, no fim do longo percurso eles encontram a água desejada e mais uma coisa que será muito útil ao garoto na luta final.

Voltando ao encontro de sábado: as pessoas que estiveram lá apanharam bem da vida (de uma forma ou de outra, como todos nós), mas, ouvindo os belíssimos depoimentos, eu pude perceber que todas resolveram, como o menino, aprender a lutar. São pessoas (de 19 a 50 anos!) que se esforçaram e se esforçam para se superar, para encontrar a "água no topo da montanha". E não desistem, embora às vezes não seja tão fácil.

Mas autoestima é justamente isto: movimento! É mudar o "minhocation", o se autodepreciar, mexer o corpo como der, buscar saídas para os problemas, parar com as listas de vítima, enxergar o seu valor e ver nos *posts* e nos outros Vigilantes um grande apoio na alegria e na tristeza.

Esse encontro mexeu muito comigo. Primeiro, porque foi no salão de festas do prédio da minha infância. Segundo, porque tinha o triplo de pessoas do primeiro encontro (há um ano). Nós ouvimos uns aos outros, rimos muito, sacolejamos, comemos coisinhas gostosas, conhecemos novos amigos e também nos atrapalhamos bastante na dança grega, hahahahaha. Além de doar $ para instituições muito legais.

Sim, a gente quer beber da água!

## ☆ DIA 263 ☆

## PRATIQUE AMOR INCONDICIONAL

Eu acho uma patacoada quando um sem-noção chega e diz: "Você tem que se amar!". E quando diz: "Você tem que amar o próximo". Afe! Como se alguém lá soubesse o que é isso.

Também, pudera, a gente aprende desde a infância mais o oposto de amor do que esse sentimento em si. É um bando de gente nos colocando para baixo: pais, religião, cultura, coleguinhas-demônios da escola, irmãos, professores, revistas, filme americano etc. Então não dá, né?

Eu acredito, sim, em amor incondicional, mas vou dizer de que forma (já que não tenho filhos, então não sei outra): pelos bichos! Uma vez eu vi um comercial americano maravilhoso. Um homem, de uns 50 anos, chega em casa e o cachorro vira-lata o saúda. Então, ele começa a se vestir de mulher e a se maquiar e o bichinho sempre abanando o rabo. O *slogan* era: "Adote um animal. Eles não ligam...".

As únicas "gentes" que eu amo todo dia, toda hora, todo minuto e sem querer mudar nem julgar são minhas duas gatas.

Acho muito bocomoco quem diz que não se deve adotar um animal por carência. Ô, caramba, e quem não é carente nos dias de hoje? Tenho uma amiga que curou a depressão amando incondicionalmente uma gatinha adotada (e sendo amada). Já até falei aqui. Até a ciência comprova que casais que têm animais têm menos estresse. Velhinhos também duram mais quando têm bichinhos para cuidar.

Adote um bichinho. Seja mais feliz e faça feliz!

http://adoteumgatinho.uol.com.br/

http://donnacachorra.com.br/

## ☆ DIA 264 ☆

## VALORIZE-SEEEEEEE

Segunda fiz um programa bem gostoso. Fui ao Skye, o bar do Hotel Unique. Lugar de bacana, com uma vista e arquitetura incríveis.

A data era especial: a despedida de uma amiga italiana que conheci em Chicago e de quem gosto muito. Ela estava de férias no Brasil. Pois essa italianinha deu um show de autovalorização nessa noite.

Dois moços muito bem vestidos e bonitos começaram a mexer com ela no elevador do hotel. Eles estavam meio "altos" e perguntaram:

– Você é italiana, é?

Ela respondeu num português macarrônico, mas muito confiante:

– Sim! Italiana do Norte, e portanto *molto* séria.

Os caras abaixaram a cabeça em sinal de respeito e ficaram quietinhos. Foi uma delícia de se ver.

Outro amigo também me surpreendeu com sua autovalorização. Ele mandou um e-mail para um lugar onde quer trabalhar. No assunto, escreveu o seguinte: "Se você me chamar para uma entrevista, não vai se arrepender".

Achei fantástico. Eu chamaria na hora.

E você? Quando foi a última vez que se valorizou? Valorizar = dar valor e importância a... Portanto, refletir uma autoestima legal.

Acho que a última vez que fiz isso foi no domingo, no cafofo de K. J. Fui pra lá de mala e cuia, depois de um desencontro por falha minha no sábado à noite. Eu estava muito amorosa, mas K. J. (que, aliás, está "p" da vida porque a Motorola não vai atualizar a nova versão Android para o Milestone) estava bem egoistinha em algumas coisas. Em determinado momento, fiquei de saco cheio da egoistice e comecei a arrumar a malinha pra me mandar.

Aí, ele caiu na real e tudo se acertou.

Se você quer um show de autovalorização para se inspirar, vou sugerir o filme *À procura da felicidade*, com Will Smith. Will chega todo sujo de tinta, malvestido (depois você saberá por quê), para uma entrevista com bambambãs do mercado financeiro. Em determinado momento, o chefão pergunta:

"O que você pensaria se eu contratasse um homem que veio para a entrevista sem paletó e gravata?".

Ele responde: "Que a calça dele devia ser muito bacana".

Os caras adoram a resposta e ele é contratado. Show de bó!

## ☆ DIA 265 ☆

## NÃO COLOQUE TODAS AS FICHAS EM UMA PESSOA

Vou contar três "causos" de pessoas próximas que aconteceram esta semana:

1- Uma amiga e grande escritora recebeu o "cartão vermelho" do namorado e disse que nunca mais escreveria na vida. Se suicidou do Orkut, do Facebook e do Twitter. E mandou um e-mail para o seu editor (de uma grande editora) querendo encerrar o contrato. Ai, ai...

2- Uma Vigilante, após sair cinco vezes com um cara – e também levar o "cartão vermelho" –, me mandou um e-mail dizendo que estava desesperada e se arrastando (!!!) pelo sujeito.

3- Um querido amigo, após namorar um rapaz por uma ou duas semanas, e também ganhar um "cartão vermelho" da criatura, me escreveu para contar o quanto estava triste e sem ânimo para nada.

Estou contando tudo isso porque às vezes eu acho que K. J. tem medo de que uma dessas coisas também aconteça comigo caso um dia ele vá embora. Prepare-se: vou contar uma história e o texto será longo...

No fim de 2003 eu comecei a escrever meu terceiro livro: *Tchau, Nestor*. A história era sobre uma grande paixão que eu estava vivendo na época. Esse homem, um policial civil, era o centro absoluto do meu universo e minha vida girava totalmente em torno dele. Por ele eu larguei o yoga que eu amava, voltei a frequentar churrascarias, me afastei das coisas culturais e dos amigos que eu curtia e engordei dez quilos. Minha autoestima – que, claro, já era o "ó" – virou o "ó do borogodó". Eu era totalmente submissa a ele.

No Carnaval de 2004, em Florianópolis, peguei esse homem me traindo às 2 da manhã. É claro que a relação já não estava legal. Eu tinha ido para a pousada mais cedo, mas um "chamado" me fez voltar lá na madrugada, em um churrasco onde ele estava, e dar o flagra. Como já contei aqui, voltei de táxi de Floripa para São Paulo, às 3 da matina, em estado de choque.

O que aconteceu depois disso? Eu sofri tanto, mas tanto que emagreci quatro quilos em quatro dias. Eu já acordava chorando e tinha que ligar todo dia para alguma amiga. Porém, eu continuei trabalhando na grande agência de publicidade em que eu era redatora, continuei escrevendo o *Tchau, Nestor* (que, dos quatro, é meu livro favorito) e abracei essa dor, encarei mesmo. Durante três meses, contei com o colo dos amigos, da minha gata e dos inseparáveis florais de Bach (além do meu livro, que era onde expurgava toda a minha dor).

Três meses depois, completamente inteira, eu liguei para esse moço (nunca mais a gente tinha se visto, desde aquele dia). Eu o chamei em casa para perdoá-lo e para tocar a minha vida. Nós rimos juntos, choramos, nos abraçamos e ele levou o livro – já pronto e com as partes boas e tétricas. L. M. nunca teve coragem de lê-lo. Atualmente, a gente se fala uma vez por ano e olhe lá. Depois desses três meses entendi o porquê da traição. Eu o perdoei porque eu não era mais uma mulher na época do namoro, era um pano de chão, e ninguém ama – e muito menos respeita – um pano de chão.

Depois disso, eu tive alguns namorados (fora K. J.). E mais uma vez vou repetir: nunca mais homem nenhum virou centro do meu universo. E são todos meus amigos até hoje. Como eu já disse aqui, K. J. é tão importante quanto meus amigos, quanto meu trabalho, quanto minha família, meus *hobbies* e minhas gatas. Porém, nenhum desses é mais importante que a minha missão espiritual nesta Terra. E qual é ela?

Quando eu tinha 34 anos, eu procurei o grande astrólogo Quiroga. Ele me disse que minha missão não seria casar, ter filhos, essas coisas legais. Quer dizer, até rolaria, mas seria algo bem maior e que ajudaria muita gente. E que eu a descobriria aos 44 anos. Bem, no ano passado eu fiz 44 anos. E nesse mesmo ano eu coloquei o blog VAE no ar.

E não há nada que me faça parar esse projeto de vida que cada vez cresce mais e que já está dando ares de ir muito além da internet. Nada! Quando a gente encontra nossa missão, tudo é menor, até nosso sofrimento por qualquer outra coisa. Muitas pessoas me perguntam: "Mas como eu acho minha missão?". Não acha! Ela te encontra porque é o seu "calling", você escuta o "chamado". O Universo vai te preparando aos poucos para ela. Eu comecei a querer me ajudar, depois comecei a querer ajudar as mulheres, depois comecei a querer ajudar a todos que sofriam do mesmo problema que sofri a vida inteira: baixa autoestima. Assim, tudo foi se abrindo e se abre mais.

Mas o que posso dizer aqui e agora é:

1- Não coloque todas as suas fichas numa pessoa só. Coitada dessa pessoa. E coitada de você caso ela "pique a mula".

2- Construa sua vida pessoal e que seja inabalável mesmo que você comece a namorar alguém formidável. Não abra mão dela por nada. Nadaaaaaaaaa (amigos, *hobbies*, família etc.). Certamente, essa pessoa vai te amar mais dessa forma, sem "sufocation".

3- Gaste a maior parte do tempo que te sobra em autoconhecimento. Esse é um dos grandes pilares da autoestima e a chave da vida ("Conhece-te a ti mesmo").

Quando essas três coisas realmente viram fundamentais na sua vida (e não vou nem falar da sua missão na Terra), você perde o pânico de perder e de sofrer. Você já conhece o sofrimento de perto, não colocou todas as fichas numa coisa só e já tem todas as ferramentas para se levantar de qualquer tombo. Sim, claro que você vai sofrer, mas você se conhece e aceita o seu destino e, portanto, já não doerá tanto.

Na verdade, eu confesso: escrevi tudo isso pra dar um "tóin" em K. J. Ontem, eu liguei toda fofa de uma festa pra dizer que estava com muitas saudades e ele respondeu: "Não fica com muitas, não. Eu sou meio estranho e nunca namorei mais que dois meses. Eu posso acordar qualquer dia, virar pro lado e perceber que não te amo mais".

Fala sério, alguém merece? O que eu posso fazer? Nada! Apenasmente continuar minha vida, que, aliás, já existia antes de conhecê-lo. Não vou ficar dando beliscão em parede, né?

## ☆ DIA 266 ☆

## SAI, SABOTAGEM NO AMOR, QUE ESTE CORPO NÃO TE PERTENCE!

Minha avó costumava contar uma história triste na minha infância. Uma amiga dela tinha um relacionamento maravilhoso com o noivo. Um dia, alguém ligou para a moça e disse que o moço estaria num prédio de uma rua do centro, visitando a amante. A pessoa fez a mesma maldade com o rapaz. Ambos se encontraram e o relacionamento acabou. Anos depois foi descoberta a verdade, mas já era tarde demais.

Para esse tipo de sabotagem, não há o que fazer. Mas mais triste, muito triste é quando nós mesmos boicotamos o nosso amor. A gente costuma fazer isso, geralmente, por um medo tremendo de ser abandonada, provavelmente porque já sofreu tudo que podia de rejeição nesta vida (desde a infância) ou porque ainda acha insuportável ser feliz.

Já sabotei tanto relacionamento, e das mais diversas formas, que até perdi a conta. E, às vezes, me pego fazendo isso de novo. É um perigo! Mas luto com todas as minhas forças para ficar esperta e também para identificar isso no outro.

A sabotagem pode vir das mais diversas formas: excesso de racional, excesso de reclamação, contradições, excesso de cobrança, de drama, vícios exagerados, de querer mudar a vida do outro etc. etc. Você saca que é sabotation quando arruma empecilhos para a felicidade do amor. O que costumava fluir gostosinho começa a encontrar uns "pipocos" pelo caminho. Vou dar uns exemplos:

1- Você tem tanto medo de ser abandonada que acaba apressando as coisas. Inferniza seu par até ele te dar um pé no traseiro logo.

2- Fala coisas na lata para magoar a pessoa. Depois, se arrepende barbaridade.

3- Provoca ciúmes demais.

4- Tem crises de ciúmes demais.

5- Dá "too much information" sobre você.

6- Fica contando seus dramas da infância demais.

7- "Entorna" todas numa festa e dá vexame.

8- Fica desleixada com a aparência.

Aí, de um dia para o outro, as coisas podem se desmanchar no ar, numa insustentável pesada leveza. Você guarda as fotos do casal, deleta os e-mails e diz, com os olhos tristes, para quem pergunta: "Ele não vem mais...".

Quando me meti a escrever sobre relacionamentos eu recebi inúmeros e-mails de gente me contando como sabotou o amor ou como o(a) companheiro(a) o fez. Sempre fiquei cabisbaixa ao ler esses relatos porque não há nada mais mágico na vida do que o encontro de duas almas.

Se você neste momento está sabotando o seu relacionamento ou está percebendo que seu(sua) companheiro(a) está fazendo isso, pare todos os motores e tente rever essa atitude agora. Mande esse demônio para a caverna do enxofre, bem longe de vocês! O amor que se acaba traz sofrimento e é um grande desperdício de felicidade.

A seguir, coloco uma poesia (acho que do Vinicius):

*É um tal milagre encontrar, nesse infinito labirinto de desenganos amorosos, o ser verdadeiramente amado. Perco-me por um momento na observação triste, mas fria, desse estranho baile de desencontros, em que frequentemente aquela que deveria ser daquele acaba por bailar com outro porque o esperado nunca chega; e este, no entanto, passou por ela sem que ela o soubesse, suas mãos sem querer se tocaram, eles olharam-se nos olhos por um instante mas não se reconheceram.*

## ☆ DIA 267 ☆

### LIVRE-SE AGORA DESSA AUTOPIEDADE-ATRASO-DE-VIDA

Revi o fantástico filme sobre a vida de Ray Charles nesse fim de semana. Ele fica cego aos 7 anos de idade, algum tempo após a morte do seu irmão caçula. O menino se afogou num tanque de água e o pequeno Ray não conseguiu fazer nada para salvá-lo (vou falar disso mais para a frente).

A mãe de Ray fez algo que pouquíssimas mães que eu conheço fariam: não o superprotegeu! Ao contrário: não deu moleza. Ela dizia: "Nunca vou nutrir a sua pena por você porque você nunca terá pena de si mesmo. Nem ninguém. Você vai aprender a escutar melhor, vai ter mais memória para decorar os trajetos, vai se virar. Eu vou te ensinar uma, duas vezes... mas três, não!".

E, de fato, Ray Charles cresce superindependente e vai se virando como pode até se transformar num dos maiores músicos da nossa época. Mas a mãe de Ray não o ensinou só a lutar contra os obstáculos da vida, ensinou também a lutar contra os seus fantasmas. Já adulto, o cantor tem alucinações com a morte do irmão. Ele acha que, ao mudar de cidade, deixa a assombração para trás, mas ela sempre vem junto.

Para afastar esse fantasma ele se atola no inferno das drogas. Isso começa a destruir sua carreira e sua vida. Quando temos nossos fantasmas do passado, temos que assumir que os vemos e procurar ajuda para sepultá-los; não adianta jogar uma pá de terra em cima. Isso não resolve e ainda atrapalha tudo à volta. E a pessoa se vê mais só do que nunca, e pior: junto com a assombração!

Mas Ray busca ajuda e consegue sair dessa, construindo uma carreira brilhante.

Você tem autopiedade quando diz:

1- "Eu tive uma infância assim e por isso fiquei assim e portanto serei assim, pobre de mim!". Grande me---! Todo mundo também teve. Você tem que pegar o bicho pelo chifre: busque ajuda, faça terapia, frequente grupos de ajuda, entre para algum treco espiritual que faça sentido pra você. Conheço filhos de alcoólatras, de pedófilos, de espancadores, estelionatários, de rejeitadores, de ladrões, de terroristas emocionais que viraram o jogo porque disseram NÃO à autopiedade.

2- "Ele me trocou por uma mulher bem mais jovem". Outra porcaria de frase! Se o casamento não deu certo, não deu. Dói mesmo, mas você não precisa entrar na síndrome de vítima, da coitadinha velha e abandonada. Caramba! Dá vontade de enfiar o dedo das pessoas que me escrevem isso na tomada. Relacionamento é transformação, se acabou é porque o Universo quer que você dê um passo à frente, não porque você envelheceu.

3- "Eu não tenho ninguém, ninguém me quer...". Ô!!! Até o náufrago (Tom Hanks) tinha a bola Wilson. Que diabo de mutante é você que não consegue fazer uma amizade? E o VAE aqui é pra quê? Venha aos encontros, caramba! Tem gente que vem de Londrina e de Minas Gerais pra conhecer a gente.

4- "Ninguém cuida de mim!" Afeeee!. Quantos anos você tem pra precisar que alguém cuide de você? Três? Noventa? Quem cuida de mim aqui em casa *soy jo*! Não tem moleza. Nunca esqueci o que meu tio Zeca me disse quando eu estava sem namorado, uma época, e eu falei que sentia falta de abraçar alguém. Ele disse: "Abrace você!". E é o que eu faço desde então quando vou dormir e ainda digo: "Eu vou cuidar de você!". Bom pra caramba :)

Tereza, uma amiga que amo muito, da minha idade, acabou de ser operada de câncer no seio (maior barra!). Hoje ela me disse: "Estou com medo, mas não entrei numas de perguntar: "Por que eu??". Nota mil para ela. Ficou uma semana na casa dos pais, sendo paparicada, e agora voltou pra casa dela e vai enfrentar o tratamento pelo chifre. Fantástica!

☆ DIA 268 ☆

## NÃO DEIXE NINGUÉM PISAR EM VOCÊ!

As coisas não estão legais comigo e com K. J. O número de latinhas de cerveja está crescendo e o temperamento dele um dia está de um jeito fofo e no outro está péssimo, a ponto de judiar de mim emocionalmente. Será K. J. "bipa", vulgo bipolar, ou é o efeito da cevada? Ou os dois?

Eu vou contar uma coisa inacreditável que aconteceu.

Há alguns dias foi o aniversário do Google e K. J. é doido por esse treco. Nós estávamos transando e a telinha no *notebook* dele estava ligada no Google. Na hora em que K. J. chega ao ápice (se é que você me entende), ele grita: "Feliz aniversário, Googleeeeeeeeeeeeeeeeeeee!". Sério, juro, verdade, achei que eu estivesse tendo um delírio. Não sei se isso é maluquice de primeiro grau ou "sabotation", mas foi inacreditável. Jesus!

Às vezes, as pessoas não suportam ser amadas. E ele já me disse isso. Então, nesse fim de semana, ele me magoou uma vez, duas, na terceira me deu um ataque de doida (mesmo gostando dele) e gritei: "BASTA! Não quero mais! Não me faz bem! Não me traz para a luz? Então, não serve para mim. Não preciso disso. BASTAAAA!".

Se o gênio da lâmpada me concedesse um pedido, eu escolheria que todas as pessoas deste mundo que, neste momento, estão sendo humilhadas, maltratadas, pisadas, desrespeitadas, magoadas, esnobadas, pudessem gritar a mesma coisa que eu gritei.

Quando eu era ainda submissa no amor (há uns oito anos) – e estava sofrendo muito por um cara que estava ca%$#@% e andando pra mim –, eu fui comer um doce em uma barraca da feirinha na praça Benedito Calixto. O dono da barraca é um senhor que acho que vê a aura da gente, sei lá. Ele me disse: "Criança, por que você está deixando alguém maltratar você? Vou te contar algo. Quando eu era pequeno, tinha muito medo do cachorro da minha tia e ele vivia judiando de mim. Um dia, eu tomei coragem, entrei no jardim e gritei: 'Vem aqui só ver uma coisa, seu cachorro desgraçado!'. Ele saiu correndo e nunca mais mexeu comigo. Não deixe ninguém maltratar você, menina!".

Achei uma graça no velhinho e uns dois anos depois – no dia em que peguei meu namorado me traindo – eu dei um ataque de louca, uma rodada de baiana incrível e nunca mais fui submissa na vida (como já contei aqui).

Se você está passando por isso, neste momento, vou dizer uma metáfora que talvez te ajude a sair dessa. Marília Gabriela, na peça *Senhora Macbeth*, totalmente aos pés do rei (o marido) e magoada, diz: "Meu coração está embaixo do sapato".

Pense se você quer realmente ter um coração embaixo do sapato de alguém. O coração é a coisa mais preciosa que a gente tem (fora nossa alma) e de onde sai a coisa mais maravilhosa que podemos dar para alguém neste mundo. Sim, é hora de gritar: BASTAAAAAAAAAAAA!

## ☆ DIA 269 ☆

## ENCONTRE A CHAVE DE SI MESMO

Eu queria falar sobre uma música do Zé Ramalho que ouvi no táxi. Na música ele fala uma frase linda: "É que eu mesmo não acho a chave de mim".

Mesmo K. J. me pedindo desculpas eu acho que ele não está encontrando a chave dele mesmo. Se estivesse, não precisaria de tantas cervejas. Ele não está inteiro e vai se machucar muito e me machucar muito. Se não somos inteiros, somos como a folha ao vento que nos leva para lá e para cá. Se não somos inteiros, o amor do outro fica insuportável para nós. "Afinal, quem é a louca que aceita me amar, logo eu que sou pela metade?".

Seria muito legal se ele investisse agora em terapia e autoconhecimento, porque não há poder maior que esse. Se você perdeu-se de si mesma, é hora de voltar a encontrar a sua chave.

*Não quero saber quem sou: morro de medo!*
*Nem quero saber aonde vou: é muito cedo;*
*Talvez se eu arrancasse de minha língua o sinal;*
*Talvez se eu inventasse o juízo final;*
*Talvez se eu prometesse sangue e pudins;*
*Ou se costurasse a roupa dos querubins;*
*Mas o que eu quero saber é o que apronta esse lado do teu rosto;*
*E o que faz o sossego morar no que está posto;*
*Não guardo segredo, mas sou bem secreto; bem secreto;*
*É que eu mesmo não acho a chave de mim;*
*Não guardo segredo, mas sou bem secreto; BEM SECRETO!*
*É que eu mesmo não acho a chave de mim*
*(Zé Ramalho)*

## ☆ DIA 270 ☆

## TEMOS SEMPRE QUE ACREDITAR QUE VAI DAR CERTO

Muita gente me escreveu lamentando que meu relacionamento com K. J. não está dando certo. Pensando bem, eu acho que o "dar certo" é a pessoa ter tido a coragem de tentar. Não é fácil se embrenhar pelos labirintos do amor. Você pode dar numa fonte cristalina se pegar o caminho "certo". Mas pode também dar de cara com algum maluco com corpo de homem e cabeça de touro, o Zé Minotauro. Não dá para saber, mas tentar é o melhor que a gente pode fazer nessa vida se quiser conquistar coisas e sonhos. A sexóloga Regina Navarro diz: "A paixão é regida pela impossibilidade. Você já reparou que quanto mais difícil mais apaixonada a pessoa fica?".

O filme *Feitiço de Áquila* é a história do amor mais impossível do mundo. O casal está amaldiçoado. Ele é homem de dia, e ela é águia. Ela é mulher à noite, e ele lobo. Existe impossibilidade maior do que essa? Imagine transar com um lobo ou beijar o bico de uma águia? Mas mesmo assim eles tentam e tentam, até que dá certo no final, graças a um eclipse, em que eles se reencontram como humanos. Mesmo que não dure muito, certamente serão muito felizes por um tempo. E como é bom ser feliz no amor, nem que seja por um tempo :)

A gente tem que acreditar que vai dar certo em tudo, e não só no amor. Hoje mesmo eu falei com meu ex, Mr. Dolito. Ele me disse que foi fazer uma entrevista de trabalho, mas que tinha muita gente na fila e portanto ele achava que não conseguiria a vaga. Caramba, pensando assim, não vai mesmo. Nós temos que acreditar e ponto. Não ficar com minhocation, o que não quer dizer que não tenhamos medo. A gente apenas pula do trampolim na piscina, não dá a ré. Quando Oprah era estudante e tinha que escrever o que seria quando fosse adulta, ela escreveu: "Famosa!".

"Além disso, não precisamos correr sozinhos o risco da aventura, pois os heróis de todos os tempos o enfrentaram antes de nós. O labirinto é conhecido em toda a sua extensão. Temos apenas que seguir a trilha do herói, e lá, onde temíamos encontrar algo abominável, encontraremos um Deus. E lá, onde esperávamos matar alguém, mataremos a nós mesmos. Onde imaginávamos viajar para longe, iremos ter ao centro da nossa própria existência. E lá, onde pensávamos estar sós, estaremos na companhia do mundo todo" (Campbell).

## ☆ DIA 271 ☆

## DÊ UM TEMPINHO PRA VOCÊ. MAS CUIDADO COM OS CISNES!

Tô triste pra caramba e resolvi ir pra Santa Isabel, ficar na casa da minha amiga Sandra, uma artista plástica sensacional e que não tem internet em casa. É, eu precisava ficar um pouco longe dela e das fotos e e-mails de amor do K. J. que estão espalhados no meu PC. Cheguei sexta tarde da noite, jantamos e fui dormir com o coração mais pesado que a cabeça. Dia seguinte, pensei que eu acordaria e tomaria sol de calcinha e sutiã (é, não compro um biquíni novo há mais de três anos e odeio laicra), mas o tempo amanheceu nublado e friorentinho. Me sentei numa cadeira em frente à varanda do meu quarto, toda agasalhada, e puxei o *notebook* para o colo. Me senti como aquelas escritoras tuberculosas do século passado que iam para o campo tratar a sua doença. Eu estava cansada, muito cansada e abatida. Mesmo assim, o contraste do verde da natureza com o cor-de-rosa vibrante das construções, lembrando a entrada da "Mangueira" na avenida, era bem convidativo e fui dar um rolé. Na frente do meu chalé descansava um grupo de cisnes muito bonitos. Eu pensei: "Ah, que lindos esses cisnes branquinhos", e fui até lá ver de perto. Mas minha empolgação de urbana-sem-noção durou pouco. Os bichos começaram a correr atrás de mim para me bicar. Pergunto: tem coisa mais humilhante do que você, com o coração partido, correndo de cisnes com complexo de *pitbull*? Bicharada ordinária e sem compaixão. Não é à toa que Deus escolheu a pomba pra simbolizar a paz e não vocês (e pobre do Patinho Feio também. Imagine morar com essa gente neurótica).

Nossa, minha dor era tanta que nem imaginar o Gerard Butler sem camisa, me perguntando se eu queria ganhar massagem no pé, estava adiantando. Sim, eu tinha essa mania de imaginá-lo conversando comigo durante esses dias de tristeza. E quando não era ele, eram as luzinhas do metrô. Aquelas que ficam piscando, dentro do vagão, apontando em que estação a gente está. Bom, cada um com sua esquizofrenia de estimação. Nessas horas em que a gente quer arrancar a dor de qualquer jeito, só tem um cara que nos entende: Michel Gondry, diretor de *Brilho eterno de uma mente sem lembranças*, que inventa uma máquina de apagar os momentos do relacionamento na mente da gente. Ai, como seria bom...

Sandra perguntou se eu gostaria de fazer um pouco de cerâmica. Bom, já tinha "ghost" na casa mesmo (eu sou médium e ela é megamédium), só faltava a cerâmica. Eu topei. E pirei. Primeiro, porque você precisa encher a argila de porrada para ela ficar bem macia. Depois, você a coloca numa tábua que fica girando e girando e girando. As suas mãos começam a dar contorno para a massa, mas sem a menor ideia do que vai virar. Fazer um vaso ou um pratinho parecia óbvio demais e tentei fazer o cálice do "Santo Graal". Você já deve ter ouvido falar dele por aí, a taça de Cristo, à qual o povo atribuía o dom da cura e do rejuvenescimento. Pensei: "Quem sabe reproduzindo aqui essa peça sagrada, Deus me dá uma cancha e leva essa dor embora, ou pelo menos as confusões emocionais de K. J.". Mas todas as tentativas foram um fracasso, porque o treco desmoronava toda hora ou eu arrancava um naco dele.

Como tudo no começo, nosso relacionamento parecia simples e belo e protegido. Uma muralha da China no amor, onde nada e ninguém poderia nos afastar. De fato, nada nem ninguém nos afastou a não ser a nossa própria loucura, nosso terror pela rejeição e os Minotauros ferozes dos labirintos de K. J. Sim, a gente atrai o que é.

Olhei para a peça de cerâmica esquisita e pensei em desistir, mas me lembrei de todas as coisas que parei pela metade nesta vida por causa das dificuldades, incluindo aquela maldita noite em que mandei todas as coisas de K. J. para a casa dele e o magoei pra caramba. Fiz isso porque sabia que ele ia me chutar pra fora de sua vida e quis fazer isso antes. Mas foi um "strike" na alma. Tanto na minha quanto na dele. Não é assim que se resolvem as coisas, amor não é como latinha de alumínio de que a gente se livra jogando na lixeira e ela – pum! – some e vira outra coisa. Então, eu continuei e continuei, até transformar aquele material que vinha da terra no castiçal mais feio do planeta. Mas ele estava lá: tosco e torto, mas sólido e, sim, ele iluminaria um pouco a minha existência. Chamei Sandra, toda feliz. Pelas horas que demorei ela deve ter achado que eu havia feito a Igreja Sagrada Família, de Gaudí, mas de toda forma ficou feliz em ver meu castiçal.

– Agora demora dez dias para secar e depois tem que ir ao forno.

– Dez dias? Como, dez dias? Queria levá-lo para casa.

– Se você levar vai quebrar. Não vai resistir.

Então, agora eu teria na minha "coleção" um namorado surtado, um iPhone bichado, uma mãe no hospital e um castiçal quebrado. Muito ruim, pensei. E acatei que, de repente, cada coisa, cada pessoa, cada iPhone tinha o seu tempo, seu ciclo, sua vida, suas camadas, suas histórias, sua fragilidade e sua impermanência.

## ✩ DIA 272 ✩

### FAÇA UM DESCARREGO EMOCIONAL!

Voltei pra São Paulo e me lembrei de algo que minha parceira Neiva me disse um dia: quando enfrentamos a dor cara a cara, como um encantador de serpentes, ela nos reconecta com o que há de mais profundo em nós, que é o nosso poder interior, que – por amor, ingenuidade, medo da perda e de ficar só, tentativa de salvar alguém que foi para o fundo do poço – nós perdemos ou damos na mão do outro (o que certamente nos causa sofrimento).

Hoje eu fiz um ritual de limpeza na minha casa, de queimar coisas, fotos, bilhetes que já não valem nada, incenso, água benta, alfazema... Jesus amado! Desintoxicação total da alma e do coração! Sim, fiz uma sessão descarrego emocional. Chega de dor por alguém que não teve o mínimo de consideração por mim neste último mês. *Enough*!

Pra acompanhar o ritual, nada melhor do que ela, sim, ela: Gloria Gaynor. *Yes, I will survive!*

"Eu vou sobreviver porque enquanto eu souber como amar eu sei que vou continuar viva. Eu tenho a vida inteira para viver e eu tenho todo o meu amor para dar, eu vou sobreviver."

☆ DIA 273 ☆

## APRENDA COM O DESEQUILÍBRIO

Hoje tive a oportunidade de almoçar com o Marcio Atalla, um moço muito gentil que faz o programa *BemStar*. Ele precisava de uns toques para seu site e me indicaram para ele.

O Marcio trabalha com saúde e é preparador físico dos bons. Papo vai, papo vem, mostrei para ele o tênis que eu estava usando. O tal do "Shape-up", que simula andar na areia. Eu o comprei pra andar pela Vila Madalena, meu reduto, e porque dizem que é bom pra emagrecer.

Perguntei ao Marcio se o tênis funcionava e ele falou uma coisa que eu achei legal trazer para o VAE e para a vida: "Sim, dá certo porque com essa sola ele trabalha com o seu desequilíbrio e, portanto, você precisa acionar músculos esquecidos ou nunca usados".

Achei isso tão interessante. Significa que se a gente conseguir manter um pouco a calma nos momentos de desequilíbrio, conseguirá ver as coisas de outro jeito, tomará alguma nova atitude ou reciclará o que puder ser aproveitado. Tem a ver com o que um moço que amei um dia me disse: "Todo fundo do poço tem uma mola".

Lembre-se de que no VAE a nossa filosofia sempre é o tijolo a tijolo, devagar (nem sempre), um passinho de cada vez. A pergunta é: qual é o primeiro tijolo que eu e você precisamos pensar agora em colocar na nossa estrutura interna para diminuir esse desequilíbrio?

A seguir eu reescrevo o textinho, de um tarô, que acho que tem a ver com esse tema. Afinal, para acontecer o novo é preciso antes desapegar-se do velho.

"Cultivar o desapego é um dos conselhos fundamentais dado pelo arcano chamado 'O Ceifador'. Existem momentos da vida em que somos desafiados a perder 'cascas', a compreender a importância de caminhar, deixando paisagens para trás. Ainda que isso doa, uma vez que nosso ego se estrutura a partir de apegos e identificações, é a compreensão meditativa de que tudo passa que lhe permitirá seguir caminhando e, enfim, abrir-se ao novo que belamente se introduz em sua vida, pouco a pouco, passo a passo, até que você apareça com a alma totalmente renovada.

"Procure se interiorizar neste momento, evitando grandes atividades sociais. Faça este contato com o núcleo da sua alma e você entenderá quais são as coisas que precisam ser deixadas para trás. Conselho: Viver é perder 'cascas' continuamente!"

☆ DIA 274 ☆

## RECONECTE-SE COM SUA FORÇA INTERIOR DO SEU JEITO

Muita gente me pergunta de onde eu tiro essa força para virar os tantos jogos que rolaram durante este um ano de vigilância da autoestima. Eu respondo que é do Biotônico Fontoura, que eu tomo dia sim, dia não, hehe. Essa é uma pergunta interessante porque tem várias respostas. Como já disse aqui, eu já fui uma mulher que ama demais. De tão carente que eu era e de tanto medo de ficar sozinha que eu tinha, eu me submetia a qualquer situação e tolerava qualquer coisa que meu namorado fizesse e por muito tempo. Era submissa mesmo e chegava até a perder totalmente minha personalidade. Credo!

Quando peguei a grande paixão da minha vida me traindo (como eu já falei várias vezes aqui) eu fiz um escândalo, mas um escândalo que até a Pomba-Gira sairia correndo. Foi nesse dia que eu descobri a grande força que eu tinha em mim e nunca mais fui submissa. Mas não foi só o grito que ajudou. Eu sofri tão desgraçadamente nos três meses seguintes que me fundi novamente à minha alma, que estava tão distante de mim. Depois disso, nunca mais nos separamos.

Clarissa Pinkola Estés, autora de *Mulheres que correm com os lobos*, explica melhor isso: "Quando as mulheres reafirmam seu relacionamento com a natureza selvagem, elas recebem o dom de dispor de uma observadora interna permanente, uma sábia, uma visionária, uma criadora e uma ouvinte que guia, sugere e estimula uma vida vibrante nos mundos interior e exterior.

"Quando as mulheres estão com a Mulher Selvagem, a realidade desse relacionamento transparece nelas. Não importa o que aconteça, essa instrutora, mãe e mentora selvagem dão sustentação. Elas encarnam uma força sem a qual não podem viver".

Então, às vezes, eu me reconecto a essa força ouvindo ou cantando uma música muito misteriosa, ou dançando, ou gritando ou xingando. Hoje, por exemplo, eu achei uma nova declaração de amor de K. J. (de pouquinho tempo atrás). Ele gostava de escrever declarações pela casa e eu ia achando aos poucos. Quando a encontrei, o sacana do meu cérebro começou a relembrar as boas coisas, mas imediatamente eu gritei: NÃÃÃÃÃÃÃÃÃÃÃO! Esse K. J. amado e que me dava tanto amor foi abduzido pelos ETs, não existe mais. Logo depois Gerard

Butler chegou com um *cappuccino* com chantili pra mim e fiquei mais calma (ai, que louca...).

Também me reconecto quando vou à terra do meu avô, na Itália, e peço sua bênção e inspiro e expiro várias vezes o ar dos bravos italianos, seus gladiadores e imperadores.

Mas a minha grande conexão mesmo é no VAE. Como já disse, é nessa união que recarrego as baterias da minha alma e sei que muita gente faz o mesmo. Cito, portanto, mais um texto do livro de Clarissa: "A mulher que se reconectou à sua Mulher Selvagem é amiga e mãe de todas as que se perderam, de todas as que precisam aprender, de todas as que têm um enigma para resolver, de todas as que estão lá fora na floresta ou no deserto, vagando e procurando.

"Ela abre canais através das mulheres. Se elas estiverem reprimidas, ela luta para erguê-las. Se elas forem livres, ela é livre. Felizmente, por mais que seja humilhada, ela sempre volta à posição natural. Por mais que seja proibida, podada, enfraquecida, rotulada de louca, ela volta à superfície nas mulheres".

Então, é nesta minha missão que também encontro minha força (e onde os homens também são bem-vindos!).

Hoje, para desgosto da minha mãe (hehe), eu vou me dar de presente mais uma tatuagem, a de loba. E cuidado, se alguém vier me aborrecer, ela morde! Hehe. Ai, não sei do que tô rindo, que dor... Ai...

## ☆ DIA 275 ☆

## EXORCIZE SUA DOR

Cheguei a uma triste conclusão: ninguém sabe como lidar com a dor da gente (com exceção dos psicólogos). Não adianta ligar para um amigo seu ou parente porque, provavelmente, eles vão te deixar pior ainda: ou te darão uma dura ou falarão para você deixar isso pra lá (ah, claro, como você não pensou nisso antes, hein?) ou vão dizer para você acalmar seu coração (se é que te sobrou algo dele) ou vão mandar você tomar um remédio para dormir (???).

Essas pessoas deveriam ter lido um texto do Contardo Calligaris em que ele dizia que toda vez que você conta a sua dor para uma pessoa e ela fala alguma das coisas acima descritas ela está tirando toda a legitimidade do seu sofrimento e só piora as coisas.

Então, o que seria certo dizer nesse momento? Apenas isto: "Eu compreendo a sua dor". E assim ouvir, em silêncio, a pessoa falar e falar ou chorar e chorar, até se acalmar. Talvez você não saiba, mas é a técnica do CVV (Centro de Valorização da Vida). Eu sei porque me fiz passar por uma pessoa com problemas um dia para escrever uma matéria para um site. Chorei que nem uma desgraçada (de verdade!) porque minha mãe não estava legal de saúde (pra variar). A pessoa do outro lado da linha não me julgou, nem deu conselhos, apenas me ouviu e compartilhou comigo o que eu sentia. Também fez com que eu me ouvisse, com perguntas como "Como você se sente?" ou "O que você acha que seria bom para você agora?". Achei muito bacana. Ela me fez ver que eu não estava sozinha nessa hora difícil. Povo julgando a gente nesse momento é um "pqp".

Agora, como podemos exorcizar a nossa dor? Vou dizer umas coisas que funcionam comigo:

1- Se você não está conseguindo chorar aquele choro profundão mesmo, pegue uma música ou filme que te ajudarão. Chorar tudo o que você tem direito faz um bem danado e vai desopilando o fígado. Mas é pra fazer isso só uma vez. Não vá ficar alimentando fossa, pelo amor de Buda.

2- Se você tiver uma amiga compreensiva e que não vai fazer nada das coisas sem-noção que eu disse no começo, ligue para ela e chore muito. Certamente esse telefonema vai acabar em muitas risadas.

3- Se a sua dor está misturada com raiva, esmurre pra valer alguma coisa na sua casa. Uma almofada ou travesseiro. Não tenha dó, jogue toda a sua raiva nisso. Xingue pra caramba também. Xingar é uma bênção nessas horas.

4- Procure gente do bem e espiritualizada que vai te ajudar no processo de limpeza emocional, trazendo todo o lixo pra fora. Eu recomendo o Cyro Leãoo, que faz um trabalho incrível com o tambor xamânico (www.xamaurbano.com.br).

5- A dor mexe muito com a solidão da gente. Então, toda vez que você for dormir, abrace-se e diga: "Eu vou cuidar de você". Repita isso o quanto for necessário. Cuidar de você também é se levar para lugares legais, se dar coisas boas, se curtir.

6- Aceite que o seu destino mudou e que a perda (seja lá do que for) aconteceu. Aceitar não quer dizer que você não precise esmurrar a almofada ou xingar muito alguém ou espernear loucamente.

7- Tome o floral *Bleeding Heart*, que ajuda muito no desapego e não tem contraindicação.

8- Se o ser involuído que contribuiu para a sua dor continuar te procurando pra fazer maldade, diga que vai chamar a polícia. Se ele continuar mesmo assim, chame a polícia! E dê queixa de perseguição. Mande pro xilindró, que nem a Luana Piovani fez com o Dado. "Nada nem ninguém tem poder sobre mim!"

Espero ter ajudado :)

☆ DIA 276 ☆

## PENSE NO THOMAS EDISON!

Ontem eu fui ver uma comédia romântica com uma amiga. Eu não gosto muito de filme previsível americano, mas fui assistir porque tinha o Gerard Butler. Cheguei lá e não era com ele nada. Me enganei e acabei tendo que ver. É um filme chamado *Coincidências do amor* e também não tem coincidência nenhuma.

Há uns cinco meses eu estava numa boa sozinha, curtindo minha vida e minhas amigas, até acontecer toda aquela reviravolta do Universo – que jamais chamarei de coincidência – e reencontrar uma pessoa com quem vivi dias de paixão e felicidade absolutas, sucedidos de trinta dias de pesadelo, *machucation* e mágoas. Juramos que nunca nos perderíamos um do outro, mas o moço perdeu-se dele mesmo e o "degringol" foi inevitável. Fazer o quê?

Minha vida amorosa sempre foi muito estranha. Ou normal demais ou estrambólica demais. Meu relacionamento mais longo – incluindo tudo – durou quatro anos e foi com meu primeiro marido. Eu tinha uns 22 anos e ele me pediu em casamento bêbado (ele era dez anos mais velho que eu). O segundo marido me pediu em casamento porque estava de saco cheio de me buscar de moto em casa. Era um doce de homem, mas na época eu não tinha consciência nem disso nem de nada (se é que tenho hoje em dia no quesito amor). Como você pode ver, não teve nada de filme romântico americano. Eu nunca vivi um desses romances de cinema nem acredito neles.

Eu juro que às vezes, olhando para a linha do amor da minha mão, aquela que parece um arame farpado de Auschwitz, tenho vontade de desistir de encontrar alguém com quem eu vá viver um relacionamento longo, maduro e bacanésimo. Mas aí eu lembro que Thomas Edison testou mais de 3 mil lâmpadas até conseguir acender uma. Bem, espero não ter que conhecer tanta gente assim, hehehe. Pobre "tchetchênia" ;)

Deve ser normal depois de uma frustração amorosa a gente ficar meio sem acreditar nas coisas. Tem que ter um poquim de paciência.

☆ DIA 277 ☆

## PARE DE BOTAR TODO MUNDO NO MESMO SACO

Acho simplistas demais as pessoas que dizem o que você deveria ou não ter feito no seu relacionamento, como se fosse uma máquina de refrigerante em que você coloca a ficha, escolhe a latinha e... pronto! Acho simplista porque cada pessoa é de um jeito, sente de um jeito, se alegra e sofre de um jeito. E se o amor fosse algo tão simples, não seria tema de tantas obras, em tantas décadas.

Seria ótimo ter uma Gillian McKeith (do programa "Você é o que você come") do amor, com um programa chamado "Você é quem você namora". Ela chegaria na nossa casa e diria: "Deixa eu ver com quem você teve relacionamento nos três últimos anos!". E eles estariam sentadinhos na mesa, aguardando uma avaliação.

E ela desceria a lenha na gente, daria um monte de bordoada e colocaria a gente pra fazer uma dieta amorosa: "Isso pode fazer e dizer, isso não pode!".

Pô, seria bom mesmo, mas não tem como, porque no amor não dá pra botar todo mundo no mesmo saco. E foi por isso que acabei parando de dar conselho amoroso quando me pediam. E mesmo porque – quem vê de fora vê melhor – eu também não entendo patavina desse assunto. E é por isso que também tento não julgar mais ninguém. E olha que me contam cada coisa por e-mail...

A conclusão a que estou chegando é de que a gente tem, sim, que focar o autoconhecimento se quiser alguma resposta ou conquistar algo que faça sentido. A Regina Navarro Lins, psicanalista – e autora de dez livros sobre relacionamento amoroso – concorda: "A condição essencial para ficar bem sozinho é o exercício da autonomia pessoal. É com o desenvolvimento individual que se processa a mudança interna necessária para a percepção das próprias singularidades e do prazer de estar só. E assim fica para trás a ideia básica de fusão do amor romântico, que transforma os dois numa só pessoa. E quando se perde o medo de ser sozinho, se percebe que isso não significa necessariamente solidão".

☆ DIA 278 ☆

## A RUÍNA É O CAMINHO PARA A TRANSFORMAÇÃO

Sem sombra de dúvida o filme *Comer, rezar, amar* é um programa obrigatório para todas as mulheres, principalmente as que querem aprender a amar. Vou falar o motivo e depois disso irei mais além. Elizabeth Gilbert, autora do livro homônimo, passa pela grande frustração de um casamento em que ela não se reconhecia mais e depois por uma paixão desastrosa, sem alicerces, muito menos lastro emocional (afinal, é uma paixão). Mas vale a pena destacar uma frase da primeira parte do filme, quando seu amigo (alto de cerveja) diz na hora em que ela apresenta o novo namorado: "Você se parecia com seu marido, agora está parecida com esse cara. É como aqueles cachorros que ficam parecidos com seu dono". Sim, Elizabeth mais uma vez tinha se perdido de si. E, a partir daí, iniciará uma jornada em busca de si mesma. Afinal, como eu já disse, quem não está inteiro acaba tendo um relacionamento pela metade e é sofrimento pra todo lado.

Mas o mais além a que eu me referi, e aí servirá pra todo mundo, é quando ela vai visitar as ruínas da Tumba de Augustus (em Roma). Criada inicialmente para ser o mausoléu do imperador, passou por saques, depois foi usada para touradas, para armazenar fogos de artifício e, mais tarde, como sala de concertos. Elizabeth tem uma reflexão maravilhosa nesse momento (que serviu de inspiração para este texto). Observando todas as fases da tumba, ela diz: "Toda ruína é um lugar de transformação".

Todos os dia recebo e-mails de pessoas arruinadas emocionalmente e com uma dor quase insustentável: ou porque perderam um amor, ou porque foram demitidas, ou porque vivem muito distantes do seu sonho, ou porque perderam o contato com a família não amorosa, ou porque estão sem um pu--, enfim... Isso me lembra uma história budista. O filho de uma mulher morre e ela fica arrasada. Ela pede ajuda a Buda para aliviar a sua dor e ele diz: "Me traga um ramo de alecrim. Mas você só pode tirá-lo do quintal de uma casa onde a família nunca tenha perdido ninguém". Obviamente, a moça não consegue.

O que Buda quis dizer com isso é que todos, sem exceção, já fomos (ou estamos!) ruína em algum momento da vida. E o que eu falo para as pessoas que me escrevem é o mesmo que digo pra mim: "É hora de se reconstruir. Tijolo por tijolo... Toda pessoa ou situação que passa pela gente é um Mestre, portanto, mesmo que seja difícil, agradeça! E lembre-se: no VAE você não está só, estamos juntos e no mesmo barco".

Aproveito para repetir o que me disse uma vez o astrólogo Oscar Quiroga (quando perdi meu adorado emprego): "No imediato, sempre uma experiência de me@%#. Na perspectiva do Todo, o universo em mutação através de ti. Abraça essa causa e se reinventa".

Quando Elizabeth abraça sua ruína, ela flui, sua vida flui, o amor flui. Ela se fortalece e retoma seu poder interior.

Termino este texto com a frase maravilhosa de Javier Bardem (ui!) no filme: "Equilíbrio é quando você continua se amando mesmo quando tudo dá errado".

*Dedico este texto à minha grande amiga virtual Silvia Pedrosa, que me ajuda continuamente a encontrar o caminho de volta a casa.*

## ☆ DIA 279 ☆

## FAÇA UM RITUAL DE PASSAGEM

Este está sendo um ano marcante de perdas e ganhos para mim. Mas vou falar mais do que partiu. Neste ano do Tigre, eu perdi meu emprego no portal onde eu trabalhava, perdi um moço que era importante para mim, perdi o apartamento onde moro (foi vendido) e semana passada soube que corro o risco de perder a minha mãe, ou seja, a pessoa que mais amo na vida.

Essas perdas, quase que todas juntas, me inspiraram profundamente a me encontrar cada vez mais, e por isso tomei a decisão de "entrar em reforma". Quando a gente entra em reforma significa que quer deixar coisas para trás, e por isso o meu Ritual de Passagem será minha mudança para o novo apartamento, que encontrei ontem (com uma graaaande janela). Aqui, onde moro, é uma catacumba escura que Deus me livre e guarde!

Eu até tentei voltar para o antigo (onde tenho muitos amigos), mas o Universo mais uma vez disse: "Na na ni na não". Então, vou aproveitar essa mudança para doar coisas, jogar fora algumas e talvez vender outras.

No domingo passado eu fiz uma coisa louca que imploro pra que ninguém resolva fazer em casa, mas eu peguei tudo o que tinha forma de coração na minha casa, tasquei na panelona teflon com álcool em gel e botei fogo. Detalhe: eu moro num prédio de três andares, então, imagine o rebuliço que isso não causou.

Eu sei lá por que fiz aquilo. Acho que queria que todas aquelas coisas se fundissem e derretessem a minha dor. Foi bem bom.

Se você se identificou com esse dia é porque talvez esteja na hora de você também fazer o seu Ritual de Passagem, seja qual for o motivo, e rever o que não te serve mais. E você saberá como ele deve ser, usando sua intuição. Não, não dá mais pra ficar batendo a cara na janela como um passarinho que não sabe o que é um vidro. A gente já tem muita consciência de muitas coisas. Se tem...

## ☆ DIA 280 ☆

## CAMPANHA "PRIMAVERA SEM MÁGOAS"

Já faz algum tempo que eu sei que a felicidade não está na vida, e sim nos mistérios da vida (frase de Joseph Campbell), mesmo assim, vivo me esquecendo disso. Mas esta semana eu voltei com tudo a me esquecer e também a lembrar. Na segunda-feira, um acontecimento envolvendo meu ex me deixou bem desequilibrada. Ele apareceu no

MSN do nada, o que já me fez tomar um susto. Aí, veio com uma conversa mole. Depois citou a frase do Lulu Santos pra dizer como foi o nosso relacionamento: "Não quer dizer que foi ruim, também não foi tão bom assim". Isso porque estou até agora apagando declaração de amor. Ontem encontrei uma no chuveiro. No chuveiroooooooooo!

Explicando melhor esse desequilíbrio: sou a pessoa legal, generosa, do bem que todo mundo conhece, mas também tenho uma agressividade enorme que dorme numa caverna do meu ser, e que, quando sai, Deus me livre e guarde. Esse meu lado já me rendeu apelidos como "Monga, a mulher gorila" pra baixo. Ahahaha.

Pois bem, segunda-feira essa "fera" veio pra fora e desceu o sarrafo no ex que veio me perturbar. Depois disso fiquei com muita raiva e mágoa. Acontece que ambas são uma porcaria e eu resolvi buscar ajuda. Ando sonhando muito, ultimamente, com lobos que vêm conversar comigo. O Cyro Leãoo, que é xamã, tem a seguinte definição para isso: "É um curandeiro de relacionamentos: entre a mente e o corpo, entre pessoas e o ambiente, entre seres humanos e a natureza e entre a matéria e o espírito".

Conversamos muito sobre mágoa e compreendi que toda emoção, raiva, mágoa é fruto da nossa projeção em cima da atitude do outro e cada um interpreta de um jeito. E pior: diante disso, cada um dá mais ou menos poder para o outro (tirando do seu próprio). Portanto, o que o Cyro me fez ver (e foi libertador) foi que a atitude do outro é o que menos importa e que, se quisermos mesmo evoluir, temos é que olhar para nossas projeções e atitudes repetitivas que não queremos mais. Então, como posso transformar essa mágoa que se transforma em ira numa reação equilibrada, sem matar ninguém? Hehe.

Para ajudar a tirar essas mágoas, ira e o cacete a quatro, o Cyro fez um trabalho maravilhoso com o tambor. Eu me deitei no chão e ele me disse que um animal viria me dizer o que eu deveria fazer. Eu juro que pensei: mais um maluco! Acontece que o tambor é algo tão forte, mas tão forte que, de olhos fechados, vi um urso marrom bem grande vindo na minha direção e ele tentava me dizer, sem palavras: "Você tem que urrar!".

Não aconteceu mais nada do que isso naquela hora, mas hoje à tarde eu coloquei o CD *Indians Sacred Spirits* e comecei a bater o pé no chão da sala. É, nessas horas, vale tudo, até encarnar o "Touro Sentado". De repente, começou a vir um troço, mas um troço, que senti todas as dores acumuladas em toda a minha vida e urrei tanto, mas tanto que achei que fosse virar um lobisomem e sair correndo peluda pela Vila Madalena. Com o urro saíram muitas lágrimas e também um engasgo que estava muito bem preso na minha garganta.

Depois que me acalmei, me senti vinte anos mais nova, até meu rosto afinou.

Entenda, não estou falando pra você sair por aí batendo tambor nem conversando com os ursos do zoológico. Mais uma vez, o que eu trago aqui é minha experiência de vida, que quase sempre segue minha intuição.

Mas hoje é primavera e vim propor para todo mundo uma primavera sem mágoas. E cada um aqui terá que descobrir de que forma vai trabalhar essa mágoa, mas o primeiro passo é: pare de culpar as pessoas por sua mágoa e cuide dessa sua projeção, dessa sua reação, desse ser ferido que há dentro de você e que provavelmente vem assim desde a infância.

A primavera é um novo ciclo e um ciclo muito especial, porque traz a perspectiva de nascimento ou de renascimento. Com esse trabalho que fiz eu pude abrir as portas para que o meu poder pessoal renascesse em mim e me sinto novamente inteira.

Quando resgatamos nosso poder pessoal, tudo fica pequeno: mágoas, separação, perdas, as bobagens que os outros nos dizem, nossos problemas...

"Segue o teu destino, rega as tuas plantas, ama as tuas rosas, o resto é sombra de árvores alheias..." (Fernando Pessoa)

## ☆ DIA 281 ☆

## QUER SE LIBERTAR? APRENDA A ACEITAR!

Muita gente que saiu de um relacionamento e está sofrendo me escreve perguntando qual o segredo para eu estar bem apenas quinze dias depois de ter me separado. Eu vou responder e espero que ajude em qualquer momento de sofrimento da sua vida (e não só no amor).

Uma vez eu disse para o meu ex: "O Universo fez uma reviravolta enorme para que a gente se encontrasse: fez um amigo que me levaria ao cinema perder a chave do carro, fez uma amiga me ligar convidando para ir à Liberdade, fez a gente ter que desviar na volta por causa da Parada Gay e fez a gente passar na frente da casa da sua irmã, onde você estava, para tomar um café. Bom, se Ele fez tudo isso para você entrar na minha vida, quando Ele nos separar será porque também terá os seus motivos".

Nas duas primeiras semanas depois da separação meu ego ficou se debatendo igual a um peixe no balde sem água. Ele se debatia, xingava e gritava: "Por que as coisas não estão mais como antes?", "Por que fulano não se parece mais com o fofo de antes e pisou tanto na bola?" etc. etc. Mas o que ele queria mesmo dizer era: NÃO ACEITO! Quando a gente não aceita a realidade começa a porcaria da autopiedade, aí é um cruz-credo mesmo e você se afunda cada vez mais na areia movediça do sofrimento.

Só que nesse fim de semana eu me lembrei desse diálogo e aceitei o meu desígnio como sendo a melhor coisa que poderia ter me acontecido. Mesmo doendo! Aceitei humildemente, afinal, é a verdade, caramba. E confesso que minha vida hoje, de volta às minhas atividades culturais, com hábitos mais saudáveis e com planos maiores ainda para o VAE, me faz sentir bem mais feliz que nos últimos três meses. Mentira! Sem contar que posso afirmar com certeza: ofereci o melhor de mim nessa história e para essa pessoa. Eu fiz minha parte, ô se fiz. Verdade!

Se você está sofrendo neste momento por qualquer motivo na sua vida, acredite, você não está aceitando e está agarrado a algo que não existe mais: alguém que morreu, a grana que sua família perdeu, seu ex-emprego, seu ex-amor, seu antigo corpo, sua juventude passada etc. etc. Mas veja: aceitação é bem diferente de conformismo.

Sobre aceitação, o mestre espiritual Osho tem algo interessante a dizer: "Uma das lições mais difíceis que precisamos aprender durante nossa vida é a aceitação. O que quer que estejamos vivendo, por mais doloroso que seja, será mais facilmente suportado se conseguirmos aceitá-lo com todo o nosso coração.

"Mas chegar a esse estágio não é algo que aconteça repentinamente, ou sem alguma resistência de nossa parte. Ao contrário, quando um acontecimento nos causa grande sofrimento, tendemos a rejeitá-lo com todas as forças e a sermos invadidos pelos sentimentos de inconformismo e revolta.

"Somente quando conseguimos alcançar um estado de consciência no qual percebemos de modo claro que todas as situações que vivenciamos são providenciadas pela existência, porque constituem lições essenciais ao nosso crescimento interior, é que o processo da aceitação começa a se tornar natural.

"Até que isso aconteça, experimentamos inúmeras crises que, em sua maioria, tornam ainda mais duras as provas que temos de enfrentar. A maturidade e a sabedoria trazem consigo o precioso dom da aceitação. A partir do momento em que as desenvolvemos, a vida se torna um caminhar mais tranquilo, onde vamos enxergando em cada fato uma lição a ser aprendida.

"Quanto mais cedo chegarmos a esse entendimento, maiores serão as chances de nos libertarmos da angústia e do inconformismo".

## ☆ DIA 282 ☆

## O FABULOSO DIA DO PERDÃO

Hoje é um dos dias mais felizes da minha vida. Resolvi oferecer a outra face e perdoar meu pai por todas as mágoas que eu sentia. (Mentira, por quase todas, o pônei prometido não tem jeito.) Como já disse aqui milhões de vezes, eu tinha muita raiva por ele nunca ter me dado carinho e atenção e nunca me foquei nas boas coisas que ele fez por mim. Sempre me senti rejeitada e isso sempre vazou para os meus relacionamentos.

Agora, quase aos 80 anos, ele se sente arrependido de ter sido um péssimo pai (e marido) e muito só. Pela primeira vez consegui vê-lo como um ser humano e não como um saco de defeitos. Ontem, fui à sua casa e disse: "Eu vim te absolver da culpa. Se por um lado você não soube me dar afeto, por outro sou grata pelas músicas maravilhosas que você me ensinou a ouvir, pela cidadania italiana, pelo sobrenome "Rao" que eu adoro, por um ano de aluguel que você pagou no meu primeiro casamento, pelas viagens que você me proporcionou e por nunca ter me julgado por eu escrever sobre sexo". Ele ficou muito feliz. Nos abraçamos. Foi como tirar um dinossauro das minhas costas (e das dele).

Mas teve mais coisa: depois de cultivar diariamente também raiva e mágoa pelo meu ex, o K. J., marquei com ele no shopping e expliquei tudo o que eu sentia. Às vezes, as pessoas não percebem o que sentimos com suas atitudes. Foi uma conversa deliciosa. A gente lavou roupa suja, riu, se abraçou, tirou sarro um da cara do outro e voltou a ter todo o respeito, admiração e carinho que teve um dia. Certamente agora poderemos ser grandes amigos e não preciso mais chamá-lo de "Chucky, o brinquedo assassino" e nem ele me chamar de "Psicose cósmica", hahahahehehe. Talvez K. J., assim como meu pai, ainda não saiba lidar com suas emoções e com as dos outros. Afinal, quem sabe?

Fiquei tão contente com essas duas libertações que comemorei comendo um churro fantástico na saída do metrô. Afinal, que diferença existe entre nós e um churro nessa parte das emoções? Somos todos tão lindos e lisinhos por fora, mas por dentro é um tremendo "melecation".

Se você tiver a mesma oportunidade que tive hoje, acredite: sua vida, assim como a minha, mudará completamente :)

# TIJOLO

No terceiro passo, a **casinha de tijolo** significa estar atento para não voltar aos modelos conhecidos dos estágios anteriores. Aqui, a estrutura garante o poder de avançar. A construção é feita de decisão e firmeza na busca de aceitar que é possível fazer uma vida própria e sempre atenta aos predadores (a parte "lobo" que parece estar todo o tempo à espreita, esperando um momento de desatenção para atacar e destruir). A força destrutiva bate à nossa porta, às vezes de forma gentil, mas pode chegar de forma violenta. O Vigilante não abre e já não aceita tudo sem analisar as consequências. Está mais atento às suas necessidades internas.

O Vigilante aquece, no seu interior, as forças do amor, da sua fé, da aceitação, do valor e do significado da vida humana. O "lobo" foge ferido, mas pode voltar mais agressivo, o que exige que estejamos sempre vigilantes. Nessa fase, damos e recebemos de forma natural, pois nos reconhecemos como um Ser Humano.

A **casinha de tijolo** abriga aquele que tomou a vida nas próprias mãos, descansa no seu interior e ainda acolhe as suas partes carentes e vulneráveis. Sabemos que a nossa autoestima está tomando uma forma **tijolo** quando vigiamos a nossa capacidade destrutiva e nos construímos com pensamentos, sentimentos positivos e ações concretas.

Neiva Bohnenberger

## ☆ DIA 283 ☆

## PRATIQUE "DESENCANATION" NO SEXO

"Patrocinador de Alegria" parece que adivinha quando a gente termina namoro, e o meu me ligou se convidando pra tomar um café na minha própria casa. "Café" é a palavra secreta pra você já sabe o quê, e não passa disso porque aqui em casa não tem sombra do pó preto e muito menos de cafeteira. Aliás, nem sei como se faz esse negócio. Aceitei o convite, ele é um querido, mas a transa não rolou porque eu... broxei. Sim, mulher também tem dessas coisas e é quando, por algum motivo, a gente perde a vontade. Nesse caso eu perdi o tesão porque, quando estava apaixonada por K. J., o sexo era uma maravilha. Como não tenho laços afetivos com meu P. A. (fora amizade), apesar de ser um cara legal e bonito, achei tudo muito sem graça e não consegui.

Saias justas no sexo são muito mais comuns do que você imagina. E já passei por todas que você possa imaginar e mais um pouco. O ruim é que muita gente começa o "encanation" na hora em que acontece. Como escrevi sobre sexo durante muitos anos, vou dar uma mãozinha para evitar que a sua autoestima balance nessas horas.

**Para as mulheres**

**1- *Lingerie* caidaça**

Definitivamente, a Lei de Murphy existe, e a probabilidade de pintar uma transa com aquele cara (de quem você estava infinitamente a fim) no dia em que você está com uma calçola de vó comprada na feira é muito grande (só não junte com a depilação vencida, por favor!).

A saída: se vocês forem ao motel, você está salva, porque basta tomar um banho rápido e voltar gloriosa e enrolada na toalha. Se forem para a casa dele, você tem duas opções: A) Você está de calça jeans? Vá ao banheiro, enterre a calçola no vaso da samambaia que a mãe dele deu, vista novamente seu jeans e faça o estilo "wild". B) Você está de saia ou vestido? Aí, suma com a calcinha também e dê uma de Sônia Braga em *A dama do lotação*.

**2- Se assustar com o tamanho do "instrumento"**

Bom, aqui também são duas situações: para melhor ou para pior.

A saída: A) Você se assustou para pior. Esperava o "João Pé de Feijão" e veio o "Pequeno Polegar". Depois do susto, você diz: "Legal, ecológico, né? Não ocupa muito espaço". B) Você assustou para melhor. Depois do susto, diga: "Ah, eu fiquei em silêncio em homenagem ao seu 'Monumento aos Pracinhas'".

**3- Barulhinhos inesperados**

Não tem saia justa pior para uma mulher do que quando os países baixos emitem um som semelhante ao do país dos fundos (que, aliás, sempre leva a fama nessa hora). Isso acontece porque na hora da penetração entra ar lá e já viu.

A saída: descontraia. Diga: "Não tem vácuo no café, na Fórmula 1? Pois é, na minha 'tchetchênia' também tem...".

**4- Errar o tamanho da camisinha**

Vocês vão transar pela primeira vez e você não é obrigada a saber o tamanho do "instrumento" do rapaz, mas distrair-se na hora de comprar e trazer uma camisinha PP, aí já é demais.

A saída: basta dizer: "Ai, me desculpe, eu achei que fosse PP de "Pepita Poderosona".

**5- Sutiã adesivo**

Pois é, a Lei de Murphy não ataca só quando você está com a calcinha da sua vó. Ela ataca também quando você sai toda gata, de vestido tomara que caia e sutiã adesivo. Detalhe: no oba-oba você esqueceu que está com esse sutiã e topa ir para a casa dele. A boa notícia é que você pode ir até o banheiro, tirar, amassar e jogar no lixo. A má notícia é que a cola não sai.

A saída: opte por posições em que você fique de barriga para baixo, mas reze para o gato preto do seu paquera não dormir na cama dele. Porque o pelo vai grudar na cola e, no escurinho, se você vacilar ele vai achar que está transando com a "Monga, a mulher gorila".

**Para os homens**

**1- Chamar "Fulana" de "Sicrana"**

Não se preocupe: trocar o nome da pessoa que está com você na hora do sexo é muito comum. Muito comum com quem consegue acabar um relacionamento em cinco segundos. Pois é, essa é a gafe das gafes das gafes e – sim –, mesmo que você tenha conhecido seu par na noite anterior, pega supermal.

A saída: se você foi acometido por uma desgraça dessas, tem salvação. Na hora em que você errar o nome e ela te olhar como se estivesse vendo a mãe de Norman Bates – em *Psicose* –, você vira e diz com a maior calma: "É esse o nome que quero para o nosso filho, amor...".

**2- Você se empolgou demais**

Anda assistindo muito vídeo erótico? Sim, tem seu lado saudável, mas nem sempre a parceira curte ouvir frases como "Vai, devassona!" ou "Não para, não para, potranca do Agreste". E muito menos ter sua traseira confundida com a bateria da Mocidade Independente de

Padre Miguel. Muita calma nessa hora, a não ser que o seu amor curta um *remake* de *Bruna Surfistinha* e peça alguma dessas coisas.

A saída: enrole-se no lençol, saia pela casa fazendo coisas estranhas e dizendo: "Onde está Nemo?", "Onde está Nemo?". A pessoa vai achar que você é sonâmbulo ou que teve um surto psicótico e, se te amar muito, te dará um desconto.

**3- Falhar na hora "H"**

Sim, que atire a primeira pedra quem nunca deu aquela titubeada na hora do "balacobaco". Os motivos podem ser vários: cansaço, medo, muita pressão, estresse e algumas coisas pouco estimulantes como se deparar com uma calcinha onde está escrito: "Propriedade de Jesus".

A saída: parta para a descontração. Diga coisas do tipo: "Desculpe, ele é claustrofóbico" ou "Ele assistiu *Anaconda II* ontem e está com baixa autoestima".

**4- Gritos e sussurros**

A moça é toda delicadinha e fofa. Você chega no motel e começa o rala e rola. Roupa pra cá, roupa pra lá e a coisa esquenta, esquenta tanto que ela começa a gritar como uma louca. Ai, se vergonha alheia matasse. A essa altura você começa a imaginar o gerente chamando a polícia achando que você é o Maníaco da Catraca.

A saída: você fala bem baixinho: "Ih, acho que ouvi a voz da minha mulher no quarto ao lado...".

**5- Zíper assassino**

Você está ensaiando essa transa há meses e está louco de desejo. Tão louco que desce o zíper da calça de uma vez só e – ai! – pega a "criatura" em cheio. A moça te olha com aquela cara de "hoje desse mato não sai coelho", mas, não, você é brasileiro e não desiste nunca.

A saída: peça ajuda para a sua companheira, reze e aproveite para realizar aquela sua fantasia de criança de ser o Tarzã por um dia. Sim, vai doer pra chuchu.

☆ DIA 284 ☆

## VOCÊ É GENTE OU UM TERRENO BALDIO?

Em uma das épocas de "vacas gordas" minha família morou no bairro de Higienópolis, numa casa bacana. Havia um terreno baldio lá pertinho, onde todo mundo atirava tudo quanto era coisa. Você pode imaginar o que o lugar virou em pouco tempo. Me lembrei dessa cena começando a ler o livro *Mulheres, comida & Deus*, de Geneen Roth. No texto, ela diz: "Acredito que somos expressões ambulantes das nossas convicções mais profundas; tudo aquilo em que acreditamos a respeito de amor, medo, transformação e Deus revela-se no como, quando e o que comemos".

Eu posso garantir que o que mais destrambelhou a minha saúde nestes últimos tempos foi transformar meu corpo num terreno baldio. Comi muita porcaria, e pior: na frente do computador. Com esse livro nas mãos, mais a visita do meu amigo Dr. Alberto Peribanez – autor do livro *Lugar de médico é na cozinha* –, me dei conta de que, se não viro a mesa (literalmente), vou pro brejo. Alberto ficou hospedado em casa três dias, jogou um monte de porcaria fora, comprou pão saudável, muita água, frutas, me ensinou a fazer sucos bárbaros e uma sopinha de verduras cruas, com cebola e azeite, divina!

O cara cuidou de mim e eu deixei. E foi uma grande inspiração para que eu voltasse a me cuidar. Hoje, comi coisas leves, caminhei no "Pedalinho Gerard Butler" e fiz meditação com mantra tibetano à tarde, porque sozinha não consigo nem a pau. Mantras são ótimos para limpar o emocional da gente. Afinal, é onde a gente mais joga porcaria e ainda deixa os outros jogarem as deles. Para o emocional, o Dr. Alberto tem uma frase ótima: "Imagine você comendo há um tempão só alimento saudável e, de repente, vem e come um cachorro-quente na praia. Vai te fazer mal, não vai? O mesmo para as emoções tóxicas!".

Ui!

## ☆ DIA 285 ☆

### PERGUNTE-SE: "POR QUE A SUA VIDA ESTÁ SEM VIDA?"

Hoje eu presenciei uma cena estarrecedora. Uns rapazes vieram instalar rede na janela aqui do meu apartamento novo. Mudei há poucos dias e está uma zona incrível. Minha gata pretinha sentindo o ar fresco e, numa tentativa desesperada de curtir a vida lá fora, enfiou a cabeça em um dos buracos da rede, ficou entalada e quase se enforcou. Isso me fez refletir sobre os milhões de pessoas que estão, nesse momento, completamente sem esse instinto primitivo de tesão pela vida.

O livro *Mulheres, comida & Deus* cita a frase: "Quando foi que a determinação de não acreditar em nada se instalou em você?". Talvez a resposta seja mais simples. Eu fui casada com um homem fantástico (e a quem, na época, eu não soube dar valor). Nós morávamos no interior e eu estava com a alma bem jururu. Ele me disse: "Falta um objetivo na sua vida. Só isso". E, de fato, as coisas mudaram muito depois disso. No filme *O segredo dos seus olhos*, o diretor troca a palavra "objetivo" por "paixão". Todo mundo precisa ter uma paixão na vida (e de preferência não humana). Eu não acredito quando alguém me diz que não tem interesse por nada. Como assim? Não pode ser verdade.

Sem paixão a gente se deprime, fica no "minhocation" da ansiedade e do medo, começa a reclamar de tudo, fica pessimista e turva a água das células, como diz o professor Masaru Emoto. Se você não acredita nele, vou contar um lance: ontem eu estava tomando uma água de coco deliciosa na rua e entrei num táxi. O motorista implicou com uma coisa que eu disse e me expulsou do carro (calma! eu só queria que ele ligasse o taxímetro depois de ficar horas tentando achar a rua no guia). Como boa descendente de italianos do sul, bati a porta na saída. Quando dei um gole na água de coco, ela estava completamente azeda, em questão de segundos.

Se você está lendo este texto com cara de paisagem de areia sem coqueiros é porque se identificou. Infelizmente, minha gata não tem possibilidades, mas a gente tem todas as possibilidades do mundo, sabe disso e finge que não culpando tudo à nossa volta. Lembre-se: um Vigilante toma para si todas as responsabilidades por seus atos. Vamos parar de procurar a felicidade e vamos procurar um objetivo, uma paixão. Bem mais fácil.

☆ DIA 286 ☆

## OS CICLOS DE ENCERRAMENTO PODEM SER DOCES

424! Eu tenho visto a porta desse quarto de hospital há alguns dias e sei que, em breve, não verei mais. Minha mãe está muito doente e a gente está se revezando para ficar ao lado dela. Estou tendo um equilíbrio que não imaginava ter, o que significa que nestes meses de blog muitas coisas mudaram mesmo para melhor em mim, amadureceram, se fortaleceram, se "atijolaram" e eu nem tinha percebido.

Mas hoje, quando ela disse que quando morrer quer usar a camisola e o chinelinho cor-de-rosa, eu não aguentei e as comportas dos olhos se abriram. Ninguém sacou porque escorreguei rapidinho para o banheiro, lavei os olhos e coloquei meus óculos. Na volta, eu disse para ela: "Você é a mocinha mais vaidosa que eu conheço".

Já disse aqui que minha mãe jogou xadrez com a morte várias vezes e venceu, e que ela ficou nesta vida de teimosa mais uns vinte anos (e, obviamente, porque tinha sua missão a cumprir). Mas quando chega a hora ninguém está preparado. Nem a família, nem a pessoa que está para embarcar. Ela sente medo de morrer, assim como minha avó também sentiu (me lembro bem). A sociedade peca quando não ensina ninguém, de lado nenhum, a lidar com esse momento. E todo mundo finge que ele não chegará nunca. Aliás, ninguém sabe lidar com a morte do corpo e muito menos com a morte do amor. E o mais duro não é considerar a hipótese de perder a pessoa, mas, sim, vê-la sofrendo. Ver quem a gente ama sofrer dói quase igual na gente, talvez por isso tantas pessoas façam coisas loucas quando veem o companheiro se sentindo péssimo por falta de dinheiro ou seja lá o que for. Então, eu já não julgo mais ninguém. Mentira!

No filme *Vincere*, a amante de Mussolini não suporta vê-lo desesperado por se sentir impotente politicamente e resolve vender todas as suas coisas para ele fundar o seu jornal. O filme é tristíssimo porque depois ele ca@# bem na cabeça dela e do filho (que ela teve com ele). Mas sim, claro, ela vendeu tudo porque quis e em nome de uma paixão avassaladora por ele (Deus me livre e guarde!).

Mas voltando ao tema saúde, muitas vezes, como nesse caso, não há nada que a gente possa fazer a não ser desejar que o final do ciclo seja doce, muito doce, porque minha mãe foi uma das melhores pessoas que conheci na vida e foi ela quem me ensinou a arte da generosidade e da compaixão pelos outros e também do elogio e do "validation" :)

Então, seja quando for, que a travessia seja doce, minha querida.

"Não há ruptura de laços entre os que se amam no infinito do espaço e na eternidade do tempo" (Chico Xavier).

## ☆ DIA 287 ☆

## "SE NÃO FOSSE VOCÊ..."

Ontem assisti à interessante palestra do Edgard Damiani, *expert* em games, "O jogo da vida". E eu gostaria de mencionar uma pequena parte.

Ele conta a experiência de um psicólogo que acompanhou o seguinte caso entre dois companheiros, casados há anos. Ela, submissa. Ele, possessivo. O sonho dela era fazer aula de dança, mas ele não permitia. Ela repetia pela casa o mantra "Se não fosse você...". Vendo a frustração da mulher, ele resolve incentivá-la a fazer as aulas. Mas, no primeiro dia, a moça "trava nas quatro rodas" e não consegue esconder a fobia que tinha de dançar.

Na análise do psicólogo, essa fobia era preexistente, o que explicaria a sua escolha por um homem possessivo que "apenasmente" ajudaria a camuflar esse problema.

O que quero dizer com isso? É um convite para a gente analisar se não está usando alguma pessoa (ou coisa, ou fato, ou doença, ou sei lá) como bode expiatório para simplesmente não deslanchar na vida. Mas que fique claro: a responsabilidade dessa escolha é toda nossa.

Aprendi na psicologia que todo relacionamento é uma estrada de mão dupla. De forma neurótica, ou não, cada um tem o que quer naquele momento. Depois de descobrir isso, parei de achar que minha mãe era uma vítima e meu pai um algoz.

O possessivo alimenta a submissão do outro, assim como o "errado" nutre a "vitimice" alheia. E assim vai...

Talvez esteja mesmo na hora de rever esse "não deslanchation".

## ☆ DIA 288 ☆

## O PULSO AINDA PULSA

O celular tocou ontem umas 21h30. Eu estava dando uma dormida porque tenho os horários bagunçados pelo déficit de atenção. Acordei assustada achando que era do hospital avisando da chegada do "Barqueiro". Era uma amiga querendo companhia para o show do "Cranberries" (seja lá o que for isso). Eu tinha ido dormir umas 19h porque estava esgotada. Todos nós da família estamos, tanto física quanto emocionalmente. Nova em folha, só a alma, porque essa é incansável e é ela quem segura a onda (pelo menos a minha).

Eu disse "não" para minha amiga. Em seguida, liguei para dizer "sim", porque a morte faz a gente repensar muita coisa, principalmente que estamos vivos. Parece besteira, mas não é. Uma vez eu escrevi uma matéria sobre uma comunidade no Orkut chamada "Profiles de Gente Morta". Eles comentavam o perfil de pessoas que haviam acabado de morrer, mas, como ninguém tinha a senha da pessoa, o *profile* ficava vagando por aí, como aquele navio-fantasma "Holandês Voador". A maioria dos mortos era jovem e vítima de acidentes de carro. Bem triste e mórbido. Muita gente desceu a lenha na comunidade, mas já na entrada o mediador escreveu que a ideia era justamente fazer as pessoas refletirem sobre a vida e pararem de perder tantas oportunidades e dizerem tantos "nãos".

E foi por isso que aceitei o convite da amiga e fiquei lá, sentadinha na cadeira, vendo o povo pular alucinado, pensando que eu nunca mais vou falar nem pedir conselhos para a minha mãe porque ela está sedada e na travessia final. Sentindo uma dor doida e doída, mas que, ao contrário da dor do des(amor), não queima nem estraçalha a gente porque não há mágoa nem rejeição. Quando me lembro da dor que senti no fim do namoro com K. J... Parecia aquela cena do *Indiana Jones 2*, quando o sujeito enfia a mão no peito de um figurante e arranca o coração dele, na lata. Discordo totalmente de Leminski quando ele diz que um homem com uma dor é muito mais elegante, caminha como se portasse medalhas. Um homem com uma dor está aos farrapos emocionalmente, a cabeça baixa, o peito murcho, como pode estar elegante? Mas eu estou "feliz" porque me despedi da mãe naquele dia em que falamos da roupa que ela quer usar no ritual de passagem. Nós duas falávamos muito sobre a morte sem problemas, escolhemos juntas (há muito tempo) o CD do seu velório etc. É, mas isso não significa que a gente não se pele de medo do "Barqueiro". Como dizem os Titãs: "Todo mundo quer ir pro céu, mas ninguém quer morrer".

A proximidade da morte de alguém que se ama também traz muitas, digamos, redenções. A raiva, mágoa, "minhocation", vergonha, arrependimento, "encanation", todas essas porcarias ficam menores e quase que desaparecem num passe de mágica.

"Não há como negar: a cada separação, uma parte de nossos corações é desfeita. Ele continua a pulsar, mas seu ritmo parece sussurrar em nossos ouvidos que o mundo desabou. Algo morre, e junto das lágrimas que insistem em escorrer vem a certeza de não querer ver a cara do sol no dia seguinte. Mas o sol estará lá, nos lembrando que ele nasce do ventre da noite mais escura.

"A primeira coisa a fazer é não fugir dessa dor. Pelo contrário.

"Procure, todo dia, dedicar alguns momentos para ficar a sós com você mesma. Em silêncio, entre em contato com sua respiração e perceba como inspiração e expiração se sucedem numa dança sem fim. Sua dor vai aparecer, mas não a tema. Respire junto dela e pouco a pouco crie a intenção de dissolvê-la toda vez que exalar o ar." (Fernando Seth)

## ☆ DIA 289 ☆

## É NORMAL TER UM DIA DE "PARE O MUNDO QUE EU QUERO DESCER"

Às vezes, eu tenho inveja do *Forrest Gump,* que saiu andando por aí e não parou mais. A realidade é que as coisas não param, nada para, ao contrário. A gente é que tem a falsa ilusão de que quando chega o fim do ano tudo vai "tomar uma brisinha" e dar uma folga.

Mas não, as coisas estão rápidas demais (pra variar). E, aí, eu tenho a sensação de "atropelation". Um monte de coisas acontecendo de uma vez só e eu não dando conta.

Me disseram para criar listas do que eu preciso fazer, mas cada vez que risco uma coisinha aparecem várias outras, como as cabeças da Hidra de Lerna. Então, hoje me deu uma vontade incrível de sair correndo gritando: "Para o mundo que eu quero descer!". Ou, num tom mais poético, como diz Fernando Pessoa: "Volta amanhã, realidade!".

Se você está sentindo a mesma coisa, não se culpe! Nossa mente, às vezes, é como um liquidificador: a gente vai jogando um monte de coisas dentro e não consegue filtrar tudo. Sobra uma maçaroca incrível, e quando olhamos... cadê a peneira? Não tem peneiraaaaaaaaa!

É claro que tenho meus momentos de pausa, mas são cosquinhas no "samba do crioulo doido" da vida. Tá, escorreguei no quiabo esses dias, mas prometo hoje mesmo voltar ao "Pedalinho Gerard Butler" e à meditação. Dalai, me espera, Dalai!

## ☆ DIA 290 ☆

## PARE DE FAZER "AMARRAÇÃO" NO AMOR

Passando hoje por uma rua eu vi um cartaz num poste em que estava escrito: "Amarração no amor" (vulgo "macumbation"). Comentei com o taxista como aquilo era absurdo, afinal, logo o amor, esse sentimento livre e belo por natureza, poderia ser amarrado? E quem é capaz de fazer uma coisa dessas com alguém que, em tese, ama? "Macumbation" pra segurar a pessoa? Hein?

Mas, aí, pensando um pouco mais longe, acabei lembrando que o ciúme também é uma espécie de "amarração". A pessoa ciumenta pira na batata. É mais ou menos como o moleque do filme *Sexto sentido*: "I see dead people". Sim, ela vê coisas que não existem e não há Cristo que a faça desistir da ideia.

Eu que já fui de tudo nesta vida, também já fui ciumenta de carteirinha. Curei aumentando a autoestima, claro!, e com sessões de neurolinguística. Lembro que uma vez eu peguei o celular do namorado da época (tremenda "hacker do amor") e encanei que ele estava num lugar que parecia uma cama de motel com duas moças. Encanei tanto que mostrei pra minha faxineira-funcionária-do-mês. Ela me olhou com aquela cara de "ô, coitada da dona Gisela, não bate bem" e respondeu: "Eu só tô vendo um sofá e três pessoa numa festa". É claro que o relacionamento não resistiu e claro que fui procurar ajuda correndo (isso já faz muito tempo).

Quando a gente é ciumenta demais (eu disse: demais!), coloca o outro num cativeiro emocional. O outro, com medo das nossas reações, acaba tentando nos poupar de coisas tolas que "startariam" o ciúme e é aí que o bicho pega. No fundo, esse sentimento é um terrorismo legalizado.

Portanto, se nesse momento você está sufocando algum pobre coitado com sua insegurança, entregue-se para a polícia. Brincadeira... Mas vá tratar urgentemente esse problema, porque é baixa autoestima. Você acha que todo mundo é melhor e mais bonito que você. E eu sei que você também sofre com toda essa situação. Para mim, não tem culpa quem tem ciúmes, tem culpa quem não busca ajuda na terapia. Se estiver dura, procure o MADA (Mulheres que Amam Demais), é gratuito e sensacional!

Vá, "desamarre" o seu companheiro, agora e já.

"O amor é isso. Não prende, não aperta, não sufoca. Porque quando vira nó, já deixou de ser laço." (Mario Quintana)

## ☆ DIA 291 ☆

## E QUANDO *LA NAVE VA*, DEIXE-A IR...

Ontem na madruga, antes de dormir, conversei com a minha alma para que confortasse a alma da minha mãe e pedisse que ela se desprendesse do corpo com tranquilidade.

Não sei se os espíritos se comunicaram, mas minha mãe partiu hoje ao meio-dia. Fiquei feliz por ser na luz do dia (que ela ama muito).

Até o teto do quarto chorou. Uma água que sabe-se lá Deus de onde veio. Disseram que era da tubulação do ar-condicionado. Sei...

A palavra "adeus" só podia ter Deus mesmo no meio. Porque "Deus" no dicionário quer dizer "aquilo que se cultua ou se deseja com muita intensidade". Para os hindus, o prefixo "A" significa "sem". Então, se você acreditar nessa salada que fiz você vai ler o seguinte da palavra "adeus": sem o que você cultua ou deseja com muita intensidade. Ou seja: ai, que dor do cão!

O presidente Kennedy um dia disse que a maior solidão vinha no momento de uma grande decisão. Kennedy, se me permite, eu diria que a maior solidão é no momento em que dizemos adeus... para sempre e para alguém que a gente ama muito. Em que o corpo está lá na nossa frente, agora sem vida, e sem aquela alegria e calor de sempre.

Apesar de ser uma solidão devastadora, a gente vai vendo outras pessoas chegarem junto, de mansinho, como podem (principalmente no Facebook), dizendo que sabem exatamente o tamanho do nosso sofrimento e citando a perda de sua mãe, de seu pai ou de um filho.

Então, percebemos que nessa solidão não estamos tão sós.

☆ DIA 292 ☆

## SE A CULPA TE PEGAR, SÓ RESTA SE ABSOLVER POR SER HUMANO

As catorze horas que passei no velório foram as mais longas da minha vida. Mesmo tendo televisão (e quem quer ver?) e internet lá. Nessa noite, eu tive a certeza de que toda perda tem seu ganho. Pude conhecer muito mais sobre mim e sobre cada um dos meus irmãos, além, claro, do meu pai.

Ontem, no velório, eu vesti meu personagem divertido de sempre. Fiz meus amigos rirem e coloquei uma roupa colorida, porque minha mãe odiava preto. Eu achei que estivesse numa boa e que a dor seria tranquila. Santa ingenuidade... Sozinha, ao lado do caixão, na madruga, a coisa veio tão forte que até dobrei o corpo pra frente, como em um nocaute do Mike Tyson. Chorei tanto que pensei que fosse acabar com a água do planeta. Mesmo assim, a vida continua seguindo seu rumo descaradamente, tendo você dor ou não. Sem falar na culpa...

Não sei bem quem inventou a culpa. Se foi Cristo, que se ferrou para nos salvar, ou se foi Freud e companhia. A verdade é que ela é real e cruel. Durante o tempo em que trabalhei em uma revista feminina, fiz várias pesquisas, e uma das conclusões a que cheguei é que, principalmente, as mulheres ou estão com culpa ou com medo.

Chorando pela perda da minha mãe, já não sabia mais distinguir o que era lágrima de dor e o que era lágrima de culpa. Sim, acredito que toda morte traga como ressaca essa sensação de "eu poderia ter feito mais" ou "eu deveria ter ficado mais tempo com ela" ou "confesso que a partida dela deu um certo alívio" (porque a doença do outro é, sim, uma espécie de calvário para quem está com saúde e tem suas mil coisas para fazer. E também porque, como eu já disse, ver o outro sofrer dói na gente) e por aí vai...

Conversando hoje com uma amiga que também perdeu sua mãe recentemente, percebi que não estava só nesse sentimento, e que ele é tão comum quanto real quanto cruel.

Não estou escrevendo este texto para buscar a absolvição de ninguém, mas para absolver a mim mesma e a todas as pessoas que sabem exatamente do que estou falando.

Somos contraditórios o tempo todo, "bons" e "maus", e é isso o que nos torna demasiadamente humanos. Não, não é fácil dizer que, às vezes, a perda de quem amamos traz um certo alívio. Mas é pior conviver com essa culpa que te arremessa e arremessa outra vez contra a parede da alma.

Sim, somos humanos. E somos suficientemente deuses de nós mesmos para nos perdoar.

Dona Clarice foi uma pessoa que perdoou muito os outros e a si mesma. E eu, que já estava "esquizofrênica" depois da minha separação (do namoro), piorei. Explico: para esquecer o ex, como eu disse, comecei a ter diálogos imaginários com o ator Gerard Butler. E agora estou "conversando" com a minha mãe. Só falta o Pernalonga...

☆ DIA 293 ☆

## PONHA UMA "PERUCA" NO SEU PROBLEMA

Minha querida amiga Tereza teve uma ideia muito irreverente para lidar melhor com seu tratamento quimioterápico: a "Festa da Peruca".

Infelizmente, não pude ficar muito tempo (por motivos óbvios) e fui embora cedo, passei mais para dar um abraço, mas ela me mandou as fotos e parece ter sido divertidíssimo. A ideia, claro, era todo mundo ir à festa com cabeleiras lindas, como as novas de Tereza.

Já falei dela aqui. Ela já foi motivo de destaque neste livro porque quando descobriu seu problema de saúde jamais caiu no papel de vítima, e, no lugar de perguntar "por que eu?", perguntou "por que não eu?".

Mas veja bem: não estou julgando quem tem reações diferentes quando recebe um diagnóstico médico. Absolutamente. Não é fácil pra ninguém e a jiripoca pia pra todo mundo, mas acho incrivelmente legal quando alguém consegue rir de si mesmo em qualquer situação.

Aliás, eu não sei se acredito numa vida séria demais. Agora, então, que vi a morte dançando lambada na minha frente, é que não acredito mesmo. O que Tereza fez realizando uma festa bacana dessas foi dizer: "Sim, eu aceito essa parada e que *vengan los toros*!". E é claro que seus exames estão superotimistas.

Às vezes, por vergonha, medo ou sei lá mais o quê, a gente acaba escondendo os problemas das pessoas mais queridas, e isso certamente só piora as coisas. Pode ser impressão minha, mas acho os homens mais *experts* nessa "arte". As mulheres têm mais facilidade de sair falando o seu "angu de caroço" aos quatro ventos, expurgando, ouvindo opiniões, se autocurando.

Colocar uma "peruca" no problema o torna mais lindo, leve e solto.

☆ DIA 294 ☆

## NÃO DEIXE PARA A ETERNIDADE O QUE VOCÊ PODE FAZER HOJE

No final do filme *O céu que nos protege*, de Bertolucci, há um monólogo maravilhoso em que o personagem diz mais ou menos assim: "Quantas luas ainda veremos? Duas? Duzentas? Mil? Mesmo assim parece ilimitado...". Sim, a gente não acredita que as melhores coisas da vida um dia acabarão. Nem o nosso amor, nem a nossa família, nem o nosso emprego, nem a nossa juventude etc. etc. etc. E a gente vai protelando, protelando e protelando as coisas que gostaria de fazer ou dizer.

A última vez em que vi minha mãe consciente foi a noite em que ela escolheu a roupa do velório. Só estávamos eu e uma enfermeira particular no quarto. Nunca mais nos falamos e ela morreu três dias depois. Mesmo assim, naquela noite – por um motivo que eu jamais descobrirei – não caiu a ficha de que seria a última vez em que eu a veria viva. Eu me lembro de ter ficado de mãos dadas com ela muito tempo e também de fazer carinho nos seus cabelos. Mas, hoje, pensando no silêncio do meu quarto, me deu um grande arrependimento de não ter dito milhares de coisas boas para ela.

A última coisa que a gente quer que aconteça num momento desses é chorar que nem uma desgraçada na frente da pessoa que está morrendo, mas eu realmente me arrependi de não ter caído a ficha e até de pedir que ela fizesse contato comigo depois da passagem (sim, eu puxei um pouco da mediunidade dela. Só que ela nunca assumiu, já que era católica "da gema"). Eu, simplesmente, por algum motivo me reprimi.

Eu estou falando sobre isso também porque ontem assisti a um filme chamado *Antes que termine o dia* e que justamente expõe essa importância de se viver cada dia como se fosse o último, dando muito mais valor às pessoas à sua volta, porque pode ser que seja o último dia delas (ou seu!). Então, vamos parar com essas idiotices de joguinhos no amor e dizer o que pensamos ou sentimos, sem medo do que o outro vai achar.

Quando eu estou gostando de alguém e meu amor dorme em casa, eu faço questão de duas coisas no dia seguinte: de me despedir (mesmo que ele saia cedo e eu ainda esteja dormindo) e de guardar a sua camisa usada. Quando ele retorna, eu coloco para lavar. Pode ser uma maluquice, mas é o meu jeito de lidar com a impermanência das coisas.

Então, o que eu sugiro – aqui e agora – é que você não deixe para a eternidade o que pode fazer hoje.

"A viagem não acaba nunca. Só os viajantes acabam. E mesmo estes podem prolongar-se em memória, em lembrança, em narrativa. Quando o visitante sentou na areia da praia e disse:

'Não há mais o que ver', saiba que não era assim. O fim de uma viagem é apenas o começo de outra. É preciso ver o que não foi visto, ver outra vez o que se viu já, ver na primavera o que se vira no verão, ver de dia o que se viu de noite, com o sol onde primeiramente a chuva caía, ver a seara verde, o fruto maduro, a pedra que mudou de lugar, a sombra que aqui não estava. É preciso voltar aos passos que foram dados, para repetir e para traçar caminhos novos ao lado deles. É preciso recomeçar a viagem. Sempre." (José Saramago)

## ☆ DIA 295 ☆

### *KEEP WALKING*

Ontem na madruga eu tive uma crise de asma assassina. Fazia mais de vinte anos que eu não tinha uma dessas, e ainda tem médico que não acredita na influência do emocional no físico. Fui sozinha pro pronto-socorro, pois estou acostumada a ser independente, mas é sempre estranho, porque nunca tem ninguém sozinho no PS. E a primeira coisa que a moça da recepção te pergunta é se você está com alguém. Dá vontade de dizer: "Tô. Tô com o encosto do Preto Velho. Não tá vendo?".

Voltando pra casa algumas doses de Berotec depois, imaginei que o Lula pudesse me ligar e falar assim: "Boa tarde, dona Gisela, como vai? Nós ficamos sabendo da sua perda e da sua gripe com asma e estamos enviando uma equipe para fazer o seu trabalho por você, arrumar os seus caixotes na casa nova, responder os seus e-mails, escovar as suas gatas e ainda fazer uma massagenzinha".

Mas não é bem assim, né? Aliás, que bom que não é assim, porque dessa forma a gente tem que se jogar no mundo mesmo. Mentira! Eu adoraria se fosse assim. Mas a gente acaba mesmo se arrancando do sofá e descendo a escada rolando, e, como o personagem Travis, em *Paris, Texas*, vai andando loucamente para a frente. E anda e anda e anda e, às vezes, chega a um destino, ou a um oásis, ou a uma miragem, ou a um sonho, ou a qualquer coisa ou até a alguém que fará (ou não) sentido.

Então, no fundo, pouco importa se ele foi embora, se ela partiu, se não te querem mais em tal lugar, se a sua grana acabou, se o telhado despencou, se você engordou, se você deixou de falar ou de ir, em quem você votou... porque acabamos não parando nunca e – SIM! – ainda cantamos para subir.

É isso, *keep walking*...

☆ DIA 296 ☆

## ÀS VEZES DÁ MUITO MEDO, SIM

Hoje eu soube que dois ex-namorados (que namorei recentemente) iriam casar. Bom, eu não sei se foram as duas coisas juntas (morte da mãe + ex casando), mas eu tive um ataque de "Síndrome de Velha dos Gatos". Apesar de eu mesma ter desistido de ambas as relações, me deu uma sensação de que no futuro estaria rodeada apenas de peludos. É claro que essa sensação passará em breve, mas vamos olhar um pouco para ela.

Acho que isso tem a ver também com o lance de ter ido ao pronto-socorro sozinha na madrugada. Mesmo eu não caindo na síndrome de vítima e não choramingando algo do tipo "ai-ninguém-me-quer-e-tô-no-PS-sozinha-e-ainda-esqueci-meu-iPhone", um pouquinho isso pega, sim.

Aí junta com os ex que vão tomar chuva de arroz e com o apê novo e bagunçado de caixas de papelão... Putz, dá paúra. E daí? Dá paúra, uai! Ninguém morre de medo. Nem os caras da *Bruxa de Blair* morreram de medo! Ou morreram? Deus me livre que eu assisti esse filme ;)

☆ DIA 297 ☆

## DEGRINGOLOU? RETOMA RAPIDINHO!

Eu não sou a pessoa mais organizada do mundo e, com os últimos acontecimentos, acabei dando uma vacilada no quesito profissional. Embora minha cliente seja muito compreensiva, ela teve que me dar um "tóin". Nesse momento, há duas coisas que a gente pode fazer:

1- Ficar esperta, retomar rapidinho as rédeas da situação e voltar a se organizar.

2- Não tentar se justificar, nem dar desculpas, nem tentar planos B, e, sim, concordar e aceitar o fato de que pisou na bola mesmo, mas que é reversível.

Para ilustrar melhor a atitude número 2, eu vou copiar a reflexão do dia que minha amiga Myrella me mandou:

*Em uma planície, viviam um urubu e um pavão.*

*Certo dia, o pavão refletiu:*

*Sou a ave mais bonita do mundo animal, tenho uma plumagem colorida e exuberante, porém, nem voar eu posso, de modo a mostrar minha beleza. Feliz é o urubu, que é livre para voar para onde o vento o levar.*

*O urubu, por sua vez, também refletia no alto de uma árvore:*

*Que infeliz ave sou eu, a mais feia de todo o reino animal, e ainda tenho que voar e ser visto por todos. Quem me dera ser belo e vistoso tal qual aquele pavão.*

*Foi quando ambas as aves tiveram uma brilhante ideia em comum e se juntaram para discorrer sobre ela: cruzar-se seria ótimo para ambos, gerando um descendente que voasse como o urubu e tivesse a graciosidade de um pavão...*

*Então, cruzaram... e daí nasceu o peru: que é feio pra car#%@& e não voa.*

*Moral da história: "Se tá ruim, não faz gambiarra que piora!".*

Hahahahaha. Muito bom! E viva o "no-gambiarration"!

☆ DIA 298 ☆

## DEPOIS DO CAOS VEM A ALEGRIA

Fuçando nas coisas da minha mãe eu encontrei uma matéria comigo sobre os "Movimentos do Self". Foi um curso de dança que fiz inspirado nos cinco ritmos da natureza, da bailarina Gabrielle Roth. Segundo ela, os cinco ritmos são: *Flowing* (princípio feminino, em que tudo se forma), *Stacatto* (princípio masculino, hora de colocar as coisas em prática), *Chaos* (união do masculino e feminino, rompimento, transformação, ausência de controle), *Lyrical* (alegria pós-*Chaos*, realização) e *Stilness* ("escorregada" para dentro de nós, contemplação da obra realizada).

Se eu analisar minha vida agora, estou numa mistura desgraçada de ritmos. Mas o mais importante é lembrar que depois do descontrole sempre vem a alegria e o fluir de si mesmo e da vida.

Se a gente parar para pensar, só existe terremoto quando há movimento. Depois, as placas tectônicas se encaixam novamente e o mundo segue para a frente.

Então, será que a gente precisa sofrer tanto, tanto, tanto quando a casa cai? Sendo que, muito em breve, ela será construída novamente, tijolinho por tijolinho?

"Na era atual (*kali yuga*) é mais eficiente construir uma casa nova que reformar a antiga." (Oscar Quiroga)

☆ DIA 299 ☆

## ARRUME UM CAIXOTE POR VEZ

É impossível mudar de casa e não aprender alguma coisa com isso – e mais difícil ainda não fazer uma metáfora com a vida. O que eu observei com essa mudança foi o seguinte: quando o caminhão descarregou os dez caixotes de coisas aqui no apartamento novo eu dei uma surtada. As gatas deram duas surtadas! Eram caixas demais, coisas demais e espaço de menos. Eu pirei porque estava pensando em todas de uma vez.

Resolvi esvaziar uma por uma, sem pressa. Eu ia retirando coisa por coisa e cada uma delas tinha o seu destino: um armário, uma parede, a casa de alguém ou o cesto de lixo. E agora, depois de alguns dias, resta apenas um caixote cheio e a casa está cada vez mais bonita.

Existem vários caixotes na minha vida em que eu gostaria de mexer. Mas nesse momento – e começa agora, já, imediatamente após o meu aniversário – eu vou vasculhar só dois: o da saúde física e o da saúde financeira. Farei uma listinha com o passo a passo para me organizar melhor e conseguir fazer vários avanços. Não, só intenção não resolve nada.

Tomei essa decisão após minha mudança e após esse aniversário tão diferente. Foi o mais introspectivo da minha vida. Eu cancelei uma viagem que faria, não quis festinha nem nada. Juntou a perda da minha mãe com mudança, TPM, inferno astral, toque da cliente sobre minha falta de concentração, e com a cabeleireira, que achou que eu gostaria de ficar mais jovem e deixou a minha franja com dois centímetros de comprimento. Ai, Deus, que chuva de jiripoca piando na minha cabeça!

Tá, meu aniversário teve seus momentos bons. Fui acordada na hora do meu nascimento (11h30) por um amigo querido, almocei com minhas irmãs e sobrinhos e jantei com dois amigões. Ganhei poucos presentes, mas todos muito legais (sem falar no quadro lindo que Pedrão me deu). Mas um gesto foi muito especial: minha irmã mais velha pegou um anel que era da minha mãe e me ofereceu como se ela estivesse me dando. Eu achei isso de uma gentileza, de uma delicadeza, e me emocionei muito :'-)

Agora, eu pergunto a você que anda junto comigo nessa jornada: em que caixotes da sua vida você precisa mexer?

☆ DIA 300 ☆

## QUAL É O SEU ENREDO DE VIDA? DRAMA, COMÉDIA, TERROR OU MELHOR ROTEIRO ADAPTADO?

Tenho uma notícia boa e uma estranha. A boa é que o "vuduzation" passou e voltei a ser eu mesma: alto astral e motivadora crônica. A estranha é que sou hiperativa e agora viciei em Red Bull, portanto, virei uma ameaça à sociedade, e se você vir uma louca, pelada, de óculos, correndo pela avenida Paulista... sou eu!

Para falar a verdade eu nunca fiz isso, mas bem que tinha vontade. Aliás, faz um bom tempo que eu não dou uma boa de uma desembestada. O mais engraçado é que essa palavra existe e significa iniciar uma ação arrebatada (exemplo: desembestou a rir) ou perder o controle. Eu nem vou falar aqui do controle da sociedade, mas sim da mente, que nos controla o tempo todo e acabamos ficando reprimidos, mofados ou cheios de manias.

O psicólogo alemão Wilhelm Reich já dizia: "A vida brota a partir de milhares de fontes vibrantes, entrega-se a todos os que a agarram, recusa-se a ser expressa em frases tediosas, aceita apenas ações transparentes, palavras verdadeiras e o prazer do amor".

Aproveito para fazer um *link* sobre relacionamento. Hoje almocei com um amigo muito bacana que reclamou sobre o "enredo" das pessoas. Ele me disse que está cansado de ver tanta gente desinteressante, com o mesmo enredo de vida. Curiosamente, muitas mulheres me procuram dizendo que são bonitas, inteligentes e legais e não arrumam namorado. Minha pergunta é: você é interessante? Como classificaria o seu enredo? Drama, comédia, terror, suspense, ficção, policial ou melhor roteiro adaptado?

Se ele anda meio chocho, talvez você precise urgentemente de um pouco de "desembestation". Fazer coisas novas, intensas, para incrementar o seu conteúdo. Eu já disse aqui: segundo as pesquisas, o que os homens mais procuram em uma mulher para namorar é a personalidade! Prefiro mil vezes que um homem me chame de interessante do que de linda. Se chamar dos dois, então, seria um verdadeiro "nirvana".

## ☆ DIA 301 ☆

## NÃO DEIXE A MENTE ESPERNEAR

Às vezes, a chegada do fim de ano me deixa bocomoca. Ontem eu pensei que talvez eu estivesse mais feliz, nesse mês de festas, se eu tivesse um marido, filhos, sogra, sogro, um labrador e o carnê do Baú. Curiosamente, ontem encontrei minha amiga F. H., que tem tudo isso, fora o carnê. E ela me disse que talvez fosse mais feliz se tivesse uma vida como a minha, ahahahaha.

Isso me fez compreender que a felicidade é como aquela cenoura que amarram num fio e colocam diante do burro. O coitado vai sempre atrás da coisa, mas nunca acha. E não vai achar mesmo, porque isso é uma grande patacoada. Diferentemente de alegria, essa, sim, fácil de ser encontrada, um estado de espírito delicioso e não manipulado o tempo todo pela publicidade.

É a mente que gosta de espernear no nosso ouvido que não podemos ficar bem com o que já temos. Ela quer sempre, sempre e sempre o que não temos. E é por isso, mais uma vez, que temos que gritar: "Stop, minhocation!".

Então, já que a felicidade é uma grande balela, parabéns: você já tem um problema a menos na sua vida! E, portanto, você pode jogar fora todas as suas listas de infelicidades, já que o oposto de uma coisa que não existe... também não existe. Bem fácil assim :)

☆ DIA 302 ☆

## EU ERRO, TU ERRAS, TODO MUNDO ERRA PRA CARAMBA

Resolvi fundar o "Tijolation's Day" – um grupo de seis mulheres que se reunirá em casa uma vez por semana: Mira, Mari, Denize, Ana, Milene e eu. É uma espécie de resgate do Vigilantes da AutoEstima que a gente fazia lá no prédio antigo, há dez anos, e uma "unidade intensiva de autoconhecimento e confiança". Foi bem legal. Fizemos um pouco de yoga, tomamos suco natureba e falamos sobre qual o primeiro tijolo que precisamos colocar para resolver a principal de nossas questões. Mas foi muito interessante perceber como muitas pessoas são rígidas consigo mesmas. E, portanto, com os outros.

O amigo de uma das "tijoletes" presentes disse uma coisa muito sábia: **"Você também tem o direito de errar"**. Frase simples, mas, quando ele diz isso, absolve-a de toda a culpa, de todo o peso de não ter sido perfeita. E quem é?

Hoje, eu dei um "despirocation" incrível por causa de uma história que nem vale a pena falar aqui. Saí rodopiando pena pra todo lado. Depois me acalmei, percebi que não precisava ter feito isso e voltei atrás, aliás, dei mil passos à frente, voltando atrás. Não ia adiantar nada ficar me chicoteando por ter feito o que fiz, nem bater a cabeça na parede. Eu apenas disse: "Ai, caramba, eu errei, e daí? Errei, uai! Uaaaaaiii!". Fernando Pessoa citou: "Conhecer-se é errar!". É dele também o trecho do poema a seguir, meu favorito:

*Toda a gente que eu conheço e que fala comigo*
*Nunca teve um ato ridículo, nunca sofreu enxovalho,*
*Nunca foi senão príncipe – todos eles príncipes – na vida...*
*Quem me dera ouvir de alguém a voz humana*
*Que confessasse não um pecado, mas uma infâmia;*
*Que contasse, não uma violência, mas uma cobardia!*
*Não, são todos o Ideal, se os oiço e me falam.*

*Quem há neste largo mundo que me confesse que uma vez foi vil?*
*Ó príncipes, meus irmãos,*
*Arre, estou farto de semideuses!*
*Onde é que há gente no mundo?*

☆ DIA 303 ☆

## SE AUTOCONHEÇA NA SOLIDÃO DAS REDES SOCIAIS

Se eu fosse definir a grande sacada dos últimos anos, eu diria que foi a invenção das redes sociais: Orkut, Facebook, Twitter e cac$#@ a quatro. O fato é que tenho preguiça de escrever nelas, e acho mais chato ainda quando me dizem que eu tenho que estar nelas – e é claro que estou. Mas que são geniais, são.

Na minha opinião, a maior genialidade dessas redes é justamente expor a solidão nossa de cada dia. Aquela que a gente escondia debaixo do tapetinho de entrada da nossa casa. Se eu fosse escolher uma cena de filme para ilustrar isso eu escolheria o romântico *Simplesmente amor*. Há uma parte fantástica nesse filme: o personagem interpretado por Colin Firth se apaixona pela moça que limpa sua casa em Portugal (para onde ele se muda depois de sofrer uma baita traição). Ela também se apaixona por ele. Só tem um problema: ele só fala inglês, e ela, só português. Eles não conseguem entender um ao outro, mas estão falando a mesma coisa.

Nas redes sociais estamos todos gritando: "Por favor, preste atenção em mim!! Veja como sou bonito, inteligente, alegre e feliz...". Mas ninguém está ouvindo porque também está tentando gritar a mesma coisa.

Ou seja: em plena era da comunicação, nunca estivemos tão sós. E eu acho fantástico que isso apareça em algum lugar, mesmo que disfarçado. Para o mestre espiritual Osho, a solidão é a alegria de seres tu mesmo. Então, aproveite essas redes loucas, não para conhecer novas pessoas, mas para conhecer melhor você.

☆ DIA 304 ☆

## GRITE: "VAI EMBORA! VAI EMBORA!"

Fui jantar com minha querida amiga Priscilla. Ela comprou um jantar pra gente num restaurante muito legal e por um preço melhor ainda, no tal de um site de compra coletiva.

Foi interessante ouvi-la. Priscilla está envolvida há um tempo num relacionamento que deixa muito a desejar. Pelo fato de o moço estar pela metade, nem relacionamento é. Ele não a assume e de vez em quando ficam juntos. A verdade é que ela sofre com essa situação, e, como milhões de mulheres, não consegue sair desse "meia-bocation".

Mas veja que curioso: Priscilla é espírita e me disse que esta semana estava no Centro e sentiu a presença de um encosto que chegou chegando. Na mesma hora, ela gritou: "Vai embora! Vai emboraaaaa!". E o... seja lá o que for saiu fora mesmo. Quando ela contou isso, eu vi uma outra mulher diante de mim, forte pra caramba.

Pergunta: por que Prisca não consegue fazer isso com o moço meia-boca, encosto do amor, que a faz sofrer? Aliás, que ela permite que a faça sofrer. Por que ela, e tanta gente aqui, não grita bem alto "vai embora! Vai embora!" para todas as pessoas que fazem mal? Simplesmente, deixam o encosto chegar, se instalar e ficar. Cruz-credo!

Chega, né, gente, de alimentar coisa ruim assim com a sua energia. Vai emboraaaaaaaaaaaaaaa!

☆ DIA 305 ☆

## O COLETE SALVA-VIDAS ESTÁ SOB O SEU ASSENTO

Me dei um tremendo presente: um fim de semana de prazeres no Rio de Janeiro. Peguei o avião e fui curtir legal sábado e domingo. Só coisa boa. Comi bem, dormi bem, tomei sol bem, ganhei muito carinho de amigos, passeei de moto :) Foi muito legal e eu achei que merecia depois desse ano passado lascado. Bom, mesmo que não tivesse sido lascado, eu acho que merecia.

As pessoas me perguntam como eu consigo me inspirar para escrever tanto *post*. Eu respondo: difícil é não me inspirar. Até uma frase na cadeira do avião vira assunto. E a frase da vez é esta: "O colete salva-vidas está sob o seu assento". Pois é, nós ficamos que nem doidos procurando a nossa salvação nos outros e nas coisas, mas tudo o de que precisamos está bem diante do nosso nariz.

Eu recebi muitos e-mails de pessoas que não conseguem tirar os "encostos" da sua vida porque acham que ficar sozinha é pior do que ficar com um companheiro "meia-bocation". Olha, eu vou dizer uma coisa: eu estou no que se pode chamar de um momento de "sozinhez", em que estou sem um companheiro oficial e com a família "desfalcada", mas mil vezes isso a estar sofrendo ao lado de alguém que me faz mal. Mas mil e mil e mil vezes mais. E você sabe disto: a salvação está sob o seu assento.

☆ DIA 306 ☆

## ENCARE OS ESPELHOS NA SUA VIDA

Revi o fantástico e antigo filme *Coração satânico*, com Mickey Rourke (1987). Nele, o detetive Harry Angel é contratado por Louis Cyphre para encontrar um misterioso cantor. O filme é um dos melhores suspenses que vi nestes anos, e a coisa mais interessante nele é o pavor de Angel de descobrir quem ele mesmo é. Mas parece que não é só Harry que padece desse medo.

Seguindo o conselho de minha querida parceira, a psicóloga Neiva Bohnenberger, que me lançou o desafio de aprender a receber críticas, resolvi fazer uma pequena excursão na vida de alguns amigos-chaves para receber alguns retornos.

Neste fim de semana, por exemplo, passei longas horas com um amigo que me serviu de espelho. Me hospedei na casa dele e fingimos que éramos um casal, no estilo "marido por um dia". Ele deu toques sobre várias coisas, principalmente no setor relacionamento. Foi muito legal e ouvi tudo com humildade. Mentira! Mas, bom, como quero ser uma companheira cada vez melhor, tive que ouvir, sim. Também aprendi muitas coisas sobre os homens.

Se a gente não encara o espelho, vira uma imagem holográfica de si mesma. Não é real, não é pra valer. É "enganation". Aí, nada fica pra valer na vida. E decidi ficar cara a cara com tudo o que me pertence. É muito mais fácil sair de retro. Mas em alguma hora o bicho pega, não tem jeito.

Vai, encara essa "demoniada" interna! É muito mais fácil quando o outro vê de fora. Aproveita!

☆ DIA 307 ☆

## ESQUEÇA UM POUCO OS OUTROS E PENSE MAIS EM VOCÊ

Me mandaram o *link* de um filme excepcional: *Almas à venda*, em que o ator Paul Giamatti sente sua alma pesada e decide se livrar dela. Por sorte, existe uma empresa que retira a alma da pessoa, congela e pronto... ela segue sua vida mais leve! Reproduzo aqui um dos diálogos mais incríveis do filme, quando Paul diz ao médico:

"Não sei se devo fazer isso. Como ficará minha esposa, meus amigos?".

O médico responde:

"Felicidade não é você fazer as pessoas a sua volta acreditarem que você está feliz".

Meu Deus, como a gente faz isso o tempo todo! E não, não é egoísmo rever esse pensamento. Aliás, as coisas às vezes até beiram o absurdo. Eu tenho um jovem amigo que perdeu o pai este ano. Ele queria muito sair de um emprego em que não está feliz, mas não tem coragem porque acha que o pai (morto!) ficaria decepcionado. Jesus, que coisa mais "Hamlet"! O espírito do pai perseguindo o rapaz pelo reino.

Ei! Tem algum espírito aí, desses, te perseguindo? Pode ser alguém vivinho também, viu?

☆ DIA 308 ☆

## PONHA MAIS SOL NA SUA VIDA!

Adotei a gata Pipi há um ano. Não vou julgar ninguém, mas ela estava sofrendo maus-tratos com o dono anterior. Eu a levei para meu apartamento antigo, mas lá não batia sol, era uma quase-caverna. Por causa de tanto estresse (maus-tratos, minha casa nova, minha gata cinza etc.), Pipi ficou sem metade dos pelos durante esse ano. Cheguei a levá-la a cinco veterinários e nada! Um desespero, um sofrimento pras duas, porque ela se coçava o dia inteiro, coitada.

Faz dois meses que mudei para o apartamento novo, onde bate um sol espetacular. No segundo dia, começaram a nascer os pelinhos na gata e em pouco tempo ela voltou a ser uma panterinha preta e peluda.

A vida sem sol é como um corpo sem alma. Entenda como sol o próprio astro, mas também amigos que nos jogam pra cima, parentes que nos ajudam quando precisamos, músicas que nos acalmam ou nos alegram, flores coloridas, companheiros amorosos, vizinhos legais, Vigilantes que se ajudam...

Hoje, exatamente agora, eu me sinto muito feliz porque o que me fazia infeliz passou: mágoas do K. J., raiva do meu pai e a doença da minha gatinha. Continuo sem namorado, sem o corpo que gostaria de ter, sem a conta bancária totalmente equilibrada, mas repito: eu sou a pessoa mais feliz do mundo! Mentira! Ahahahaha. Mas tô bem, sim, *and let the sunshine in!*

☆ DIA 309 ☆

## SIM, O AMOR ESTÁ EM TODO LUGAR

Difícil pegar o metrô Mooca-Vila Madalena, às 6 da tarde, sem pensar na música "Vida de gado", do Zé Ramalho. As pessoas vêm descendo em cataratas pelas escadas rolantes na ânsia de fugir o mais rápido possível daquela realidade que as "empalou" durante o dia. Se espremem nas baias de alumínio e caem vagão adentro.

Ninguém parece feliz dentro de um metrô no fim de tarde. Nem as crianças. Mas olhando atenta e suavemente pelos corredores a gente encontra o mais nobre dos passageiros: o amor. Ele chega quando a moça cai da escada, torce o pé e vários desconhecidos se coordenam em segundos para carregá-la. Quando o olhar da mãe não repreende o menino grande que ainda precisa da chupeta. E quando a menina entrelaça os braços na cintura do namorado que balança, mas não cai.

Tolo daquele que neste momento acha que não tem amor. Como não, se tudo é amor? Feche os olhos e sinta como ele flutua...

☆ DIA 310 ☆

## O QUE ACONTECEU É A ÚNICA COISA QUE PODERIA TER ACONTECIDO

Me apresentaram uma moça que estava sofrendo muito por grandes perdas: do filho que não teve a oportunidade de nascer, do seu amor que a deixou e do seu gato de 13 anos que se foi. Eu sinceramente não sei como ela estava, ali, em pé. Mas estava. Mesmo chorando muito, estava.

Não pude fazer muito por ela a não ser dar conforto e palavras. No dia seguinte ela me ligou bem melhor. Não, não sou eu que sou iluminada, as coisas é que vão se encaixando e é por isso que gosto de comparar as cacetadas da vida com os terremotos. Como eu já disse aqui, se acontece um terremoto é porque as placas tectônicas desencaixaram. Tudo o que tem seu fim, no fundo, estava desencaixado por algum motivo. Sim, até quando alguém morre ou nos deixa. Então, aí está o motivo por ter escolhido esta frase que chegou a mim hoje: "O que aconteceu é a única coisa que poderia ter acontecido".

Mas a vida vai seguindo e as coisas vão se encaixando de novo, mesmo que devagarzinho e mesmo que com placas novas, diferentes das iniciais. Se você está num momento "o terremoto-soy-jo", não pense que as coisas vão passar, pense que tudo vai se encaixar novamente. Assim, o medo, a raiva, a mágoa, a solidão, o desamparo ficam menorzinhos. Já consigo falar da minha mãe sem chorar. E, às vezes, me esqueço de lembrar dela. Sim, as placas foram se reencaixando.

☆ DIA 311 ☆

## ÀS VEZES, É SIMPLES ASSIM COMO É

Ouvi essa frase hoje do meu professor de yoga, Edson Moreira. Ele disse isso quando pediu que fizéssemos um asana (posição) que parecia complicadíssimo. E era, se a gente pensasse muito. Se não pensasse, era simples assim como é.

Isso serve para muitas coisas na vida. Às vezes, elas se resolvem de forma simples assim porque a gente cala a mente, o "minhocation" mental. Aliás, Einstein já dizia isso: "É no silêncio que eu encontro a resposta". Quando minhocamos demais, não conseguimos sair da areia movediça do mental. Ficamos nos debatendo desesperadamente no mesmo lugar e afundamos cada vez mais.

Quando conseguimos relaxar as sinapses, somos agraciados com outro ponto de vista e as coisas se resolvem. Uma vez eu ouvi que os japoneses usam aquela faixa na cabeça, o *hachimaki*, não só para demonstrar o espírito de decisão e esforço, mas também para calar o pensamento interno.

A gente fica tão contaminada pelo bolostroco emocional tóxico que não consegue ver um palmo adiante do nariz e acaba ficando presa a mágoas, raiva etc. de que já poderia ter se libertado. Ou de que as pessoas próximas a nós poderiam ter nos libertado (se já pedimos desculpas e fizemos tudo o que podíamos).

☆ DIA 312 ☆

## UM DIA VOCÊ AINDA VAI ENTENDER

Muitas vezes me perguntei sobre o porquê de ter namorado uma ou outra pessoa. Mas eu tive um *insight* na semana passada quando precisei ligar para três dos meus ex-namorados para realizar uma missão. Cada um deles, dotado de um talento intelectual diferente, me ajudou pra caramba. Sim, baixou um momento "MacGyver".

Foi aí que percebi como cada pessoa é fantasticamente importante na nossa vida, mesmo que na hora não pareça.

Então, me voltou aquela imagem que minha parceira Neiva me disse um dia sobre os nossos amores serem capitães de barcos que nos levam para a outra margem do autoconhecimento. De fato, depois desse *insight* eu percebi o quanto aprendi e me transformei com eles.

Se você está agora no auge da sua dor e/ou mágoa, respire um pouco e tente sorver o que estou falando. Vai te dar alívio e talvez você consiga perceber que, sim, esse homem que fez parte da sua vida fará todo o sentido um dia. Como diz minha amiga Emi: "Seja lá o que aconteça na sua vida, agradeça". Hoje eu a entendo 100%!

## ☆ DIA 313 ☆

### QUE SONHO VOCÊ REGERÁ NA VIDA?

Não adianta, sou uma tarada por cinema. Às vezes, acho que não sou humana, que sou uma "replicante" (veja *Blade Runner*. Não é Blade, o vampiro! E nem a academia Runner! É *Blade Runner*!) com várias cenas de filmes enxertadas na memória.

Acontece que hoje vi o excepcional filme *O concerto*, dirigido por Radu Mihaileanu. Ele define em seu enredo exatamente o que penso. O maestro russo Andrei não rege uma orquestra há trinta anos (o motivo você entenderá no filme). Ele vira o faxineiro do Teatro Bolshoi e fica esperando o dia em que irão deixá-lo reger Tchaikovsky novamente. Um fax chega de surpresa ao teatro solicitando a ida da orquestra de Bolshoi a Paris. Ele simplesmente rouba o documento, toma para si a missão e começa a saga para conseguir os músicos. Andrei sai de uma posição de esperança e vai pra atitude.

Mas a cena mais maravilhosa de retomada de poder é quando ele retira da caixa velha sua batuta quebrada, após trinta anos, e a remenda para realizar o sonho de voltar ao palco. Muito emocionante.

Minha pergunta agora é: qual a "batuta" que você tem que consertar para voltar a reger seus sonhos? Seja ela qual for, atitude já!

"O melhor efeito do otimismo ainda é tornar encantadores aqueles que persistem." (Gilberto Picosque)

## ☆ DIA 314 ☆

### DES-ABANDONE-SE!

Recebi o e-mail de uma Vigilante exatamente quando estava escrevendo este texto. E serviu para ajudar a ilustrar o que eu gostaria de dizer. Aqui vai um trecho: "Sim, eu acho que mereço mais... mas se eu tiver que escolher entre ficar sem nada e o pouco que ele me dá, eu prefiro esse pouquinho... esse pouco me faz feliz...".

Já disse mil vezes aqui que já fui uma mulher que ama demais. E sempre tentei entender o porquê de a gente aceitar esse tipo de coisa. E, mesmo curada, continuei estudando esse assunto para ajudar as mulheres que são como eu fui.

As coisas se clarearam no feriado, quando li o livro A *carícia essencial*, de Roberto Shinyashiki. Reproduzo uma frase: "A experiência feita com ratos, por Levine, mostra que qualquer estímulo, ainda que negativo (choque), é melhor que o abandono".

Caramba, que loucura é essa? Mas, cá entre nós, explica ou não explica muita coisa? Então, o que eu sugiro aqui é olhar melhor para esse pavor do abandono, ou de ficar sozinha ou sem nada.

Quando perdi a minha mãe, me deu uma sensação de abandono miserável. Foi por muito pouco que não tive "panication". Em dois dias todos os meus problemas pareceram ter triplicado de tamanho. A solução que escolhi foi a melhor de todas: enfrentar a realidade e lembrar que agora era comigo, não tinha mais boiada, não tinha mais o farol que iluminava meus dias.

E assim, pouco a pouco, fui deixando de lado essa dor para me des-abandonar. Para olhar pra mim, pra minha saúde que estava detonada, pra essa mania de gastar que nem louca e nunca ter nada. E, como sempre, toda noite eu me abracei e disse: "Eu vou cuidar de você...". Em um mês eu voltei para o centro da minha Terra. Me sinto tão forte que, para me derrubar, só uma manada de búfalos, carregando armários, passando por cima. E como eu sempre digo aqui: se eu posso, por que você não pode?

☆ DIA 315 ☆

## ONDE ESTÃO AS PAISAGENS POSSÍVEIS DA VIDA?

Às vezes, a gente acha pérolas no Facebook. Ontem uma amiga postou a foto de uma plantação de flores coloridíssima, com o seguinte título: "Paisagem possível".

Eu achei de uma delicadeza, como se ela quisesse dizer: "Sim, eu vou olhar para as boas coisas. A vida não é só 'tóin' na cabeça". Achei isso tão inspirador para enxergar o ano que tenho pela frente sem me incomodar com os dias de chuva, sem repetir os padrões destrutivos de sempre, sem deixar os pensamentos tóxicos me contaminarem, sem fazer listas de infelicidades, sem achar que o amor não existe e que ninguém me quer...

É hora de escolher as paisagens possíveis da nossa vida. "Hoje tem alegria, hoje tem alegria, hoje tem alegria, hoje tem alegria, hoje tem alegriaaaaa."

☆ DIA 316 ☆

## O AMOR É O "RED BULL" DA VIDA

Existem mais de vinte significados quando você procura a palavra "amor" no dicionário. A maioria, uma patacoada racional incrível. Para mim, a melhor definição de amor é a do filme *O quinto elemento,* que, aliás, justamente o define como o "quinto elemento": tão importante como o ar, a água, a terra e o fogo.

A segunda melhor definição, modéstia à parte, é minha mesmo: o amor é o "Red Bull" da vida, te dá aaasas. Quando amamos, literalmente não sentimos os pés no chão. Tudo que vemos, de repente, parece ser uma das sete maravilhas do mundo.

Sério, quando eu amo eu tenho vontade de abraçar todo mundo que vejo na rua, sem exceção (e um dia ainda vou fazer isso, hehe).

Acontece que às vezes não dá pra ter amor. E aí, o que fazer em época de entressafra? A maioria das pessoas, principalmente as mulheres, fica macambúzia. Mas essa não é a melhor saída. O jeito é amar do jeito que der pra não virar um pote de carência e, aí sim, espantar os outros. Exemplo: uma amiga está carente e tristinha. Fui dar um abração nela, mas ela ficou nesse abraço só alguns segundos. Eu disse: "Por que tão pouco?". Ela: "Ah, eu sinto falta de abraço de homem...". Eita! Que bobagem imensa. Nós somos mamíferos da Parmalat, precisamos de afeto, de carinho, de calor humano. Achar que só um homem pode te oferecer isso é andar de mãos dadas com a frustração e a infelicidade.

O afeto é tão importante que experiências feitas com macaquinhos mostraram que os bichos se afeiçoavam mais a "mães" de pano do que às de arame (e essas tinham a mamadeira).

Quando eu estou carente, abraço as amigas, agarro as gatas, sento no colo dos amigos Edu e Demetrio, me divirto com o Nestor (meu "vibe"), falo com minha amiga Silvia Pedrosa, toco tambor com o Cyro Leãoo no MSN ou mando sonhos para a minha parceira Neiva interpretar por e-mail ou almoço com a supeeeer Renata Rode ou com a Emi. Como diz o Milton Nascimento, "qualquer maneira de amor vale a pena, qualquer maneira de amor valerá...".

☆ DIA 317 ☆

## ÀS VEZES, O CHOQUE TRAZ À VIDA

Conheci Raul na época em que minha mãe morreu. Ele me mandou um e-mail porque lera um texto meu sobre gente que nos trata bem e gente que nos trata mal. Eu dizia que devíamos dar, para quem judia de nós, o mesmo valor que damos para uma faquinha de plástico de bolo Pullman.

Raul é médico e estava passando por uma fase difícil: estava internado para sofrer uma operação bem delicada. Ficamos muito amigos, por internet, enquanto ele estava internado. Um cuidando do outro, ambos com a asa quebrada. Aos poucos, um foi se encantando pelo outro, e posso dizer que é a primeira vez que me encanto por um "conteúdo". Ele é um cara doce, protetor, cuidador, generoso e muito querido. Fica horas e horas por dia comigo na internet, incluindo a madruga (quando pode!). Só pra me fazer companhia.

Embora ele more em São Paulo, está difícil de a gente se encontrar, porque profissão de médico é o cão do inferno. Mas eu sei que em breve vai rolar.

Conversando ontem com Raul, percebi uma coisa interessante. Ele estava me contando como conseguiu salvar algumas pessoas com o desfibrilador (corrente elétrica). Ele tem um até no carro. "O choque traz à vida", me disse.

Fica difícil não traçar um paralelo entre o "parar" de um coração em colapso e o "parar" de um coração que sofre por amor. E acho que, em muitas situações, quem saiu de um relacionamento e opta por continuar desesperadamente agarrado a um transe de sofrimento, às vezes, precisa também de um choque.

Lembro da frase de um psicólogo americano que disse: "O amor é feito de carinho e balas de canhão".

Bem, em muitos momentos, recebo e-mails em que Vigilantes me relatam o fim de uma relação. E falam de forma muito detalhada, porém, sem conseguir enxergar a triste realidade da situação e como ainda estão apegados justamente ao que faz sofrer. Eu não sou conselheira amorosa, mas sempre digo que quem vê de fora vê melhor.

Para ajudar, às vezes percebo que preciso dar um chacoalhão na pessoa, um choque pra virar do avesso. É muito normal depois disso ela querer me assassinar com a lixa de unha. Mas depois me agradece por sair desse estado miserável em que nada vê. Também já contei com grandes amigos que fizeram o mesmo por mim. E quem ainda não passou por isso? Essa obsessão interminável e desmedida em que os neurônios entram em conluio para ter como foco uma só imagem e pensamento: o maledeto do amado.

"O pior sofrimento é o apego ao sofrimento." (Budismo tibetano)

## ☆ DIA 318 ☆

## CACE AS "BRUXAS" QUE HÁ EM VOCÊ

Filme ruim demais o *Caça às bruxas*, com Nicolas Cage. Fui vê-lo na esperança de que as bruxas, mulheres provavelmente ousadas e criativas demais para a época de me@#$, pudessem, sei lá, virar o jogo; mas não, filme machista e terrivelmente de quinta. Mas, sim, dá um texto.

A bruxa em questão é uma moça novinha e assustada, mas que de frágil não tem nada. E nem estou falando da força física (sobre-humana), e sim da força da mente. A mocinha tem o dom de perceber a fraqueza de cada pessoa e de usar isso contra. Aí, fiquei pensando na bruxa de cada um. Quem de nós já não usou desse cruel artifício para manipular ou dizer maldades num momento de raiva e rejeição?

Sim, somos todos bonzinhos de um lado, mas um perigo do outro. Sabemos meter o dedo no machucado alheio, nos apropriando das fraquezas que em um momento de fragilidade as pessoas nos revelaram. Ladinho sádico miserável que se enche de poder, fazendo com que o outro se ajoelhe emocionalmente diante de nós.

A verdade é que, mesmo com a intenção de machucar, não temos a dimensão da clareira que podemos abrir no coração de quem um dia chamamos de "amor". Então, se realmente existe neste planeta uma "caça às bruxas", que seja às que vivem na floresta mais escura do nosso ser.

## ☆ DIA 319 ☆

## ESTÁ NA HORA DE VOCÊ SE HONRAR

Foi com muita comoção que ouvi a história de infância do Raul. A triste história do pai severo que não aceitava a doçura do filho, que não quis ser militar, quis ser médico, e só judiou. A pior coisa desse tipo de pai é que o carregamos pela vida quase toda e o replicamos, principalmente na escolha dos parceiros.

Após ouvir a dor desse homem, que eu já amo mesmo sem conhecer (coisas loucas da internet que vêm mesmo provar que toda maneira de amar vale a pena), eu apenas disse: "Chegou a hora de você se honrar, meu querido". Ele ficou mudo do outro lado da tela e a chuva da alma veio lavar seus olhos.

Quando as pessoas me perguntam como fui aumentando minha autoestima, eu respondo: "Quando fui resgatando meu poder interior". E como o fiz? Começando a me honrar. Comecei a honrar o que eu era e não o que queriam que eu fosse (ou não fosse). Comecei a honrar meu jeito de ser, meu corpo, meu charme, minha generosidade, minha sabedoria, minha ignorância, meu ego, minha humildade, minha fidelidade, humor... Vixe, um monte de coisas! E comecei a fazer isso para mim mais do que para qualquer outra pessoa neste mundo.

É por isso que fico triste quando recebo e-mails de gente me contando o quanto está desesperada ou no limbo ou dando valor demais a outra pessoa que não é ela e que está longe de merecer. Opa! Na, na, não... Caminho errado, muito errado, "escorregation" no quiabo.

Honra! Já!

☆ DIA 320 ☆

## BENDITO EFEITO BUMERANGUE

Às vezes, não faço nada do que eu digo aqui nos meus textos. É raro, mas acontece. Faço exatamente o contrário. Ontem eu entrei em pânico por causa de uma coisa no trabalho. O portal onde trabalhei me chamou para cobrir as férias de uma outra editora e hoje eu fiquei repetindo que nem doida: "Eu não estou entendendo nada dessa tecnologia, eu não tenho cérebro esquerdo! Eu não tenho cérebro esquerdo!". Levei altas duras do Raul, que ficou no MSN comigo, tentando me ajudar a resolver a parada. Ele detesta quando eu digo que não tenho cérebro esquerdo.

Foi aí que aconteceu o efeito bumerangue. Uma amiga de quem eu gosto muito (e que trabalha lá), me vendo no meio da crise braba, me disse: "Por que você não faz o que diz no Vigilantes da AutoEstima?". Eu achei muito engraçado e recebi de volta o que eu mesma costumo falar para os outros sobre as coisas da vida.

O efeito bumerangue é legal. Primeiro porque ele mostra quanto somos imperfeitos, quanto não somos donos da verdade e quanto não somos idênticos a nós mesmos. E também mostra que dá pra sermos humildes e aceitar as nossas incoerências.

O mais legal ainda é rir delas, das nossas incoerências. Aliás, rir de tudo que der, principalmente dos momentos ridículos em que ficamos sérios demais. Outro dia eu tomei um tombaço em casa e ri que nem doida porque lembrei de um amigo que contou sobre uma tribo africana: quando alguém leva um tombo ou coisa parecida, eles dizem que é "um tapa do fantasma pra pessoa ficar esperta", hehehehe.

Um dos discípulos de Confúcio uma vez lhe fez uma pergunta sobre algo que todo mundo quer saber: "Você poderia me dizer alguma coisa a respeito do que acontece após a morte?". Confúcio disse: "Sobre todas essas questões a respeito da morte, você poderá refletir quando já estiver na sua sepultura, após a morte. Neste exato momento, viva!".

Sai, seriedade! Sai, tensão, Sai, estressão! Esse corpo não te pertence!

☆ DIA 321 ☆

## ARRUME ALGUÉM PARA TE VIGIAR

Não acredito em três coisas: 1- mulher sem ciúmes; 2- mulher sem TPM; 3- gente sem vício. Eu tenho os três e finjo que só tenho o último. Na verdade, eu queria muito me livrar do vício de comprar coisas de que eu não preciso (o famoso *overspending*) porque, como eu disse aqui, isso atrapalha a minha vida há anos.

Os entendidos dizem que a compulsão é excesso de ansiedade. E os mais entendidos ainda dizem que toda ansiedade tem como raiz o medo. Bom, segunda-feira passada eu combinei com o Raul de "vigiar" esse meu problema. Ele me ensinou a fazer uma planilha muito legal onde eu vou começar a colocar os meus gastos (e isso é bom, porque dá vergonha na hora de escrever gasto alto), e todo dia ele me pergunta se comprei alguma coisa desnecessária. E não dá pra mentir. Ele é muito esperto e saca quando minto. Pois é, mesmo virtualmente.

Eu estava indo bem até este domingo, quando fui comprar um calendário na papelaria do shopping (a única aberta) e saí sem o calendário e com uma sacola de trecos de maquiagem. É claro que a "culpa" foi da vendedora, que começou a me maquiar, me deixando linda de morrer. É bom ficar linda de morrer, é ruim dar mais uma esburacada na conta.

Eu achei que iria tomar um "tóin" do Raul, mas, quando eu contei o ocorrido, ele falou o seguinte: "Vamos fazer um acordo?". Ele disse que eu não precisaria deixar de gastar radicalmente, eu poderia comprar algo, mas só nos fins de semana. Nossa, como eu me sinto infantil com esse problema, mas todo mundo sabe a dureza que é largar um vício, uma compulsão. Eu não aceitei a proposta porque quero mesmo controlar essa situação, mas achei legal a forma como ele não me julgou, não me desceu o sarrafo, apenas olhou com carinho e respeito para a minha "maldição".

Se você também tem essa compulsão por "gastation", arrume um vigilante pra te vigiar. Não deixe a coisa te engolir. Toda "maldição" pode ser quebrada. Só precisa de um empurrãozinho ou de "eclipsezim" ;)

☆ DIA 322 ☆

## VOCÊ TEM AS ARMAS PARA DOMINAR O SEU DRAGÃO?

A nossa tendência quando não conseguimos alcançar nossas próprias expectativas é nos frustrar e sentir raiva de nós mesmos, o que, na minha opinião, só piora as coisas.

Conversando com um amigo psiquiatra sobre a minha compulsão de comprar, ele disse uma das coisas mais sábias que eu já ouvi até hoje: "Não olhe o seu problema como algo que deve enfrentar, mas sim como algo a que você deve se adaptar, se fundir, olhe como algo que aconteceu e que não vai te atrapalhar mais. Não é para matar o 'dragão', é para fazê-lo dormir. Só se mata quando se tem armas".

Achei isso fantástico, lindo e maravilhoso e dei um "tóin" em mim mesma após ler, porque às vezes quero que eu ou as pessoas que eu amo consigam se livrar de seus problemas na porrada, como, por exemplo, Priscilla e seu relacionamento tóxico.

A verdade é que não temos como matar o "dragão", mas temos como, aos poucos e suavemente, colocá-lo para dormir. É verdade, nem sempre temos as armas, então, como querer se livrar dele?

☆ DIA 323 ☆

## MORA UM "BICHO" DOIDO DENTRO DA GENTE

Não deu. Ontem não controlei a minha emoção, porque a coisa que mais odeio é quando alguém insinua que não estou dizendo a verdade. Uma vez, quando estudava no colegial do Objetivo, ia ser dia de prova e teve um quebra-pau danado na Paulista (onde ficava o colégio). Foi uma manifestação lascada e nem lembro o motivo.

Teve prova assim mesmo, e no Objetivo a gente podia fazer um rascunho antes. Quando cheguei em casa, meu pai não acreditou que eu estava no colégio. Virei o bicho – peguei o rascunho e quase dei com ele na sua cabeça. Fiquei tão brava que ele me deu um anel de presente no dia seguinte pra se redimir. Humpf!

Mas, enfim, voltando para a minha reação diante da descrença de alguém, bom, legal não é. Mas não dá para negar que cada um tem o seu calo e acho muito mais saudável soltar o bicho doido que mora dentro da gente do que ficar doente.

Mas é claro que um dia ficarei muito feliz se eu puder controlar esse lado cão-do-inferno que existe em mim. E é claro que pedi desculpas para a pessoa e fizemos as pazes. Eu a perdoei por ter duvidado de mim. E ela me perdoou por ter meu lado carcamano de ser. Tamos aqui pra melhorar, não é?

☆ DIA 324 ☆

## DÊ UM CRÉDITO PARA AS PESSOAS

Todas as minhas tentativas de encontrar Raul foram frustradas. A gente chegava a marcar, mas ele desmarcava em cima da hora. Isso foi o suficiente para formar um "bolsão" de apostas e palpites entre os meus amigos.

Todo mundo aqui tá cansado de saber que, quando a coisa começa a enrolar demais, tem treta. E, embora eu goste dele, chega uma hora que não dá mais pra acreditar que o problema do nosso desencontro sejam seus plantões de última hora. Bom, casado ele não é, porque fica horas e horas comigo no MSN. A não ser que a mulher esteja picadinha dentro da geladeira dele. Um detalhe importante sobre o Raul: eu não sei onde ele mora, não tenho telefone dele, nunca falei com ele ao telefone e não conheço ninguém que o conhece. O Google? Nunca ouviu falar também. Mesmo assim, ele me ajuda em tudo que pode e que não pode: criou planilhas para eu me organizar financeiramente, fez fluxogramas para ajudar no meu trabalho, criou PowerPoints pras minhas reuniões, me ajuda a inventar pautas pro meu cliente e a pegar fotos pro blog, pesquisa coisas pras minhas matérias, baixa minhas músicas e filmes prediletos, resolve toda a parte medonha de informática que não manjo lhufas, me incentivou a fazer vários exames de saúde, me ajudou a entender meu déficit de atenção, me mandou um liquidificador possante pra fazer vitamina, me ajudou a negociar com gente de negócios, me convenceu a voltar para o yoga, a enfrentar o – arghh – dentista, a me alimentar melhor e até comprou meu *notebook* velho e caindo aos pedaços só para me ajudar a comprar um novo. Como ele não quis me dar seu endereço (grrr), fiquei com raiva e dei para o filho do zelador. Sim, ele pode ser estranho, mas eu sou uma tremenda 171, ahahahaha.

Bom, depois de tanto mistério, eu e meus amigos levantamos todas as hipóteses: ele é o escritor J. D. Salinger, que não morreu nada. Ele é o Chico Xavier se manifestando. É o terrorista italiano Battisti, que tá em cana. Ele não é o Battisti e está em cana mesmo assim. Ele é o Edward Cullen, o vampiro do *Crepúsculo*. Ele é albino. Ele é anão. Ele é anão e albino. Ele é uma "mina" (e eu sou gay e não sabia). Ele é *serial killer* e se apaixonou por mim e não quer me encontrar pra não me esgoelar. Ele é o Norman Bates e a mãe não deixa ele me ver. Ele é um E.T. Ele é o Orkut. Ele é o PC Siqueira, aquele *nerd* maluco e irresistível que não sai do computador. Ele é o Dr. Jekyll e tem vergonha alheia do Mr. Hyde. Ele é o Dominique Strauss-Kahn, diretor-gerente saidinho do FMI...

Bom, depois de todas as especulações possíveis e imaginárias, Raul resolveu me contar a verdade, mesmo achando que iria me "perder". A verdade, segundo ele, é síndrome de pânico. Ele não sai de casa há meses. Só saiu para operar do seu problema e pirou mais ainda. Portanto, ele não trabalha há um tempão. Portanto, ele está sem fazer plantão nenhum. Como ele vive? Sozinho, com um gato, porque os pais e o irmão moram na França. Como ele ganha a vida? Segundo ele, a família tem um pequeno negócio que ele administra aqui do Brasil mesmo.

Ai, caramba, por que a gente não pensou nessa hipótese? Logo eu, que tenho tanto amigo nessa mesma situação. Puxa vida... Isso explica o pavor de sair e até de falar ao telefone.

Como ele é um cara maravilhoso, um querido, me ajuda pra caramba, gosta de mim e é imensamente criativo (acredita que me pediu em casamento mandando o endereço, via Google Maps, da capela perto da casa da família, em Paris? Hehehehe), resolvi dar um crédito. Resolvi acreditar que essa história é verdade (metade dos meus amigos acredita. Metade, não!) e continuar a "relação", mas com uma condição: que ele procure ajuda.

Como ele é médico, vai procurar um psiquiatra de um hospital onde ele trabalhou.

Tomara que dê certo! E por que não?

## ☆ DIA 325 ☆

## "DESESPERADA" POR QUÊ?

Ontem aconteceu uma coisa e eu fiquei desesperada! Aí, resolvi analisar essa palavra que todo mundo usa a torto e a direito: "desesperada". Ela significa: 1. Desesperança. 2. Aflição, angústia, ânsia. 3. Coisa insuportável.

Fiquei me perguntando por que é que chegamos a um ponto em que a angústia é tão insuportável que perdemos a esperança. Talvez eu tenha uma pista. Na sexta-feira de manhã meu PC entrou em colapso. Detalhe: 70% da minha vida está dentro de um computador. Em alguns minutos, quem entrou em colapso fui eu. Entrei em desespero porque eu tinha que entregar um texto para o UOL, pegar arquivos para uma reunião importantíssima etc. etc.

Entrar em desespero parecia mais fácil e conhecido do que respirar e pensar em algumas alternativas. Consegui fazer isso depois de algum tempo e com a ajuda do *notebook*. A editora liberou o texto para segunda, os arquivos de que eu precisava foram enviados pela própria cliente com quem eu tinha reunião etc. etc. E hoje já estou com um PC novo e muito melhor, que o meu "personal nerd", Tiago, me trouxe.

Quando enxergamos as inúmeras possibilidades de saída que todo problema tem, automaticamente ele fica menor. Exemplo: quando alguém me diz que perdeu o namorado e que ele era o homem da sua vida, eu pergunto: e os outros 3 bilhões de homens do planeta? Às vezes, a pessoa consegue enxergar que, sim, existem mais possibilidades no mundo aguardando uma chance de conhecer essa mulher um dia. O mesmo para um homem que sofre demais por alguém.

Por isso, adoro ouvir a frase "um dia de cada vez", ou melhor, "um dia após o outro". Não, não há problema que dure para sempre. E não há problema que não tenha solução.

Termino o texto com uma das minhas frases preferidas: "Mar manso não faz bom marinheiro".

☆ DIA 326 ☆

## VOCÊ NÃO É O SEU PROBLEMA

Desde que Raul resolveu assumir (até para ele mesmo) que tem síndrome do pânico, muita gente começou a julgá-lo pelo seu problema. E ele, que não é de ferro, começou a acreditar que o problema era ele. É claro que isso só piorou a situação. Não! Não! Não! Não é, não! Por sorte, hoje ele foi na acupuntura (no hospital onde está se tratando com o psiquiatra e fazendo terapia cognitiva) e o médico oriental disse uma coisa muito legal: "Você é um homem e não o seu problema. Se você ficar na beira do abismo, não olhe para ele, senão você será esse abismo".

Muita gente me diz: "Minha vida está uma me@#$ porque estou sem dinheiro" ou "Minha vida está uma porcaria porque ele me deixou"... Mas desde quando a vida se resume a uma faceta, a um problema? É por isso que gosto da jornalista Sonia Hirsch. Em seu fantástico livro *Manual do herói*, ela diz: "A vida é sempre maior que o fato".

Lá para setembro do ano passado, eu estava muito mal porque tinha me separado de K. J. Meu prédio ficava na rua da feira e fui caminhar na muvuca, com aquela dor alucinante. Vi uma feirante vendendo uma colher de bambu para um freguês. Eu pensei: "Nossa! Enquanto eu estou aqui na pior, sofrendo que é o diabo, tem alguém vendendo colher de bambu na feira". Na hora a dor aliviou um pouco.

O que estou querendo dizer é para a gente tentar separar o joio do trigo. Nós somos nós, a vida é a vida e o desgraçado do problema é o desgraçado do problema.

"A vida te maltrata. É difícil, mas você mesmo se cura." (Anônimo)

☆ DIA 327 ☆

## LIBERE O "GEORGE VI" QUE HÁ EM VOCÊ

Eu estava escrevendo um texto todo cheio de autopiedade porque o meu déficit de atenção está me deixando doida nesse trabalho fixo de um mês, no portal em que eu trabalhei. Eu ia dizer que esse negócio me atrapalha a vida desde quando eu era criança, quando me trancava no quarto pra estudar sem nenhum resultado a não ser ficar de recuperação todo ano em janeiro. Eu ia dizer que me deprime olhar para o lado e ver meus colegas concentrados e eu apanhando da mente inquieta e do publicador e eu ia dizer como sou coitadinha por não ser igual aos outros.

Mas o que eu queria mesmo dizer é que eu tenho vontade de sair correndo pela Faria Lima, tomando Toddy e gritando: "Eu tenho esse negócio, eu tenho! E? Quem vai encarar?".

É, eu resolvi não sentir nenhuma pena de mim. Mesmo quando o meu amigo, o poeta Roger Jones, escreveu isto no meu MSN: "Todo ano é a mesma coisa: um dia depois do Oscar todo mundo se sente feio e fracassado na vida". Ahahahahaha.

Pensando bem, se não fosse o déficit de atenção, eu já estaria com trombose, porque fico o dia inteiro em um computador, e graças a ele circulo bastante a cada vinte minutos. E tem mais, eu não vou desistir de colocar aquele teste complicadíssimo no publicador hoje. Eu bem que quis desistir e dizer para a pessoa que me contratou: "Olha, você me desculpe, eu sou criativa e coisa e tal, mas minha mente é uma poporoca em que os neurônios ficam se estapeando, entende? Então, eu não sei mexer nesse negócio, aliás, eu não gosto dele, porque eu não entendo ele". Mas não, Raul não me deixou fazer isso. Não, ele não me deu um "tóin", apenas me disse: "Tenho certeza de que você consegue...". E, sim, eu consegui mesmo publicar outro treco difícil. Demorou, mas consegui.

E, sim, sábado eu e Raul vimos "juntos" (cada um na sua casa, fazer o quê...) o filme *O discurso do rei,* e, se George VI conseguiu parar de se autoflagelar porque era gago, eu também posso parar de ter autopiedade de mim e do meu déficit de atenção, companheiro de jornada e de arranques criativos.

Vida longa ao rei! É só o que tenho a dizer por hoje.

☆ DIA 328 ☆

## DEPOIS DE UM MASSACRE, SEMPRE VEM UM "ROLINHO DE GELO"

Esta semana eu finalmente encontrarei meu querido Raul. Eu sei que você vai achar estranho, mas combinamos de nos encontrar lá na sala do psiquiatra onde ele está fazendo tratamento. Tá, não é romântico, mas é o que a gente tem pra hoje. Ele preferiu marcar o encontro lá porque tem medo de ter um piripaque ao me ver. Não que eu seja a bruxa de Blair de feia, não (ehehe), é porque os sintomas da síndrome de pânico são um pavor: enjoo, tontura, boca seca, taquicardia etc. Eu sei bem como é isso, porque tenho claustrofobia e tenho os mesmos sintomas em elevador apertado. Como é um dia muito especial, o dia em que esse "feitiço de Áquila" moderno acabará, eu resolvi caprichar total.

Eu já disse aqui que sempre fui amiga da gilete na hora de fazer o ritual feminino, mas decidi mudar e ir para o mundo da cera quente e assassina. Só que eu me empolguei e resolvi encarar a depilação íntima (se é que você me entende). Essa técnica só pôde ter sido inventada na época do Tribunal da Inquisição. Eu nunca tive filhos nem pedra no rim e, portanto, posso afirmar que nunca senti tanta dor na minha vida.

Levei um CD *player* (sim, ainda tenho um) com meus mantras tibetanos, achando que eu iria transcender e não sentir nada. Ai, que ingênua. Transcendi, sim, pro lado do Pavilhão 9 e do Morro do Alemão. Jesus, como eu falei palavrão e como doeu essa coisa. A recepcionista veio ver se eu estava bem. Lógico que eu não estava bem. Pergunta ordinária.

Depois de ouvir uns cinquenta "está acabando" da sádica-mor, no caso, a esteticista, a desgraça acabou mesmo. Foi tão cruel que, depois, depilar as pernas foi tão *light* que pareceu um mergulho numa piscina cheia de gelatina de morango. Mas, porém, todavia, ontem aprendi que, depois de um massacre, sempre vem um rolinho de gelo. Uma mão abençoada estendeu, dentro da salinha, o treco magnífico e geladinho (que deveria ganhar o prêmio Nobel de Física). Sim, um rolinho compressor gelado de "tchetchênias".

Talvez devêssemos relembrar as vezes em que passamos por verdadeiros massacres, mas que depois a vida compensou de alguma forma, com algum "rolinho de gelo". Eu acabei de pensar em vários agora. E você?

☆ DIA 329 ☆

## VOCÊ COME E COMPRA O QUÊ?

Eu tô um bagaço. É que eu fiz um trato comigo mesma de que vou começar o mês que vem com a conta no azul. Então, tive que pegar um bocado de trabalho. Mas "o grosso" acaba esses dias.

Eu estou trabalhando que nem um camelo no deserto sem oásis porque, como você já sabe, sou compulsiva por comprar e gasto muita "prata". Tento me livrar desse vício há muitos anos, mas é o cão. Curiosamente, ontem escrevi uma matéria sobre compulsão por comida. E acho que tem muito a ver. Portanto, onde você lê "comida", leia "dindim" ou qualquer compulsão que você também tenha.

Para a psicóloga junguiana Neiva Bohnenberger, toda compulsão revela uma fuga de sentir medo, raiva, frustração, dor... Como se tivéssemos uma dificuldade de nos aceitar humanos. Lembrando que justamente uma característica do ser humano é sua vulnerabilidade, sua imperfeição e sua falibilidade.

"Na cultura da juventude e da beleza, é o corpo que pode revelar a doença da alma. Podemos pensar que compulsão de comer surge em momentos em que é impossível entrar em contato com o amor por si mesma. Existe um vazio do sentimento de amar e se sentir amada, que impulsiona para uma excitação de preenchimento da falta deste amor... o caminho é correr para comer", revela Neiva.

Segundo o Dr. Sidney Chioro, neurologista e professor de psiquiatria da USP, que se dedica há quarenta anos ao método de emagrecer comendo bem, as pessoas estão cada vez mais gordas porque elas usam dietas que tiram a gordura, mas não tiram a causa da gordura. E ela volta e, em geral, mais do que antes. Para emagrecer verdadeiramente, a pessoa tem que entrar em contato com suas emoções. "Um dos aspectos do padrão cerebral de pessoa gorda é pensar mais no outro. Ao sair do contato com si própria ela perde a conexão com as próprias emoções e essas emoções irão escoar pela comida".

Sim, a raiz da tantanzice nossa de cada dia é dar as costas para o que a gente sente. É cuidar mais do outro do que de nós, e foi por isso que criei o VAE, para esse olhar diário, esse nos sentir, esse desbravar o "Monte Fuji" das nossas emoções. Nós vamos sair dessa!

## ☆ DIA 330 ☆

## VAMOS PARAR DE DEPRECIAR AS "BRUNAS SURFISTINHAS" DA VIDA

Nas minhas andanças pela literatura erótica, cruzei umas quinze vezes com a Raquel Pacheco (Bruna Surfistinha), incluindo a Bienal de Literatura do Rio de Janeiro. Demos entrevistas juntas, fizemos matérias, gravamos vídeos...

Eu a conheci o suficiente para gostar dela, admirá-la e respeitá-la. Mas, desde que ela ficou famosa (aliás, seu filme é muito bom!), ouço sempre uma saraivada de depreciações pra cima da moça (vindas de homens e mulheres).

Eu fico me perguntando o que nos incomoda mais: o sucesso alheio ou o fato de ela nos lembrar quanto ainda somos sexualmente travados? Na minha opinião, os dois. Na opinião do jornalista Larry Rohter ("Aquela que controla seu corpo pode irritar seus compatriotas"), é mais a segunda opção. Para ele, que estuda o Brasil há anos, as mulheres brasileiras têm essa fama de sexy, mas ainda existe muita inibição, desconhecimento do corpo e certas travas. Bruna concorda. Eu também. Para quem não sabe, 50% das mulheres não se masturbam no Brasil. Para quem não sabe 2, quando realizei um "Conversa de Mulher" para a revista *UMA*, percebi que boa parte das moças ainda sentia vergonha de dizer o que queria na cama. Porcentagem na qual já me incluí vários anos na vida. Quando eu era mais submissa, e autoestima na lona, eu achava que tinha que agradar o meu homem e que ele não precisava me dar prazer nem nada. E se eu te contar com que idade fui ter meu primeiro orgasmo com um homem, você não vai acreditar: aos 38 do primeiro tempo. Pois é!

O mais curioso é que as mesmas mulheres que a depreciam são as que "avançam" nela (como já vi dezenas de vezes) em busca de umas dicas para melhorar o desempenho, ou melhor, para dar mais prazer aos seus homens na cama. Pergunto: será a Bruna Surfistinha uma espécie de "raposa e as uvas" da nossa hipocrisia moralista?

## ☆ DIA 331 ☆

## AI, NÓS E OS NOSSOS VÍCIOS DE CADA DIA

Ontem foi bizarro. Viciei no diabo de um site em que a gente pode ver filme de graça. Bom, vício do vício, porque minha loucura mesmo é filme. Acontece que eles são espertos. No começo, depois de 70 minutos, param o vídeo e dizem: "Ou você espera 20 minutos ou paga a mensalidade". Quando eles percebem que você consegue esperar, vão aumentando o castigo: 30, 40 minutos... Que raiva!

Uma coisa é ver o filme *Entrando numa fria maior ainda* parar no meio; a outra é ver parar justamente na hora em que o Capitão Nascimento (*Tropa de Elite 2*) vai sofrer uma emboscada... Aí, o bicho pega e canta tango. E pra achar meu cartão de crédito nessa hora? Ele é novo e está bloqueado justamente para que eu não caia nas garras da tentação. Mas me deu um desespero de não achar a praga. Eu queria porque queria ver a continuação do filme e... TINHA QUE SER NAQUELA HORAAAAAAA!

Me bateu um desespero. Igualzinho a drogado procurando muamba. Cruz-credo! Saí gritando pela casa: cartão! Cartão! Como se ele pudesse me ouvir e viesse correndo pra mim gritando: tô aqui! Tô aqui! Quando achei, foi um alívio, mas ainda precisava desbloquear. E eu jurei que só desbloquearia em caso de emergência. Fala sério, tem emergência maior que o futuro do Wagner Moura no filme? Liguei para a central.

A secretária-eletrônica-máquina-mortífera indica outro número. Grrrrrrr. No outro número, a desgraçada manda colocar a senha. Senha? Que senha? Ai, caramba, o banco tinha mandado pelo correio. Mas onde estava? Enquanto eu procurava o papel pelas gavetas, a máquina-mortífera-maldita gritava que era para colocar a senha. Eu pensava: ai, meu Deus, a essa hora o Capitão Nascimento já foi pro saco.

Encontrei a senha, desbloqueei o cartão e paguei a mensalidade. Uia, que alívio foi ver o resto da história. Ruim foi descobrir que caí no conto do vigário virtual. Ao assinar o site, você não pode mais ver filme só clicando o *play*, tem que fazer *download* no PC. E, sim, um *download* demora pelo menos duas horas, é um trambolho e empata a máquina que é uma beleza.

Pois é, o que o vício faz com a gente... Ficamos alucinados e prisioneiros. Pergunta: em quantas coisas (e pessoas) você está viciada neste instante?

## ☆ DIA 332 ☆

### COMO JÁ DIZIA RENATO RUSSO: "DISCIPLINA É LIBERDADE"

Minha vida andou meio de pernas para o ar, e isso afetou até os textos. Rolou uma pororoca administrativa. Como juntou muito trabalho, acabei deixando de organizar várias coisas: de dindim, passando por exames médicos que sempre faço no começo do ano, até os livros que estão espalhados pela minha casa e que hei de ler um dia. Mentira!

Não sou e nunca fui boa de disciplina, mas, quando a sua vida vira o samba do crioulo doido, ou você sai correndo e pega o primeiro foguete para Plutão ou morde o rabo do touro e resolve encarar. E um Vigilante faz isso; entra na "arena" e mete bronca (só uma coisinha: sou totalmente contra touradas na vida real!).

Quando a gente tem dificuldade com disciplina, pede ajuda a quem tem, e o Raul é uma dessas pessoas. Aliás, a melhor que conheço. Em pouco tempo ele me ajudou com toda a zona (virtualmente).

A coisa ficou tão legal, que agora consigo achar um documento no PC com apenas um clique. E, Jesus, como a minha saúde também melhorou com menos estresse.

Aproveito para agradecer a todo mundo que mandou e-mail ontem com dicas sobre como ver um filme inteiro no site-das-trevas sem que ele pare nos 70 minutos iniciais e faça você querer se matar com a cara sufocada no saco de pipoca.

## ☆ DIA 333 ☆

### FAÇA SEU *CHECKUP* E RECLAME, MAS FAÇA

Minha saúde tá melhor e até consegui emagrecer três quilos. Para ficar melhor ainda, Raul, que é médico, me convenceu a fazer esses exames de mulher. Mamografia deveria se chamar "Mamonas Assassinas", porque o que essa desgraça dói não está no gibi. Só perde para o escalpo-de-tchetchênia. Você chega lá, a atendente mete a mão no seu peito como se fosse pastel de feira, te prensa tão forte entre duas chapas que você sai de lá um número menor de sutiã, e ela ainda fala para não respirar na hora. Ou seja: você está se sentindo igualzinha ao goleiro que acaba de levar uma bolada no saco e a pessoa ainda acha que você vai respirar tranquilamente...

Quando acaba, porque pelo menos é rápido, aí sim você respira e volta a sorrir. Mas acabou? Nããããão! A pessoa volta e te diz com cara de bedel de colegial: "Vai ter que fazer de novo. Você tem a mama densa!". "Ai, meu Deus" – você pensa –, "eu tenho a mama densa, eu tenho a mama densa!", como se você soubesse o que caramba é isso. Quando a atendente-do-demo faz todo o procedimento de novo, você fica com tanta dor e tanta raiva que dá vontade de gritar: "Mama densa é o ca#$%@#! Meu nome é Zé Pequeno, po@##$!!!".

Aí, você vai para casa encanadésima, se joga no Google e descobre que vai morrer porque tem a mama densa. Na verdade, descobre que tem cinco vezes mais chance de se dar mal. Depois, graças ao seu queridinho médico virtual, percebe que não é bem assim. Aí, vem sua amiga Paula e diz que ela e todas as quatro moças que estavam aguardando para fazer de novo a mamografia (no laboratório) também foram acusadas de mama densa.

É mole? Mas saúde é o que interessa, o resto não tem pressa, não é mesmo? *Checkup* já!

Ainda bem que essa semana só tenho exame da estrada-do-ponto-G, vulgo ultrassom transvaginal. Hehehe.

☆ DIA 334 ☆

## TODO MUNDO PODE "DES-DANAR-SE"

É difícil ler um e-mail muito longo. Infelizmente, são muitos e não dá tempo. Mas não consegui parar de ler o de S. L. Nunca vi um texto tão triste. Um texto que mostra como a rejeição de uma família pode destruir a vida de uma menina doce, inteligente e bonita. E como essa mesma menina, que vai se fechando, se enfeando, estraga seus estudos e sua carreira para tentar agradar a um pai que não está nem aí pra ela. Trechinho final:

*Não queria mais sentir essa vontade de morrer, essa solidão que devasta. Como eu queria uma companhia, alguém com quem eu não precisasse dizer muito para perceber o que passo. Desculpe dizer tanto, talvez você nem entenda muito. Não vou ler o que escrevi, porque sei que apagarei tudo. É o que tenho feito sempre, evitado, fugido.*

Foi por causa desse e-mail que resolvi assistir ao filme *O contador de histórias*, sobre a história de Roberto Carlos Ramos.

O rapaz foi entregue à Febem ainda pequeno. Passou o pão que o diabo amassou e sentou em cima, fugiu cem vezes e tinha tudo pra se danar na vida. Mas não se danou, não. O menino negro foi adotado aos 13 anos por uma pedagoga francesa e se transformou num dos maiores contadores de histórias do mundo. E, hoje, moram com ele 13 crianças adotadas (ex-meninos de rua).

O que eu queria dizer pra S. L. e pra todos é que todo mundo tem a capacidade de "des-danar-se". É por isso que volta e meia eu pergunto: "Qual é o primeiro tijolo de que você precisa para se reconstruir?".

S. L. tinha o cabelo longo e lindo, mas entrou numa depressão tão forte que o cortou. Eu disse pra ela: "Então, esse é seu primeiro tijolo. Use essa metáfora do seu cabelo para se fortalecer. Cada vez que ele crescer um pouco, será sinal da sua vida se reerguendo".

Então, eu te pergunto: qual a metáfora que você usará na sua vida para se reerguer?

## ☆ DIA 335 ☆

## UM DIA A FICHA TEM QUE CAIR

Eu estava vendo a revista *Caras* hoje. E reparei como o Michael Douglas e o Antonio Banderas, meus ídolos da juventude, estão ficando velhos. Mas eu estava vendo a revista justamente na sala de espera do Lavoisier, onde fui fazer uma batelada de exames que a gente tem que realizar, com uma certa frequência, depois dos 40. Ou seja, eu também estava envelhecendo, junto com eles.

Fora esses exames de mulher, de sangue & companhia, hoje também fiz panorâmica da arcada dentária, que, em função do bruxismo e de muitos fatores, já não joga mais aquele bolão.

A verdade é que hoje não foi um dia muito legal, porque um dia a ficha cai de que a gente não é mais tão jovem como antes. Lidar com isso não é fácil, porque você fica pensando: "Putz, com o tempo só vai piorar". E, Deus me livre e guarde, lá em casa a gente tem muito trauma porque a minha mãe viveu em médicos e hospitais.

Pra piorar um pouco, à tarde, durante a "Transvaginal, a estrada para o ponto G", o médico vira e diz: "Você está com um miominha aqui, está sabendo, né?". Quase que eu viro para ele e digo: "Lógico que eu sabia, meu iPhone, além da função internet, também tem a função ultrassom e mostra a radiografia do meu útero toda semana via SMS". Ou seja, eu que já tenho a mama densa, agora sou miomada também. Pergunto: é fácil?

A sorte é que mantenho sempre meu humor, e quando fui preencher a ficha para fazer os exames estava escrito que iam introduzir em mim um "espéculo". Só que eu estava com sono e li "espetáculo" e me animei toda. Falei para a recepcionista: "Vão me introduzir um espetáculo de quê, hein? Um treco cheio de luzes estroboscópicas com a voz do U2 cantando "Sunday, Bloody Sunday"?

Pois é, como diz o Macaco Simão, "a gente se f@$%, mas se diverte".

## ☆ DIA 336 ☆

## ÀS VEZES, É PRECISO FAZER UM "MAKE IT RIGHT" NA VIDA

Tenho certeza de que a minha TPM desse mês veio com encosto, porque na semana passada o bicho pegou de tudo quanto foi lado. E, claro, meu encontro com Raul não deu certo outra vez. Às vezes, eu acho que ele é um cara que morreu bem na hora em que eu fiz *download* de um filme e o espírito dele veio parar no meu PC. Ahahahaha. Só pode ser. Inclusive as fotos que ele me manda devem ser todas do Google, já que ele deve ser um espírito e provavelmente nem lembra como era. Vou reclamar com São Pedro!

Sei que esses dias eu comecei a achar que os principais pilares da existência humana não estavam tão sólidos quanto eu gostaria: profissional, sentimental, saúde, $ etc. etc. Sim, isso dá medo. E, na TPM, dá muito medo (e sem mãe, então, afe!). Uma das primeiras reações diante da paúra é a agressividade, e aí sobra pra quem gosta de você (o que só piora tudo).

Eu sei que o mundo parece cair pra mim quando eu volto a ter vontade de me inscrever na Legião Estrangeira e largar tudo. Mas Vigilante que é Vigilante não desembesta. Quer dizer, até desembesta, mas finca uma "biruta" na testa pra ver pelo menos para onde o vento está soprando, ter uma referência do aqui e agora e se acalmar.

Nessas horas eu me lembro do furacão Katrina, que estraçalhou New Orleans, em 2005. Duzentas mil casas ficaram debaixo da água. Mas também me lembro de ter visitado o lugar, seis meses depois, e de ter visto toda a gente com martelo e prego na mão levantando as paredes. Brad Pitt foi um deles e fundou o movimento "Make It Right", em que prometeu construir 150 casas ecológicas. Fui ao site hoje, e eles já entregaram 50 casas e trouxeram 200 pessoas de volta. Muito legal!

Se o Brad Pitt pode, nós também podemos reconstruir nossas coisas e consertar o que parece ter desmantelado. Podemos, sim, descobrir onde bateremos nosso prego e nosso martelo primeiro. E sem machucar o dedo ;)

## ☆ DIA 337 ☆

## CADÊ SUA VÁLVULA DE ESCAPE?

Você sabe que está carente quando entra no metrô, vê uma freira e fica com vontade de sentar no colo dela. Claro que não fiz isso, porque tenho certeza de que todo mundo acha que todo mundo no metrô é maluco. Uma prova disso é que você pergunta algo e quase ninguém responde e ainda te olha com cara de "quem-fala-com-o-outro-no-metrô-é-doido". Isso porque eles não sabem que eu conversava com as luzinhas das estações quando me separei de K. J. Que coisa ordinária isso! Fiquei ao lado da freira, uma senhora, só observando. Pensei em perguntar: "A senhora faz o quê quando está à beira de um ataque de nervos, hein?". Provavelmente ela responderia: "Rezo, filha" ou "Falo com Deus, filha".

Mas aí me veio um *flash*. Na verdade, o que a freira imaginária quis dizer é que ela tem uma válvula de escape e eu não. É... o bicho já pegou desde o fim do ano passado – separação-do-namorado-morte-da-mãe-luto-asma-solidão-asma-trampo-trampo-trampo-"namorado"-que-não-sai-de-trás-da-tela – e veio vindo como um exército espartano e foi embolando um no outro e aí eu me vi fazendo 50 mil coisas ao mesmo tempo e sem nenhuma válvula de escape. Puxa vida, aí a panela enche mesmo, até quase transbordar.

Mas não, o mundo não vai parar pra gente abaixar a fervura. Quem tem que parar ou pelo menos desentupir a válvula de escape somos nós.

É, não tem vida que aguente só com uma cota ordinária de prazer.

☆ DIA 338 ☆

## HÁ FLORES EM TUDO O QUE EU VEJO

Depois de sete dias e um saldo de TPM com encosto, mama densa, miominha, freira no metrô e útero invertido (pois é, isso também), posso dizer que as coisas voltaram a ficar coloridas. É por isso que comecei o texto com essa frase dos Titãs: "Há flores em tudo o que eu vejo".

Mais uma vez vou dizer aqui: baixa autoestima não tem cura, tem controle. É um vício nutrido diariamente pelo coquetel autodepreciação, lista de infelicidade e síndrome de vítima. Se você percebe isso, consegue reverter as coisas. É o que eu tento mostrar: a gente tem dias de cinza, terá sempre (e também são importantes. Senão a natureza, que é sábia, não teria o inverno), mas depois volta a ver as cores em tudo. Sim, elas voltam, as flores sempre acabam voltando. Pergunto: onde estão as suas?

☆ DIA 339 ☆

## POR QUE DÓI TANTO SER VOCÊ MESMA?

Tomei um susto quando vi uma imagem hoje na *home* de um portal. Era uma mulher normal, um pouquinho acima do peso, que virava uma marombada. Pensei que fosse uma dessas matérias do tipo "Dieta Já!", em que a pessoa bota toda a energia da vida em si mesma para mudar radicalmente. Mas não, era um truque de Photoshop.

Acho que fiquei triste com a legenda: "Ok, nem todo mundo merece o prêmio de Garota Fitness Brasil 2011. Mas isso não é motivo para desânimo, principalmente para quem sabe alguns truques no Photoshop. A seguir, você verá como a moça da esquerda ganhará o corpo de Sabrina Soares, eleita a Garota Fitness 2011.

Me pergunto: por que a "moça da esquerda" não pode ser a

moça da esquerda mesmo? Por que tem que ser a moça malhada da direita? E por que dói tanto para todos nós sermos nós mesmos? Hoje, falando com minha parceira Neiva, percebi que a minha grande crise nesses últimos dias não foi a TPM-cão-de-satã, foi mais uma vez questionar por que eu não era mais isso ou aquilo ou aquiloutro. Vira e mexe eu ainda sofro porque acho que seria "tudo mais fácil" se eu fosse "mais normal". Por que é sempre nossa culpa não sermos como achamos – ou como acham – que deveríamos ser?

Mas, graças a Deus, vêm caras como o Raul Seixas nos absolver quando diz: "Eu não sou louco, o mundo é que não entende a minha lucidez".

O mais curioso é que fiz um teste de personalidade interessantíssimo, de um pessoal bem profissional (Myers-Briggs Type Indicator), e no resultado consta: "Para um ENFP ("O Defensor"), a vida é um drama excitante. Eles têm muita iniciativa e acham os problemas estimulantes".

Pergunta: adianta eu querer uma vida calminha e um homem normal? Não!

Sim, eu estou mais forte desde que comecei o VAE, com muito mais autoestima, mas de vez em quando vou escorregar no quiabo mesmo e vou quebrar uns tijolos. E depois vou voltar a construir todos. Minha história aqui é ser verdadeira comigo e, principalmente, com vocês. Tamo junto!

## ☆ DIA 340 ☆

### CAMPANHA "PASSE RETO PELO UMBRAL!"

Apesar de *mezzo* católica/*mezzo* budista, gosto muito da religião espírita. E, na minha opinião, são as pessoas que mais te ajudam quando você perde alguém muito querido.

Também curto os textos do Chico Xavier. Acho iluminados e incrivelmente poéticos. Ontem, o filme *Nosso lar* me fez refletir um bocado sobre a vida. Segundo os espíritas, se não damos muita atenção pra saúde, se temos uma vida desregrada demais, somos considerados "suicidas inconscientes". O resultado disso é que quando você "bate as botas" cai de cara na lama que eles chamam de Umbral (vulgo Purgatório). E o pior: os outros espíritos descem o sarrafo em você, por ser uma espécie de suicida e atrapalhar o processo de todo mundo.

Eu não posso dizer que tenho uma vida desregrada. Bebo raríssimas vezes, não fumo, não uso drogas nem a pau, não curto balada, mas também não sou nenhum Marcio Atalla. Acho que sou da turma do "compensation", ou seja: se um dia detono, no outro maneiro bem.

Mesmo assim, estou lançando a campanha "Passe reto pelo Umbral", para incentivar todo mundo a dar valor à vida, a cuidar da própria saúde e da dos outros também. Sendo generoso, gentil, praticando validação etc. Não queremos lama no pós-vida, não. Branco-Omo-Total já!

## ☆ DIA 341 ☆

## ENTRE O DOCE E O LIMÃO, A GENTE VAI VIVENDO

Sábado fui ver o show do meu amigo Miltão (marido da Silvia Bru Avanzi), junto com a banda Big Band Soul. Nossa Senhora, que show!

Pedi um drinque no bar com frutas vermelhas e percebi uma coisa muito interessante. No copo, veio uma pipeta de plástico com suco de limão. Então, se você acha que o drinque está doce demais, pode apertar a pipeta e derramar um pouco do suquinho azedo. Infelizmente, na vida não é assim: quem aperta a pipeta azedando o doce é o destino (embora a gente muitas vezes dê uma mãozinha pra isso).

Essa é apenas uma metáfora que usei pra dizer o que todo mundo já sabe: a vida é isso mesmo, a gente vai tocando o barco entre os momentos formidáveis e os terríveis. Para os momentos de "limão" da vida, eu gostaria de transcrever um texto da revista *Vida Simples* e que serve para todas as dezenas de e-mails que chegam por mês falando tão dolorosamente de perdas. É de Liane Alves:

*Foi com o peito ainda dilacerado pelo fim do seu casamento que Flávia M. entrou no Museu de Arte de Montevidéu. Quis ver uma exposição temporária de máscaras africanas, sem compromisso, durante uma viagem rapidamente providenciada pela família para que ela pudesse se distrair e relaxar. Ao examinar máscaras e utensílios expostos, seus olhos foram bater numa cuia ritual usada numa cerimônia realizada para aliviar o sofrimento.*

*A cuia era mergulhada num grande recipiente com um líquido amargo e passada de mão em mão para que cada um dos integrantes da tribo sorvesse sua parte e a passasse adiante. "Saber que a dor que estava sentindo não iria durar para sempre me aliviou demais. Vi que era minha hora de beber da cuia, mas que, depois, ela seria passada à frente, para que outra pessoa pudesse experimentá-la.*

*O sofrimento nos torna iguais enquanto seres humanos, que todos passamos por ele e que exatamente por haver provado desse gosto é que podemos ser solidários com quem experimenta seu quinhão de amargor", conta Flávia.*

## ☆ DIA 342 ☆

### POR QUE O NEGATIVO DERRUBA TANTO A GENTE?

Hoje tive uma notícia muito legal e uma não tão legal ligada ao profissional. A legal foi à tarde e fiquei tão feliz com a possibilidade de um projeto dar certo que fui almoçar gostosinho no shopping pra celebrar (há muito tempo eu não fazia isso).

A notícia não tão legal foi à noite e imediatamente anulou a legal. Minha energia caiu e fiquei triste. Fui dormir um pouco e acordei pensando em qual seria o motivo de o negativo, o "não", fazer tanto estrago na gente. O mais curioso é que a notícia legal está ligada a algo que faço muito bem profissionalmente. A outra, a algo que não faço tão bem. Mesmo assim, doeu.

Procurando na internet sobre o poder do "não" na gente, encontrei algo interessante sobre psicologia positiva.

"Estudos atuais mostram uma crescente evidência de que as estratégias focadas nas forças pessoais são mais efetivas para a promoção do bem-estar e da saúde física, mental e emocional, quando comparadas ao modelo de superação das fraquezas."

Então, resolvi focar minha energia na boa notícia e nas minhas habilidades e não nas minhas deficiências. O resultado foi muito bom. Minha energia voltou e o emocional ficou legal de novo. Então, fica aqui uma grande dica, junto com um "viral" de um refrigerante que fala exatamente sobre isso. Coisas como:

– Para cada pessoa que diz que tudo vai piorar, 100 casais planejam ter filhos.

– Para cada corrupto, existem 8 mil doadores de sangue.

– Enquanto muitos destroem o meio ambiente, 98% das latinhas de alumínio são recicladas no Brasil.

– Para cada tanque de guerra fabricado no mundo, são feitos 131 mil bichos de pelúcia.

– Na internet, a palavra "amor" tem mais resultados que "medo".

## ☆ DIA 343 ☆

### A VIDA É UM "LEGÃO"

Eu estava pensando aqui que o meu estilo de vida não é muito diferente do da minha gata Pipi. Ela mora numa bacia cobertinha e fica muito tempo do dia lá, e seu maior prazer neste momento é a comida e as massagenzinhas que faço nela. Às vezes, eu alopro e a pego pra dançar *hip-hop* comigo. Ela adora!

Bom, não moro em uma bacia, mas fico boa parte do tempo em casa (sim, curto um "eremitation") e meu maior prazer, neste momento (fora o VAE), é meu Cornetto crocante e andar no "Pedalinho Gerard Butler", assistindo à Oprah.

Muita gente me enche o saco porque eu não gosto de sair muito e porque vou dormir na hora em que os outros acordam. Eu até já tentei mudar, mas meu relógio biológico sempre fala mais alto. E ele está certo, ué. Eu cheguei à conclusão de que a vida é um grande Lego e que a gente vai se encaixando do nosso jeito.

É um saco quererem que a gente seja diferente, principalmente quando esse alguém é seu parceiro ou parceira. Quando alguém vier te perturbar querendo que você mude, você diz assim: "A vida é um legão, caramba, e eu me encaixo nela assim".

☆ DIA 344 ☆

## FELIZ CORPO JÁ!

Ai, que saudades de quando o Batman não era perfeito e tinha umas dobrinhas (naquele seriado preto e branco com o ator Adam West). Ninguém tinha essa cobrança histérica de barriga tanquinho, nem de nada dessas coisas. Puxa vida, é Páscoa, e o que já vi de gente dizendo: "Ai, não, ovo de chocolate engorda...".

Ai, que saudades de quando a gente era criança e a mãe escondia os ovinhos em casa pra gente procurar e a vó fazia uma decoração diferente a cada ano na mesa.

Não conheço muito de religião, mas acho que "Páscoa" significa a volta de Jesus depois que ele sofreu o diabo na cruz, quando seu corpo e espírito se reconectam. Por que nosso espírito e o corpo estão tão distantes? É isso que engorda a gente e não o ovo de chocolate.

Domingo eu vou me esbaldar, como fazia quando era criança. E que a Páscoa signifique para mim, e para você, um *Pessach*, uma passagem, uma libertação desses conceitos que nos aprisionam na mais pura infelicidade.

*Acredito que é tão difícil amar nosso corpo porque ELE NÃO MENTE!*

*Nosso corpo é o espelho do que nos vai na alma. Podemos nos enganar, contar histórias de felicidade ou infelicidade, mas ao olharmos para o corpo confirmaremos nossas dificuldades e nossos sucessos.*

*Imagine o que sofremos nestes tempos em que o corpo é exigido a só revelar que somos um sucesso, que tudo é leveza e alegria, carnaval e comemoração, samba e futebol... consumo. Comprar, hoje, é o símbolo de sucesso... etc. E o espírito, a alma, os valores, as virtudes, o autocuidado nas relações, criatividade, tudo sendo menos importante do que a aparência.*

*O corpo é o mensageiro do coração e a ele cabe despertar para o amor e a autoaceitação... É difícil amá-lo. Até porque ele revela o que queremos manter escondido; ele aumenta de tamanho compensando os limites, ele adoece... Ele se impõe e nos desafia a buscar com humildade os nossos ideais maiores e de humanidade.* (Neiva Bohnenberger)

☆ DIA 345 ☆

## NOSSA REALIDADE ESTÁ VIRANDO UMA CÓPIA?

Nesse feriado eu pude ver o sensacional filme novo de Kiarostami, com Juliette Binoche e William Shimell: *Cópia fiel*. No filme, ela é uma francesa dona de uma loja de antiguidades. Ele é um escritor inglês que escreve sobre os originais e as cópias da vida, questionando se ambos não teriam o mesmo valor. Os dois se conhecem na Itália e ela o leva para visitar uma cidadezinha linda (Lucignano) onde os casais se casam de baciada. Quando sentam para tomar um café, uma senhora italiana pensa que são marido e mulher e eles decidem manter a farsa e "copiam" o que seria a vida de duas pessoas casadas há quinze anos. E fazem isso com uma incrível profundidade.

Chegando em casa, eu me deparo com uma situação surreal: a tentativa de suicídio de uma mulher às claras no Facebook. Ela postou uma mensagem descendo a lenha em um moço, por quem foi apaixonada e humilhada de todos os jeitos. Em outra mensagem ela avisa que não quer mais viver e que tomou vários calmantes. Bom, você imagina o pega-pra-capar que foi e o bando de gente que se uniu para chamar a polícia, bombeiro, parentes etc. Ela está no meu Face, mas eu não a conheço.

O que mais me chamou a atenção, fora o comunicado público, foi a discussão: teria sido ela mesma a autora das mensagens ou um *hacker* que se apropriou do seu perfil? Infelizmente, era ela mesma. E, felizmente, não morreu.

A vida, assim como o filme de Kiarostami, cada vez mais nos mostra que já não sabemos mais o que é real ou cópia e agora isso inclui também a morte. Sim, estamos confusos e é legal refletir um pouco sobre isso.

Às vezes, fico pensando se Raul é original ou uma cópia do que eu gostaria que ele fosse. Será que eu mesma o criei e sou esquizo? Ou será que ele se apresenta como uma cópia do que gostaria de ser e não é? Será que vou descobrir um dia?

Agora, com relação ao "ele me humilhou" do texto da moça do Facebook, eu volto a dizer: ninguém humilha ninguém. A gente é que se deixa ser humilhada e a gente é que se deixa chegar no fundo do poço a ponto de cometer uma coisa louca dessas.

Quando é que entenderemos, de uma vez por todas, que "nada nem ninguém tem poder sobre nós"? Não está na hora de retomar esse poder? Bom, pelo menos foi o recado que eu deixei para ela lá no Face.

☆ DIA 346 ☆

## NÃO MINTA MAIS PRA VOCÊ

Outro dia li um texto muito legal do escritor Xico Sá. Tentei achar, mas não consegui. Ele dizia que as pessoas têm a mania de mentir para elas mesmas. E que ele não fugia à regra. Ele dizia que se autoenganava quando tentava se convencer (e aos outros) de que estava bebendo menos, praticando mais exercícios etc. Paia das puras.

Também não fujo à regra. Tentei me convencer nestes últimos dois meses de que estou gastando menos. Balela! E a tal planilha no Excel não me deixa mentir. Pelo menos agora tenho uma! Tá, confesso que não sou mais compulsiva. E isso já é metade do problema resolvido. Não compro mais quatro camisetas iguais de cores diferentes – e coisas do gênero –, mas continuo impulsiva. Eu vou me "curar" mesmo quando controlar a impulsividade também e só comprar coisas absolutamente necessárias (como o pôster do Gerard Butler). Pra piorar, as amigas andam fazendo bazar a torto e a direito. Sim, quem tem autoestima alta não responsabiliza nada nem ninguém por suas atitudes, mas ir a um bazar de roupas e acessórios sendo "overspending" (gente que gasta demais) é que nem levar o bode pra dar um rolé no Mercado Municipal.

Outro dia eu vi a Oprah conversando com o ator David Arquette, ex-marido da Courteney Cox. Ele estragou a vida bebendo demais e foi buscar tratamento. Na primeira semana do tratamento ele foi fotografado em uma *rave*. E a Oprah perguntou: "Mas por que você foi a uma *rave* na sua primeira semana de tratamento? É muita tentação!". David apenas respondeu: "Eu quis me testar...".

Às vezes, eu acho que Raul na minha vida também funciona como um "teste". Porque sempre fui compulsiva para namorar, ou seja, saía de um namoro e entrava em outro. Não conseguia ficar sem homem ao meu lado. Raul é um namorado sem ser. Está comigo sem estar. Me ama sem me tocar. Será que é um teste para ver se me curei mesmo desse vício que é achar que só tenho valor se tiver um namorado – real – ao meu lado?

Mas, voltando aos bazares, não, eu não quis me testar indo lá. Eu fui assumidamente pra torrar dindim. Mas no dia seguinte a ressaca vem, e aí, como faz? Das duas, uma: ou se continua do mesmo jeito, se enganando, ou se busca ajuda – e acredito muito nos grupos de apoio, senão eu não teria fundado o blog.

Então, meu compromisso comigo hoje não é "hoje não vou gastar", é: hoje não vou mentir pra mim mesma.

## ☆ DIA 347 ☆

## PRA QUE PRECISAMOS DE TANTA COISA?

Hoje eu resolvi contar meus sapatos. São quinze pares, mas se usei cinco – entre o começo do ano passado e este – foi muito. Mesmo assim, comprei mais um no bazar de sábado. **Pra quê?** Desde que me mudei para o apartamento novo, tenho implicado achando que tenho coisas demais. Até já arrumei umas caixas de papelão para colocar as coisas que vou doar, mas sempre bate a preguiça. Ou será apego?

Ontem, vi na TV um diretor de comédias muito famoso: Tom Shadyac. Esse rapaz simplesmente lançou no mercado Eddie Murphy e Jim Carrey, então você imagina o que ele não é rico. Tão rico que se mudou para uma casa de 1.400 $m^2$ (seja lá o que for isso).

Logo depois, ele sofreu um acidente de bicicleta e quase morreu. Quando ficou bom, olhou para a sua casa enorme e também se fez a seguinte pergunta: **"Pra quê?".** Nesse instante, caiu a ficha para Tom de que ele não precisava de tanto. Ao contrário: aquela riqueza toda estava fazendo mal.

Ele se mudou para uma casa de 93 $m^2$ e doou muito dinheiro a várias instituições. Em seguida, passou um tempo filmando um documentário maravilhoso chamado *I Am* (migre.me/4rGbN) para tentar entender por que o mundo estava tão de pernas para o ar.

No *trailer* há umas falas muito legais, mas a principal conclusão a que Tom chegou (conversando com vários cientistas) foi: a natureza é sábia e existe há tanto tempo porque vive em democracia e em cooperação. Tanto os animais quanto as árvores tiram da natureza apenas o que precisam, não ficam estocando e estocando coisas.

A natureza vive em cooperação e não em competição. Infelizmente, não é assim com os seres humanos (apesar de estar em nosso DNA). E é por isso que o mundo está tão doidão. Estamos vivendo numa era de muito individualismo, de muita ambição e pouca cooperação – mas todo mundo se esquece de que a atitude de cada pessoa reflete nos outros.

Sim, segundo os cientistas, estamos todos conectados. E estamos na Terra para sermos "Brother's Keepers", ou seja, para cuidarmos uns dos outros.

☆ DIA 348 ☆

## NÃO ESQUENTE TANTO COM O SENTIDO DA VIDA

Fernando Seth é um amigo de longa data. Quando o conheci ele estava numa fase bem difícil, tanto emocional quanto profissionalmente. Hoje, catorze anos depois, é uma das pessoas mais doces e iluminadas que conheço e já foi convidado especial em dois encontros do VAE. Como eu já disse, Fernando, além de mestre em Meditação e Revitalização, faz um trabalho interessantíssimo: é um **"Soul's Friend"** ("amigo da essência da alma"). Ou seja, se você está com inquietude ou angústia na alma, famoso vazio existencial, você pode contratá-lo por hora.

Ele caminha (literalmente) com você, conversando e confortando o seu ser e ajudando você a encontrar a felicidade dentro de si mesma (e não nas coisas externas e, às vezes, inalcançáveis). É importante ressaltar que ele não pertence a nenhuma religião, apenas estudou muito sobre autoconhecimento e espiritualidade. Fernando é o que os mestres espirituais chamam de "Buscador". É um trabalho maravilhoso, e ontem eu o chamei para darmos uma dessas longas caminhadas pela Vila Madalena (com direito a um docinho na Amor aos Pedaços, claro). Demos muita risada porque, ao final do bate-papo "da essência da alma", ele virou e disse: "A vida é mesmo um grande mistério...". Eu falei: "Pô, Fê, estamos há duas horas juntos, te chamo pra aquietar minha alma inquieta e você diz só isso?". Ahahahahaha.

Na verdade, foi uma brincadeira, porque as conversas com ele são extremamente reconfortantes. Aí, ele me contou sobre o mestre budista no leito de morte. Alvoroçados, os monges mais jovens tentaram obter a resposta que todo mundo quer saber e perguntaram: "Mestre, antes de partir, diga-nos: qual o sentido da vida?". O mestre respondeu: "Uma xícara de chá".

Imediatamente a resposta percorreu o mosteiro, mas, infelizmente, não satisfez. Antes de dar o último suspiro, o iluminado ouviu a afirmação: "Mas, mestre, o sentido da vida não pode ser uma xícara de chá". Nesse momento, o velho monge respondeu: "Então, não é..." (e morreu).

Vamos combinar que o sentido da vida é o que você quiser dar para ela. E, em vez de ficar pensando muito nisso, viva! Do melhor jeito que der. E não se preocupe: quando a alma fica chocha é apenas uma fase. Já, já ela se encanta novamente com as infinitas possibilidades deste mundo velho e sem porteira.

"Ser louco não é para quem quer, é para quem pode." (Salvador Dalí)

## ☆ DIA 349 ☆

### VÊ LÁ O QUE VOCÊ FAZ COM A SUA "TONHA"

Rafael Gonçalves é um dos meus quatro "quase-filhos". Entenda como "quase-filhos" pessoas que eu gostaria que fossem minhas "crias" caso eu tivesse tido o "chamado" da natureza pra engravidar. Rafael trabalha na empresa do meu cliente e faz curso de ator também. Será o novo Keanu Reeves.

Após a reunião que tivemos, fomos tomar um sorvete no shopping, conversar e comprar umas coisinhas básicas. Depois, eu dei carona para ele no meu táxi e nos esbaldamos muito (lá vem taxista de novo). Pegamos um motorista do Rio Grande do Sul que estava indignado com a ousadia da rapaziada que estava dando em cima da bela filha de 16 anos. "Eu chamei ela e disse: olha lá o que você faz com a sua 'tonha', hein?!". Ahahahaha.

Nossa, faz muito sentido refletir sobre o que a gente anda fazendo com a nossa "tonha". E vamos dizer que essa palavra serve para tudo que temos de sagrado e íntimo nesse mundo, seja você mulher ou homem.

Então, em plena sexta-feira, às 6 da madruga, eu te pergunto: você anda valorizando sua "tonha"?

## ☆ DIA 350 ☆

### APRENDA COM O QUE PASSA DESPERCEBIDO

A mulher da minha vida, no caso minha mãe, deixou o seu corpo no ano passado. Embora eu seja *mezzo* budista e sempre me lembre da lei da impermanência, essa história me arrombou a alma. Eu penso nela quase sempre, e hoje seria seu aniversário de 76 anos.

Estes dias, eu tive que ir ao Rio; duas coisas me chamaram a atenção e vou ligá-las a ela. Minha forma de comemorar o seu aniversário será através da gratidão que sinto por essa mulher, que, como diz Stella Florence, deveria ter sido enterrada em pé.

Muitas pessoas, quando vão viajar, se esquecem de que não podem embarcar com objetos pontudos e são obrigadas a deixá-los em uma caixa, no aeroporto (repare na urna, no embarque, antes de você botar suas coisas na esteira do raio X). Minha mãe teve muitos "objetos cortantes" em sua vida, que fizeram grandes estragos, e que ela soube perdoar. Com ela aprendi a arte do perdão e a deixar muitas coisas – e pessoas que nos cortam – para trás.

Eu fiquei hospedada na casa de uma tia querida, no Rio. Ao lado do braço da poltrona dela, há um "guarda-livro" muito simples. É uma bolsinha de pano pra colocar o livro dentro e ele não ficar caindo toda hora. Com a minha mãe eu também aprendi a arte da simplicidade. Por mais sofisticada que tenha sido a sua educação, ela tinha uma forma simples de ver a vida e as coisas. Também aprendi que na vida o negócio é ser criativo, assim a jiripoca pia menos pro nosso lado, hehehe.

Mãe, adoro você, que seja preciosa a sua estada onde quer que você esteja :'-)

## ☆ DIA 351 ☆

## RECOMEÇANDINHO, RECOMEÇANDINHO

Puxa vida, fiquei muito triste nesse fim de semana quando soube que uma das minhas melhores amigas está internada com trombose. Ela deve ter uns 30 e poucos e deu um susto danado na gente. Não vou nem entrar numas de falar que muitas vezes a gente não se cuida, blá, blá, blá – isso todo mundo já sabe. Mas vou falar sobre começar de onde (eu/você) está.

Ainda não tive a chance de ver este filme com o Mel Gibson, *Um novo despertar*, mas assisti ao *trailer.* O personagem está no limbo emocional: perde o emprego, a mulher, os filhos o acham um banana e ele entra em depressão. Mas ele consegue virar o jogo graças a um castor de pelúcia que acha no lixo. Pois é...

Não, a gente não tem um castor de pelúcia "mágico" desses, mas acredito que minha amiga e todo mundo aqui possa (re) começar de qualquer problema que aconteceu: separação, morte de alguém amado, perda de emprego, falta de saúde, de grana, falta de amigos, enfim...

Então, hoje eu queria convidar a minha amiga (que vai ter que ter paciência com o tratamento daqui pra frente), você e eu para um amoroso e confiante recomeçandinho (seja no que for que você precise).

## ☆ DIA 352 ☆

## TEMOS QUE FICAR JUNTOS DURANTE OS "TERREMOTOS" DA VIDA

Uma vez uma jornalista chamada Suzane Frutuoso fez uma matéria sobre o Vigilantes muito legal e sobre o poder do grupo. Bom, ontem tomei coragem e voltei ao grupo de apoio a quem gasta demais. E melhor ainda: sem vergonha nenhuma. Fiz isso porque acho uma desgraça incrível trabalhar pra caramba, ganhar bem e nunca ter dindim sobrando. A planilha que o Raul fez pra mim ajudou pra caramba. Pelo menos agora eu sei quanto ganho e quanto gasto e no quê. Aí, eu vou maneirando nos meses seguintes, se for o caso. Essa planilha me ajudou tanto que não sou mais compulsiva e fechei o último mês no azul. Mas eu quero trabalhar também a minha impulsividade, essa coisa de dar a louca e comprar uma coisa, na madrugada, de que eu nem preciso. Participar de um grupo desses não é fácil, você tem que assumir que é viciada e serve de espelho para os outros e vice-versa. Mas, na minha opinião, para quem tem um vício que atravanca a vida, esse, sem dúvida nenhuma, é o melhor e mais rápido caminho para "controlar o descontrole".

Chegando em casa, após a sessão de hoje, recebi um e-mail da minha irmã mais velha contando a história dos pandas que estavam na área de um terremoto. Eles ficaram apavorados, mas permaneceram juntos. Depois, receberam cuidados e, em seguida, todos voltaram a ficar juntos. Muito fofo!

Não é a primeira vez que digo aqui que baixa autoestima é um vício que nutrimos com autodepreciação diária. Portanto, o VAE ajuda a gente a sair desse padrão ordinário. Os milhares de comentários (são mais de 17 mil), fora a cacetada de e-mails que recebi, provam que estamos no caminho certo.

Eu sei que vocês irão me apoiar nessa fase, como vocês também sabem que apoio todo mundo aqui que faz parte do VAE. Sim, temos que ficar juntos durante os "terremotos" da vida :)

## ☆ DIA 353 ☆

## FIQUE MAIS TEMPO PELADA

Não, não fiquei tantã de vez. Isso foi algo que ouvi do professor Nuno Cobra, quer dizer, mais ou menos isso. A verdade é que tá todo mundo estressado pra caramba. Trabalhamos que nem doidos, as coisas estão caríssimas, além de vários outros tipos de pepinos... Então, como eu já disse, o professor Nuno Cobra está me ajudando a ter menos estresse e ele falou que uma das melhores coisas é tomar banho. Não só pela água, mas porque ficamos peladas e isso nos remete a centenas de anos atrás, à natureza, quando talvez tudo fosse mais simples.

Então, se você está estressada que é o cão, curta mais o seu momento "peladation". Tente ficar no presente, sem ficar com a mente zanzando no passado e no futuro. E aproveite para pensar em algo engraçado, numa cena divertida, porque rir já é legal, rir como veio ao mundo, então... é melhor ainda.

Só não vá gastar toda a água do planeta, por favor. Sustentabilidade djá!

## ☆ DIA 354 ☆

## VOCÊ É BEM MAIOR QUE O FATO

Disse uma coisa hoje no Tijolation's Day, o grupinho de mulheres que se encontra aqui em casa na semana, que vale para todo mundo: autoestima é o valor que você se dá. Repito: é o valor que VOCÊ se dá! Portanto, se você se acha inteligente, bela, esperta, criativa, compassiva, competente etc. e leva um pé no traseiro, ou perde o emprego, ou fica sem grana, ou sua mãe morre... VOCÊ CONTINUA inteligente, bela, esperta, criativa, compassiva, competente... e mais madura! – porque foi você quem reconheceu esses valores em você. E ninguém te tira nem a pau!

Então, não importa o fato, você será sempre maior que ele.

Então, no dia em que você perceber essa verdade, como eu percebi ao longo do VAE, sua autoestima vai alcançar o Corcovado.

## ☆ DIA 355 ☆

## SE ESCORREGAR NO QUIABO, VOLTA PRA LADEIRA!

Semana passada eu pifei bonito. Eu escrevi que foi gripe para simplificar, mas foi bem pior. Alguns fatores contribuíram para o "pifation": poucas horas de sono + friaca + excesso de computador + excesso de leite quente com chocolate = rinite + asma + dor na musculatura + cabeça zonza.

Ou seja: escorreguei bonito no quiabo. Sim, eu sei que todo mundo aqui escorrega do seu jeito. Tem gente que volta a procurar o ex-amor que só rejeita, tem quem precise mandar currículo porque quer sair do emprego atual e não manda, quem detona uma grana que não podia no shopping, quem esculacha a saúde, dá patada no parceiro, quem come ou bebe desvairadamente no fim de semana...

São os nossos famosos ciclos de autossabotagem.

Sobre isso, Liane Alves (revista *Vida Simples*) fala algo interessante:

*Porém, em algum momento da vida, as coisas podem começar mesmo a descarrilar. Aliás, a origem da palavra sabotagem tem mesmo a ver com trens e descarrilamentos. Segundo uma das versões da etimologia da palavra, os sabotadores franceses do século XIX retiravam os dormentes (em francês,* sabots*) que uniam os trilhos da via férrea para as locomotivas se desgovernarem e perderem o rumo. É mais ou menos o que acontece conosco quando nós mesmos retiramos os dormentes dos nossos trilhos sociais, isto é, daquilo que se espera de nós.*

*Quando isso acontece, instaura-se um estado de enorme confusão e conflito internos. Podemos fazer algo para ter segurança e sermos aceitos pela família ou pela sociedade mas, no fundo, podemos querer algo bem diferente para nós. Como não sabemos ainda como vamos resolver a questão, um dos nossos recursos inconscientes é começar a nos sabotar, isto é, retirar, na clandestinidade, os dormentes dos trilhos que nos conduzem ao mesmo caminho.*

*Seja porque queremos afirmar nossas crenças e desejos e inconscientemente boicotamos a vida que queremos rejeitar, seja porque começamos a nos sentir felizes e satisfeitos e nossas crenças não o permitem. É bom prestar atenção nisso: os "eus" sabotadores podem ser tanto nossos grandes amigos, quando apontam para algo que nos faz mal e que precisa mudar, quanto nossos piores inimigos, quando boicotam as ações que nos trazem autoafirmação, satisfação e felicidade.*

Nós, no VAE, não somos nem rainhas nem reis da autoestima, senão o blog se chamaria "Vigilantes da Vida Joinha". Nós somos como a maioria das pessoas que conhecemos, mas com uma diferença: todo dia nós observamos nossos movimentos, principalmente quando é ladeira abaixo. E não fica por isso: a gente dá uma refletida básica – e sem culpa – e, juntos, nos motivamos a subir de novo, e de novo, e de novo a ladeira, até escorregarmos cada vez menos.

## ☆ DIA 356 ☆

## O QUE ANDAMOS DESCARTANDO POR AÍ?

Toda semana eu levo a minha gata Pipi ao hospital de animais para tomar uma injeção e soro. Graças ao Dr. Fernando Felippe Carvalho (Dr. Shina), muito carinho aqui em casa e seu carneiro de lã, Pipi está melhor.

Ir a um lugar como esse pode ser legal, mas pode ser um terror também. É legal quando o animalzinho fica bem e se salva. É um terror quando você já chega na sala de espera e vê alguém, ou um casal, ou uma família inteira chorando muito. Aí, você já sabe que a "partida" é uma questão de pouco tempo. Ver um(a) amigo(a) como esse(a) ir embora é dor-abismo-no-peito.

Mas essa semana eu vi uma cena muito louca. Aliás, ouvi. Era um veterinário (de fora de lá), uma mulher e uma gata de 18 anos (nas últimas). A moça friamente perguntou: "É aqui que será o descarte?". Nossa, eu arregalei os olhos. Ela estaria mesmo falando da gata que passou 18 anos ao seu lado? *Descarte*?

Fui lá conferir. No mesmo corredor havia uma moça loira com um cachorrinho peludo engasgado. A gata anciã foi levada a uma salinha para tomar uma anestesia e depois levar uma injeção que acabaria com o seu sofrimento. Eu nunca vou me esquecer do lamento da gata antes de partir. Eu (com Pipi embrulhada em um cobertor no meu colo) e a moça loirinha abrimos os diques da emoção e choramos profundamente.

Vendo a gente, a moça ameaçou umas lágrimas e coisa e tal e foi pra sala de espera, onde estava um amigo. Eu juro que tentarei não julgar, mas aproveito para perguntar: o que ou quem andamos descartando por aí? Coisas que foram importantes? Amigos? Amores? Ninguém merece...

## ☆ DIA 357 ☆

### É SÓ TER CALMA, É SÓ TER CALMA, É SÓ TER CALMA...

A escritora Stella Florence disse: "Detesto Orkuts e Facebooks com seu jorro ininterrupto de alegria tão sólida quanto um pântano sob a chuva". Não é bem assim. Neste fim de semana vi a expressão profunda da dor de três diferentes pessoas na rede social. E sei exatamente do que se trata. Não vem ao caso. Mas vou reproduzir as frases:

*– E se ao acordar sua cama gira e ao levantar suas pernas giram ainda mais e deitar só piora? Que insuportável está ser eu.*

*– Sim, irei tentar dormir, mas estou um pouquinho angustiada. É normal! Olhe, estou com mais medo hoje do que há onze anos, para ter a minha filha!!!*

*– Sem sentido... "Bem que se quis... depois de TUDO ainda ser FELIZ!!! Mas já não há caminho pra voltar...e o que que a vida fez da nossa vida..."*

Eu já falei um pouco mal aqui do Facebook e agora vou me retratar. Parece que ele finalmente começa a servir de "confessionário" para as pessoas. Não no sentido católico (sem querer ofender) – você pecou? Então, pague com tantas ave-marias –, mas no sentido de as pessoas expurgarem suas dores e angústias e de se encontrarem (ou reinventarem) a si mesmas e inteiras.

Não, ninguém é só feliz, ninguém é só infeliz, ninguém é só alegre, ninguém é só triste.

Só somos inteiros quando assumimos para nós tudo que nos pertence. E, como eu já disse aqui, quando honramos e aceitamos tudo o que somos e que faz parte de nós.

Para todas as pessoas cuja dor – neste momento – é insuportável, só tenho a dizer: é só ter calma, é só ter calma, é só ter calma...

☆ DIA 358 ☆

## UM SAMURAI MORRE LUTANDO

Durante os últimos trinta dias, me empenhei profundamente em um projeto. Ele não deu certo. Pelo menos não como a pessoa que me convidou para fazê-lo gostaria que desse. Mas aí eu me lembrei da grande frase que aprendi quando fiz Kenjutsu – a arte da espada japonesa –, com o professor Jorge Kishikawa: "Um samurai morre lutando".

Quando damos o sangue para uma coisa e ela dá errado, temos uma sensação de glória assim mesmo. É igualmente bom. Se não deu certo foi porque houve uma conjuntura de fatores, e não porque você é um bocomoco. Isso vale para relacionamentos também. Entendendo isso, todo mundo sofre menos, se frustra menos e se culpa menos.

Foram poucos os "samurais" que conheci na vida até agora, mas vou citar um deles: meu quase-filho M. V. Esse rapaz passou muita necessidade na infância e na juventude. Sua tia conseguiu pagar a faculdade dele com muito sacrifício. Hoje, o M. V. é um grande jornalista e editor. A gente até quase brigou quando ele começou a exigir demais das matérias que eu fazia. Hoje, pelo resultado excepcional do trabalho dele em um grande portal, entendo o quanto estava certo. M. V. não conhece o termo "meia-bocation".

Ele também escreve bem pra diabo. Reproduzo aqui um trecho do seu blog: "Morreu a minha vizinha, uma senhora. Senhorinha, como chamamos os velhos por quem temos carinho. Ela era sozinha. Não tinha filhos, nem irmãos, nem primos ou amigos. A marca registrada era um tufo de papel higiênico entre os seios. De vez em quando, ela sacava o tufo e chuchava no nariz, para ter certeza de que nenhuma secreção ia tirar a atenção da sua história. E contava sempre as mesmas".

Tremendo guerreiro!

☆ DIA 359 ☆

## NÃO DEIXE FALTAR "RAIZ-FORTE" NA SUA VIDA

Ontem não foi um dia legal. Se por um lado consegui terminar meu quinto livro, por outro o veterinário disse que a Pipi está no último estágio da insuficiência renal. Portanto, só Deus sabe quando ela irá para o paraíso dos gatos.

Nunca tratei bichos de estimação como meus filhos, mas, sim, eles fazem parte da minha segunda família. O "bom" é que o veterinário liberou a Pipi para comer o que ela quiser. Então, se antes ela estava com tédio de só comer ração renal, agora está bem mais feliz e "lampreira" (como dizia a minha vó) traçando o seu patezinho favorito.

Na noite de ontem eu pedi sushi num restaurante *fast-food* japonês novo. E o sushi veio sem *wasabi* (vulgo raiz-forte), aquele tempero lascado de bom. Um sushi sem raiz-forte é mais ou menos como um pastel de queijo sem o queijo. Então, eu fiquei pensando em como a vida sem nossas "raízes-fortes" e os patês (no caso dos gatos) é besta.

Meu livro novo (sobre o meu desafio dos 365 dias vigiando a autoestima) será uma tremenda raiz-forte na minha vida. Mas estar sem um companheiro real, nesse momento de "jiripocation" na minha vida, com minha gatinha doente terminal, não tá fácil. Eu já não acredito mais tanto que Raul, o "espírito do PC", virá para o lado de cá. Acho que está rolando mesmo uma "Rosa Púrpura do Cairo" na minha vida, só que sem a Rosa, sem a Púrpura e sem o Cairo. Mas veja: querer ter alguém e não ter não altera em nada a minha autoestima. Como eu já disse antes, eu continuo com todos os meus valores de sempre. Nada mudou!

E tecnicamente eu não estou saindo para conhecer gente nova nem nada. Ainda não, pelo menos.

Mas, em vez de ficar fazendo lista de infelicidades (atitude extraordinariamente proibida no VAE), eu resolvi terminar finalmente o meu "Quadro de Desejos". Então, eu colei imagens com a Oprah me entrevistando (montagem no corpo da J. K. Rowling, hehe), eu dando palestra num auditório lotado, a capa do meu novo livro com um selo de 4 milhões de cópias vendidas, meu apartamento em Roma (na frente da Fontana di Trevi, claro) e eu contraindo (ui!) matrimônio com um moço ruivo com cara de quem casaria na Europa. Hehehe.

Como dizia a minha mãe: "Não estrague o que você tem, lamentando o que não tem". O negócio é curtir a ideia de que, sim, você poderá mesmo ter o que deseja um dia. E por que não? Só cuidado com o que você pede ;)

☆ DIA 360 ☆

## SIM, O AMOR TEM ESSA COISA DE CURAR

Ontem Pipi acordou bem mal, muito fraca e bambinha. Cheguei a pensar no pior. Estava frio e eu usava um casacão mongol que comprei em uma das minhas viagens (mas não pra Mongólia). Fiquei com pena e a coloquei dentro, em cima da minha barriga. Ela ficou assim o dia inteiro, tadinha.

Nem preciso dizer que ela estava outra gata hoje. E nem preciso dizer que ela quis ir ao veterinário dentro do casaco (que estava do avesso, por sinal). A gente tem que ir três vezes por semana lá, no hospital.

Coisa impressionante o poder do amor e do calor humano.

Meu pai também não se sentiu bem e foi internado. Hoje eu fui visitá-lo e, pela primeira vez em 46 anos, peguei na sua mão. Juro por Deus! Ele ficou feliz com a novidade de que lançarei um livro e com a notícia de que eu fechei mês passado no azul. Lembra que eu "herdei" o *overspending* dele? Ele virou e disse: "Eu sei que não fui um bom pai pra você...". Bom, se o "veinho" falasse mais uma palavra eu ia chorar que nem uma hiena ao avesso e respondi: "Pai, eu já te disse que você fez coisas muito boas e que valeram o 'título' de 'meu pai'. Só o sobrenome Rao (que adoro) e a cidadania italiana já valeram a pena. Sem falar de um ano de aluguel que você me deu quando casei pela primeira vez". Ele sorriu.

Nessa hora chegou a enfermeira, a gente conversou e não sei por que eu disse que estava tendo aulas de forró. Ela, uma cearense, nanica como eu, achou uma maravilha. Meu pai achou um horror porque confundiu com *funk*. Eu nem preciso dizer como foi a cena da enfermeira dançando forró comigo, em plena UTI, para o meu pai ver como era. Ahahahaha.

☆ DIA 361 ☆

## DORES & WALITA

Hoje à tarde perdi minha gata Pipi. Ela acordou muito fraquinha e não tinha mais jeito. Nem comer ela queria mais. Os veterinários optam por aliviar o sofrimento de um bichinho quando consideram sua qualidade de vida praticamente nula. Então, neste domingo liguei para o Dr. Fernando, que foi me encontrar no hospital. Estava sol. E ela adorava sol. Coloquei Pipi dentro do casaco que eu estava usando e, pela primeira vez, ela quis ficar com o rostinho para fora, como se quisesse mesmo se despedir do mundo.

Sentei na sala de espera, onde estava batendo sol. Fiquei fazendo carinho nela. Seu corpinho junto ao meu. Ela havia feito xixi, mas, nessas horas, essas coisas não têm a menor importância. As pessoas olhavam e achavam uma graça aquela gata tão quietinha e serena dentro de mim. As lágrimas rolavam por debaixo dos meus óculos escuros e eu não tinha energia pra falar nada com ninguém.

Minha amiga Priscilla chegou pra fazer companhia.

Entramos na sala do médico e ele explicou o procedimento. Eu não conseguia parar de chorar. Percebi que Dr. Fernando, que já nos conhecia havia meses, fez toda a força do mundo para não se emocionar. Fiquei com minha mão no corpinho da gata. Ela estava na mesa, embrulhada no meu casaco, com a cabecinha coberta (como ela gostava de ficar). Fui embora sem o casaco. Não tive coragem.

Às vezes, sinto falta de um multiprocessador Walita – desses de frutas – na vida, dentro de mim. Que ajudasse a processar as dores absurdas que a gente tem que sentir. As dores das perdas de quem a gente ama.

Mas a gente acaba conseguindo superar. Sempre (ou quase sempre) consegue.

☆ DIA 362 ☆

## A FORÇA ESTÁ COM VOCÊ!

Pois é, eu achava que essa frase era negócio de filme de ficção, mas hoje eu me toquei de uma coisa. Eu tenho um amigo que adoro e conheço há anos. O Edu é uma espécie de irmão para mim. Quando a minha mãe estava mal eu pedi a ele que fosse o meu "acompanhante" quando acontecesse o velório dela. Também pedi a ele que fosse meu parceiro no dia em que a Pipi partiria, porque sabia que ia ser barra.

Hoje me toquei de duas coisas: 1- Ele não pôde ir em nenhuma das situações. 2- Eu não senti a falta dele, segurei numa boa (o que não quer dizer que eu não tenha chorado e borrado o rímel alucinadamente. Minha quase-filha Priscilla me acompanhou ao veterinário).

Às vezes, nós amadurecemos, nos fortalecemos, retomamos o poder em nossas mãos e nem percebemos.

Em um dia, você está tão triste que dá até para lavar o Corcovado. E no dia seguinte vai catando as coisas que pertenciam à coisinha fofa que você amava e vai colocando tudo numa sacola para doar para quem ainda tem o pulso pulsando. No caso, o Adote Um Gatinho.

Isso significa que seus pedaços de "lego" se encaixaram novamente e que agora você já não é mais a mesma pessoa e que, sim, está muito mais madura e dura na queda, forte o suficiente para se ajudar e para ajudar mais ainda quem também precisa.

Sim, isso é um Vigilante da AutoEstima. Sim, esse é o escudo invisível de Colgate ;)

☆ DIA 363 ☆

## O ACASO VAI NOS PROTEGER

Eu amo meus dois amigos jornalistas – minha quase-filha Melissa e João – e me encontrei com eles no lançamento de um portal. Fomos almoçar juntos e eu perguntei para ele sobre sua vida amorosa. João respondeu: "Estou distraído...".

Adorei a resposta e me lembrei da música dos Titãs: "O acaso vai nos proteger, enquanto eu andar distraído". Verdade! Quanto mais obcecada a gente fica no amor, mais dá tudo errado: ou não chega ninguém, ou vem "curva de rio", ou some todo mundo. É claro que já fui uma obcecada no amor e só me dei mal. Gastei energia demais e cansei. Hoje, me junto à filosofia do João: estou distraída...

Na semana passada, um taxista me disse uma coisa muito engraçada sobre relacionamento. "Eu não sei por que as mulheres ficam tão desesperadas com esse negócio. É só relaxar e ser você mesma. Homem não exige muita coisa. Se eu começo a namorar uma moça e, durante os dois primeiros meses, ela não mostrar nenhuma doideira, das duas, uma: ou é a mulher da minha vida – e eu caso – ou foi treinada pela Al Qaeda". Aahahahaha.

☆ DIA 364 ☆

## UM SONHO SE FAZ AOS POUQUINHOS

Fica difícil falar de sonhos sem falar do livro *O alquimista*. Seu texto diz que todos nós temos nossa "lenda pessoal", mas que a maioria, "graças" aos obstáculos da vida, vai deixando de lado e que isso só aumenta a frustração e o vazio existencial. É triste mesmo.

Desde pequena eu tenho um sonho: o de ser escritora. Mandei meu primeiro poema, aos 8 anos, para a *Folha de S. Paulo* e ele foi publicado na Folhinha. Era um poema até triste, que falava de coração e desilusão. Eu nem sabia o que essa palavra queria dizer e, quando chegou impresso, minha avó riscou as letras "des". Como se desilusão não fosse causada pela ilusão.

Quando quis escrever meu primeiro livro, em 97, eu peguei um papel e fui enumerando tudo que precisaria: 1- Escrever. 2- Arrumar uma editora (lancei na de uma amiga). 3- Alguém que fizesse a capa. 4- Alguém que fizesse o prefácio. 5- Um fotógrafo. 6- Alguém que pintasse a toalha da mesa em que daria os autógrafos. E assim nasceu *Sex Shop – contos de humor erótico.*

O VAE é um sonho que foi feito aos poucos. Começou com um encontro semanal de um grupo de mulheres, virou uma seção na revista *UMA*, depois virou um blog, uma gigantesca família e agora temos um livro. E o caminho ainda é bem looooooongo e fértil.

Se você ainda não realizou o seu grande sonho ou desistiu de realizá-lo, é bem provável que seja porque você se assustou com o tamanho dele. Sabe aquela coisa Adão-no-primeiro-dia-de-namoro-com-Eva?

– Afasta porque eu não sei de que tamanho vai ficar esse "bicho"!

Pois é, um grande sonho assusta mesmo, a não ser que você vá aos pouquinhos. Bem aos pouquinhos... Afinal, qual é o seu grande sonho?

## ☆ DIA 365 ☆

## SEJA-SE!

Por "coincidência" eu conheci a coordenadora dos psiquiatras do hospital onde Raul diz que está indo toda semana tratar o pânico. Ela é amiga da minha irmã mais velha. Bom, contei o caso dele e ela me disse uma coisa terrível: "Não existe nenhum psiquiatra ou psicóloga com os nomes com quem ele diz que se trata".

Tomei um choque. Fui até o MSN e contei a situação. Ele deu uma desculpa esfarrapada e disse que trocou os nomes de propósito porque está indo de favor e decidiu preservar os profissionais caso me desse na telha de ir até lá sondar. Não, eu nunca tive coragem de fazer isso porque, no fundo, talvez eu tivesse medo da verdade. Como diz o Woody Allen, "todo mundo precisa de uma ilusão de estimação".

De qualquer forma, resolvi encostá-lo na parede e pedi qualquer prova concreta que fosse da existência dele. Não, ele não bancou.

Chateada, mas longe de estar arrasada, mandei um e-mail para minha parceira Neiva e gostaria que você lesse:

*Neiva,*

*o Raul é igual ao pônei que o meu pai me prometeu quando eu tinha 10 anos. A gente tinha uma fazenda, que durou pouco tempo porque meu pai perdeu "graças" ao overspending. Aliás, ele nem poderia ter comprado. Ele me prometeu um pônei lindo. Eu falei pra todo mundo que ia ganhá-lo. Chegou o dia da exposição e todos os meus amigos vieram me perguntar onde estava o cavalinho e eu menti e apontei um qualquer dizendo que era o meu.*

*Foi a primeira grande frustração da minha vida e também a minha primeira grande mentira.*

*A promessa do Raul é fantástica: um médico bonito, jovem e que me ama, mas que, como o pônei, nunca chega. E eu nem sei mais o que falar pros meus amigos e família, que me olham como se eu fosse uma grande louca ou bocomoca que não vê que o "rei está nu".*

*A verdade é que não tenho um namorado. Aliás, é um namorado etéreo, como os amigos invisíveis das crianças. Existe não existindo. E não existe existindo.*

*Hoje, empurrando ele na parede, desligando o computador, senti na "lata" o peso da minha real solidão. Velha companheira que graças a Deus não me assusta mais, o que não quer dizer que não doa. Senti uma coisa entalada na garganta, uma vontade de chorar por esse "pônei" perfeito que nunca veio e que jamais virá.*

*Gisela*

Neiva me mandou este e-mail em resposta:

*Gisela,*

*Querida, você abriu seu coração completamente, indo fazer a limpeza necessária no fundo do baú das ilusões, mentiras contadas para si e que tiveram a função de proteger a menina.*

*Ela, a menina, queria e precisava acreditar no pai herói. A menina teve que manter seu coração bem fechadinho, apertadinho para que não pulasse de lá toda a dor e sofrimento pelas ilusões plantadas, as mentiras contadas nas promessas de falsos heróis.*

*Você fez um desabafo com tanta verdade, que a criança se refaz e revela, agora, a promessa do real e possível futuro. O pônei agora é você!*

*Ele chega depois de muitas marcas, feridas, longas caminhadas, muitas quedas... Não mais limpinho, nem perfeito... Chega, agora, para ti, num grande encontro de um amor revelado, uma Gisela-pônei: grande internamente e adulta no olhar o mundo imperfeito, mas a ser feito.*

*A solidão é o lugar onde a criança se encontra com a sua força e onde o adulto se sabe criança.*

*Já podes ver e mostrar, no teu coração, o sentimento pelo querido pônei conquistado, um* animus *de coragem, ação e beleza, refletido na tua capacidade de aceitar o amor por si mesma. Agora, sim, és um tijolaço!*

*Para o alto e avante!*

*Neiva*

***

# POSFÁCIO

A história dos Três Porquinhos (e suas casas de palha, madeira e tijolo) foi sempre a referência orientadora da Gisela Rao. Sua busca constante, mesmo que com toda a ansiedade e algumas atrapalhações, na construção de si mesma e no desejo de ter uma independência sólida para enfrentar as adversidades externas, mas, principalmente, para acolher a si mesma.

Nos momentos de forte impulso de concretizar o VAE – Vigilantes da AutoEstima –, essa história "infantil" aparecia e vinha nos livros de diferentes autores e na fala apaixonada da Gisela. Ela dizia sobre todas as vezes em que se sentiu só, feia e cheia de medo, mas os Três Porquinhos a mantinham com os olhos no horizonte. Eles a inspiravam a confiar em que dos erros, das avaliações impróprias, podia aprender e construir uma estrutura mais segura, um espaço de proteção da sua fragilidade, mesmo diante das ameaças do próprio "eu" destrutivo.

A partir do "Sim, eu vou!", ela intuía que não podia abandonar o seu sonho. Tantas pessoas apoiando e o VAE foi nascendo. A história dos Três Porquinhos foi fornecendo os recursos de reflexão e metodologia. Foram muitos os encontros, com as leitoras e leitores, para que as fundações fossem sendo definidas. No início, reconhecendo as fragilidades, depois entendendo a consistência, e logo a estrutura foi sendo acrescida de ingredientes incontestáveis...

No estabelecimento da relação do desejo dos porquinhos de construir a própria casa, a certeza da importância de uma pessoa tomar a própria vida em suas mãos.

## A presença do lobo oferece o contraditório

Ela pode ser entendida e aceita como o grande embate entre a acomodação e a superação dos limites no desenvolvimento da própria eficiência. É tempo de sair do confortável e seguro. Sair do conhecido para viver o confronto do medo e da ignorância com confiança e persistência, assumindo a verdadeira batalha entre a sombra que se é e a luz do vir a ser.

Cada porquinho ensina sobre tempo e habilidades. Em cada etapa da vida temos recursos diferentes e consciência dos fatos, com a compreensão inerente a essa fase. Reconhecemos que a história dos Três Porquinhos confirma as competências de cada fase do desenvolvimento e exibe os recursos, pressionando para o confronto e o enfrentamento.

Nas ameaças e nos insucessos, quando tudo se perde, vai pelos ares, somos impelidos a correr para um aspecto mais firme e competente da nossa própria estrutura. Revisitamos a natureza que impulsiona o ser vivo a sobreviver na adversidade, a viver a nova fase, que avalia riscos e consequências.

Esta é uma história fascinante, como é fascinante ver o movimento do sonho tomar corpo e nascer. Ela nos faz ver que a derrota, as perdas e os fracassos são naturais e nos dão a oportunidade e a confiança para ir ao encontro do outro, mais sábio, que nos habita e que nos acolhe.

Esta história ensina que podemos nos proteger dos aspectos famintos e destruidores que também são da natureza do ser vivo.

Neiva Bohnenberger

editoraurbana